분단국가의 통일과 사회통합

제7차 한독 학술대회
(2009. 9. 28 - 9. 30)

서강대학교 출판부

발간사

서강대학교는 개교 당시부터 국제화의 선두에 선 대학교입니다. 외국과 긴밀한 교류를 함으로써 한국이 필요로 하는 국제화된 인재를 다수 배출해 왔습니다. 이러한 국제화의 일환으로써 서강대학교는 1997년부터 독일측과 공동 학술대회를 개최하여 매회 설정된 학술주제를 중심으로 다양한 논의를 하여 이를 실생활에 적용시키는 대안을 제시하고 있습니다. 1997년 제1차 한독학술대회는 서강대학교 측과 독일 가톨릭사회과학연구소가 공동으로 개최하였습니다. 첫 한독학술대회는 우리 대학에 커다란 관심을 가지신 독일 가톨릭사회과학연구소 소장 안톤 라우셔(Anton Rauscher, S.J.) 예수회 신부님의 헌신적 공헌에 크게 힘입었습니다. 이후 양측은 다양한 주제들을 설정하여 매 2년마다 양국을 번갈아 가면서, 여러 가지 학술적으로나 실용적 차원에서 매우 유익한 회의를 거듭해 왔습니다. 2005년부터는 서강대학교와 독일 가톨릭 아이히슈태트-잉골슈타트 대학교가 공동주최자로 본 한독학술대회를 지속해오고 있습니다. 제1차 학술대회부터 최근 회의까지 다양한 주제, 즉 세계화 시대의 민족공동체 "하나로 통합되는 세계", 오늘날의 사회적 요구, 공동성장 문제에 직면한 분단국가들, 인권의 보편성, 글로벌 사회에서의 노동가치, 변화 속의 사회복지국가 등이 다루어졌습니다.

한독 양측이 개최하는 이 학술대회가 다른 국제회의와 분명히 차별성을 보이는 점으로 이론과 현실의 접목이라는 특징입니다. 학술회의 참여인사들 중 학자들은 최신 이론과 현실적 접목가능성에 대한 견해를 제시하였고, 현장에서 활약하는 인사들은 해당 주제들이 실제로 어떻게 적용되고 문제점들이 무엇이며 나아가 그에 대한 해법은 무엇인가를 발표하였습니다. 이는 학술적 연구를 실생활에 적용하고 접목시키려는 실용적 목적을 염두에 둔 양측의 합의에 바탕을 둔 것입니다. 이러한 점이 오랫동안 한독학술대회가 지속될 수 있는 중요한 배경이기도 합니다.

2009년 제7차 한독학술대회는 서강대학교에서 「분단국가의 통일과 사회통합」을 주제로 개최되었고, 양국 간 학자들과 저명 인사들이 다수 참여하여 다양한 견해를 개진하고 토론을 전개하였습니다. 독일은 이미 1990년 분단을 극복하고 통일을 넘어서 통합이라는 지난한 과제를 수행하고 있습니다. 반면 한반도는 주변 강국과 남・북한 간에 존재하는 복잡한 변수들로 인하여 분단 상태를 아직 극복하지 못한 상태입니다. 그러나 한국은 향후 독일처럼 분단을 극복하고 통일을 넘어 사회통합을 완수해야 하는 과제를 안고 있습니다. 따라서 통일이라는 과제와 관련하여 독일의 사례는 여전히 중요한 의미를 보여줍니다. 이와 관련하여 이 회의는 서울과 평양에 각각 주재하는 2명의 독일대사들이 참여하여 같은 자리에서 여전히 분단국인 대한민국을 바라보는 시각과 독일의 경험을 발표하는 특별한 의미를 갖기도 하였습니다. 또한 양측 참석인사들은 한국보다 먼저 통일을 이룩한 독일의 사례 그리고 통일 이후 동・서독 간 사회통합을 이룩하기 위한 독일의 경험들을 분석하고, 한반도의 자유민주주의와 시장경제를 대안으로 하는 통일 준비를 위한 한국의 노력과 현실을 되돌아보았습니다. 이 책은 제7차 한독학술대회에서 발표되고 토론한 내용을 토대로 만들어졌습니다. 이 책에 제시된 「분단국가의 통일과 사회통합」을 주제로 한 다양한 이론, 교훈 그리고 지혜들이 한반도의 통일과 통합의 실현과 완성에 이론적・실용적 공헌이 되며, 이 주제에 관심을 갖는 이들에게도 도움이 되기를 바랍니다.

이 책은 원고정리와 편집과정에 이르기까지 서강대학교 국제팀의 도움이 매우 컸습니다. 세심한 원고 교열과 출판에 정성을 기울여준 서강대학교 출판부에도 고마운 마음을 표합니다. 감사합니다.

2011년 6월

집필자들을 대표하여

서강대학교 이규영 교수

목차

국가, 법률, 정치의 관점에서 본 통일과 사회통합

경제 및 기업의 관점에서 본 통일과 사회통합

철학, 종교, 문화의 관점에서 본 통일과 사회통합

통일, 부흥, 성전회복의 꿈 : 평양과학기술대학 스룹바벨 프로젝트

정진호 (평양과학기술대학 설립부총장)

1. 통일을 대비한 한국교회의 과제

지금 한반도는 동북아 질서의 재편 과정 한 복판에 서 있다. 민족 내부적으로는 분단의 아픔이라는 엄청난 고민을 안고 있고, 대외적으로는 북한의 핵 문제와 중국의 동북공정(東北工程), 일본의 독도 영유권 주장 등 민감한 정치적 사안들과도 마주하고 있다. 이 같은 역사의 흐름 속에서, 한국이 '동북아 시대'의 주역으로 시대적 사명을 제대로 펼치기 위해서도 통일은 반드시 이루어져야 한다. 한반도가 중국과 세계를 향해서 하나님이 그 동안 퍼부어주신 영적인 은혜, 생명수들을 계속, 지속적으로 공급하는 물꼬와 통로의 역할, 물 근원의 역할을 해야 하는데, 북쪽이 영적, 물적으로 다 막혀 있으니 그것이 뚫려야 순환이 이루어질 것이기 때문이다. 이런 관점에서 중국과 일본을 포함하여 동북아가 함께 공동번영, 평화를 이루기 위해서도 통일은 이루어져야 한다.

지난 20세기와 앞으로 다가오는 21세기에 우리 민족사의 폭풍과 같은 세 가지 사건을 꼽으라면 첫째가 광복과 해방이었고, 두 번째가 민주화였으며 세 번째가 곧 다가올 통일이 될 것이다. 크리스천들은 일제강점기 때 해방을 위해서 고난을 무릅쓰고 자기를 희생하는 제자의 삶을 살았다. 일제강점기에는 독립운동과 사회변혁의 가장 큰 주체세력이 기독교인이었다. 일제강점기에 대부분의 민족지도자들이 크리스천 가운데서 나온 사실이 그것을 반증한다. 비록 신사참배와 해방 후 일제청산의 어려움을 겪긴 했어도, 수많은 믿음의 선배들의 희생이 있었기에 우리 크리스천들의 영향력이 해방 후에도 계속 물살을 탈 수 있었고, 그 과정에서 6·25라는 질곡을 거치면서도 한국의 기독교는 크게 부흥할 수 있었다.

그러나 한국 기독교는 전쟁 후 개발독재의 경제개발 정책과 맞물려 복음주의 운동이 신앙의 내면화 현상으로 점점 접어들면서 오히려 영적인 것만 강조하고 기복적인 신앙으로 변질된 면이 없지 않았다. 그 결과 민주화를 거치는 과정 속에서 한국 교회는 서서히 복음주의 기독교 진영에서 사회적 책임을 감당하지 못하고, 사회변혁의 주도권을 타 종교와 진보세력에게 넘겨주고 말았다. 민주화 과정에서 기여하지 못한 것 자체도 문제였지만, 민주화가 이루어지고 난 이후 과거 일제강점기 때부터 축적해왔던 기독교의 힘과 사회적 영향력을 상실해 버렸다. 결국 한국 사회에서 크리스천들은 사회적인 신뢰를 상실하고 역으로 질타의 대상으로 공격을 받게 되었으며, 최근 통계자료에서도 나타나듯 기독교의 교세는 위축을 겪게 되었다.

이제 이 같은 과거를 통해 반성해 볼 때, 장차 다가올 또 한 번의 민족사적 대변혁, 통일과정에서 크리스천들은 어떻게 기여하는가, 어떻게 준비해야 하는가 하는 숙제가 던져진다. 이것은 통일 이후 우리 크리스천들이 갖게 될 사회적 영향력과 직결되는 문제가 될 것이다. 크리스천 사회가 이 같은 역사적 회고를 통해서 통일을 준비하는 과정에서 우리의 갈 길을 바로 점검하며 짚고나가는 것이 너무나 중요하다. 그것을 이해하기 위해 우리는 성경의 이스라엘 역사 속에 나타난 하나님의 메시지와 한국

근대사에 나타난 하나님의 뜻을 살펴보고자 한다.

섬김의 신학으로 일관한 독일교회가 독일통일에 기여한 이야기가 한국교회에 던지는 교훈이 시사하는 바가 크기도 하지만, 아울러 통독사회가 안고 있는 문제점들 또한 한국이 통일로 가는 길목에서 타산지석으로 삼아야할 내용이다.

통일을 위한 준비작업은 북한사회에 단순히 경제적, 물리적 지원을 하는 것 이상의 영적 의미를 담고 있다. 통일 이후에 다가올 북한 사회의 총체적 사회복구를 위해 인프라를 구축하고 그 일에 함께 추진할 인재를 배양하지 못한다면, 통일은 요원할 뿐 아니라 오히려 위험한 재앙으로 다가올 수도 있다. 이 같은 점을 직시하고 통일시대의 인재 배양과 사회 · 문화적 인프라 구축을 목표로 진행되고 있는 하나의 프로젝트가 평양과학기술대학이다.

그러나 그 같은 작업 뒤에 감추어져 있는 하나님의 역사적 경영방식과 경륜을 이해하는 것이 더 본질적인 일일 수 있기에, 성서적 조망을 함께 하고자 한다.

2. 동북아 정세 속 북한의 위치와 평양과기대 건립의 의의

한반도의 분단이 60년을 넘어선 요즘, 북한을 둘러싼 동북아는 지난 수년간 아주 빠른 변화의 조짐을 보여 왔다. 민간 차원에서는 1995년 북한의 경제난이 시작된 이래로 지난 12년 여간 진행되어온, 북한의 경제적 어려움을 둘러싼 원조와 관련, 어느 때보다도 NGO들을 통해서 많은 교류가 진행되고 있다. 북한 내부적으로도 큰 변화를 보인 12년이었는데, 2세대 지도자로의 정권전환, 그리고 다양한 모습으로 외부세계와 연결하려는 제스처가 어느 때보다 많았던 시기였다.

외교 · 정치적으로는 북한의 핵 보유와 폐기를 둘러싼 계속된 협상과 난항, 미국 부시 행정부의 반미 국가들에 대한 초기 강경자세, 비슷하게 이어지는 오바마 정부의 강경한 대북정책 기조, 동시에 진행되는 주변 6자회담 이해당사국들의 강경 대북제재 움직임, 남한정부가 보여 온 지난 10여 년 간의 햇빛정책과 최근 이명박 대통령 취임 이후에 진행되는 대북정책의 변화 움직임 등이 떠오른다. 또한 북한에서 다시 시작된 3대 세습정권 이양작업에 임하여 오히려 핵실험과 미사일 발사를 통해 내부적으로 강경한 정치군사적 결속을 다지려는 일련의 움직임이 있어, 우리는 북한사회로부터 더욱 일촉즉발과 예측불허의 위기를 접하고 있다. 그러나 우리는 한반도 통일에 대한 이 같은 불확실성 속에서도, 이 모든 일 위에 하나님의 간섭과 경영하심이 함께하고 계시다는 것을 또한 믿음으로 바라보게 된다.

한 국가가 경제적으로 발전함에 있어 기업들은 전에 없이 중요한 역할을 하고 있다. 기업과 산업이 발전할 수 있는 좋은 환경은 바로 한 국가의 경쟁력이라고 할 수 있다. 북한이 시장경제로 들어올 뿐 아니라 경쟁력 있는 사회로 발전하기 위해서 필요한 것은 무엇일까? 하버드 대학의 마이클 포터 (M. Porter) 교수는 한 국가의 경쟁력을 불러올 수 있는 4가지 요소로, 기본적인 부존자원 (Factor endowments), 관련 산업 인프라 (Related and supporting industries), 수요 (demand), 기업들의 전략 및 경쟁구조 (Firm strategy, structure, and rivalry)를 제시했다.

중국경제는 기본적인 부존자원 - 값싸고 풍부한 노동력과 비교적 높은 지식수준, 그리고 해외 화교들과 연결되는 네트워크 자본 - 으로 시작하여, 많은 인구와 안정된 정치적 인프라를 기초로 한 잠재수요(demand)를 중심으로 변화되기 시작하였다. 이런 부존자원에 이끌린 외국기업이 늘어나고 자본들이 증가되면서 생산 및 실질수요를 증가시키는 원천이 되었고, 기업을 위한 제반 인프라 보강의 요구가 생겨났다. 이것은 다시금 경쟁력 있는 중국기업들이 나올 수 있는 기업경쟁구조로 이어짐으로써, 중국이 경쟁력 있는 사회로 거듭날 수 있도록 하였다. 기본적 부존자원을 바탕으로 한 국가 경쟁력의 창출이 경쟁력의 다른 요소들에게 영향을 미치고, 다시 요소들 상호간에 긍정적인 피드백의 상승작용(Positive feed-back spiral effect)을 가져옴으로써, 중국은 이제 개방개혁 20여년 만에, 2008년 현재, 명목 GDP 세계 4위, 실질 GDP 세계 2위, GDP 성장률 6위의 당당한 경제대국으로 거듭나게 되었다.

북한이 현재보다 개혁과 개방으로 나아가 국제경제의 일원으로 움직인다고 할 때, 북한사회의 경쟁력을 불러일으킬 수 있는 요인은 무엇이 있을까? 현재 북한의 모습은 상기한 4가지 요소 중 어느 것도 만족스러운 게 없다. 북한은 노동력은 값싼 편이고 또 남한과 언어적으로 연결될 수 있다는 점이 경쟁력의 요소로 고려될만 하지만, 국제화감각이 떨어지고 규모가 작다는 약점이 있다. 그리고 도로, 항만, 교육, 전기 등 제반 경제 인프라도 아주 취약한 상태이다. 북한의 경제활동이 1999년도부터 성장으로 돌아섰고, 앞으로도 성장이 예상되기는 하지만, 여전히 북한의 경제력은 2007년 실질 GDP액수 비교에 의하면, 남한의 8.5% 수준 밖에 되지 않고, 수출대비 대외무역 규모는 0.4% 정도에 불과하다. 북한이 외자를 끌어오는 중국식의 개혁개방정책을 실천하길 원한다 해도, 북한에는 외국자본이 관심을 가질 만한 부분은 별로 없어 보인다.

단, 북한의 동북아내 지정학적 위치는 중요한 경제자원으로 주목할 만하다. 북한은GDP 대비 세계경제력 4위인 중국과 2위인 일본 사이 한반도에 위치하고 있다. 그리고 그 연결 고리 중 하나인 남한은 13위의 경제대국이며, 이 순위는 더욱더 상승할 것으로 보인다. 이런 동북아가 북한의 개방과 함께 물류의 양이 늘어날 경우, 일본을 떠난 물건들은 장차 건립될 해저터널을 통해 남한과 북한을 거쳐 중국, 러시아를 거쳐서 유럽에까지 이르게 될 것이다. 현재 약 4억5천만의 인구, 27개 국가로 확대된

EU를 하나의 경제블록으로 취급할 경우, 이는 세계에서 가장 큰 시장이다. 그리고 국가로서 세계제일의 시장인 미국시장과 EU가 만나는 중심에 한반도가 있다는 점을 고려할 때도, 한반도는 바로 세계경제 물류의 중심지에 위치해 있음은 더욱 명확해진다.

북한의 지정학적 위치와 값싼 노동력, 이 두 가지 정도가 북한이 지닌 경쟁요소로서 국가경쟁력을 발전시킬 작은 출발점이 될 수 있을 것으로 보인다. 북한이 경쟁력 있는 사회로 변모하려면, 작게는 동북아 블록 안에서 일본, 한국, 중국을 잇는 물류의 역할을 담당해야 하며, 크게는 미국에서 태평양을 건너서 일본, 한국, 중국, 러시아, 유럽을 잇는 큰 물류의 중간자 위치에 서야 할 것이다. 바로 이 중심에 서있는 지정학적 위치가 북한의 차별적 경쟁력으로 활용될 부분이다. 사실 이 길만이 살 길이요, 통일의 정당성을 확보할 수 있는 유일한 부분인 것이다.

북한 사회가 이런 경쟁력을 개발해 나가는 것은, 경제적인 측면으로 볼 때에, 일본, 한국, 중국(홍콩과 대만을 포함)을 하나로 묶는 동북아 경제공동체의 초석이 될 것이다. 또 그 동안 북한으로 인해 발생한 정치적인 긴장으로 인해 동북아 지역의 나라들이 부담해온 정치적 비용을 덜어준다는 점에서, 이는 북한사회만의 문제가 아니라, 작게는 동북아 국가들의, 크게는 세계 공공재적인 의미를 갖는다. 바로 이런 이유가 동북아 국가들이 북한사회의 개방 및 발전을 관심 있게 도와야 할 근거가 된다.

우리가 원하는 변화들이 궁극적으로 향해 있는 방향성은 무엇인가? 이 방향의 끝에 북한의 동북아 경제 블록에의 참여가 있다고 본다. 이 변화가 종국에는 한반도의 통일로 이어질지, 갑작스런 통일이 동북아 경제블록을 형성하게 될지, 그 통일의 여정이 어떻게 진행될 것인지는, 현재로서는 여러 가지 불확실성들로 인해 쉽지 전망할 수 없다. 그러나 통일로 가는 길목에서 북한이 주변국들과 지금보다 더 많은 교류를 하게 될 것이라는 점과, 그 교류의 주된 동기 중의 하나인 경제적인 이유가 전보다 훨씬 더 중요해질 것이라는 점, 그리고 그로 인해 북한은 지금보다 훨씬 더 세계경제의 일부로 자리 잡게 될 것이라는 점을 예측할 수 있다.

북한이 얼마나 가까운 시일 내에 세계경제의 활발한 일원이 될지는 현재로서는 상당히 불투명하다. 하지만 한 · 중 · 일을 한 경제 블록으로 만드는 데는 북한의 변화가 가장 중심적 요소라는 점, 그리고 이런 변화가 북한을 위해서나 또한 동북아 국가들의 이익을 위해서도 중요하다는 사실은 전망할 수 있다. 그리고 이 전망은 북한의 변화로 인해서 영향 받게 될 동북아 국가들이 무엇을 준비해야 할지를 생각하도록 한다. 이를 위해 북한사회가 동북아경제의 일원으로 나올 수 있도록 하는데 가장 효과적인 매개체와 제도가 무엇인가 하는 문제제기와 더불어 시작된 것이 평양과학기술대학의 건립프로젝트이며, 이를 통해 의의와 역할을 설명할 수 있을 것이다.

또한 북한의 변화에 있어서 정부와 기업의 역할과 더불어 중요한 위치를 차지하고 있는 것은 NGO들의 기여이다. 이를 효과적으로 이루기 위해서 북한 내에 상주하여 북한지원 및 개발을 하는 현NGO들을 네트워킹하고 협조를 이끌어내는 네트워킹 허브(HUB)를 구축하는 일이 필요하다. 정부, 기업, NGO 단체들의 일종의 정보공유의 허브(Hub)로서 평양과학기술대학과 부속 지산복합단지 및 국제다문화 센터의 건립에 대한 개념을 부록에 소개하였다. (부록 참조)

3. 스룹바벨 성전 회복 연대기 고찰에 따른 성서적 통일 전망

과연 한반도의 통일은 어떤 모습으로 다가올 것인가?

독일식의 흡수통일의 위험성에 대한 논의와 연구도 많이 있어왔고, 연방제 통일 내지는 연성복합 통일론 등 급변하는 21세기의 국제정세에 맞추어가려는 다양한 점진적 통일론에 대한 많은 토론과 학술발표도 있어왔다. 그래서 우리가 독일통일의 경험에 귀 기울여 보아야 하는 이유가 있다.

그러나 진정 하나님이 한반도를 바라보시는 눈길과 하나님의 역사의 경영방법에서 나타난 경륜은 무엇일까?

분단국가의 통일을 단순한 물리적 정치경제적 통합으로만 볼 수 없음은 자명한 사실이다. 60년간 전혀 다른 체제와 문화에서 살아오는 동안 새롭게 형성된 유형, 무형의 분리의 장벽들이 남과 북의 모든 사회시스템과 사고구조와 그를 지배하는 언어구조 속에까지 스며들어 있는 것이다.

이것을 다시 융합하여 물리적으로 화학적으로 정신적으로 영적으로 하나가 되게 하는 일은 결코 사람의 노력과 능력으로 가능한 일이 아님을 우리는 겸허히 받아들여야 한다.

인간의 욕심과 죄가 잉태하여 하나님과의 분리가 일어나고 연이어 사람과 사람 사이의 분리와 모든 피조세계의 분리가 일어나 결국 죽음으로 몰아가게 된 것임을 이해할 때, 궁극적으로 통일은 영적인 프로세스임을 인지하는 것이 대단히 중요하다.

평양과기대 프로젝트를 시작하는 무렵에 하나님께서 가르쳐주신 중요한 영적 메시지가 있었다. 그것은 스가랴 4장 6절의 말씀으로, 사람의 힘과 능으로는 불가능하다는 것이며, 오직 여호와의 신, 다시 말해 성령께서 그 땅에 돌아올 때에만 가능하다는 것이다.

물론 우리는 사람이 해야 할 역할과 노력으로 최선을 다해야 한다. 그 일환으로 우리가 통일시대를 준비하며 북한사회를 재건할 인재 양성을 위해 평양과기대 프로젝트를 진행하고 있는 것은 확실하다. 이 대학이 북한이 개혁개방의 노선변화를 일으킬 수 있는 접촉점으로 쓰일 수 있기를 기대하기도 하고, 또 갑작스런 통일이 다가왔을 때, 그 이후에 일어날 많은 변화에 대처하여 미리 준비하려는 시도이기도 하다.

그러나 우리의 예측과는 전혀 다른 방향으로 역사가 전개될 수도 있다. 그 이유는 남북한의 정치와 백성들이 하나님의 뜻과는 정반대의 배역과 패역의 역사로 치달으며 하나님의 심판이 결과로 나타날 수도 있고, 또 하나는 하나님의 주권적 역사가 우주적 경영의 섭리 가운데 우리의 기대와 예측과는 전혀 무관하게 전개될 수도 있다는 믿음의 여지가 있기 때문이다.

파란만장했던 20세기를 너머 불확실성의 21세기를 살아가는 중요한 전환기에 서서 우리 민족 근대사를 회고해 본다. 20세기에 이미 일제와 광복과 전쟁과 민주화라는 엄청난 폭풍들을 경험했던 우리에게는 이제 통일이라는 또 하나의 피할 수 없는 거대한 쓰나미가 다가오고 있다. 통일은 우리가 어떻게 준비하고 대비하는가에 의해 그 여파가 엄청나게 달라질 것이다.

본질적으로 평양과기대는 통일을 준비하는 교육 프로젝트다. 그러나 동시에 영적 프로젝트이기도 하다. 이 대학 설립을 앞두고 스가랴, 느헤미야, 에스라 등을 묵상하며 동양의 예루살렘 성전회복의 의미를 담아 〈스룹바벨 프로젝트〉라고 명명하고 시작했다.

화려했던 솔로몬 성전의 무너짐과 70년 바벨론 포로생활 그리고 극적인 스룹바벨 성전의 회복은 이스라엘 역사의 전형적인 단면을 나타낸다. 뿐만 아니라 우리 죄 많은 인간의 보편적 역사 속에서도 끊임없이 반복되는 일이기도 하다.

이스라엘의 분단이 솔로몬의 우상 숭배에서 시작되었다면 우리민족 분단의 원인을 제공했던 사건은 역시 영적 시각으로 살펴보면 1938년 평양에서 있었던 신사참배 공식 결정을 통한 우상숭배 사건이었다. 그로인해 한국 교회는 1907년 평양대부흥을 통해 부어주신 하나님의 은혜와 기대를 저버리고, 길고 험한 고난의 역사로 들어가게 된다. 그 결과 동양의 예루살렘이라 불리던 평양시는 전쟁의 화염에 휩싸이고 국토의 분열을 일으키며 굶주림과 우상숭배의 중심도시로 변하게 된다.

성경은 우리에게 분명히 경고하고 있다. 우상숭배의 결과는 반드시 죽음과 기근, 그리고 전쟁과 분열로 나타난다는 것이다. 그것이 이스라엘의 역사 속에서 이미 예고되었고 입증되었던 일들이었으며, 동일한 일이 한국 근대사에 반복하여 발생한 것일 뿐이다.

솔로몬 왕의 우상숭배를 통해 나라가 분열되고 북쪽의 이스라엘은 극심한 전쟁과 굶주림에 시달리게 된다. 열왕기하 6장에 보면 북이스라엘의 수도 사마리아성이 아람 군대에게 포위되어 큰 기근이 일어나고 두 여인이 자신의 갓 낳은 아이들을 교대로 삶아먹는 장면이 벌어진다. 바로 그 같은 일이 지난 10여 년 간 북한에서 벌어졌던 그리고 지금도 벌어지고 있는 일들인 것이다.

하나님은 믿는 자의 우상숭배를 더욱 가증스럽게 여기시는 분이다. 평양대부흥을 통해 크나큰 은혜를 받았던 우리민족이 하나님 앞에서 배교함으로써 나타난 온갖 분열과 죽음의 영이 한반도를 뒤덮고 있다. 배역과 패역의 문제는 비단 북한의 문제가 아니다. 예레미야 3장에 보니 북쪽 이스라엘의 배역보다 남쪽 유다의 패역함이 더 심하다고 지적한다.

여전히 믿는 자들이 산당 앞에서 분향하고 제사를 드리고 점을 보러 다닌다. 이스라엘의 열왕들이 여호와를 섬긴다고 하면서도 이방신을 섬기는 산당을 없애지 않고 분향하였던 것과 동일한 모습이다. 그로인해 드리워진, 한국 사회의 모든 곳을 깊이 사로잡고 있는 분열의 영과 죽음의 영들이 있다. 동과 서의 분열, 보수와 진보의 갈등, 정파간의 갈등, 빈부의 반목, 세대간의 분열……. 가정이 깨어지고, 복수의 영, 자살의 영이 병든 심령들을 무차별적으로 공격하고 있다. 노무현 전 대통령의 안타까운 죽음 소식은 우리 민족을 충격으로 몰아넣었다. 이것이 바로 우리 사회의 영적 현주소이다. 반목과 질시와 분열로 치달아간 마지막은 결국 죽음밖에 없음을 깨우치며, 우리에게 심각한 경종을 울리는 사건이라고 생각한다.

2007년 평양대부흥 100주년에 기대를 걸고 민족의 회복과 부흥을 위해 목 터져라 외치며 각종 행사와 기도에 매달렸던 한 해가 지나갔다. "아 북한!"의 부르짖음에 대한 하나님의 응답은 "아프간"사태로 나타났다. 전 세계 매스컴이 지켜보는 가운데 진행된 아프간 인질사태는 장차 한국민족과 모슬렘 간에 벌어질 치열한 영적 전쟁을 예고하는 선전포고와도 같은 상징적 사건이었다.

그리고 다시 2008년! 1938년 평양의 신사참배 이후 70년째 되는 해라는 사실로 인해 또 다른 기대감이 이어졌다. 예레미야 선지자의 예언대로, 무너진 예루살렘 성전이 70년 만에 스룹바벨 성전으로 회복된 것처럼 우리민족의 역사 속에도 그 같은 감격이 도래하기를 기대했던 것이다.

과연 민족 통일을 통한 새 부흥은 다가오고 있는가? 통일과 부흥의 본질은 무엇인가?

하나님이 다루시는 역사는 어떻게 흘러가는가?

분단은 우리 민족 전체를 육적이고 영적인 포로생활로 사로잡았다.

그 포로귀환을 위해 이제 스룹바벨과 스가랴와 학개 및 에스라와 느헤미야가 이 역사 속에서도 나타날 것을 성경은 우리에게 말해준다.

그러나 예루살렘의 성전은 단숨에 무너진 것이 아니라, 1차, 2차, 3차 포로로 끌려가면서 20년이라는 긴 세월 동안 무너지다가 마침내 완전히 훼파되었다는 사실, 그것이 바로 우리민족의 예루살렘 평양성에서 교회가 무너져 내린 사건 경위와 정확히 일치한다는 사실을 발견하고 놀라게 된다. 1938년 9월 일제 신사참배 결정에 의해 영적으로 무너져 내린 평양성에 10년 후(1948.9) 하나님을 배척하는 공산 정권이 들어오고, 20년 후(1958.9) 완전한 교회 폐쇄조치가 내려진다.

바벨론의 1, 2, 3차 침공을 통해 솔로몬 성전이 무너지는데 20년이 걸렸던 것처럼, 70년의 포로생활 이후, 스룹바벨 성전을 쌓는 과정에서도 20년의 세월이 걸리게 된다.

따라서 우리가 이해하는 70년만의 성전회복이란 실제로는 20년의 간격을 두고 순차적으로 일어난 사건이기에 90년 만에 성전건물이 회복된 것이다. 다니엘이 붙들려간 바벨론의 1차 침공 후 70년 만에, 고레스 왕의 조서를 받아 스룹바벨이 성전 지대를 놓았던 그 때로부터 수많은 정치경제의 어려움과 또한 방해세력에 의해 한 때의 공사 중단 사태를 거쳐서 난항을 거듭하다가, 스가랴와 학개의 도움으로 성전건물을 완성하는 할 때까지 꼬박 20년이 걸리게 된다.

다시 말해 2008년이 평양에 예루살렘 성전회복이 이루어지는 해라고 기대할 수 없다는 것이다. 어쩌면 이제 성전회복의 서막이 열리고 더 지루한 싸움들이 기다리고 있을 수 있다.

그러나 성전 건물이 완공 된 이후에도 내부와 외부의 적들의 공격은 계속된다. 실제적으로 성전이 기능을 완전히 회복한 것은 한참 후에 2차 포로귀환으로 고향으로 돌아간 에스라와 3차 포로귀환을 이끌고 총독으로 부임한 느헤미야에 의해 성벽공사가 완성된 이후였다. 따라서 이 기간까지 포함시킨다면 성전의 무너짐과 회복의 역사는 160여년이라는 긴 세월에 걸쳐서 일어난 사건이었다. 그 과정에서 성전 재건 공사에 투입되었던 여러 세대가 있었다.

1) 포로 1세대 : 다니엘과 에스겔 : 이들은 성전회복을 위한 기도와 환상을 보았지만 현실에서는 그것을 목도하지 못하고 눈을 감았던 세대이다. 현재 북에서 자신의 신앙을 드러내지 못하고 살아오던 포로 1세대가 통일을 못보고 대부분 눈을 감고 있는 것과 마찬가지이다.

2) 포로 2세대 : 이는 분단과 전쟁을 겪지 않고 그 이후에 태어났으나 마침내 70년의 긴 복역의 때를 지내고 성전재건 공사를 처음 시작한 스룹바벨, 스가랴, 학개와 같은 인물들이다. 어쩌면 통일을 앞두고 평양과기대를 비롯한 북을 돕는 많은 NGO단체를 포함한 우리 세대라고도 볼 수 있다.

3) 포로 3세대 : 이는 성벽공사를 완공시킨 에스라와 느헤미야와 같은 인물들로, 이들은 포로 시대에 한참 후에 태어나 그 문화에 완전히 물든 세대였으나, 오히려 성전회복의 주역으로서 새로운 역사를 시작한 감격세대인 것이다. 따라서 우리가 지금 통일과 민족의 회복을 위해 열심히 노력하고 있지만, 실제로 역사 속에서 통일시대 주역의 역할은 우리의 몫이 아니라, 우리 다음 세대, 즉 연변과기대나 평양과기대 한동대 또는 전세계에 흩어진 코리안 디아스포라 기독청년들 가운데에서 키워낸 우리들의 제자들의 몫일 수도 있다는 생각을 해본다. 다시 말해 우리가 다음 세대에서 느헤미야와 에스라를 키워내지 못한다면 통일시대는 더욱 어두운 그림자를 우리에게 안겨줄 수도 있다는 것이다.

북한의 백성들은 선조들의 우상숭배를 통해 지금 포로생활의 긴 고통 가운데 있지만, 그 역시 역사를 움직이시는 하나님의 경륜 가운데 있음을 잊지 말아야 한다. 바벨론 포로생활 70년이 그러했듯이, 북한의 백성들이 통과하는 고난의 행군은 새로운 시대를 위한 준비 작업이다. 그 험난한 포로생활이 요셉과 다니엘을 준비시킨 것처럼, 마치 안식년을 지내듯 그 땅을 쉬게 함으로 장차 있을 모슬렘과 이스라엘을 향한 영적 전쟁에서 사용할 마광(磨光)한 화살로 숙성시키는 과정이라고 성경은 우리에게 통찰력을 제공한다. 스룹바벨 성전회복의 역사가 장차 나타날 이스라엘의 종말론적 회복의 예표적 사건이었던 것처럼, 평양의 회복과 통일이라는 과제도 하나님 나라 역사의 종말론적 시각의 관점에서 조망할 필요가 있다.

한국민족의 지난 근대사를 회고해 본다. 우리 민족이 겪었던 지난 150년의 역사는 결코 세계역사에서도 흔치 않은 역경과 환란의 역사였다. 그 가운데 한반도를 휩쓴 일곱 번의 전면전이 있었다. 청일전쟁, 러일전쟁을 비롯하여 태평양전쟁과 한국전쟁에 이르기까지……. 그 가운데서 흩어지기 싫어하는 한국민족은 전 세계에 흩어져 사는 코리안 디아스포라 민족으로 바뀌고 말았다. 일본 식민지 시절에는 강제징용으로 러시아로 일본으로 끌려갔고, 한국 전쟁시에 신앙의 자유를 찾아서 수많은 실향민들이 남쪽으로 내려왔고, 해방 후에 좀 잘 살아보겠다고 미국으로 독일로 캐나다로 호주로……. 수많은 이민자들이 흩어져갔다. 우리는 2008년 현재 무려 178개국에 750만 명 이상이 디아스포라가 되어 살아가는 특별한 민족이 된 것이다. 그리고 그들은 가는 곳마다 교회를 세우고 있다. 실로 코리안 엑소더스가 발생하였다. 이 같은 현상은 지금도 계속되고 있다. 혹독한 경제핍박을 피해 북에서는 탈북자들이 중국을 거쳐 전 세계로 흩어져 가고 있다. 작년 프랑크푸르트의 어느 한인식당에 갔을 때 그곳에까지 탈북가정이 스며들어있는 것을 보고 놀란 일이 있다. 그뿐인가? 남쪽에서도 열악한 교육 시스템으로 어린 학생들을 쥐어짜는 교육핍박을 가하다보니, 보다 나은 교육환경을 찾아 수많은 기러기 가정과 교육이민자들이 양산되고 있다.

이것이 우연히 된 일일까? 절대 그렇지 않다. 흩어진 디아스포라를 통해 일하시려는 하나님의 장기적인 포석이 감추어져 있는 것이다. 앗수르의 공격으로 멸망하여 열방에 흩어진 디아스포라 유대인들이 곳곳에서 시나고그, 즉 회당을 만들어 하나님을 경배하도록 하였고, 그들을 사용하셔서 로마시대 초대 교회의 역사를 이루어 가셨던 것처럼 하나님께서는 디아스포라 코리안들을 반드시 사용하실 것이다.

그러나 그 환란의 역사 속에서 한국민족은 지난 세월 너무나 많은 상처들을 받았다. 사탄은 그것을 잘 알고 있기에 교묘하게 이용한다. 사탄의 시스템은 결국 서로를 향해 용서하지 못하는 마음을 불어넣어 복수의 영으로 죽음의 영으로 몰고 가는 것이다. 월터 윙크(Walter Wink)는 이 주제를 〈사탄의 체제와 예수의 비폭력〉이라는 탁월한 저서에서 집중적으로 다루고 있다.

이 같은 사탄의 시스템에 휘말린 한국인들은 가는 곳마다 다투고 싸우고 갈라진다. 자신에게 작은 상처를 준 사람을 용서할 줄 모르고 자신과 다른 사람들을 용납하지 못한다. 정파로 지역감정으로 학연으로 혈연으로 나뉜다. 신학으로 교단으로 나뉘고 교회가 분열되고 깨어진다. 이혼과 가정해체가 급증하고 낙태와 자살이 사회 속에 팽배하는 것이다.

이 사탄의 체제를 깨고 극복할 수 있는 유일한 길이 바로 예수 그리스도의 십자가 복음, 용서의 복음이다. 예수님은 이 사탄의 체제를 깨뜨리기 위해 십자가를 지셨다. 복수와 죽음의 영을 깨고 용서와 사랑의 복음으로 우리를 변화시키기 위하여 피 흘려 돌아가신 것이다.

부활하신 예수께서 제자들 앞에 나타나셔서 처음 하신 말씀이 바로 용서에 관한 당부였다.

요한복음 20장에서 이르시기를…….

〈너희에게 평강이 있을지어다. 아버지께서 나를 보내신 것 같이 나도 너희를 보내노라. 성령을 받으라. 너희가 뉘 죄든지 사하면 사하여질 것이요 뉘 죄든지 그대로 두면 그대로 있으리라〉

그분은 우리를 세상에 보내시면서 십자가의 샬롬으로 서로 용서하라고 말씀하신다.

그런데 그것은 결코 우리의 노력으로 우리의 성품으로 가능한 일이 아니다.

그래서 기다리라고 말씀하시며 성령을 먼저 받으라고 하신다.

오직 성령이 우리에게 임하셔야만 우리가 권능을 받아 땅 끝까지 이르러 예수의 증인이 될 수 있는데, 그 권능은 바로 원수를 사랑하고 용서할 수 있는 권능인 것이다.

먼저 이 일을 이루어야 한다. 그래야 우리가 증인의 삶을 살 수 있기 때문이다.

예수의 증인이 된다는 것은 예수처럼 사는 것이요 결국 예수처럼 죽는 길이다.

증인, 말투스라는 헬라어가 한편으로는 순교자를 뜻하는데, 예수처럼 살다보면 반드시 세상에서는 핍박을 받게 되어 있고, 그 핍박을 이겨내며 사는 것이 순교적 삶이요 죽으면 곧 순교자가 되는 것이다.

작금의 정치적 난제들이 해결되어 평양과기대가 개교되고, 그를 통해 수많은 정치가와 학자, 기업인들이 배출되어 통일시대를 경영할 에스라와 느헤미야들이 나타나기를 소망한다. 이를 위해 정부와 기업과 대학과 많은 NGO단체들의 적극적인 협조와 연합을 기대한다.

그러나 그에 앞에 이 민족과 남과 북의 교회 위에 새로운 성령의 기름 부으심의 은혜가 임하여, 회개와 부흥의 역사가 다시 한 번 일어나기를 소망한다. 서로를 향해 용서할 수 있는 권능이 한반도에 임하기를 간절히 소망한다. 그 속에서 이루어진 통일만이 남북한과 한중일이 연합하고 전 세계의 디아스포라 코리안을 하나로 묶어 동북아시대의 경제적 영적인 복음의 화살로 중동과 이스라엘을 향해 날아가는 하나님의 역사 속에서 쓰임받게 될 것이다. 통일 시대에 고난의 행군을 통과한 북한에 있는 젊은이들이 모슬렘과 유대인들을 향한 화해자의 삶을 살아가는 날을 믿음의 눈으로 바라본다.

〈부록〉 평양과학기술대학 건립 진행 상황

2001년부터 남한의 NGO 단체인 동북아문화교육재단이 시작하여

2009년 하반기에 개교를 목표로 하고 있는 평양과학기술대학 프로젝트는 과거의 NGO 단체들이 해왔던 인도적 지원의 한계를 넘어서고 있다. 단기지원을 넘어서서 북한에 상주하려는 시도이며, 또 장기적으로 북한 사회를 개발하기 위해서 교육훈련 프로그램에 집중하고 있다는 점에서 의의가 있다.

평양과기대 건립의 최종 목표는, 평양과기대 내에 학술활동 뿐만 아니라 기업연구소 및 NGO 단체들이 상주하며 정보공유와 상호협력을 위한 네트워크 허브(network hub)를 구축하는 것이다. 이를 위해 대학교육 시설 이외에 산 · 학 · 연 센터를 비롯한 지 · 산 복합단지를 구성하고 국제다문화센터를 건립하려고 시도하고 있다. 특히 국제다문화센터는 북한 관련 NGO 단체들에게 가장 필요한 상주 네트워킹을 세우려는 시도라는 점에서 의의가 있다.

(1) 평양과기대 설립의 배경과 추진 현황

1) 설립 배경

한중 수교가 되기 전인 1992년, 동북아문화교육재단은 중국 길림성 연변 조선족 자치주 연길시에 중국 대학인 연변대학과 협조하여 연변과학기술대학을 세웠다. 교원의 대부분이 중국인이 아닌 외국인 전문가들로 구성된 연변과학기술대학은 지난 15년 동안 조선족과 한족 젊은이들에게 선진교육을 제고할 뿐만 아니라, 외국인들과 함께 일할 수 있는 열린 마음과 규범을 전수해왔다. 현재 1700명의 재학생을 갖고 있는 연변과학기술대학은 그 동안 중국에 진출한 외국 글로벌기업에 인력을 공급해왔다. 이런 성과들은 중국정부와 북한 정부에 의해서 주목을 받게 되었다.

북한당국에서는 오랫동안 연변과기대를 면밀히 관찰하여 왔으며,

2000년 당시 이 학교가 10년간 중국 사회주의 국가에서 성공적으로 인재들을 양성한 성과를 높이 평가했다. 특별히 국방위원장의 2000년 북경, 상해 방문 이후, 북한 내부에서도 새로운 변화에 대한 욕구가 나타났고, 북의 경제와 산업을 일으키고 현실적으로 대외 협상을 이끌만한 국제감각을 지닌 선진지식인 인재에 대한 수요를 갖게 되었다. 이를 위하여 북한정부는, 연변과기대 김진경 총장을 접촉하여 먼저 대학설립을 요청하게 되었다. 또한 북한사회가 국제적으로 격리되어 젊은이들을 유학시킬 수 없는 현실적인 딜레마가 평양과기대 설립의 대안이 나오는 데에 영향을 미쳤을 것으로 추측한다.

2) 추진 현황

평양과학기술대학은 2001년 북측 교육성과 남측의 사단법인 동북아교육문화 협력재단이 합의하여 50년간 공동 운영의 조건으로 설립하게 된 합영 교육기관이다. 2001년 3월 1일 북측정부로부터 대학설립허가서, 설립총장 임명장을 받아 기본계약서를 체결하였으며 같은 해 6월 5일 남측 통일부의 사업승인을 받았다. 2003년 12월 북측 정부로부터 평양시 대동강 남쪽 낭락구역 보성리에 100만 평방미터의 토지리용허가확인서를 발급받은 후, 본격적으로 공사가 시작되어 2008년 5월 현재 학사동, 관리동, 교수연구실과 식당, 학생활동 편의시설, 기숙사, 변전소를 비롯하여 15개 건물 약 8만 평방미터의 건평을 건설하여 공정, 내부 시설을 갖추는 마무리 작업에 들어가 개교를 준비하고 있다.

현재 평양과기대는 공동 설립 위원회가 주도를 하고 있는데, 현재, 평양과기대 설립총장인 김진경박사, 전 Rice 대학 총장이었던 Dr. Gilles 와 포항공대 전 총장이었던 박찬모박사 3인이 공동설립위원장을 역임하고 있다. 평양과기대 개교 시점은 현재 2008년 가을로 계획하고 있다.

(2) 평양과기대 설립의 목적과 내용

1) 평양과학기술대학의 설립 목적

평양과학기술대학 (PUST, Pyongyang University of Science and Technology)은 민족의 화해와 통일 및 경제번영을 위하여 설립한다. 선진적 교육시설과 창의적 교수방법을 확보하고 국제적인 교수진들을 초청하여 실용성, 창의성, 국제성의 교육이념을 구현하고, 창의, 협력, 봉사의 실천강령을 가르침으로, 통일시대와 동북아시대에 선도적 일꾼으로 일할 수 있는 국제적인 인재를 양성하며 동북아시아의 학술 및 산업교류를 통해 건강한 통일 조국 건설을 준비하는 것을 목적으로 한다 .

평양과기대의 초기단계에서는 정보통신(ICT), 산업경영(IM), 농업식품공학 (AFT)의 3개 전공분야를 대학원(박사원) 석사과정으로 시작할 예정이다. 평양과기대에서는 국제화를 위한 영어교육과 학제간 교육을 학습하도록 1년의 기초교육을 제공하고, 그 후 2년의 전공교육을 하는 1+2 프로그램을 기본으로 한다. 개교 초기에는 세 전공 분야에 각각 50명 씩 150명 규모의 학생을 받아 시작할 예정이다. 2011년까지는 건설공학박사원 및 산업디자인박사원을 비롯해, 보건의료박사원, 국제법률박사원, 재료기계자동화박사원 등을 점차적으로 개설하여 가까운 장래에 2000명의 종합 대학의 모습을 갖추어 나갈 예정이다..

2) 평양과기대의 교육철학

평양과기대는 1차적으로 북한 사회를 위해서 지어지며, 교육이 갖는 장기적 인프라로서의 성격에 대한 고려와 함께 북한사회에 미래에 대한 큰 전제를 갖고 있다. 이 전제는, 북한이 앞으로 통일 이후 남한과 더불어 동북아의 물류의 중심지가 될 것이라는 점이다. 이것은 북한의 동북아 경제로의 참여, 즉 경제로서의 세계화의 일부로 들어올 것이라는 점을 전제하는 것이다. 일본, 한국, 중국, 그리고 중앙아시아와 유럽으로까지 이어지는 물류의 연결점으로 등장하게 될 한반도의 북쪽을 북한사회가 담당할 것이라는 점이다. 또 이런 참여와 함께 북한과 남한은 하나의 사회로 통일될 것이라는 점을 전제한다.

이때 문명으로서의 세계화, 즉 문화적이고 사회적인 요소가 정합적으로 연합해가는 과정이 동시에 진행되지 않는다면, 경제적 세계화의 참여에서 발생하는 여러 가지 문제점들로 인해서, 과거 오랜 기간 동안 남북한 사람들에게 익숙한 지역화로 회귀하는 반발에 부딪히게 되어, 남북한은 필연적으로 갈등과 대립으로 인한 사회적 경제적 손실에 직면할 것이다. 이런 면에서 평양과기대는 바로 문명으로서의 세계화의 축을 담당한다고 생각한다. 북한 젊은이들의 사고의 전환이 일어나는 곳, 그리하여 경제적 세계화에서 비롯되는 여러 가지 문제점들을 지역화의 회귀라는 방법으로 풀지 않고, 대화와 협동을 통해 기꺼이 풀고자 하는 젊은이들을 육성하는 곳이 되는 것으로 평양과기대의 비전을 삼고 있는 것이다.

보다 구체적으로, 이런 비전을 이루기 위해서 세운 평양과기대의 교육 방향성은 아래와 같다.

첫째 교육방향은 실용성(Value creation)의 교육이다. 사람들의 필요를 파악하여 섬기려는 사람. 그 필요를 만족시키기 위해서 다른 이들과 협동하여 가치를 만들어내는 사람. 바로 평양과기대가 교육하려는 인재이다. 평양과기대의 학생들은 다른 이들을 실제적으로 섬기려는 마음을 배우고, 섬김을 위해서 다른 이들과 협동하는 팀워크 능력을 가진 인재로 성장하게 될 것이다. 이를 위해서 교수 대 학생 비율을 낮게 하여 공동 프로젝트가 진행되는 교육을 계획하고 있다.

둘째는, 창의성(Entrepreneurship)의 철학이다. 가치 창출을 위해서, 새로운 것을 두려워하지 않고 시도하는 벤처정신의 교육, 이것이 평양과기대의 두 번째 교육방향이다. 이를 구체적으로 실현하기 위해 학제간 교육(Inter-disciplinary education)을 중심으로 학사를 운영할 계획이다. 비즈니스 감각이 있는 엔지니어, 기술변화의 흐름을 읽을 줄 아는 사업가, 즉, 다양한 분야의 사람들과 대화하고 협동할 줄 알고, 새로운 것을 창출하고자 과감히 모험을 하는 인재를 키워내는 것이 목적이다. 학생들은 자기 전공을 뛰어넘어 다른 분야의 사람들과 대화하고 일을 하는 프로젝트를 수행하면서, 이 정신을 배우게 될 것이다.

셋째는, 국제성(Global mind)의 방향이다. 다양한 배경의 사람들을 존중하고 대화하고 함께 일할 줄 아는 마음, 즉 글로벌 마인드를 갖추도록 하는 것에 교육의 방향성이 잡혀있다. 이를 위해서 학생들은 국제언어인 영어를 실제적으로 사용할 수 있도록 익히게 될 것이다. 학생들은 다문화권의 리더로서 크기 위해서 다른 배경의 사람들을 배경과 관계없이 존중하는 법을 익혀야 하며, 타인과의 약속을 지키는 정직과 성실(integrity)을 배우게 될 것이다. 이 교육목적을 이루기 위해 평양 과기대에서는 다문화에서 온 글로벌 팀으로 이루어진 교수들이 교육을 담당하게 될 것이다. 또 점차 확장시킬 교환교수제도와 교환 학생제도를 통해서 학생들은 타문화권의 사람들과 직접 만나고 같이 협동하는 경험을 제공할 계획을 갖고 있다.

이를 실천하기 위한 적극적인 장치로써 지산복합단지와 국제다문화연구센터의 건립을 추진하고 있다.

〈지산 복합 단지〉

평양과기대의 졸업생들을 적극 활용하여 남측과 외국의 기업들이 들어와 기업활동을 벌일 수 있는 기반을 구축하고자 지산복합단지를 건설하고자 한다. 이를 위해 대학이 보유한 우수하고 유용한 인적 물적 연구적

자원을 활용하여 산학협력 및 연구사업을 추진하여 경제적 가치를 창출하기 위한 제반 기능을 수행하는 주체로서 산학협력단을 대학내에 두며 이를 통해 외부의 기업 및 연구소가 적극 진출하도록 돕는다. 개교 후에는, 설립된 지산복합단지 내의 기업 연구소와 연결하여 학생들, 기업연구원들, 교수들이 같이 공동 프로젝트를 수행함으로써, 현장에서의 가치창출을 배우게 될 것이다. 이에 필요한 과학기술의 응용뿐 아니라 팀워크와 커뮤니케이션 능력의 교육을 배우는 장이 될 것이다

1차적으로 개교와 더불어 산학연센터 건물을 완공할 예정이며, 이에 기업 연구소 및 남측 대학의 연구소들을 유치하여 벤처 창업을 위한 인큐베이팅 역할을 감당하고 또 연구인력배양을 위한 준비 작업을 시작할 예정이다.

- o 산학연 센타에 외부 연구소 및 벤처 창업 준비 기업 유치
- o 지산 복합 단지 내에 생산 기업 유치
- o 북측에서의 외국 기업의 생산 모델 연구 및 제시

〈국제 다문화 연구센타〉

북한을 돕는 NGO 단체들이 효과적으로 업무를 수행하기 위해서 장기적으로 상주하면서 북한사회 내의 신뢰를 쌓고, 같은 업무를 담당하는 단체들 사이에 네트워킹을 맺는 것은 현재 NGO 단체들이 극복해야 할 가장 큰 개선점 중 하나이다. 평양과기대 내에 이런 네트워킹의 허브(hub)를 세우려 한다. 국제다문화연구센터(가칭)를 통해서 다음과 같은 활동을 할 수 있을 것으로 생각한다:

국제다문화연구센터를 평양과기대 내에 건립하는 것을 준비하기 위해서 2007년 11월부터 기초조사를 시작하였다. 북한관련 NGO 단체들의 활동과 그 의미, 그리고 개선점에 대한 자료들을 수집하고 분석하는 한편,

한국 그리스도 대학교 복지학과와 숭실대학교 복지학과 대학원 교수들과 이 연구센터의 기본 개념에 대해서 협의하였다. 동시에, 북한교육성과 이 부분에 대한 협의를 시작하였다. 현재는 북한 교육성의 K 국장에게 다문화연구센터 라는 제목으로 제안서를 제출한 상태이다. 이 부분에 대한 구체적인 협의는 평양과기대 개교 일자가 확정이 된 후에 본격적으로 진행될 것으로 기대하고 있다. 평양과기대 개교일자가 확정될 시점을 2009년 하반기 쯤으로 추측하고 있다. 이후, 쌍방의 대표로 구성된 개교위원회가 구성되어 구체적인 개교준비에 들어갈 것이고, 국제다문화센터는 이 개교 준비의 일환으로 진행될 것이다.

(3) 평양과기대 설립의 의의

평양과기대의 첫번째 의의는, 인도적 지원 차원을 넘어서 장기적인 개발을 위한 교육을 제공한다는 점이다. 즉, 북한 경제가 장기적으로 자립할 수 있도록 교육을 통해 돕는 역할을 하는 것이다. 평양과기대에서 북한 청년들에게 가르치고자 하는 분야는 국제적으로 민감한 특정의 첨단 과학기술 분야가 아니라 남북한의 경제협력이 가능한 일부 실용적인 컴퓨터 프로그래밍 분야와 전자산업 분야 (ICT: Information & Communication Technology), 그리고 국제무역과 국제화를 돕기 위한 산업경영 분야 (IM: Industrial Management), 식량문제 해결을 돕기 위한 농업식품공학 분야 (AFT: Agriculture & Food Technology) 와 건설공학 분야, 보건의료 분야 등이다. 북한 경제가 자립하여 동북아 경제의 한 축을 담당할 수 있도록 돕는 것이다.

두 번 째 의의는, 평양과기대가 남북한의 정치적 긴장의 완충역할을 담당하게 될 것이라는 점이다. 민족 화해와 민족 회복, 민족 통일과 민족 번영을 위한 통로로서, 평양과기대는 순수한 교육을 통해 남북의 긴장완화와 다가오는 통일 시대와 통일 이후를 위해 준비하는 일을 담당하게 될 것이다. 뿐 만 아니라, 남북한의 교수 학자뿐만 아니라, 영리기업들, 정부 관계자들이 정기적으로 방문하여 북한의 학생들, 기업 및 정부 관계자들과 만나는 중립적인 장소를 제공하는 역할을 하게 될 것으로 기대한다.

마지막으로, 동북아 사회가 새로운 전환으로 들어가는 전환의 매개체가 될 것이다. 남북한의 각종 관계자들이 만날 뿐 아니라, 세계 각국에서 온 교육가, 기업인, 정부관계자들이 방문하여, 북한 사회와 대화와 협력을 의논함으로써, 북한사회뿐만 아니라 관련된 모든 국가들에 영향을 주게 될 것이다. 현재 북한은 국제적인 협력을 통해 경제발전을 이루고자 하여도 내부의 인적 인프라가 구축되지 못하여 어려운 상태에 놓여 있다. 평양과기대를 통해 북한 내에는 외부세계를 이해하고 대화할 수 있는 태도와 더불어 전문적 기술을 갖고 있는 인재들이 배출될 것이다. 이들 인재들은 장차 외국의 기업들과 정부기관들이 북한에 진출하고자 할 때 파트너로서 함께 일할 수 있을 것이다. 또, 북한주변의 여러 국가들은 평양과기대를 통해서 북한에 대한 인식을 새롭게 하며 북한을 같이 일할 수 있는 파트너를 받아들이는 계기가 될 수 있을 것으로 전망한다.

〈참고문헌〉

- 21세기 글로벌 시대의 새로운 통일론의 모색 : 연성복합통일론, 통일평화연구소 (2009)
- 사탄의 체제와 예수의 비폭력, 월터 윙크, 한국기독교연구소
- 독일통일에 기여한 독일교회이야기, 주도홍, 기독교문서선교회
- 한국교회처음이야기, 이덕주, 홍성사
- 토마스 목사전, 유해석, 생명의 말씀사
- 평양대부흥이야기, 박용규,
- 통일 NGO 기독교, 기독교 통일학회 (2008)

- 무너지는 장벽, 데이브 & 수스, 홍성사
- 하나님의 정치, 짐 월리스, 청림출판

재통일의 긴 과정

- 체제뿐만 아니라 사람들의 생각도 새로운 방향모색이 필요하다

안톤 라우셔 Anton Rauscher
(독일 가톨릭 사회과학 연구센터)

한독한술대회는 1997년 이래로 서울에 있는 서강대학교와 독일 뮌헨 글라드바흐에 있는 독일 가톨릭 사회과학 연구소가, 그리고 2007년 이래로는 독일 가톨릭 아이히슈테트-잉골슈타트 대학이 참여한 가운데 한국과 독일에서 번갈아가며 개최되어 왔으며, 처음부터 분단국가의 재통일이라는 문제에 중점을 두어왔다. 독일은 제2차 세계대전이 끝날 무렵 전승국들에 점령되어, 자유민주주의 서독과 사회주의 동독이라는 두 국가가 생겨났다. 한국은 1904년에 일본에 합병되어 식민지배를 받았다. 1945년 일본이 항복하고 일본군이 물러간 뒤 북한은 중국공산주의의 영향 하에, 반면에 남한은 미국의 영향권에 들어가게 되었다. 1950년에 공산주의 북한은 민주주의 남한을 침략하였다. 3년에 걸친 무자비한 전쟁이 시작되었고 470만 명의 사망자가 났으며, 나라가 분단되면서 수많은 가족들이 헤어지게 되었다. 장구한 전통을 지닌 나라는 남북으로 갈리어 적대적인 형제국이 되었다.

한국민은 독일의 경우에 분단이 끼친 영향이 어떠했는가를 무척 알고 싶어했다. 사람들의 삶은 어떻게 변했는가? 가정과 노동과 사회 · 경제적 발달, 학교와 교육 그리고 정치와 국가에는 어떤 변화가 생겼는가?[1] 그리고 한국민은 독일이 1989/90년의 재통일과 더불어 어떤 경험을 했는지에 대해 더 큰 관심을 가졌다. 또 구동독지역과 구서독 지역의 독일인들은 오늘날 재통일에 대해 어떤 생각을 갖고 있는지를 알고 싶어했다.

1. 장벽붕괴 직전의 상황

1989년 당시에 6,500만의 서독인들과 1,850만 명에 이른 동독인을 가른 것은 장벽이었고 철조망이었다. 물론 양독 간에는 상당한 소통이 있었고, 이 점에서 공산주의국가 북한이 자유민주주의 국가 남한에 대해 전면적인 폐쇄를 관철했던 한국의 상황과 달랐다. 동서독 간에는 통제가 가해지긴 했지만 우편과 전화연결이 계속 이어졌다. 동독시민들은 서독의 라디오를 들을 수 있었고 나중에는 TV까지 시청할 수 있었다. 그리고 베를린으로 가는 '통과구간(Transitstrecke)' 이란 것이 있어 고속도로와 기차는 검문 하에, 비행기는 자유롭게 이용할 수 있었다. 소련, 미국, 영국, 프랑스 등 4개국이 점령했던 베를린은 장벽이 세워진 다음에도 양독일 국가의 연결지점으로 기능했으며, 서독은 서방연합(나토, 유럽연합), 동독은 공산연합(바르샤바 조약기구, 코메콘)에 통합되어 있었다. 교회도 시간이 경과하면서 이전의 관계망을 복원하고 개별적으로 교리반과 병원을 운영할 수 있게 되었다. 교회건물들은 서방의 후원금(West-spenden)으로 개선되었는데, 가톨릭 교회는 국제적인 조직이라서 덕을 보았다. 교회는 자체적으로 후속세대를 교육시켰다. 교황의 교서와 같은 문서가 인

1) Ritter(2006), 독일통일의 대가. 재통일과 사회복지국가의 위기. Der Peris der deutschen Einheit. Die Wiedervereinigung und die Krise des Sozialstaates. 참고.

쇄되어 나올 때도 있었다. 독일의 장벽과 철조망은 한국에서와 같은 철저한 단절과 비교할 수 없었다.

클라우스 슈뢰더의 견해처럼, 동서독은 재통일 직전에 SED(독일사회주의통일당)의 독재에 대해 평가하고 유죄판결하려는 입장에서 대체로 일치했다.[2] 동·서독 국민의 대다수가 동독에서의 삶은 참아내기 어려운 것이라고 여겼다. "SED가 나라를 망쳤고 부자유와 자의적 질서가 횡행하고 있음"을 너나없이 인정하고 있었던 것이다. "재통일된 1990년에 당시 동독민의 3/4 가량은 동독의 현실상황이 참기 어렵고 많은 것이 바뀌지 않으면 안된다는 의견을 보였다. 1/5 가량의 동독민만이 동독에서의 삶이 지극히 살만하다는 의견을 표명했다."

당시 동독은 소비에트 블록에 속하는 여타 동유럽 국가들과 비교할 때는 분명 형편이 나았지만 서독을 비롯한 유럽내 자유민주주의 국가들과 비교할 때는 엄청나게 뒤떨어졌는데, 이 점을 고려해야 당시의 상황을 제대로 이해할 수가 있다. 동독시민들은 서독의 방송을 보고 들으며 생활상의 차이에 대해 어느 정도 정확한 가늠을 할 수가 있었다. 1964년 9월에 동독은 연금생활자들에 대해 - 그들의 친지나 지인들이 비용을 부담할 경우 - 서독으로의 여행을 허락했는데, 그들이 동독으로 돌아오면 서독의 실정에 대한 생생한 정보가 전해졌다. 서독사람들은 이런 얘기를 하곤 했다. 동독에서 은퇴한 어떤 사람이 서독의 자르브뤼켄에서 와서 창 너머를 보며, 저기 차를 몰고 가는 사람들은 다 백만장자냐고 물었다는 것이다. 서독에선 노동자들도 성능 좋은 차를 소유하고 몰 수 있다는 걸 그는 상상할 수 없었다는 것이다. 80년대 동독의 실정에서 노동자들은 "트라비"를 구하려고 오래 기다려야만 했다.

동독 기관원들과 관료들의 선전언어, 정치적으로 조종되는 미디어와

---

2) Schröder (2008), Ostalogie und Glorifizierung - Unkenntnis der Nachgeborenen.

사정이 급격히 좋아지고 있다는 만성적 공언들은 신뢰를 잃었다. 동독의 정치체제는 1980년대 중반 이래로 정부의 선전을 믿는 사람이 거의 없을 정도로 불신을 사고 있었다. 동독시민들은 굶주리지는 않았지만, 특권층에 속하지 않는 한 자동차나 품질 좋은 가사용품 같은 고급의 물품들을 손에 넣을 수 없었다. 동독인들이 가장 답답하게 여긴 것은 서방국으로 여행을 갈 수 없다는 점으로, 이것이 많은 근로자들의 불만을 증폭시켰다.

1980년대에 서독사람들은 실업과 같은 자기들의 문제에 골몰하였고 동구권에서 일어나는 많은 일들을 잘 인식하지 못하였다. 독일통일이 목전에 다가온다고 느낀 사람은 아무도 없었다. 모든 정당들과 단체들 그리고 학자들은 "언젠가는" 재통일이 될 거라고 여기는 정도였다. 유일하게 기독교 연합정당들(Christliche Unionsparteien)만이 독일통일을 정치적 목표로 설정하고 있었다. 사회민주당(SPD)은 붕괴 직전의 동독 정부와 협정을 맺을 준비가 되어 있었다. 서독에서는 동독경제의 열악한 상황, 이를테면 동독이 완전히 낡아빠진 공장기계들을 현대화하기 위해 프란츠 요제프 슈트라우스의 주선으로 수십억 마르크 규모의 차관을 받아야 할 처지라는 것을 잘 알지 못했다. 심지어 뭐든 아는 척했던 서독언론들은 동독의 산업이 놀라운 생산성을 보유하고 있다는 방송을 내보내곤 했는데, 재통일 후에 알게 된 바로 동독의 생산성은 서독에 비해 28퍼센트 수준에 불과했다.

처음 라이프치히에서 월요시위가 발발하고 동독시민들이 프라하의 독일대사관으로 피신하면서 1989년 11월 9일 독일뿐 아니라 유럽을 양분하던 베를린 장벽이 무너졌을 때, 서방세계는 공산주의 체제의 붕괴에 대해 준비가 되어 있지 않았다. 헬무트 콜은 전례 없는 역사적 사태에 직면했음을 깨닫고 그에 상응하여 행동하였다.[3] 영국과 프랑스를 비롯한 몇몇 국가들이 독일의 재통일에 반대하는 걸림돌을 놓지 않도록 하는 데는 강력한 설득이 필요했다. 헬무트 콜 총리가 의지할 데라고는 미국 정도 밖에 없었다. 서방세계는 크라카우의 추기경이 요한 바오로 2세로 선출된 전후에 폴란드에서 일어난 변화, 소련연방의 내부적 통일성을 깨뜨린 변화에 대해 제대로 파악하지 못하고 있었다.

하지만 전체적으로 독일통일은 더없이 유리한 세계적 정치구도 속에서 진행되었다.[4] 세계적으로 긴장완화, 감축, 냉전극복의 경향이 진행 중이었다. 소련의 고르바초프는 페레스트로이카와 글라스노스트를 통해 전체주의 체제를 개혁하려 하였다. 필요시에는 공산주의 국가(바르샤바 조약기구)의 체제변경을 막기 위해 폭력도 불사한다는 브레즈네프 독트린이 폐기되었고 각국이 독자적인 정치적 노선을 자유롭게 선택할 수 있도록 허용되었다.

장벽이 무너진 다음에 재통일의 전개과정을 다시 한 번 돌아보는 일은 매혹적이다. 베를린 장벽이 무너진 다음 혼자서나 가족과 함께 서독으로 여행한 수만 명의 사람들이 동독의 상황이 얼마나 극적이었는지를 증언한다. 분명 그들은 정치적 변화를 수용할 자신이 없었다.

동독 내의 새로운 정치체제는 1990년 3월 18일 인민의회(Volkskammer) 의결로 확정되었다. 이때 "독일연합(Allianz für Deutschland)" 이라는 이름으로 독일통일에 찬성하며 독일연방공화국의 일부가 되겠다는 의견이 다수를 이루었다. 동독에서 선거가 치러지기도 전에 "경제개혁과 화폐통합(通貨統合, Währungsunion)" 제안을 제시한 것은 헬무트 콜의 회심의 한 수였다.[5] 이 제안은 독일 마르크의 도입에도 적용되었다. 당시 동독시

---

3) Ritter, 2006, p.18 - 사회민주주의는 분열되었다. 당시 수상후보였던 오스카 라퐁텐은 역사적으로 국민국가의 시대가 갔다고 보고 통일과정에 제동을 걸고자 했으나, 명예의장인 빌리 브란트는 다른 의견을 가졌다.

4) Ibid, p.35

5) Ibid, p.35

민들 사이에는 "독일 마르크가 우리에게 안 오면, 우리가 직접 간다"는 문구가 유행하였다. 또 "짐 싸고 기다리는 사람들이 수 백 만명"이라는 말도 떠돌았다. 되돌아보건대 독일 마르크의 신속한 도입이 동독 시민들의 서독으로의 대량이탈과 이로 인한 공동화를 저지할 유일한 수단이었다.

2. "경제기적"의 도래에 대한 지나친 기대

1990년 10월 3일에 통일협정이 이루어졌다. 동독의 주들은 독일연방공화국에 속하게 되었다. 기본법이 헌법의 기초가 되었다. 재통일과 더불어 동독지역의 경제적, 사회적, 문화적, 정치적 수준을 서독에 동등하게 하려는 노력이 시작되었다. 동, 서독 양측은 그 과정이 얼마나 어려울지 정확히 예측하지 못하는 상태였다. 많은 동독인들에게 서독은 낙원적인 풍요의 상징으로서 그들에게 당장 서독인과 같은 사회, 경제적 복지를 누리게 해줄 것처럼 느껴졌다. 서독이 지난 40년간 축적해 온 법과 제도들에 대해서도 그대로 수용할 용의가 있었다. 서독인들도 마찬가지로 루드비히 에르하르트가 사회적 시장경제를 통해 실현시킨 소위 경제기적이란 것을 반복할 수 있다고 여겼다. 헬무트 콜이 동독지역에도 "꽃피는 풍경"이 들어서게 될 거라고 말했던 것도 같은 의미였다. 이런 기대는 한층 더 부풀어, 서독은 재통일 당시에 시민들이 품었던 희생심이 불필요할 수도 있다고 생각하게 되었다. 서독인은 뭔가 가능한 수단을 통해 엄청난 부담을 감당할 수 있게 되길 바랐다.

독일 재통일 후 첫 몇 년 간은 새로 편입된 동독지역의 주들에 법질서와 민주적인 기능들을 도입하는 작업이 주를 이루었다. 서독이 견지해 온 많은 법과 제도들을 통해 동독 역시 공존공생을 누리게 되어야 했다. 그런데 기대와 달리 실제 전개된 상황은 간단치 않았는데, 그 이유는 동독

지역의 관청과 공공기관, 정부, 지역공동체 등에서 일하는 사람들에게 새로운 가치체계와 민주주의가 생소했기 때문이다.

더 힘든 과제는 사회주의적 계획경제 대신에 사회적 시장경제 체제를 건설하는 일이었다. 동독에는 저절로 가격이 결정되는 자유시장이 없었고 기존에 정치적으로 임명된 감독관과 매니저 대신에 경영적 마인드를 실현해 갈 기업가들이 없었으며 수요와 공급 양면에서 자유로운 거래가 없었다. 노동 및 임금협상을 벌이는 자유로운 노동조합과 사용자단체가 없었고, 자유경쟁 시장에서 유능하고 책임 있게 활동할 능력이 있는 사람들이 모자랐다. 그래서 적잖은 경제학자들은 사회적 시장경제는 장기간에 걸쳐 계단식으로 실현해 갈 수 밖에 없다고 보았다.

이와 마찬가지로 서독이 건설되던 시기에 형성된 현대적 사회복지국가의 체제들을 새로 편입된 동독지역의 주들에 실현하는 것도 힘든 일이었다. 노동권, 대규모의 사회보장보험, 은퇴연금과 의료보험, 실업수당보험, 생활보호금, 자유 복지연합 등 모든 분야에서 난점이 산적해 있었다. 근소한 액수의 연금만 받던 구동독지역의 연금수령자에게 서독수준의 혜택을 주려다 보니 독일의 연금보험은 세금으로 예산을 확보하지 못한 채 연금보험재정의 부담을 안게 되었다. 동독의 연금수령자가 선거권을 통해 새로운 민주주의를 지지하기를 기대한다는 측면에서의 어려움도 있었다.

많은 분야에서 2차 대전의 손상이 채 복구되지 않은 채로 남아있던 구동독지역의 열악한 인프라 구조를 처음부터 현대화하고 도로와 고속도로, 장거리 열차노선을 지으며 전력을 공급하고 전화망 시설수준을 향상시키는 작업은 그나마 상대적으로 쉬운 편이었다. 이는 물론 국가적으로 엄청난 이전과 투입을 통해 가능했기에, 구서독의 경제적 역량은 커다란 부담에 허덕이고 국가부채도 치솟았다.[6]

이런 상황이었기에 새천년이 올 즈음에 구동독지역에서건 구서독 지역에서건 독일통일에 대한 기쁨이 사그러들고 만 것도 놀라운 일은 아니다. 구동독지역에서 재통일과 더불어 실업자가 되고 불만을 품게 된 시민들의 수가 늘어났다. 구서독의 시민들도 일반적으로 구동독지역에 사용되는 막대한 이전비용, 투입비용이 해마다 치솟음에 따라 피해의식을 갖게 되었다. 이렇게 독일재통일의 환희는 사라지고 말았다. 장벽이 무너지고 20년이 지나자 독일인들은 냉정한 결산서를 작성하였다.[7] 1989년에는 동독인의 71퍼센트가 개인적 현실여건이 나아질 것으로 예상했지만, 오늘날에는 46퍼센트 밖에는 그런 기대를 갖고 있지 못하다. 구동독지역 시민들 가운데 1/4 가량은 그들 지역의 상황이 1989년 당시보다 더 나빠질 것으로 본다. 한편 많은 구서독인들은 동독지역에만 돈을 끌어다 붓기 때문에 정작 구서독 지역의 필요한 곳(예로 루르지역)에는 충분한 지원이 주어지지 않는다고 본다.

구동독지역의 많은 시민들은 실망한 나머지 과거 동독의 상황을 미화하여 본다. 로니 하이네는 부자유한 체제에서 살도록 강요받았던 사람들은 구서독에서 사회화를 경험한 사람들과는 전혀 다른 경험과 기대지평을 갖게 된다고 말한다. 정의에 관해 상상할 때 의식적, 무의식적으로 '사회적 위험요소에서 매우 잘 보호받게 된다'는 "사회주의적 보호독재"의 프로파간다 이미지를 떠올린다는 것이다.[8] 물론 이와 같다고 해서 구동독지역의 시민들이 차라리 SED(독일사회주의통일당)가 지배하는 나라에서 살기를 바란다고 결론 내려서는 안 된다. 베를린의 훔볼트대학 철학교수인 리하르트 슈뢰더는 "역사의 오점 또는 비관론자"라는 비난, "독일통일은 실패했다"거나 "동독지역은 비탄의 골짜기"[9]라는 슬로건에 저

6) Ibid. p.126 투입규모 참조.

7) Heine, 2008, Vereint und doch getrennt? (통일되고 분열되다?), in Die Politische Meinung, No.458, p.22

8) Heine, 2008, p.23

항한다. 구동독지역에서 - 구서독지역에서도 마찬가지로 - "좌파"를 지지하는 사람들은 환상에 빠져 있다. 그들 가운데 일부는 SED 국가의 공작원으로 누렸던 특혜를 애석하게 여긴다. 그러나 양 지역의 독일인들은 다시 획득한 단일성을 긍정한다. 다만 무언가 더 잘 진행될 수도 있지 않았을까, 생각하는 것이다.

3. 심성(mentality)의 변화

훨씬 어려운 것은 동독지역 시민들의 심성적 변화에 관한 기준점을 찾는 일이다. 이 주제에 관해서는 연구결과를 일반적인 사실로 받아들이긴 어렵지만 시사점을 제공하는 두 건의 연구가 발견된다.

첫 번째 연구는 금속산업노조(IG Metall)의 학술연구지원재단인 '오토-브렌너 기금'의 지원을 받은 "독일통일로 인한 고양과 우울"이란 주제의 "작센 종단연구"로 2009년에 출간되었다.[10] 이 연구는 SED(독일사회주의통일당) 정권 말기인 1987년에 시작되어 재통일시기를 거쳐 2007년까지 수행되었다. 14살의 동독청년이 34살이 될 때까지 질문을 던졌다. 재통일 이전의 첫 단계에서는 1987년부터 1989년까지 세 차례에 걸쳐 피설문자가 점차로 정치적 의식이 약화되어 가고 SED 당의 정책에 거리를 두게 되는 과정을 기록하였다. 1990년 봄부터는 두 번째 단계로 구동독의

---

9) Schröder (2. Aufl.2007), 독일통일에 관한 가장 큰 착각들. (Die wichtigsten Irrtümer über die deutsche Einheit.) 슈뢰더는 동독에 대한 착각, 통일에 대한 착각, 통일독일에 대한 착각들을 구분하고 있다.

10) OBS-Arbeitsheft 60 : Peter Förster u.a.(2009), Die deutsche Einheit zwischen Lust und Frust. Ergebnisse der "Saechsischen Laengsschnittstudie" Zusammenfassung für die Otto-Brenner-Stiftung.

사회체제가 통일독일의 체제로 변환되어가는 과도기에 해당된다. 이 단계의 초점은 피설문자가 자유민주주의 질서 안에서 적응하고 새로운 체제의 목표, 가치, 기대 등에 동일시할 수 있는지 여부였다. 마지막 설문은 2007년 5월부터 10월까지 행해졌다. 처음엔 587명의 피설문자가 참여해 설문항목에 답을 제출하였다. 마지막 단계까지 남아서 참여한 피설문자는 383명으로 전체의 65 퍼센트였다.

이 설문 및 연구의 결과는 다음과 같이 정리할 수 있다.

- 재통일 이전인 당시 14세~16세 설문 참여자들은 "현실사회주의"에 대한 실망이 무척 큰 상태였다. 그들이 동독의 정치와 사회주의 일반에 대해 가졌던 일체감은 해마다 감소하였다. 그러나 이와는 무관하게 동독의 앞날은 여전히 밝다는 확신을 갖고 있었다.

- 설문 참여자들 가운데 아무도 구동독의 정치체제가 복구되기를 바라지 않았다. 그러나 1989년 가을의 "평화로운 혁명"의 목표가 달성될 수 있을지에 대한 의심은 깊어졌다.

- 특히 장기간 무직이었던 이들은 실존적 불안과 아이들의 미래에 대한 근심에 시달렸다. 실직은 현대 산업사회의 상처이다.

- 독일통일에 대한 원칙적인 긍정이 곧 현재의 사회체제에 대한 동의를 뜻하지는 않는다. 구동독의 사회복지정책, 가족정책, 보건정책, 임금정책은 비판적으로 평가되었다. 소위 구동독의 "사회정책의 성취"라는 것(사회복지, 아동지원, 가족지원, 범죄방지, 사회정의 등)에 대해서는 기억 속에서 좋았던 것으로 회상되지만, 이는 직접적 비교의 척도가 존재하지 않는 상황에서 이루어지는 비교이다.

- 민주적 정당들과 정부에 대한 신뢰는 미미하다. 착취나 계급투쟁이라는 낡은 관념들은 아직도 버려지지 않거나 다시 가동되기 시작한다.

- 설문 참가자의 대다수는 사회주의 이념을 긍정적으로 평가하지만, 그 실현가능성을 믿지는 않았다.

이 연구결과는 설문응답자의 수가 매우 적기 때문에 일반화하기 어렵지만, 그럼에도 재통일 이후의 상황전개에 있어 달랐던 부분, 달리 진행될 수도 있었을 부분, 앞으로 그렇게 진행되어야 할 부분에 대해 생각할 때 진지하게 수용되어야 할 것이다. 주목을 요하는 또 한 건의 연구가 있다. 자유베를린 대학이 진행한 이 방대한 연구는 2008년 가을에서 다음해 봄까지 바이에른주, 동·서 베를린, 브란덴부르크주, 노르트라인 베스트팔렌주에 거주하는 5,200명 이상의 10대 학생들을 대상으로 설문하고, 구동독에 관해 개별 인터뷰 및 집단 인터뷰를 실시하였다. 설문은 구동독과 분단독일에 대한 지식과 판단에 있어 젊은 세대와 기성세대가 차이가 나는지, 독일의 동·서 양 지역의 젊은 세대들이 지닌 역사관이 서로 근접하게 되었는지를 알고자 했다.[11] 처음 재통일 당시에 사람들은 재통일 과정이 5-6년 정도면 완결될 것처럼 생각했지만, 새천년을 맞을 즈음에는 양 지역의 사회경제적 삶의 여건이 동등해지는 데는 아마 한 세대는 걸릴 것으로 달리 생각하게 되었다. 그 과정에서 본질적으로 중요한 것은 성원들의 사회화 과정에 결부된 사회·심리적, 심성적 차이들일 것이었다.

10대 학생들이 설문에 응답할 당시의 나이는 16세, 17세 가량이었다. 이들 가운데 절반 이상이 김나지움(Gymnasium)에 다녔고, 1/4 가량이 종합학교(Gesamtschule)에 다녔다. 이 젊은 학생들이 동독에 대해 아는 것은 학교수업이나 책, 영화, 소설 등을 통해서였다. 클라우스 슈뢰더가 얻은 결과에 따르면, 독일의 분할이 구동독과 구서독 지역에 끼친 영향은 논란이 될 만하다는 것이었다. 구동독지역의 학생들은 동독에 대해 구체적인 역사나 구조들을 잘 모르면서도 "가깝게 공감하는 태도"로 돌아보았는데, 서독 지역의 학생들은 분명한 거리를 두는 태도를 보였다.

11) Deutz-Schröder/ Schröder (2009), Soziales Paradies oder Stasi-Staat? Das DDR-Bild von Schülern - ein Ost-West Vergleich.

가족끼리 대화할 때 구동독지역 청소년들은 동독에 대한 특정 이미지들만 전달받는 일이 드물지 않았다. 말하자면 긍정적 경험과 '돌이켜 보건대 사회주의 국가의 칭찬할만한 점' 같은 것들이다. 대표적인 얘기가 사회주의 계획경제의 부정적 측면과는 별개로 일자리가 안정적이었다거나 공장 및 거주지역에서 단합이 잘 되었다는 등이다. 독재나 경제적 열악함이 회고되는 경우는 드물었다. 대체로 10대 학생들은 민주주의와 독재의 차이를 잘 알지 못했다. 이는 분명히 학교교육이 실패한 부분이고 미디어도 책임이 있을 터이다. 설문에 응한 대다수 학생들은 독일분단과 동독에 대해 아는 게 별로 없고 학교에서도 거의 배운 적이 없다고 답했다. 오직 바이에른 주(州)의 학생들만이 비교적 독재와 동독에 대해 잘 알고 있었다.

어느덧 장벽이 무너지고 20년이 지났다. 저 역사적 사건을 다룬 대중매체들은 그간에 공표한 의견들을 어느 정도 수정하기에 이르렀다. 동서독지역을 가리지 않고 대다수의 국민들은 재통일에 대해 긍정적으로 평가한다. 구동독지역 주(州)들의 실업률은 서독지역과 비교할 때는 여전히 높지만, 또 지금 같은 불황기에 심각한 수준이면서도 극심한 정도는 벗어났다. 독일 내 여행도 늘어나 구동독지역의 인식변화에 도움이 되었다. 최근 연구에 따르면, 구동독지역의 근로자 평균수입이 그곳의 낮은 물가를 고려할 때 구서독지역과 비교를 허용할 만한 수준이라고 한다. 그렇다면 구동독지역 시민들의 심성적 변화도 진행 중이라고 볼 수 있다. 인간은 새로운 현실여건에 맞춰 생각하기 때문이다.

4. 독일의 "내부적 통일" 과제에 관하여

독일재통일은 전체적으로 성공했지만 많은 독일인들은 아직도 미완이라고 생각한다. 지난 세월 동안 독일 내 양쪽 지역의 시민들을 서로 가까워지게 한 많은 일들이 일어났다. 양쪽 지역의 독일인들이 함께 성장하는 일을 어렵게 하는 장애물은 무엇일까? 더군다나 그들이 공통된 정체성을 갖지 못했을 경우라면 말이다. 서로 이해관계가 다르고 미디어의 영향력도 문제지만, 중요한 것은 구서독과 구동독지역 시민들의 심성이 다르다는 것이다. 독일인들은 서로 얼마나 같고 또 얼마나 다를까? 이에 관해 쉽게 잊고서 주제로 삼지 않는 사실은 양쪽 지역의 독일인들에게 다양한 영역에서 - 예를 들면 개인들이 삶을 꾸려가는 방식이라든가, 근본적인 가치에 대한 확신에서 - 많은 공통점이 있다는 것이다. 물론 상이한 체제에서 살아온 사람들의 습관과 차이점들이 하루아침에 극복될 수는 없을 것이다. 특히나 남북한과 마찬가지로 극단적으로 대조적인 체제에서 살아온 사람들의 경우엔 더욱 그렇다. 그렇다면 "내부적 통일"은 오랜 기간에 걸쳐 이루어질 수밖에 없을 것이다.

이제 독일재통일 과정에서의 사례들 몇 가지를 들어 이 점에 관해 말해보려고 한다.

4.1 사회주의 계획경제와 사회적 시장경제

수십 년간 물자부족 경제 속에 살았던 동독시민들에게 서독의 물질적 풍요는 낙원처럼 보였을 것이다. 상품의 풍요와 결핍은 상이한 경제체제를 가리키는 표식이 되었다. 인간은 누구나 자신의 결핍을 충족시키고자 하기에 구동독지역의 시민들에게 재통일이란 무엇보다도 시장에서 그간 오래 갈구해 왔던 물품들을 구입할 수 있다는 걸 뜻했다. 장벽이 무너진 다음 사람들의 대화나 미디어 그리고 학교를 포함한 각종 교육기관들에서 소홀히 다루어진 것이 있다면, 그것은 기대충족의 전제들로서, 말하자면, 백화점이나 상점 등에서 잘 적응할 수 있어야 한다든가, 물품들이 좋은 품질로 충분히 생산되어 시장에 나와야 한다는 것 등이었다.

쇼핑에 능숙하지 않은 사람은 뭔가 사기를 당하는 기분, 소비자가 바보가 된 것 같고 상품의 제공자가 우월한 위치에서 돈을 갈취해 가는 것처럼 느낀다. 서독시민들이 수십년에 걸쳐 익숙해진 자유시장의 질서를 접한 구동독지역의 시민들은 뭔가가 불투명하다고 느끼고 또 실제 연습도 부족한 상태이다. 그들은 제한적으로 제공되는 상품이나 서비스를 사는데 익숙했다. 물자부족 경제는 열악한 것이었지만, 적어도 속임수에 넘어가거나 부정한 수작에 놀아나는 기분이 들지는 않았다.

오늘날까지 해결되지 않은 문제는 구동독지역의 시민들에게 국가가 조종하는 경제가 아닌 자유시장경제의 작동방식과 체계를 명확하게 해주는 일이다. 경쟁에 관해서도 상품과 서비스가 합리적인 수준으로 시장에 유통되도록 하고 소비자를 보호하며 충족시키는 도구로 이해되고 있지 않다. 경쟁은 생산자와 판매업자를 부자로 만들자는 "자본주의적" 도구가 아니라 가격의 상승을 억제하거나 가능선까지 낮추고 소비자의 입장을 유리하게 하는 방법이다. 기업가에 대한 올바른 이해도 이루어지지 않고 있고, 이 점에선 왜곡된 기업가상이 만연한 서독의 시민들도 마찬가지이다. 다른 국가들과 가격비교를 해보면 치열한 경쟁이 상품의 질을 향상시키고 가격을 낮추는 효과가 있음을 드러낼 수 있다. 쉽게 간과되는 또 한 가지는 운영이 순조로운 회사일수록 임금이 제대로 지불되고 형편이 나쁜 회사에 비해 일자리도 더 잘 지켜진다는 사실이다.

사회적 시장경제를 받아들일 때 어렵더라도 필수적으로 알아야 하는 것은 실업이 발생할 때 그 당사자와 가족들이 받을 영향을 억제하기 위해 취해지는 조치들이다. 계획경제 하에서 실업이 없는 이유는 지불불능이란 것이 없고 국가가 일터와 임금, 수입과 아울러 투자에 대해서까지 결정하는 주체이기 때문이다. 일거리가 없어도 동독의 공장들은 사람들을 고용한 상태로 유지해야 했다. 이것이 가능한 것은 임금이 믿기 어려울 만큼 낮고 성과급이란 것이 존재하지 않았기 때문이다. 직업과 일터를 자유롭게 결정하는 자유경제 질서 속에서는 무엇보다도 시장적 수요가 어떤 상품을 얼마나 생산해야 하는지, 또 기업과 공장이 어떻게 수요상품을 제공할지를 결정한다. 국가는 일할 수 있고 의지도 있는 사람이면 누구나 일자리를 얻을 수 있도록 최선의 노력을 해야만 한다. 이전 농경사회에서라면 대가족 내에서 해결 되었을 일자리 부족의 문제는 오늘날 실업보험제도를 통해 극복된다. 안정된 일자리를 보장하는 것은 끝없이 변동하는 현대 경제체제에서 매우 민감하고 어려운 과제이다. 시장수요가 양호하거나 증가하는 여건에서 근로자는 고도의 유연성을 갖도록 요구받는다.

사회적 시장경제가 사회주의적 계획경제보다 우월하다는 사실은 제2차 세계대전 이후 유럽의 여러 국가들에서 입증되었다. 사회적 시장경제는 근로자들에게 - 설령 일시적으로 실직을 하더라도 - 필수적인 것을 구입할 수 있도록 보장하지만, 물자부족 경제에서는 결코 그 수준에 도달하지 못한다. 물품과 서비스를 통해 시민들의 필요를 충족시켜 주는 "더 인간적인" 시스템은 계획경제가 아니라 사회적 시장경제이고, 더구나 전자가 국가규정을 통해 정치적 추종행위에 대해 "정치적 후원"으로 보상을 한다면 후자는 상승의 기회를 제공한다.

오랫동안 국가통제형의 경제체제에서 산 사람일수록 현실상황이 요구해 올 때도 적절한 방향전환을 하기가 어렵다. 대부분의 학교 및 교육기관들은 자라나는 세대에게 자유시장경제의 전제와 기초를 설명해줄 능력이 없다. 시민들 역시 새로운 행동방식을 연습할 시간이 필요하다. 그들에게 시장경제 하에서 발생할 수 있는 난점과 문제들을 알려주고 대응법도 가르쳐주어야 한다.

개인이 사회적 시장경제에서 짊어지는 커다란 책임도 빼놓을 수 없다. 사회적 자유가 크면 클수록 결정에 대한 책임 역시 마찬가지로 크다. 이는 경제 부문에서는 직업과 일자리 선택의 문제로 나타난다. 특히 직업이나 일터를 새롭게 바꾸려고 할 때는 더 말할 나위도 없다. 이보다 더 중요한 것은 돈의 지출 및 가계예산에 대한 책임이다. 그저 상점에 물건이 나오는 대로 사기만 하면 됐던 많은 사람들에게 이것은 매우 까다로운 일이다. 이제는 분수에 넘치게 살지 않도록 조심해야 한다. 가계예산을 초과하는 일이 잦지 않도록 하고, 그런 일이 벌어질 경우에는 신속히 수입으로 벌충하는 과정이 가정 공동체를 운영함에 있어 가장 중요한 원칙이다. 부모가 어떤 모범을 보이느냐에 따라 어린이들이 장차 물품들을 검소하고 합리적으로 다룰 수 있게 될지가 결정된다.

4.2 자유 - 평등 - 사회정의

근본가치인 자유와 평등 사이에서 가치를 지향하는 일이 또 다른 쟁점이 된다. SED 정권 말기에 동독인들 사이에서는 개인의 자유에 대한 관심이 고조되었는데, 그것은 서독인들이 서독의 성립 이후부터 내내 누려온 것이었다. 기본법이 명시하는 자유에 대한 권리는 서독인들에게는 당연시되는 것이다. 이제는 구동독인들도 자유의 권리를 갖게 되었다. 다만 경제적, 정치적, 사회적 환경이 완전히 변화된 지금에 와서는 자유에 대한 관심이 더 이상 전면에 부각되지 않을 뿐이다. 대신 이제 구동독인의 사고와 행동방식에서 중요해진 가치는 평등이다. 자유의 권리에 대해서는 거의 생각하지 않게 된 것이다.

모든 인간은 똑같은 존엄성과 기본권을 가졌지만, 사람들 마다 능력과 관심사, 출신과 전통, 소망과 상상은 서로 다르다. 자유란 누구나 자신의 소질과 재능을 펼치되, 그것을 자신의 사적인 이익만이 아니라 함께 사회를 살아가는 모두의 이익을 위해 사용할 것을 요구한다. 모든 인간에게 "기회의 평등"이 주어지지만, 사람들은 서로 다르기 때문에 결과적으로 현저히 다른 결과에 도달하게 된다. 이 지점에서 많은 구동독인들이 평등의 문제를 제기한다. 노동사회의 성과는 모든 참여구성원들에게 동일하게 배분되어야 하지 않는가? 여기서 SED 정권하의 경험이 아직도 남은 영향력을 발휘하는데, 특히 수입과 임금 수준으로 보아 하위 1/3에 속하는 계층에게 그러하다. 기회의 평등과 결과의 차등 사이에 존재하는 이러한 균열에 대해 구동독인들은 자주 비판적인 시선을 보낸다.

그런데 오늘날 구서독인들 가운데서도 "빈부격차"에 대한 불만이 증가되고 있다. "빈익빈 부익부"는 널리 알려진 슬로건이다. 그래서 우리가 혹시 "사회적 정의"라 부르는 것이 더 이상 자유와 평등, 자유경쟁과 사회적 협동 사이에 필요한 균형을 잡아주지 못하는 것은 아닌지 묻게 된다. "사회적 시장경제"는 사회적 생산의 약 1/3 가량이 - 연금, 여타 사회적 안전, 노동력이 없는 사회성원이나 급여가 불충분한 이들에게 인간적 품위유지를 돕는 지원, 가족지원 등 - 사회적 복지와 과제를 위해 사용되는 체제이다.[12)]

각종 매체가 시민들에게 개인의 자유로운 신장의 조건에 대해, 그리고 그러한 일을 함께 살아가는 타인들에게 도움이 되도록 하는 것에 대해 거듭 새로이 환기하는 것이 중요한 관건이 될 것이다. 학교와 각종 교육기관도 가능한 한 구체적으로 자유와 평등이 어떻게 한 사회 안에서 맞물리는지를 보여주는 것이 바람직하다. 그릇된 방향으로 전개되는 경우에는 이를 극복하기 위해 애써야 한다. 예를 들어 자기중심주의나 사회적인 질시 같은 것이 사회의 내적인 협동성을 깨버린다. 물론 수입이 다른 이유가 오로지 사회환경 때문만은 아니며 - 이념적 해석에 경도된 매체들은 고려하지 않는 측면이지만 - 개인적 요인 때문일 수도 있음을 유념해야 한다. 학교와 기타 교육기관들은 자유와 평등, 사회정의와 같은 근본가치

---

12) 자유와 평등의 관계에 대한 논의는 Udo Di Fabio (2005), Die Kultur der Freiheit, p.71- 참조.

가 충분히 다루고 또 학생들이 가정에서 경험한 내용들을 학습에 연관시키고 있을까? 지식의 전달과 아울러 인성의 형성에 불가결한 가치지향을 강조하고 있을까? 자유와 평등 각각의 한계에 대해 가르치고 있을까? 사회정의는 또한 기본적인 균형점을 확고히 해야 한다. 사회정의라는 명분으로 인간의 자유나 평등 가운데 한 가지만을 일면적으로 선호할 때면 언제나 사회의 결함과 왜곡이 초래되었다.

이런 맥락에서 국가의 내적 통일을 위해 지극히 중요한 두 가지 다른 영역들을 언급할 수 있을 것이다. 그것은 사회, 문화, 정치기관들에 대한 시민들의 신뢰에 관한 것이다. 독일재통일의 성공 여부는 구동독인들이 법치기구들에 대한 신뢰를 가질 수 있느냐에 달렸다고도 할 수 있다. 물론 이를 위해서는 법치국가와 자의적으로 통치되는 국가의 차이를 인식할 수 있어야 한다. 구동독인들은 모든 시민이 법 앞에서 평등하다는 기본명제를 자각하고 있을까? 그리고 그들은 저 기본명제가 과연 경찰과 법원, 관공서와 공공기관, 보건의료기관, 연방고용청 등에서 유효하다는 것을 일상생활을 통해서 경험할까? 법치국가에 대한 신뢰는 법 앞에서의 평등이 실제로 유효하다는 경험에서 나온다.

구동독인이 존중을 받는 체험을 한다는 것도 중요하다. 동 · 서독은 오래 분리되어 발생한 상호간의 낯섦이 극복되어야 내적인 통일이 이루어질 것이다. 구동독인들이 장벽이 무너지고 십 수년이 지난 뒤에도 여전히 다르게 생각하고 느낀다는 사실에 대해서 암암리에 또는 공공연히 비난이 가해진다. 또 구동독인들은 자신들이 존중받지 못하기 때문에 2등 시민은 아닌가 의심하곤 한다. 구서독인들은 종종 구동독인들에 대해 공감능력이 결여된 것처럼 그들이 하루아침에 분리의 후유증을 떨쳐버릴 수는 없다는 사실을 이해하지 못한다. 독일의 내적인 통일이 이루어질 때까지 끈기를 갖고 기다려야 한다.

예나 지금이나 구동독인들에게 삶에서 가장 중요한 울타리는 가족이라는 것을 많은 연구들이 간과하는지도 모른다. 서독인들에게 그런 것처럼 동독인들도 마찬가지이다. 내 생각에 이런 측면은 장차 남 · 북한의 상황에서 매우 중요한, 어쩌면 독일의 경우보다도 훨씬 큰 시사점이 될 것이다. 한국에는 수 천 년의 문화와 전통은 아직까지 살아있기 때문이다. 가정은 세대를 통하여 인간이 사회화되는데 있어 가장 중요한 심장부였고 지금도 그러하다.

4.3 독재 - 법치국가 - 민주주의

독재와 법치국가, 독재와 민주주의는 양립할 수 없다. 동서로 나뉜 독일은 정치적인 면에서 완전히 반대의 길을 걸어왔다. 서독 점령세력(미국, 영국, 프랑스)은 1945년 후에 점령지역에 법치국가의 기본법에 따르는 민주주의 체제를 성립시키기로 했다. 동 · 서독이 단절된 뒤 서독에서 생겨난 정당들도 1차 세계 대전 뒤에 성립된, 독일 최초의 민주주의라 할 바이마르 헌법의 연장선상에 있고자 했다. 1945년 이후 소련점령지역의 정치상황은 전혀 다르게 전개되었다. 소련은 당초부터 뚜렷하게 공산주의 이데올로기에 맞춰 움직였다. 소련은 적극적으로 동독에서 "프롤레타리아 독재"가 이루어지도록 하려고 했다. 공산주의 이념은 동독에서도 소련에서와 마찬가지로 "노동자와 농민의 나라"라는 구체적 형태를 갖춰야 했다. 갈색 독재가 "반파시즘"의 보루라고 그럴듯하게 치장된 붉은 독재로 대체되었다. 마치 "프롤레타리아"인 노동자가 정치적 권력을 행사하는 것처럼 굴었지만, 실상은 독일사회주의 통일당(SED)이 권력을 잡고 사회와 국가를 지배했다. 1953년의 노동자 봉기는 베를린에서 소련의 탱크에 짓밟혔고, 이로써 노동자들에게 발언권이 없음을 깨닫게 했다.

장기간의 독재는 사람들의 사고와 행동방식을 변화시킨다. 동독은 1939년부터 1989/90년까지 독재치하에 있었다. 전체주의 체제 하에서 국민의 자유권은 억압당한다. 표현과 언론의 자유도 없어, 그것을 공공연히 요구하는 사람은 체포, 구금당하고 목숨까지 잃는 경우도 있다. 매체들은 똑같은 목소리를 내고 다양한 의견은 존재하지 않는다. 언론은 오직 권력의 중심부가 정해준 대로나 묵인하는 범위 안에서만 공적인 표현을 할 수 있다. 상부에서 명령한 군중집회나 행진을 위해서가 아니면 집회의 자유도 없다. 중앙에서 경제와 재정 그리고 출입국을 통제하는 식으로 공산당과 중앙위원회가 사회, 문화, 정치 등 모든 영역에서 삶을 지배한다. 이런 상황에서 인간의 자유는 잠재적인 저항력마저 마비되고 만다. 살아남기 위해서는 눈에 띄지 말고, 그저 "함께 헤엄치며" 순응하고 복종해야 한다. 이런 사고와 행동방식은 한 번 내면화되고 나면 독재가 종식된 뒤에도 오래 남아있게 된다. 모든 영역에서 자신만의 사고와 아이디어는 시들고 만다. "시체처럼 무기력한" 수동성이 널리 퍼져 만연한다. 그리하여 이제는 위에서 시킬 때만 일하고 행동하는데 익숙해진다. 또 자기자신에 대한 신뢰를 잃고 내면의 양심이 말하는 소리를 좇을 용기를 잃어버린다. 불의를 불의로 인식할 능력도 잃어버린다. 나치 치하에서 "지도자의 명령"이 있었다면 이제는 SED 국가에서는 언제나 옳은 당(黨)이 있었다. 정치적으로 박해받고 감옥에 갇힌 이들은 법치의 부재에 대한 시민들의 항거를 뜻했다. 모든 독재국가에서 지배자들은 젊은이들을 끌어들여 이데올로기에 열광케 하려고 시도한다. 나치시대에 그랬고 중국에서 그랬으며, 오늘날에는 북한이 그렇게 한다.

독일재통일 이래로 우리에게 부과된 과제는 구동독인들에게 법치국가와 민주주의를 이해하도록 돕는 것이다. 로니 하이네가 올바로 지적하듯이, 구동독지역에서도 우리의 민주주의 기본원리에 대해서는 긍정적인 입장이 매우 지배적이지만, 그 민주주의가 구체적으로 나타나는 양상에 대해서는 많은 구동독인들이 거리를 두고 바라보는 편이다. 서독인들의 대다수가 서독에 상존하는 것과 같은 민주주의를 최상의 국가형태로 인정하는데[13] (2005년의 설문에서 71퍼센트가 그렇다고 응답했다), 이에 비해 구동독인들은 불과 38퍼센트 정도만 위에 동의하였다. 게다가 구서독지역과 특히 구동독지역에서는 점점 더 대의민주제에 대한 거리감과 아울러 직접적 참여형태에 찬성하는 경향이 나타나고 있다.

많은 시민들, 특히 구동독지역의 시민들은 국민여론조사가 가능하다는 사실을 포함해, 많은 현대의 국가들이 정당민주주의나 대의민주주의 제도를 채택한 이유에 대해 잘 알지 못하고 있는 듯하다. 그래서 자라나는 젊은이들뿐만 아니라 성인들에 대해서도 미디어 시대에 직접민주주의형태가 어떤 문제를 갖는지 알려줄 필요가 있다. 요컨대 과연 직접민주주의를 통해 국민 대다수의 영향력이 정치적 결정에 반영되는 것인지, 아니면 대중선동적인 인물들이 국민의 눈과 귀를 현혹할 위험은 없는지에 관해서 말이다.

민주주의란 투표를 한다는 뜻일 뿐이라고, 다시 말해 4-5년에 한 번씩 의원선거에 표를 던지고 더 이상 정치발전에 영향을 행사할 길은 없다고 생각하는 사람들이 적지 않다. 지금이 이런 그릇된 민주주의관을 수정할 최적의 시점이다. 앵글로색슨계통 국가들에서는 유권자와 선출된 대표자 사이에 매우 긴밀한 접촉이 이루어진다. 우리도 시민들이 여론의 형성과 미디어에 훨씬 더 많은 영향력을 행사하고, 이를 통해 정당과 정부에 영향을 미칠 수 있다. 그러한 일은 부분적으로는 의회 내에서 이루어지지 않는 비판과 견제를 통해 달성된다.

국민 가운데 다수가 민주주의에 거리를 두고 중요한 선거 때도 집에 머물기만 한다면 미디어의 부정적 경향이 영향력을 갖게 될 것이다. 언제나 책임질 정치인이 실패한 사례들만 미디어에서 접하게 되고 민주주의의

13) 2006년 통계청 자료. Staatisches Bundesamt, Datenreport 2006. Zahlen und Fakten über die Bundesrepublik Deutschland.

긍정적인 성과에 대해선 언급되지 않다보면 시민들은 거리감을 갖게 되고 안으로 움츠러들고 만다. 중요한 성공사례들을 "당연한 것"으로 보아서는 안된다. 우리가 많은 덕을 보고 있는 구체적인 민주주의에 대해 폄하해서는 안된다. 젊은이들이 정당들에 관심을 갖고 참여해 공동선을 위해 노력하는 일이 드물어지는 이유가 여기에 있다. 이러한 상황의 역전이 절실히 필요하다.

독일의 기본법이 규정하는 국가에 대해 새롭게 이해하기 위해서는 민주주의를 이해하는 것보다도 훨씬 더 강력한 사고의 전환이 전제된다. 1945년 독일의 분단은 국민과 국가의 관계를 완전히 새롭게 설정하는 길을 열어주었다. 우리 역사상 처음으로 국가는 시민들에게 기본권을 "양도"하기보다는, 모든 국민이 국가나 사회가 갖지 못한 "불가침의 존엄성"을 지녔음을 "승인"하는 존재가 되었다. 국가는 시민개인의 자기신장을 위해 존재하며 그 반대가 아닌 것이다.

이와 같은 국가관은 독재국가와는 정반대되는 것으로서, 아직 태어나지 않은 아기를 포함해 모든 인간이 불가침의 존엄성을 갖는 이유와 근거를 시민들이 인식하고 인정할 때에야 비로소 천명할 수 있는 것이다. 이와 같은 이해는 모든 개별적 인간이 가 닿을 수 있는 메타층위이다. 미국의 독립선언을 여기서는 신이 인간의 창조주로서 행한다. 인간에게 기본권을 부여하는 존재는 신이다. 기독교의 인간이해는 구약의 창조설에까지 소급되는 바, 그에 따르면 모든 인간은 "신의 모상"이기에 권리의 담지자가 된다. 오늘날 인간과 여러 민족들의 공존공생이 이루어질 수 있는지는 우리가 신과 세계, 창조주와 "신의 모상"인 인간 사이의 저 근원적 연관관계를 인식하고 있는지에 달려 있다.

〈참고문헌〉

BÖHR, CHR. RAABE, S. (HRSG.) (2007): Eine neue Ordnung der Freiheit. Die Sozialethik Johannes Pauls II. - eine Vision für das vereinte Europa, Osnabrück.

HENKE; K.-D. (2009): Revolution und Vereinigung 198990. Als in Deutschland die Realität die Phantasie überholte, München

RÖDDER, A. (2009): Deutschland einig Vaterland. Die Geschichte der Wiedervereinigung, München.

SCHILLER, K. (1994): Der schwierige Weg in die offene Gesellschaft. Kritische Auseinandersetzungen zu deutschen Wiedervereinigung, Berlin.

SCHMIDT, H. (1990): Mögliche Stufen eines wirtschaftlichen und sozialen Wiedervereinigungsprozesses, in: ders.: Mit Augenmaß und Weitblick. Reden und Aufsätze, Berlin.

SCHRÖDER, K. (2000): Der Preis der Einheit, München.

VOGEL, B. (HRSG.) (2003): Religion und Politik. Ergebnisse und Analysen einer Umfrage, Freiburg i. Br.

WALTER, F. (2006): Träume von Jamaika. Wie Politik funktioniert und was die Gesellschaft verändert, Köln.

WEIZSÄCKER, R. VON (2009): Der Weg zur Einheit, München.

WOLFRUM, E. (2009): Die Mauer. Geschichte einer Teilung, München.

민족동질성으로서의 한(恨) 이해[1)]

홍경완 (부산 가톨릭대학교)

1. 사회통합의 출발점으로서의 문화

사회통합이라는 거대하고도 지난한 과제를 이룩하기 위한 대전제는 아마도 그 사회의 근저에 자리잡고 있는 문화에 대한 이해가 아닐까 싶다. 진정한 의미의 사회통합은 단순히 외적으로 분열된 듯 드러나는 사회 각 계층을 그저 외형적으로 묶어내는 작업이어서는 곤란하기 때문이다. 그것은 무엇보다 사회의 근저에 뿌리박고 있는 구성원의 사회적 정체성과 가치관의 통합이어야만 하며, 그러한 과제는 다시 동질적인 사회정체성과 가치관을 형성하는 문화를 공통의 토대로 삼고 있음은 주지의 사실이다. 이러한 사회통합을 주된 테마로 삼은 이번 한독 학술교류는 이제 통일을 이룩한 지 20년이 되는 독일의 사회통합이 어디쯤 와 있으며, 여전히 통합을 방해하는 가장 큰 장애물들은 무엇이 있는지, 그리고 그 난제를 해결할 수 있는 가능한 대안들은 어떤 것인지를 들어보는 귀한 자리이기도 하며, 이와 더불어 우리의 사회통합을 논의하는 귀한 자리라 여겨진다. 이

1) 이 논문은 "신학과 철학" 제15호 (2009 가을)에 실린 것을 일부 수정 · 보완한 것임

런 기회에 그들이 성공적이라 평가하는 사회통합 작업을 우리 사회에 접목시키려고 할 때, 제일 먼저 맞닥뜨리게 되는 벽이 그들과 다른 우리의 문화적 토양일 것이다. 이런 까닭이 이 글을 쓰게 된 동인으로 작용한다. 곧 그들이 행해왔던 사회통합의 예들을 우리 실정에 맞게 토착화(Inkulturation)시킬 수 있도록 하기 위한 선결작업이 이 글이 지향하는 첫 번째 의도이며, 아울러 그들에게 한국의 문화에 대한 이해의 폭을 좀 더 확장시킬 수 있었으면 하는 바람이 이 글이 지향하는 두 번째 의도이다.

한국문화를 한 단어로 특징지을 수 있는 키워드가 무엇일까를 물어보았다. 물론 전제하거니와 한국의 문화 전체를 그저 단순히 하나의 단어로 요약한다는 시도 자체가 이미 엄청난 모험이고, 오류의 가능성 또한 다분한 용감한 시도임을 모르는 바 아니다. 단지 여기서는 한국문화를 이해하기 위한 하나의 단초(Ansatz)를 제시하는 것만으로 만족하고 싶을 따름이다. 그 출발을 우리 민족의 고유한 정서요 뿌리인 한(恨, Han)에서 시작하면 어떨까 여겨진다. 여기에는 민족통일이라는 과제 앞에서 이데올로기의 벽을 넘어 한에 대해서는 남북 모두가 공유할 수 있을 것이라는 근거있는 믿음이 자리하고 있다. 짧지 않은 분단 기간으로 말미암아 두 사회 모두 그 토대와 정체성(soziale Identität) 역시 많이 바뀌었지만, 그 정체성의 바닥에 깔려 있는 고유한 민족의 정서는 남북 모두 여전히 동일한 한이라고 여길 수 있기 때문이다. 이러한 공통분모를 찾아보는 작업은 당면과제인 지역감정의 극복을 비롯한 남쪽 내부의 사회통합뿐 아니라, 남북의 사회통합에도 여러모로 도움이 될 것이다. 이것이 사회통합이라는 과제를 수행하기 위한 전제로 한을 출발점으로 삼는 핵심 이유이다.

2. 번역의 어려움

우선적으로 언급해야 할 것이 있다. 이 글이 우리 한국인들만을 대상으로 하고 있지 않기에 한이란 개념에 대한 번역의 문제가 우선적으로 대두될 수밖에 없다. 여기서 독일 신학자 몰트만(J. Moltmann)[2)]의 말은 도움이 된다. 그에 의하면 번역은 강 한편에서 건너편으로 옮겨놓는(übersetzen) 작업이다. 다시 말하면 하나의 텍스트를 그것이 자라난 원래의 콘텍스트(Kontext)에서 뽑아 내어 다른 곳으로 옮겨 심는 작업이 번역이다. 그런데 그렇게 될 경우 그 옮겨놓은 텍스트는 그 이전과는 달리 아주 낯선 것이 되어버리고 말 위험성이 생겨나며, 거기에 따라오는 오해 또한 불가피하게 감수하여야 한다. 그 단어에 상응하는 기능과 역할을 다른 언어권에서 찾아내는 것이 가능한가라는 번역자의 고뇌도 여기에 포함된다. 이러한 번역과 이해의 문제는 인도-게르만어와 같은 유사한 유럽 언어권 내에서조차 생겨날 수 있는데, 하물며 전혀 다른 언어권에 적용할 때에야 더할 나위 없다. 이러한 불필요한 오해를 막기 위해서는 차라리 그 민족에 깊이 뿌리박고 있는 단어를 그냥 쓰는 것이 더 나을 때가 많다. 그리고 그것이 그 단어를 그 뜻 그대로 이해하게 해 주는 최선의 길일 수 있다. 또한 이러한 학문적 방법은 또 다른 이점들을 제공해 주기도 한다. 한 언어에서 다른 언어로 완전히 옮겨진다고 할 때, 독자는 분명히 그로부터 얻어내는 것이 별 것 아니거나 심각한 오해에 휩싸일 수밖에 없다. 그 독자는 그 단어는 이미 내가 잘 아는 단어이고, 그 단어가 무엇을 의미하는지 이미 잘 알고 있다고 선입견을 지니고 그 단어를 대할 위험이 있기 때문이다. 실은 전혀 다른 의미를 함축한 포괄적인 단어임에도 그 외

---

2) Jürgen Moltmann (Hrsg.), Minjung Theologie des Volkes Gottes in Südkorea, Neukirchen 1984, 7.

연을 자신이 가지고 있는 고유한 이해지평 안에 가두어 버릴 수 있다. 이와는 달리 중요한 단어를 그 원천적인 형태로 그냥 놔두게 될 겨우 진정 다르고 새로운 어떤 것을 배울 수 있는 기회가 제공된다.[3] 특별히 한(恨)과 같이 하나의 민족 안에 특수한 위치를 차지하고 있는 개념들일 경우, 그 단어가 지닌 특별한 의미는 그 단어가 쓰이는 맥락과 사고과정 안에서만 제대로 잡아낼 수 있다.[4] 단어를 그냥 둘 때 생겨나는 또 하나의 장점은 그 개념들이 가지고 있는 풍성한 의미구조(Sinngefüge)를 그대로 보존할 수 있다는 점이다. 예컨대 한의 경우 독일어로 Schmerz, Leidenschaft 혹은 Groll, Hass, Ressentiment 등으로 번역할 수는 있을 것이고, 마찬가지로 민중(民衆)이란 개념 또한 Volk, Volksmenge, Masse 등으로 억지로 번역할 수는 있을 것이다. 그러나 이러한 사전적 번역은 오랜 시간에 걸쳐 역사적 문화적으로 깊숙이 각인된 한국 사람들의 정서를 다 담아내지 못하는 한계를 지닌다. 이는 다른 문화권의 단어들을 번역할 때에도 마찬가지이다. 예컨대 음악 분야에서 미국의 흑인들(afroamerkanisch)의 소울(Soul)이나 블루스(Blues)를 생각해 보면 쉽게 이해가 될 것이다.[5]

---

3) 같은 책, 8.

4) 같은 책.

5) 여기서 한국의 문화에 대해 간단히 언급하는 것이 도움이 될 것이다. 어떤 한국의 작가는 서구의 문화와 비교해서 한국 문화를 유럽의 '빵문화(Brotkultur)' 에 비교하여 '밥문화(Reiskultur)' 라고 부르고 있다. 이러한 비유가 적합한가의 여부는 판단하기 쉽지 않다. 그렇지만 이러한 비교가 한국 문화를 이해하는 데에 중요한 힌트를 제공해 주고 있다는 점은 부인할 수 없을 것이다. 그 작가의 말을 빌리면 이렇다. 서양인들은 빵을 집에서뿐 아니라, 일하는 도중에, 길가에서도 먹는다. 빵은 기업적 형태로 생산되어 모두가 큰 어려움 없이 먹을 수 있다. 이런 점에서 빵 문화는 상업적, 기술적 문화이며, 역동적 문화(Aktivitätskultur)라고 할 수 있을 것이다. 반면에 밥은 길가에서 먹기가 사실상 힘들다. 마찬가지로 밥을 빵처럼 3-4일 동안 보존해서 먹을 수도 없다. 밥은 지은 후 바로 먹는 것이 일반적이다. 집 밖에서 밥을 먹을 때는 밥이 지닌 고유한 가치를 잃어버리고 만다. 이런 점에서 밥 문

많은 한국의 단어들, 대략 60%를 상회하는 명사들은 그 뿌리를 고대중국어에 두고 있다. 여기에서 다루는 한 역시 마찬가지이다. 중국어에서 恨은 가슴, 심장을 뜻하는 心과 '가만히 머물러 있음'을 뜻하는 艮이 합쳐져, 마음에서 커져 마치 거기서 난 것처럼 그 자리에 머물러 있음을 뜻하는 단어이다. 마치 나무의 뿌리처럼 한국인의 마음속에 깊숙이 박혀있는 정서를 표현하는 단어가 한이다. 한은 그렇기에 과거의 어떤 고난에 대한 표현일 뿐 아니라, 이 고난이 지금까지 지속되어 현재 진행형임을 나타내는 단어이기도 하다. 어려운 것은 그러한 고통, 근심, 상처 등이 단순히 눈에 보이거나 인식할 수 있는 것이 아니라는 데에 있다. 왜냐하면 그런 것들이 가슴 깊숙이 자리하고 있어 잘 보이지 않기 때문이다. 이러한 한은 한국 민족을 특징짓는 대표적 개념이라 할 수 있다. 물론 인접한 이웃 나라에서도 유사한 개념은 존재한다. 그러나 이웃 나라에서 발견되는 한과 유사한 개념들에는 한국인들이 말하는 한을 다 포함하고 있지 못하고, 단지 몇 가지 요소들만을 간직하고 있을 뿐이다. 우선적으로 한국의 역사 속에서 한은 문화와 종교 영역 안에서 창조적 활동의 주된 원천(Hauptressource kreativer Aktivität)으로 간주된다. 이런 개념내용을 이웃나라의 한에서는 찾아볼 수 없다. 한국인들이 또 한을 독자적으로, 마치 한을 독립된 실재(Existenz)로 사용하는 경향도 이웃나라에서는 찾아볼 수 없는 한국만의 독특한 것이다. 그런 점에서 한국의 문화를 한의 문화, 한을 한국인들의 에토스(Ethos)라고 말하기도 한다. 한은 한국의 백성들의 세계관과 가치관에 매우 복잡하고 다양하게 스며들어 있어, 뚜렷

화는 가족문화요 여성문화라고 불러도 될 것이다. 밥 한 그릇이 식탁에 오르기까지 수많은 여성의 손을 필요로 하며, 가족을 위한 노고와 사랑의 결실이 밥이기도 하다: Ha-Eun Chung, Das Koreanische Minjung und seine Bedeutung für eine ökumenische Theologie, München 1984, 60.

이 그 형체가 드러나지는 않으면서도 본질적인 무엇(etwas Wesentliches)이라 할 수 있다.[6)]

한국인의 다양한 감정의 총체(Gefühlskomplex)인 한을 이해하지 않고 한국의 문화를 제대로 이해하기란 사실상 불가능하다. 그렇다고 한이란 개념 자체가 오랜 세월 다양한 역사적 체험을 통해 생성된 한 개념이기에 쉽게 무엇이라 규정짓기도 어렵다. 어쩌면 그것 자체가 엄청난 모험이기도 하다. 그렇지만 한을 어떤 식으로든 규정하지 않고서는 그것을 이해할 다른 방도가 없는 것도 사실이다. 한국인들이야 이미 그 안에 들어와 살고 있어 굳이 문자화된 언어로 표현하지 않아도 저절로 받아들이고 이해할 여지가 남아있다고 하지만, 이러한 문화가 생소한 외국인들에게는 그렇지 않기 때문이다. 이들에게는 어떤 식으로든 한을 규정(Festlegung)해야 하고, 정의(定義, Definiton)해야 한다. 그 길만이 이 문화권에 생소한 이들에게 한을 설명할 수 있는 유일한 길이다.[7)] 그리고 이는 우리 한국인들에게 역시 크게 다르지 않다. 한국인들조차 한의 의미를 모두 이해하고 있다고 말하는 것 역시 위험하다. 한이 무엇인지를 설명해 보라고 할 때 한을 제대로 설명해 내기란 우리 역시 쉽지 않다. 한은 그 단어를 일상생활에서 흔히 사용하는 한국인들에게 있어서조차 잘 알려

---

6) Chang-Hee Son, A Philological and Philosophical Exploration of the Origin and Identity of the Korean Terms: Haan and Han, Maryland. 2000, 15.

7) "Han is a factor determining the quality of people's feelings and moods as experienced in their everyday life. As such, it is held responsible for emotional, psychosomatic, and mental disturbances that cause difficulties in interpersonal relationships. Han is most of all a psychological reality, formed through subjective experiences of the Korean people. Any discussion of a abstract idea of Han can only add confusion to understanding it." Jae-Hoon Lee, The Exploration of The Inner Wounds - Han, Atlanta 1994, 2

지지 않은 불가사의한 실체(eine unbekannte mysteriöse Realität)라고 말하는 편이 더 나을 것이다. 우리는 한에 대해 그저 대강 이러이러한 것이라고 대략의 앎만을 지니고 있을 뿐이다.

3. 한의 생성원인과 근본요소들(Grundelemente)

한은 생성원인은 우선적으로 감정에 있다. 이러한 한스런 감정의 원인은 일반적으로 개인적 차원에 뿌리박고 있거나 다른 이들로부터의 - 일반적으로는 가진 자와 지배자들 - 억압에 근거하고 있다. 여성신학자 정현경은 한의 생성원인을 다음과 같이 보고 있다: 이 감정은 막다른 골목에 부딪쳤을 때 생겨나는 감정이다. 가난한 사람들과 여성들은 사회적 불의에 도전할 수 있는 어떤 공적인 채널도 가지지 못하였다. 오랜 기간 그들은 육체적이고 심리적인 협박에 의해 침묵을 강요당했으며, 억압자의 폭력에 시달려야 했다. 그들은 진솔한 감정을 토로할 그들만의 공간마저 가지지 못하였기에 내면에 쌓아놓을 수밖에 없었다. 이 표현하지 못한 분노와 억울한 감정들은 그들의 영혼에 하나의 '덩어리(lump)'로 남아있게 된다. 한은 이처럼 억울하게 희생당한 것에 대한 풀지 못한 원한의 감정 덩어리이며, 아무런 도움조차 받지 못하는 체념과 포기의 감정 덩어리이며, 실제적인 고통과 슬픔의 감정의 덩어리이다.[8] 이렇게 보면 한은 힘있

8) This feeling arises from a sense of impasse. Often Korean people, especially the poor and women, have not had any access to public channels through which they can challenge the injustices done to them. They have long been silenced by physical and psychological intimidation and actual bodily violence by the oppressor. When there is no place where they can express their true selves, their true feelings, the oppressed become stuck inside. This unexpressed anger and resentment stemming from social powerlessness forms a "lump" in their spirit.

는 사람들에 의해 부당하게 받은 개인 혹은 집단이 그들이 처한 모순된 상황에 대한 깊은 자의식(Bewusstsein)이 발생의 주된 원인이다. 그렇지만 다른 관점에서 보면 한은 단순한 하나의 감정이 아니라, 여러 감정들, 곧 체념, 원한, 공포, 외로움, 슬픔과 기대, 기대와 좌절 등의 복합적인 감정의 총체라고 할 수 있다. 포괄적이고 압축된 한국인의 감정이 한이다. 그렇기에 서로 모순된 듯 보이는 감정들, 곧 사랑과 증오, 희망과 절망이 동일한 개념 안에 녹아있다는 사실은 한에 있어 그리 특이한 현상이 아니다. 한편으로 한은 긍정적이고 창조적인 감정이기도 한 반면, 다른 한편으로는 지극히 부정적이고 파괴적인 감정이기도 한 것이다. 이러한 한의 감정은 처한 상황에 대한 단순한 심리적 응답의 차원을 넘어, 오랜 기간 이와 유사한 상황의 반복으로 인해 그러한 감정들과 체험들이 축적됨으로 인해 견고해지게 되었고, 이러한 축적과정은 한국의 문화적-역사적 배경을 바탕으로, 곧 가부장제에서 일어나는 구성원 상호간의 갈등과 분쟁, 외적의 침입으로 인한 시련, 강대국에 의한 분단, 극단적 이데올로기의 신봉, 정치적 억압과 군사독재로 인해 계속적으로 진행되게 되었다. 한은 이렇듯 한민족의 전 역사를 통틀어 만들어지고 쌓여온 사회적이고 문화적 산물이다.

한국인들이 어려운 삶의 상황 아래에서 쌓아온 감정의 총체이며, 고난

This lump often leads to a lump in the body, by which I mean the oppressed often disintegrate bodily as well as psychologically. (…) Han is a sense of unresolved resentment against injustice suffered, a sense of helplessness because of the overwhelming odds against, a feeling of total abandonment, a feeling of acute pain and sorrow in one's guts and bowels making the whole body writhe and wiggle, and an obstinate urge to take revenge and to right the wrong all these constitute: Hyun-Kyung Chung, Struggle to be the Sun Again, Maryknoll, N. Y. 1990, 42.

의 역사에 깊이 뿌리박고 있는 경험의 산물인 이 한은 한국인들의 근본감정(Grundgefühl)이기도 하지만, 아울러 한국의 역사와 전통 안에 생겨난 상이하고 복잡한 문화현상(Kulturphänomen)을 모아놓은 복합개념 (Sammelbezeichnung)[9]이기도 하다. 이러한 사실은 다음에서 잘 드러난다.

한국 전통 안에는 두 개의 커다란 문학적-예술적 흐름이 존재한다. 그 하나가 한을 개인적이고 감상적, 서정적, 허무주의적, 혹은 공격적 감정으로 바라보는 시선이라면, 다른 하나는 기회가 주어지면 사회-역사적 변혁을 가능하게 하는 힘으로 작용하는 도덕적 분노의 감정으로 한을 보는 시선이 그것이다. 후자가 사회적 자의식으로, 경우에 따라서 혁명으로까지 확대될 수 있는 에너지라고 한다면, 전자는 그 반대로 체념과 현실에의 순응으로 이끄는 비관론(Pessimismus)의 출발점이 된다.[10] 하나의 동일한 개념인 한 속에는 이처럼 두 가지 모순된 특성이 상존하고 있다. 이러한 사실이 한에 대한 이해를 어렵게 만드는 주된 요인으로 작용하고 있으며, 이는 특별히 한국인이 아닐 경우 더욱 그러하다. 한은 각자가 경우에 따라, 심지어는 아주 완전히 상반된 방식으로 체험되기도 한다.

한에 대해 이러한 상이한 의견들이 있긴 하지만, 인문학과 심리학의 영역에서는 일군의 학자들 사이에 공통된 견해가 있는데, 그것은 이 복잡한 한의 감정에 대해서 네 가지의 기본 의미구조(Grundsinngehalte)를 지니고 있다는 점이다: 1) 증오와 적개심, 2) 한숨과 탄원, 3) 자비와 온유, 4) 원망(願望)과 희망. 부정적인 뉘앙스를 풍기는 첫 두 그룹은 한의 어두운

9) Marion Haubner, Han, Christologie im Werk von Chung Hyun Kyung, Frankfurt am Main 2004, 60.

10) Jae-Hoon Lee, op. cit., 15.

구조라는 특징을 지니며, 긍정적인 뉘앙스를 지닌 뒤의 두 그룹은 그와 반대로 한의 밝은 구조라는 특징을 지닌다. 이러한 의미요소들로부터 다양한 해석학적 관점이 생겨날 수 있다.

한이 지닌 첫 번째 의미는 가장 원초적이고 살아있는 감정으로, 원한의 감정에서 생겨나는 증오와 적개심이다. 이 한이 가장 원초적 의미의 한이라고 할 수 있다. 한국 역사를 살펴본다면 한이 권력자에 대한 증오, 자신에 대한 미움이라는 사실을 이해하기는 그리 어렵지 않다. 숱하게 많은 외적의 침략과 약탈, 억압적 사회질서, 강대국의 이권에 의한 강요된 민족분단, 그리고 셀 수 없이 많은 기아와 재해 등. 시인 김지하는 그의 시집 '황토' 에서 "우리의 좁은 한반도는 외침과 내전, 독재와 혁명, 기아와 질병으로 죽어간 수 없는 울부짖음으로 가득 차 있다." 고 적고 있다.[11] 이렇듯 한은 한국 민족의 가슴 속에 두텁게 쌓여 덩어리가 되어버린 감정의 복합체이다. 여기서 한과 원한을 구별하는 일이 중요하다. 한은 원한과 달리 직접적 대상이 없다. 적개심을 발산하는 일정한 대상을 가지고 있지 않다는 말이다. 한은 무언가를 이룩해야 한다는 지향도 가지고 있지 않다. 한은 모든 의도와 지향에서 독립되어 있다. 원한이 불과 같이 타오르는 것이라면, 한은 눈처럼 쌓여가는 것이다. 가슴 속에 자리하고 있지만 일정한 대상이 없는 슬픔, 그것을 한국인들은 한이라 부른다. 증오와 적개심으로서의 한은 대개 죽음에 대한 체험에서 생겨난다. 불의한 때이른 죽음, 권력자들에 의한 부당한 죽음이 한을 만들어 낸다. 한은 이러한 죽음에 대한 투사(Projektion)이다.[12] 두 번째의 한의 의미는 한탄과 불평

11) Chi-Ha Kim, Die gelbe Erde, Frankfurt am Main 1983, 58.

12) "In Korean culture, the death instinct has been discussed in relation to the concept of Han. According to the Korean folk beliefs, death is the ultimate origin of Wonhan. From death Wonhan is born. The aim of Wonhan is to bring death to the enemies who brought death in the past in fantasy of reality. The fear of the

이다. 박해자는 힘없는 민중이 대항하기에는 너무 벅찬 상대이기에 결국 할 수 있는 것은 불평과 한탄, 한숨뿐이다. 이런 고통스런 삶의 상태를 조금이라도 개선시켜 보려고 하지만 아무런 전망조차 보이지 않고, 바랄 수 있는 것마저 아무 것도 없어 출구마저 꽉 막혀 있는 상황, 그 상황에서 나오는 한숨과 비탄이 한의 두 번째 의미라고 할 수 있다. 이런 한은 폭압적 상황에 대한 체념과 좌절, 절망으로 이어진다.

이와는 반대로 세 번째와 네 번째의 한의 의미는 상당히 긍정적이다. 억압적 삶의 상황에서 생겨난 한은 그저 과거의 일일 뿐 아니라, 미래의 방향을 설정해 주는 요인으로 작용한다. 이런 점에서 한은 못다 이룬 꿈이며 심리적 상처를 치유하고자 하는 열망이며 화해로 이해된다. 한은 미래는 지금보다 나을 것이라는 희망을 갖도록 이끌어 주며, 이 희망을 현실화시키고자 하는 힘으로 작용한다. 나아가 한은 고난당하는 민중들 서로에게 온유하고 자비롭게 대하게 하는 힘이 되기도 한다. 이는 역사가 보여주고 있다. 억압받고 착취당하는 사람들은 서로 도움을 주고받으며 살아왔다. 그것만이 살아날 수 있는 유일한 길이었기 때문이다. 농경에 기반한 전근대 한국 사회에서 늘 기아와 착취에 시달리는 사람들을 구제할 수 있는 것은 그들 서로를 위로하는 것이었고, 이를 가능하게 해 주는 커다란 힘이 바로 이 한이었다. 한은 아무런 희망도 보이지 않는 상황 속에서 미래를 향한 삶의 의지를 갖게 해준 질긴 생명력의 근원이었다. 여기서 한국의 여성들에게 시선을 돌리는 일은 한을 보다 깊이 이해하는 데에 도움을 준다. 한국 사회에서 여성들이야말로 한을 체화(體化, Verkörperung)한 사람들이고, 한의 정점에 서 있는 사람들이기 때문이

---

wonhan is the fear of death. Wonhan is born from the death, grows from death, and yields death." Jae-Hoon Lee, op.cit., 36.

다. 다른 사회에 비교해 볼 때 한국 사회에서 여성들의 삶은 더 가혹했다. 가부장제의 엄격한 규율을 근간으로 하는 신유교(新儒教, Neo-Konfuzianismus)의 사회질서 안에서 그들은 정치, 사회, 경제의 모든 영역에서 철저히 소외되었고 늘 주변부였다. 그들의 실존 자체가 이미 한이었다.[13)]

요컨대 한은 복수심과는 달리 어디에서 이런 고난이 왔으며, 어디에서 위로를 받아야 할지도 모르는 삶 그 자체였다. 만일 그 원인 제공자가 누구인지를 알고, 그에게 복수의 칼날을 겨누고자 할 때에 그들의 삶은 더욱 가혹해지고, 더 힘들어지리라는 사실을 그들은 알고 있었다. 그렇기에 그들은 복수의 악순환의 고리를 끊고자 고난을 자기의 것으로 받아들일 줄 알았다. 요컨대 한은 한국사회 안에서 사회적 문화적 조건들이 만들어 낸 산물이라 할 수 있다. 한편으로는 실패, 체념, 혹은 무의 체험이지만, 다른 한편으로는 질긴 생명력의 산물이기도 하다. 그렇기에 한의 체험은 한편으로는 문학작품들 속에서 민족의 정서로 표현되기도 하고, 다른 한편으로는 폭발적 혁명 에너지로 작용하기도 하였다.

---

13) "What the women experience in Korean society is a Han of Han. In fact, to deal with Han of the Korean women is alone a voluminous work and is beyond the scope of this. (…) Korean women's way of dealing with Han throughout their painful history could offer some precious survival resources for the other Asian women and oppressed people from many backgrounds. (…) Korean women are also fighters who refuse to accept their Han-ridden lives. They are angry about their situation and seek revenge or revolutionary change." Hyun-Kyung Chung, op. cit., 42.

4. 한과 사회적 고난(gesellschaftliches Leiden)

이미 언급하였듯이 한은 오랜 기간에 걸쳐 조금씩 쌓여온 우리 민족 감정의 복합체이다. 철저한 유교제 신분사회의 맨 아래층에 놓여져 경멸과 천시의 대상이었던 민중들 사이에서, 권력놀음의 정치적 희생양이 되어 3대에까지 이어지는 비극적 운명의 가족사 속에서, 일제 식민사회의 고난과 착취, 억압 속에서, 남북의 분열과 그로 인한 강요된 반목 속에서, 한국전쟁으로 인한 희생으로, 군사독재의 억압과 고문으로, 광주민주화항쟁의 가공할 폭력으로 한은 점점 더 쌓여만 갔다. 한은 그렇기에 단순한 개인적 차원을 넘어 이 오랜 고난과 질곡의 역사에서 차츰차츰 형성된 집단적 고난체험으로 이해된다. 억압적 사회시스템은 공적인 항변조차 불가능하게 만들었고, 거기서 생겨난 인간성(Personalität)의 파괴, 단 한 번의 성공조차 없었던 저항운동의 좌절에 대한 역사적 체험은 무엇보다 사회적 억압에 의한 실존적 체험(Existenzerfahrung)이었고, 구체적인 현실을 살았던 삶의 생생하고 끈끈한 체험이었다. 개별적인 고통, 운명의 차원에 머물러 사회적 고난을 제외시키고서는 한을 제대로 이해하기 힘들다. 한은 불의와 불평등에 저항하는 집단적 분노감(Empörungsgefühl)이기 때문이다. 이렇게 축적된 한의 정서는 다음 세대로 이어져 일종의 유전자와 같이 체화되어 전해지게 되고, 체제비판적 행위의 정서적 핵심(Emotionszentrum der systemkritischen Aktionen)으로 자리하게 되기도 한다.[14] 삶과 고난에 대한 집단적 체험으로서의 한은 한편으로는 고난과 좌절, 체념의 표현이지만, 다른 한편으로 역사발전의 역동적 원동력으로, 달리 말하면 억압적 사회체제를 변혁으로 이끄는 모티브요, 새로운 사회

---

14) Nam-Dong Suh, Han: Darstellung und theologische Reflektion, in: Jürgen Moltmann(Hrsg.), op. cit., 41.

의 창조에 도움을 주는 에너지로도 작용한다. 여기서 이러한 고난과 희망의 긴장 속에서 한이 지니고 있는 변증법적 역동성(dialektische Dynamik)이 드러난다.[15]

5. 한국적 샤머니즘 속에 드러난 한

한국의 한을 설명하는 데에 있어서 한국적 샤머니즘은 커다란 도움이 된다. 한과 샤머니즘은 서로 불가분의 관계에 놓여있기 때문이다.[16] 샤머니즘은 한을 풀어주는 한풀이의 가장 중요한 시도 가운데 하나로 드러난다. 이 땅의 가장 오래된 종교로 그 기원을 고대에까지 소급할 수 있는 한국의 샤머니즘은 이웃한 시베리아나 일본의 그것과 구조적으로는 유사하지만 내용적으로는 상당한 차이가 있다.[17] 샤머니즘과의 만남을 통하여 개인적-집단적 한의 체험은 이제 종교적 체험으로 승화된다. 초자연적인 힘의 도움을 빌어 한스런 민중들의 삶은 해방을 체험한다. 이런 점에서 한국의 샤머니즘은 한의 극복을 위한 중요한 시도 가운데 하나라 할 수 있다. 한국의 샤머니즘의 예식 속에 한과 관련된 표현들을 많이 찾을 수 있다는 점도 이를 잘 말해준다. 예식 속에서 가슴 깊이 묻어두었던 한의 감정들은 밖으로 표출된다. 물론 샤머니즘 안에 등장하는 한은 일반적

---

15) Ibid.

16) Young-Dong Kim, Der Schamanismus und das Christentum in Korea, Wissenschaftliche Beiträge aus europäischen Hochschulen, Hamburg 1993. 참조.

17) 베리아 샤머니즘에서는 희생이 중심테마가 되고, 일본의 샤머니즘에서는 죽음과 관련된 예식이 핵심요소가 되는 반면, 한국의 샤머니즘은 한과 깊은 관련을 맺고 있다. Lucy Hwang, Charakter des Schamanismus in Korea, in: Chun Shin-Yong (ed.), Kultur des koreanischen Schamanismus, München 2001, 48.

으로 개인적인 차원의 한이고, 그 일차적 목표 역시 개인적인 차원에서 해방을 체험하는 것이기는 하다. 그러나 이는 그렇게만 보아서도 안 된다. 샤머니즘의 예식(Ritual), 곧 굿은 전통적으로 공동체적인 종교행사(gemeinschaftliche religiöse Zelebration)로, 동네 사람들 모두가 함께 참여하는 행사였다. 굿을 통해 개인적 한은 이제 공동체적 사건으로 전환된다. 이것이 한국 샤머니즘만이 지니는 고유한 특징이라고 할 수 있다.[18] 대부분 여성인 샤먼(Schamane)은 한의 살아있는 심볼로 간주되며, 이들이 샤먼이 된 것 역시 한에 대한 체험 때문이다. 그들의 탄생 자체가 한이다. 샤먼에게 맡겨진 우선적인 과제는 샤머니즘 예식을 통해 다른 이들의 한과 공유하는 것이고, 나아가 그들의 한을 풀어주는 것이다. 샤머니즘의 세계관은 모든 문제의 근원이 인간 외부에 자리하고 있고, 이런 외부의 힘에 의한 개입이 한을 유발하게 된 원인이라고 본다. 그렇기 때문에 이러한 개입을 막을 수 있을 때 다시 보통의 평범한 삶으로 돌아올 수 있다고 보고 있다. 그들은 이런 한으로부터의 해방을 그들만의 독특한 방식으로 풀어나가는데, 초자연적 힘의 도움을 받아 한의 원인을 분석하고 해답을 제시하는 일이 그것이며, 이는 제사장인 샤먼에게 주어진 가장 큰 과제이다. 굿 예식의 정점은 춤과 노래를 통한 접신에 있다. 신과의 만남을 통해 일반적인 조건 아래에서는 불가능했던 일이 이루어지는데, 그 가운데 대표적인 것이 가슴 속에 맺혀있던 한이 샤먼의 입을 통해 인간이 알아들을 수 있는 언어로 바뀐다는 사실이다. 이러한 샤머니즘 속에는 인간의 운명을 통제할 수 있고, 재난을 막을 수 있으며, 복을 가져다 줄 수 있다는 민간신앙이 자리하고 있다. 한국 문화에서 샤머니즘은 매우 중요한 기능을 수행한다. 그것은 단지 한풀이에 제한되지 않고, 한에 대한 하나의 해결책을 제시하며, 한으로부터의 해방을 역할도 포함된다. 한

---

18) Chang-Hee Son, op. cit., 57.

국에서 샤머니즘은 비이성적이며 원시적이라는 많은 비판에도 불구하고 아직까지 그 위력을 발휘하고 있다. 그 이유는 아마도 이러한 민간신앙이 한의 해방과 관련하여 여전히 많은 도움이 되기 때문이 아닐까 싶다. 특별히 여성들에게 있어서는 더욱 그렇다. 샤머니즘을 통해 그들은 이 땅의 여인들이 감내해야 하는 가혹한 삶을 견디어 낼 수 있도록 용기와 힘을 얻고 있으며, 무엇보다 자존감(Selbstachtung)을 잃지 않고 살아가도록 이끌어 주는 역할을 수행하고 있다. 페미니즘은 이러한 샤머니즘이 자신이 속한 공동체에 크고 작은 영향력을 발휘할 수 있게 하는 여성의 길을 열어준다고 보기도 한다.

6. 한의 소유자인 민중

개인적 차원이 아닌 집단적이고 사회적 차원에서 한을 말하게 되면 언제나 함께하는 개념이 민중(Minjung)이다. 이는 마치 노래의 멜로디와 가사와 같은 관계로, 한국 사회에서 민중이란 개념을 제외하고서는 한을 제대로 이해할 수 없다는 말이다.[19] 민중이란 개념은 1980년대 민중신학(Minjung Theologie)의 영향으로 서구에서조차 더 이상 낯선 단어가 아니지만, 한과의 관련성 안에서 이 단어가 함축하고 있는 내용을 살펴보는 것은 한이 담고 있는 무한한 잠재력(Potenzial)을 이해하는 데 도움이 될 것이다.

民衆은 일반적으로 백성의 무리를 뜻하거나, 간단히 백성이라고 바꾸어 말할 수도 있다. 그러나 이러한 사전적 이해는 한과 마찬가지로 민중

19) "The Minjung's Han is the womb from which Minjung theology was born. To know Han is to know the Minjung and vice-versa." Chang-Hee Son, op. cit., 33.

의 가진 참 의미가 왜곡될 위험성이 다분하다.[20] 민중은 종족(Volk)을 의미하는 말도 아니고, 민족적 의미에서 백성을 가리키는 말도 아니다. 그렇다고 맑스주의적으로 계급적인 의미에서 해석하는 것도 무리가 있다. 1980년대 특별히 민중신학자들에 의하여 민중이란 개념을 정의내리고자 하는 시도가 빈번히 있었다. 그들의 정의에 따르면 민중은 우선적으로 정치적으로 억압받고, 경제적으로 착취당하고, 제대로 교육받지 못하고, 사회적으로도 소외된 계층을 일컫는 개념이다.[21] 두 번째로 민중은 역사 안에서 권력자들에 의해 단순히 대상으로 다루어졌지만, 역설적으로 역사의 참된 주체요 문화의 전승자들인 사람들을 일컫는다. 세 번째의 민중 개념은 한을 소유한 사람으로 규정된다. 민중을 사회적으로 규정하려는 시도들, 예컨대 정치적으로 강하거나 약하거나, 억압을 당하거나 가하거나 하는 규정들은 적합하지 않다. 민중이 민중인 것은 고난을 당하기 때문에 민중이거나, 그 고난을 그저 받아들이기 때문에 민중이 아니다. 오히려 민중은 사회변화의 역동적 원천인 한의 담지자이기 때문에 민중이다. 그러나 민중은 사회학적 개념을 넘어 역사적 개념이기도 하다.[22] 정치적으로 민중은 피지배자를 뜻하지만, 사회경제적으로는 계층 피라미

---

20) Jürgen Moltmann(ed.), Minjung Theologie des Volkes Gottes in Südkorea, op. cit., 7.

21) Hee-Seok Moon, A Korean Minjung Theology: On Old Testament Perspective, Maryknoll, New York, 1985, 1.

22) 지배계층은 이 개념을 의도적으로 거부한다. 그들은 이 개념이 지닌 위험한 능력(Potenzial)을 알고 있기 때문이다. 역사적으로는 1970년대 민주주의 운동의 영역에서 이 개념은 상당한 인기를 지니고 있었다. 그 운동에 참여한 사람들은 자신을 민중과 동일시 하였다. 그들이 생각하기에 그렇게 할 때 소박한 백성들에게 잘 접근할 수 있을 것이라 여겼기 때문이다. 실제로 민중은 한국에서 오랜 역사를 지니고 있다. 군사독재 시절 민주주의 운동이나 그 밖의 사회운동의 영역에서 이 개념을 선호한 이유를 충분히 이해할 수 있다. 이러한 역사적 사실들은 민중이란 개념을 단순히 정치적 혹은 경제적 개념으로 환원해서는 안된다는 사실을 잘 말해준다고 하겠다.

드의 맨 아래층에 위치한 하층민들, 최소한의 인간다운 삶조차 힘겨운 이들이다. 그렇기에 민중은 물가변동과 같은 사회의 가벼운 변화나 자연재해에 제일 먼저 심하게 타격을 받는 계층이며, 그저 자신의 몸뚱이 하나만으로 살아가도록 강요된 계층이다. 이러한 현실은 그들로 하여금 자연스레 지금 일어나는 일에 대해 직관적으로 느끼도록 이끌어준다. 비록 그들은 현존하는 사회를 이성적으로 파악할 수는 없을지 모르지만, 어떤 사회가 인간적인 사회라는 나름의 비전을 가지고 있으며, 그들이 당하는 고난의 원인에 대한 이성적 파악은 불가능하다고 하더라도, 최소한 무언가 잘못되었다는 것을 직관적으로 인식할 수 있는 현실비판의 능력을 지니고 있다. 가혹한 현실에서 생겨난 민중의 감정은 아주 거칠고 조악하지만, 지극히 구체적이며 미화되거나 추상화되지 않은 살아있는 감정들이고, 그 안에 많은 진리를 담고 있는 감정들이다.

이런 현실 속에서 민중은 그들 스스로 역사 한 가운데에서 그들이 주체적으로 경험한 것들을 통해, 다시 말하면 그들의 고난과 시련, 투쟁과 실패, 좌절과 희망을 통해, 어떻게 한풀이가 가능한지를 알고 있다. 오직 민중만이 어떻게 한을 해방시킬 수 있는지를 알고 있다. 삶의 체험을 통해 한을 해방시킬 수 있는 길을 그들만이 알고 있기 때문이다. 지배계층의 눈으로 보면 민중은 그저 피지배자에 불과하지만, 실질적으로는 사회를 인간답게 변화시키도록 하는 힘을 지니고 있는 계층이 민중이다. 그런 이유로 민중은 정의할 수 있는 하나의 개념(Konzept)이거나 다루어지는 대상(Objekt)이라기보다, 역동적이며 변화가능한 생생한 현실(lebendige Wirklichkeit)로 이해되어야 한다. 바람보다 먼저 눕지만 바람보다 먼저 일어나는 들풀 같은 존재, 아무 힘도 없고 쉽게 흔들리지만, 진정으로 역사를 움직이며 현실을 바꾸어 낼 잠재력을 지닌 이가 바로 민중이고, 민중의 이 잠재력은 다름아닌 한으로 인한 잠재력이다.

7. 아래로부터의 통합

진정한 의미의 사회통합은 아래로부터의 통합이어야 한다. 그것은 그 사회구성원들의 정체성을 하나로 모으는 일이어야 하며, 이러한 정체성의 통합의 핵심은 그 정체성을 규정짓는 밑바닥에 위치한 문화적 동질성을 공유하는 데에 있다. 우리 민족의 처지에서 사회통합은 두 가지 관점을 지니고 있다. 하나가 우리 사회 내부의 통합이라고 한다면, 다른 하나는 같은 민족인 남북의 사회통합이라는 관점이다. 관점은 서로 다르고, 통합을 위한 기술적 정책이나 방법 역시 사뭇 달라야 하지만, 이 둘 모두 문화적 동질성을 공유 혹은 회복하는 차원에서 출발해야 한다는 사실은 본질적이며, 그런 점에서 문화적 통합은 사회통합의 근간으로 자리매김되어야 한다.

이 글은 이러한 사회통합의 출발점이 문화통합이 되어야 한다는 전제에서 출발하였다. 그리고 그 문화통합을 가능하게 해 줄 수 있는 단초를 우리 민족 고유의 한에서 찾고자 하였다. 이 글에서 사회통합이라는 현실적 과제에 대해 어떠한 해답을 찾고자 한다면 그건 이 글이 지향하는 의도를 벗어난다. 오히려 이 글은 이러한 사회통합을 논의하는 자리의 맨 아래에서 그 주춧돌의 역할을 세우고자 하는 시도이다. 그건 기초학으로서 철학적 작업이 지니는 한계이기도 하지만, 반대로 많은 논의의 가능성을 제공해 줄 수 있다는 점에서는 철학만이 지니고 있는 장점이기도 할 것이다.

남북통일의 정당성과 그 조건들

김용해 (서강대학교)

1. 시작하는 말

2008년 작년 8월 15일은 우리민족이 일본의 압제에서 해방된 광복63주년을 맞았다. 그러나 동시에 그 날은 대한민국 정부수립 60년을 기념하는 날이기도 했다. 새 정부와 보수여당은 해마다 기념해온 8.15 광복절을 '건국절' 로 기념하는 것을 골자로 '국경일에 관한 법률 개정안' 을 국회에 제안했다. 이 법안은 반대여론에 부딪혀, 결국 이 날 행사는 '제63주년 광복절 및 대한민국 건국 60년 중앙경축식' 으로 명칭을 바꿔 진행되었다. 이 법안의 취지는 "자유민주주의와 시장경제를 선택한 48년 정부수립을 '건국' 으로 봐야 한다."는 것이었다.[1] 자유주의와 시장경제야말로 대한민국과 민족의 정체성을 읽어내는 키워드이고 따라서 일제식민통치와 박정희 정권의 고도산업화가 비록 어두운 면도 제공했지만 한국자본주의에 이바지를 한 만큼 이를 높이 인정하고 기념해야 한다는 주장이다. 광복회, 독립유공단체 그리고 역사학회는 정부가 주도하는 '건국

1) '국경일에 관한 법률 개정안' 을 공동 발의한 현경병 한나라당 의원이 〈한겨레신문〉과의 인터뷰(08.8.15)에서 밝혔다.

60주년 기념사업' 은 일제의 식민 지배를 미화하려는 시각을 가진 뉴라이트 학자들과 특정인을 '국부國父' 로 만들려는 학자들을 중심으로 국민들의 여론수렴 없이 편향적으로 진행되었다고 비판했다.[2] '건국60주년'이 강조될 경우 1919년에 세운 상해임시정부의 정통성을 계승한다는 헌법정신, 남과 북을 한민족으로 보고 통일을 민족의 과제로 인식하는 민족정신은 크게 위축되고, 자유와 시장경제의 승리의 상징인 대한민국의 우월성만 남을 수밖에 없다. 이런 논란은 그동안 진보적 성향의 김대중, 노무현 정부가 남북의 화해와 협력을 위해 공들여 추진한 '햇볕정책' 에 대한 평가와 함께, 민족통일 담론에 있어서 민족의 정체성에 대한 관념이 남쪽 내부에서조차도 합의되지 않았다는 것을 보여주는 단적인 예라 할 수 있다.

남쪽 내부에서도 진보와 보수 간에 이견을 보이는 마당에 남과 북이 민족통일담론을 진행함에 있어서 민족에 대한 동일한 관념을 가지고 있다고 낙관할 수 있을까? 정치적 구호나 선언문에 불과하다 할지라도 남과 북은 최근 30년 동안 '韓民族' 공동체를 자각하고 있다. 1972년 서울과 평양에서 동시에 발표된 7.4 공동성명에서 최초로 남북이 한 민족임을 천명하고, 자주, 평화, 민족대단결의 원칙을 세웠다. 동구의 공산권의 붕괴 직후인 1991년 남북의 화해와 불가침 교류합의서가 채택되어 상호 인정, 내정불간섭, 비방 금지, 파괴, 전복 금지, 평화 상태로의 전환 노력, 국제무대에서 협력 등을 다짐했다. 2000년 6.15일에는 정해진 사전의제 없이 처음으로 남북정상이 평양에서 만나 허심탄회하게 회담을 갖고 공동선언을 하게 되었다. 남북공동선언 5개 항의 내용은 자주적 해결, 남북 통일방안의 공통성 인정, 인도주의, 협력과 교류, 조속한 이행이다. 그러나 클린턴 정부에서 부시정권으로 바뀌면서 북미간 관계는 냉각되고 북쪽

---

2) 위와 같은 곳.

은 이에 '벼랑끝' 전술인 핵개발로 응답하여 이로 인해 남북의 관계 역시 침체되었다. 그러나 북쪽의 고립은 오래 가지 않았다. 남북과 미일중소가 참여하는 6자 회담을 통해서 북핵문제가 해결되어가는 듯한 상황으로까지 진전되었다. 이런 와중에 2007년 10월 2일 남의 노무현 대통령과 북의 김정일 위원장은 평양에서 만나 이틀간의 회담 끝에 '남북관계 발전과 평화번영을 위한 남북 정상의 선언'을 발표했다. 이는 평화와 남북협력의 좀 더 구체적인 사항을 마련한 것으로 평가된다. 이처럼 남북은 각각의 내부 정치의 전환용 전략에 의해서든, 정상들의 순수한 민족주의 리더십에 의해서든, 혹은 북미 관계와 맞물린 종속변수로 작용한 정치적 제스처였든 지난 30년 동안 '민족'을 줄곧 천명하였고 민족의 화해와 교류, 협력과 연대를 선언해 오면서 통일의 큰 여정을 이미 진행하고 있다. 그러나 남쪽과 북쪽의 정권이 바뀌거나 이양되는 시기마다 민족의 문제는 종속변수가 되어 '민족'이라는 개념은 공허한 이데올로기로 전락하는 듯한 양상을 띠기도 한다.

필자는 이런 문제의식 속에서 남북의 각각의 구성원들이 다양하게 사용하는 '민족'에 대한 개념을 검토해 볼 것이다(2장). 또 '민족' 개념이 과거의 사실의 문제가 아니라 현재를 이끌고 미래를 창조할 살아있는 의지로 작용하려면 무엇보다 통일에 대한 정당성 논의는 불가피해 보인다(3장). 민족의 통일이란 평등한 민족 구성원들의 진정성과 책임성을 담보한 공동의 의지로 진행되고 완성되어야 하기 때문이다. 더 나아가 남북이 정당한 근거를 가지고 통일을 향한 공동의 의지를 현실 안에서 관철하려면 실현할 통일민족국가가 지향하는 가치에 대한 물음까지 제기해야 한다(4장). 공동의 가치와 비전이야말로 인위적이고 비자연스러운 분단을 유지하려는 세력을 극복할 수 있는 능동적 에너지로 작용할 것이기 때문이다. 이 공동의 비전, 통일민족국가의 가치가 제시되면 어떤 원칙으로 통일의 길을 떨쳐나가야 할 것인지는 어렵지 않게 도출되리라(5장) 생각한다.

2. 민족의 이념

한스 콘 Hans Kohn은 민족주의의 연원을 루소 Jean-Jacques Rousseau와 헤르더 Johann Gottfried von Herder에서 찾는다. 그에 따르면 루소는 민족(nation)을 통치지역 안에 주권이 미치는 모든 구성원, 즉 국민 전체로 보는 반면, 헤르더는 동일한 혈통, 언어, 문화, 습관을 가진 민족정신(Volksgeist)의 공동체로 본다. 전자는 프랑스 혁명이후 국민주권을 실현한 나라들이 통치지역 안에 모든 국민들을 결속하는 개방적 민족주의로 발전하였다. 후자는 독일이나 슬라브 민족의 경우처럼 혈연과 문화, 종교 등에 의한 공동체를 단위로 하는 폐쇄적 민족주의가 되었다. 각각의 관점에는 장단점이 있고, 어떻게 실행하느냐에 따라 이웃민족, 이웃나라와의 협력과 친선이 가능하기도, 혹은 단절되기도 한다. 개방적 민족주의는 자유와 민주주의를 범세계적으로 넓히려는 사상이었지만 나폴레옹 군대가 유럽을 정복하고 있을 때와 같이 쉽게 배타적, 침략적 민족주의로 전락하는 경우가 있다. 이에 반하여 폐쇄적 민족주의의 대표주창자인 헤르더나 피히테 Johann Gottlieb Fichte는 민족을 계몽하여 자각과 반성을 일으켜 민족문화발전을 꾀하고 나아가 인류문화발전에 기여하는 긍정적 민족주의를 의미하였지만 독일의 나치즘, 이탈리아의 파시즘에서 보는 것과 같이 타민족에 대한 민족 우월감과 자국의 이익우선이라는 에고이즘적 이데올로기와 만나면 반평화적, 제국주의적 민족주의로 타락하고 만다.[3)]

이처럼 민족 개념과 민족주의는 정치상황과 지역의 전통에 따라 다양

---

3) 이삼열, 「통일 논의에서 본 민족과 평화」, 『제16회 한국철학자대회보』 (2003), 31쪽.

하게 발전되어 왔다. 독일은 로마제국이후 신성로마제국이라는 정치체에 소속되어 있었으므로 오랫동안 단일민족 개념이 없었고 민족을 초월한 제국의 개념만이 있었다. 카롤링거 Karolinger라는 제국의 창설을 통해 보편적인 권력, 민족을 초월하는 권리를 위탁받았다고 주장하던 독일은 이후 통일된 민족을 형성하지 못하고 민족적 존재를 희생한 대신 정치, 지성적, 종교적 우위를 행사했다. 이에 반해 프랑스는 10세기부터 제국의 왕위와 교황의 지위를 독일과 이탈리아에 내주고 자국의 행복을 추구했다.[4] 루소의 개방적 민족주의의 전통에 서 있는 르낭 Ernest Renan에 따르면 흔히 근대민족국가를 형성하는 요소라고 일컫는 종족, 언어, 종교, 이익 공동체, 지리 등은 충분한 근거가 없고 거의 이데올로기에 불과하다. 그에 따르면 정치지리학의 경계를 확정하는 유일한 기준이자 근대민족국가에 있어 가장 중요한 요소는 민족성, 함께 살려는 구성원(인민)들의 자유의지이다.[5] 민족성이란 '민족의 영광'인 천재들이 민족감정에 독창적 형태를 부여하고 애정을 가지고 찬양하며 자부심을 가지는 어떤 것, 즉 민족정신의 거대한 원료를 제공하는 것을 말한다.[6] 더 나아가 베네딕트 앤더슨 Benedict Anderson은 1983년 민족은 근대 이후의 정치적 필요에 의해 구성된 '상상의 공동체'라 규정했다. 앤더슨에 따르면 민족 개념은 왕조국가가 쇠퇴하고 상공인들에 의한 자본주의가 발전하는 시기에 나타났고 특히 인쇄술에 의해 특정한 언어를 사용하는 구성원들의 자의식이 만든 '특정한 조형물'이다.[7] 또한 민족은 이미 주어진 자연적 공통성을 공유하기도 하지만 그보다도 공통적인 정체성을 형성하

4) 에르네스트 르낭, 민족이란 무엇인가 (신행선 역, 책세상 2001), 18 쪽 이하.

5) 같은 책, 27 쪽.

6) 같은 책, 28 쪽.

7) Benedict R.O'G Anderson, Imagined Communities, 1983 (윤형숙역, 『상상의 공동체』, 나남 2002).

는, 집단의 스스로 변화하는 역사적인 현상을 의미한다.[8] 공동의 소속감에 대한 자각을 통해서 민족의 정체성은 창조되고 변화 생성된다. 역사적으로 보자면 민족의식은 왕권에 대응하든지, 다른 정치체에 대응하든지, 시민들이 자신들의 평등한 시민권을 의식하기 시작하고, 동시에 역사의 주체로서 자신들의 권리를 실현하기 위해 노력하기 시작하는 역사적인 순간에 생겼다. 이런 의미에서 시이에스 Abbe de Sieyes가 완전한 민족은 "제3의 계급이다"라고 말한 것을 이해할 수 있다.[9]

남북의 구성원들이 스스로 '한민족', '배달의 자손', '백의민족'으로 부르고, 당위적 통일을 천명하는 '민족' 개념은 한반도에서 1,300년 이상 통일국가로 살아오면서 타민족과의 전쟁과 수많은 난세에 직면하여 공동의 전통, 역사, 문화, 언어, 영웅들의 이야기를 집단의식화 하면서 생겨났다고 할 수 있다. '민족'이라는 말은 근대를 지나고 일본 강점기 때에 비로소 생겨난 개념이지만 근대 이전에도 한반도에서 사는 사람들이 '민족' 의식을 가지고 있었는지, 아니면 단지 신라인, 고려인, 조선인으로 자각했는지는 더 연구해야 할 사항이지만 여기서 다룰 논의의 초점은 아니다. 유럽의 근대 이후 제 '3의 계급'으로 탄생한 정치적 창조물로서의 민족 개념은 일제 강점기 때 의식하기 시작하여 우리 민족이 해방되고 그 직후 48년부터 분단이 고착되자 정치적 이슈로 떠오르면서 일반화된 것으로 보인다.

남북의 사회, 경제, 정치 체제가 상이한 채 60년이 지났기 때문에 민족에 대한 입장과 태도가 상이하지 않을까 하는 생각도 가능하다. 특히 북한의 권력이 김일성 김정일 부자로, 다시 김정일에서 그가 지명하는 아들로 세습되는 봉건체제와 같은 상황에서 과연 남쪽의 자유민주주의 체제

---

8) Walter Bussmann, "Nation", Staatslexikon, Herder, 1989.

9) 위의 곳.

가 말하는 '상상의 공동체' 로서의 민족을 북쪽에서도 말할 수 있을지 의문이 간다. 북쪽은 '주체사상' 으로 지지된 '민족' 을, 남쪽은 '시장경제' 에 익숙한 '민족' 만을 이야기 한다면 장구한 역사 속의 '민족' 은 주변으로 밀려갈 수밖에 없다. 남북통일의 여정이 한결같이 진전되지 않고 정권과 주변상황에 따라 급변하는 것은 민족 구성원들의 '공동의 의지' 로서의 민족의식이 약하기 때문이다. 현재 남북간 민족담론을 이끄는 주체는 인민, 또는 시민들이 아니고, 남북 정치인 또는 정상에 국한되어 있다는 점도 허약한 민족의식의 원인이 된다.

또 하나의 남북의 민족담론에서 고려해야 할 민족 개념의 문제점은 특히 현대의 세계화 시대에서는 이웃국가 내지 세계화라는 맥락에서 살펴야 한다는 점이다. 르낭이 환기시켰듯이 민족정신의 첫 번째 조건은 국제적인 역할에 대한 모든 포부를 단념하는 것이라는 점을 오늘 날 특별히 유의할 필요가 있다. 독일의 통일이 유럽연합에 의한 지역평화체제가 가능한 조건하에서, 적어도 유럽평화의 가능성이 주변국가에 의해 인정되는 상황에서 가능했던 점은 한민족에게 시사하는 바가 크다. 독립적인 민족자결주의의 원칙만 가지고는 타 민족과 국가 사이에서 발생하는 전쟁과 긴장을 피하기는 한계가 있다. 남북의 구성원들이 민족자결, 민족끼리로 통일을 이룰 수 있다하더라도 동아시아의 전쟁과 긴장을 해소하는 것이 아니라면 그 실현은 불완전할 수밖에 없다.

3. 남북통일의 정당성

1) 남북통일의 내재적 힘: 민족의 정체성

한반도의 남북 분단기가 60년이 넘도록 지속하고 있는 것은, 일제 강점기 35년이라는 "민족적 자아의 위축", 냉전 시대에 민족상잔의 한국전쟁과 그 이후의 남북긴장관계가 남긴 "민족 주체성의 왜곡과 손상" 등이 반영되고 있기 때문이라는 견해가 있다.[10] '민족'은 위에서 보았듯이 공동체성원들의 언어로 매개된 '상상의 조형물'이자 구성원들이 역사 안에서 발전시킨 '공동의지', 즉 주관적 요소를 내포하고 있다. 그러나 다른 한편 자연적으로 주어진 객관적 환경과 조건도 무시할 수 없는 민족의 요소이다. 마이네케 Friedrich Meinecke가 1928년 민족의 객관적 기준을 소개한 이후, 런던의 국제문제 왕립 연구소가 1939년 민족의 체계적인 규정요소를 서술하였다. 다시 이를 기초로 샤퍼 B.C. Schafer가 1963년 작업하여 민족개념에 대한 10가지의 정의요소를 만들었다.[11] 이 10가지의 요소는 두 개의 분단된 남북공동체가 '민족'이라는 이름으로 통일을 이루는 객관적 근거가 있는지를 평가하는 기준이 될 것이다. 남북이 다른 정치적, 경제적 체제 하에 발전해 왔기 때문에 민족통일을 위한 객관적 전제조건을 갖추었는지를 평가하는 것은 중요한 일이다. 우선 열 가지의 기준을 소개하면 다음과 같다:

(1) 다른 나라와 구별되는 영토의 통일성이 존재하는가?
(2) 언어, 관습, 풍속, 문학과 같은 공동의 문화적 성격을 띠고 있는가?
(3) 공동의 사회, 경제 기구들을 가지고 있는가?
(4) 공동의 주권적 정부 혹은 그런 정부를 향한 요구가 있는가?
(5) 공동의 역사(발명할 수 있다)와 공동의 조상에 대한 믿음을 가지고 있는가?
(6) 개개의 구체적 인격과 관련이 없는 민족구성원 사이에 일정한 존중심을 가지고 있는가?

---

10) 엄정식, 「민족적 자아와 통일 민족주의」, 『한국철학자대회보』, 24-27 쪽.

11) B.C. Schafer, 민족주의: 해석가와 해석들; 위의 곳, Juergen Domes, "Nationalismus").

(7) 영토, 문화, 사회적 경제적 기구들, 정부, 구성원을 포함하는 동시에 이 모든 요소를 합친 것 보다 더 큰 전체에 대한 헌신성이 있는가?
(8) 이 전체의 성공에 대한 공동의 자부심과 실패에 대한 슬픔이 있는가?
(9) 다른 공동체 혹은 이와 비슷하게 만들어진 공동체에 대한 우월의식 혹은 적대감과 같은 감정이 있는가?
(10) 자기 자신의 공동체에 대한 빛나는 미래 희망이 있는가?

(1)에 대한 성찰: 북쪽으로 두만강과 압록강에 의해 러시아와 중국과 경계를 하는 한반도와 그 부속 섬들에서 사는 남북 구성체는 단일민족국가로 1,300년 이상을 함께 살아온 역사를 가지고 있다. 분단의 원인은 이차세계대전 이후 미소 강대국의 이해를 위한 정치적 결정이었다. 남북, 즉 대한민국과 조선민주주의인민공화국 헌법 상 국토를 한반도 전체로 규정하고 있어 서로 상대의 영토를 미수복지역으로 간주하고 있다는 점에서 영토의 통일성을 가지고 있다고 보아야 한다.

(2)에 대한 성찰: 남북은 공동의 언어와 문자를 쓰고 있다. 우랄알타이어족에 속하는 한국어(조선어)를 남북이 똑같이 쓰고 있다. 세종대왕이 1444년에 창제한 한글은 중국의 한자와 일본의 히라가나, 카타가나와는 다른 독창적 문자이다. 1,300년간의 통일민족공동체와 비교한다면 분단 60년은 매우 짧은 기간에 불과하여 분단시기가 만드는 언어, 문화, 풍속의 차이는 본질적인 것이 아니라고 할 수 있다.

(3)에 대한 성찰: 60년이라는 분단의 시기는 사회, 경제적으로 이질적 원리와 조건, 사회주의적 공산사회와 자유주의적 시장경제사회에서 살아오게 했고, 따라서 공동의 사회 경제 기구가 명시적으로 존재하는 것은 아니다. 최근 10년 동안 발전해 가고 있는 개성공단, 금강산 등지의 관광사업과 민족화해협의회를 중심으로 하는 시민사회 교류 사업이 남북 정

부의 통제와 완급조절 등의 우여곡절을 겪으면서도 서로 간의 사회 경제 체제에 대한 이해의 폭을 넓히고 공동의 사회, 경제기구들을 만들어가는 시도라고 말할 수 있다. 이 영역은 앞으로 남북 협력의 수준에 따라 크게 발전시켜야 할 여지가 많다. 한국기업이 개성공단(헌법상 한국 영토 내)에서 생산한 제품을 한국 제품으로 인정해주는 일이나, 관세 통화 등 특히 국제사회와 관련하여 발전시켜야 하는 영역이 많다.

(4)에 대한 성찰: 2000년 남북정상회담을 통해 발표된 6.15 공동선언 둘째 항에서 남측의 연합제와 북측의 낮은 단계의 연방제안은 공통성이 있음을 인정하고 장차 이 방향에서 남북 공동의 정부를 지향한다는 결의를 담았다. 공동의 국가와 정부를 어떤 단계로 통합시켜 나갈 것인지에 대한 상호 관심과 의지 드러낸 것이다. 그러나 이것은 정상들의 선언일 뿐 공동체 구성원들의 합의가 모아졌다거나 양쪽 국회의 비준을 받고 법적 효력을 가지고 있다고는 볼 수 없다. 따라서 아직 공동의 정부의 논의는 아직 시기상조로 보아야 한다.

(5)에 대한 성찰: 한민족의 '민족'에 대한 자각과 정체성은 선사시대부터 지금까지 한반도에서 발생한 900 번 넘은 전쟁과 분쟁을 통해서 창조되었다[12]. 현재 남북이 공유하는 공동의 역사, 신화, 문화 예술 등은 분단 이전은 물론 이후까지 거의 동일한 역사와 조상들에 대한 기억을 가지고 있다고 봐야 한다. 삼국유사, 고려왕조사, 조선왕조사의 역사서들은 물론 역사 속에서 국난을 이겨낸 영웅들과 민족의 우수성을 드러낸 통치자, 지도자들에 대한 공경은 남북이 마찬가지이다. 단군신화와 선사시대의 제천의례, 신라시대의 화랑도와 풍류도, 고려시대의 연등회와 팔관회, 조선시대 동학과 그 이후의 한민족 신흥종교 등에서 명맥을 찾아볼 수 있는 한사상과 한반도에 전래된 불교, 유교, 도교, 그리스도교의 역사와 문화

---

12) 유재성, 『한민족 전쟁통사』, 국방연구소 1996년, 연표 참조.

도 남북한이 본질에 있어서 공유하고 있다.

(6)에 대한 성찰: 한민족 구성원들의 기질은 중국인과 일본인과 다르다는 자의식이 있다. 중국의 역사서 삼국지 위지동이전에 따르면 한민족의 조상들은 하늘신과 조상신을 숭상하고 풍류를 즐기며 특히 술을 마시고 춤과 노래(음주가무)를 잘하는 민족으로 그려진다. 음주가무는 현재 남북 뿐 아니라 연변 등 중국의 동북 방면, 해외에서 거주하는 민족 구성원들이 느끼고 자각하고 있는 공통된 문화적 전통이라 할 수 있다. 이런 天地人 통합사상과 神明文化는 민족 구성원 간의 존중과 긍지심을 주고 있다.

(7)에 대한 성찰: 영토, 문화, 사회적 경제적 기구들, 정부, 구성원을 포함하는 동시에 이 모든 요소를 합친 것 보다 더 큰 '전체'를 우리 민족은 어디서 찾아볼 수 있을까? 민족 기층민들이 간직한 고유한 한울님 사상과 건국신화에서 제시하고 있는 제세이화 홍익인간(濟世理化 弘益人間) 사상은 우리민족의 신앙과도 같이 민족정신의 기저에 깔려 있다고 생각한다. 건국신화의 정신은 민족의 정체성에 관한 의미를 주면서 동시에 미래 완성된 인간성에 대한 이해지평을 열어주기 때문에 자연적, 사회적, 역사적 요소의 합 보다 더 큰 비전으로 볼 수 있다.

(8)과 (9)에 대한 성찰: 국제올림픽 게임이나 국제 스포츠 대회에서 과시한 남북 단일팀 구성이나, 남북 공동 응원기(한반도기), 공동 응원팀에서 우리민족의 자긍심과 성공, 실패에 대한 공동의 감정을 공유하고자 하는 의식을 읽을 수 있다. 그러나 남북이 외교, 스포츠, 경제 건설 등의 영역에서 서로 경쟁적 관계였던 냉전시대의 긴장관계가 모두 해소했다고 보기에는 아직 이르다. 남쪽의 보수진영의 북쪽에 대한 불신, 북쪽의 핵 개발에 대한 극단적 반대와, 북쪽 보수 군부세력들의 남쪽에 대한 불신과 개방에 대한 두려움 등은 여전히 공동체의 자부심과 공동의 감수성을 키워 나가는 데에 장애물로 등장한다.

(10)에 대한 성찰: 무엇보다 중요한 요소이자 남북 모두 여전히 부족한

조건이라 본다. 남북이 통일된 민족국가에 대한 공동의 비전과 이념을 가지고 있는가에 대한 질문이다. 이는 남북의 통일방안 보다도 더 중요하고, 현 상황 속에 익숙한 사회경제 체제보다도 더 본질적인 비전에 관한 문제이다.

위에서 민족적 자의식에 대한 10가지의 객관적 조건들을 살펴보았는데, 종합적으로 요약하면서 남북이 민족적 자아를 키우는 방안을 정리한다면 다음과 같다.

첫째, 한반도라는 지정학적 공동 공간에서 단일 민족국가 형태로 1,300년 이상을 유지해온 한민족은 최근 60여 년간의 남북분단시기를 보내고 있지만 부단한 민족의 흥망성쇠의 역사를 통해서 민족의 영웅사, 건국신화, 통일신라, 고려, 조선 왕조의 역사서 그리고 전시대를 관통하는 한민족 사상을 가지고 있다. 따라서 충분히 견고한 민족의 정체성을 유지하고 있다.

둘째, 분단된 60여년의 냉전 이데올로기, 남북전쟁 그리고 그 이전 시기인 35년의 일제통치시대 등은 민족적 정체성을 약화, 왜곡, 분열을 시켰다. 이런 왜곡현상들은 현재 시점에서 보자면 과거에 대한 공동의 정체성을 미래에 대한 기쁜 비전으로 승화시키려는 데에 큰 장애물로 등장한다. 통일민족국가 공동체에서 실현할 민족의 비전과 이상을 찾고 만들어 나간다면 남북 화해와 협력을 위한 사회, 경제 기구를 가동하여 상처를 치유하고 민족의 자존감을 견고하게 만들 것이다.

셋째, 민족 공동의 비전을 그려나가는 일은 통일에 대한 정당성을 의식하는 작업으로부터 시작된다. 통일의 정당성을 묻는 일은 통일의 결과로 얻어지는 통일국가의 상태를 의식하는 것이고, 분단 상태보다 통일 상태가 왜 더 우월한지에 대한 해명을 의미한다.

2) 통일지향의 정당성

민족 구성원의 자의식은 민족사와 민족정신에 대한 자각뿐 아니라 민족정신을 새로운 비전으로 만들어 실현하려는 공동의 자유의지를 만든다. 위에서 보았듯이 남북은 화해와 일치를 위해 노력하고 통일을 지향하는 일들을 이미 시작했다고 말할 수 있다. 그러나 이 통일로의 발걸음은 저절로 내딛어지는 것이 아니라 한 발짝을 옮길 때마다 용기와 책임을 자각하고 실천적 식별 속에서 이루어진다. 일정한 지향으로 실행했을 때의 결과를 인식하고 여러 가능성과 방법을 식별하며 마침내 최선의 것을 선택하는 자유로운 행위일 때 비로소 우리는 그 선택에 대해 정당성을 확보했다고 말할 수 있다. 통일을 향한 행위에 정당한 근거를 갖는다는 것은 그 선택에 대한 책임을 자각하고 있음과 동시에 민족의 구성원들을 납득시키고 이해와 참여를 호소할 이유를 가지고 있다는 뜻이다.

통일의 정당성을 묻는 것은 분단 상황으로 유지하는 것보다 통일을 이룩하는 것이 더 좋은 이유를 들어야 하는 것으로 귀결된다. 과거의 민족성을 운운하더라도 현재 남북이 통합하려는 의지가 없다면 무의미한 것이 되고 만다. 과거지향의 존재의 법칙에서 현재의 당위의 법칙을 연역할 수 없기 때문이다. 이 양자를 잇는 논리적 법칙은 미래지향적인 민족의 의지(Wollen), 피아트(Fiat), 소망이다. 과거에 민족의 기쁨과 슬픔을 함께 나누며 한 운명공동체로 살아왔던 것으로부터 미래에도 같은 정서에서 더 큰 비전과 꿈을 성취할 가능성이 있거나 기대가 있다면 현재 분단 상황을 극복할 당위의 노력들은 논리적으로 뒤따르게 된다. 그러나 그런 공동의 의지와 소망이 없다면 동일한 민족의 사실만으로 현재를 타파할 당위를 요구할 수 없음은 분명하다. 독일어를 쓰고 역사와 문화를 공유하는 독일민족의 구성원들이 현재 국적 상, 독일, 폴란드, 오스트리아, 스위스, 북이탈리아의 남티롤 지당에 흩어져 있지만 통일민족국가를 만들어야 한다는 공론은 없다고 할 정도로 미미하다. 여러 민족이 함께 사는 미국과 같은 나라에서도 종족별로 독립된 국가 형성은 불가능하고 그럴 의사가 없다.

남북통일의 정당한 근거가 무엇인가?

첫째, 남북통일은 인도주의적 요구를 충족한다. 1945년 미소가 북위 38도 선 이북과 이남에 각각 군대를 파견하여 일본으로부터 한민족을 해방시킨 이후 해방을 위한 군 작전 선이 한민족을 둘로 나누는 선이 되고 말았다. 1948년 남쪽은 남쪽대로 북쪽은 북쪽대로 미국과 소련의 통제와 각각의 지배이데올로기에 영향 받아 공산사회의 북쪽 정부와 자유사회의 남쪽 정부를 수립하였다. 1950년에는 한국전쟁이 일어나 남북의 구성원들은 서로 총부리를 겨누는 동족상잔의 비극으로 내몰렸고 100만 이상의 민족 구성원이 사망했으며 휴전(53년)이후 700만의 이산가족이 생겼다. 이런 현실에서 비극적으로 부모 형제 고향을 잃고 살아가야하는 시민들과 그 후손들은 깊은 상처와 결핍감으로 살아오고 있다. 흩어진 가족들이 서로 소식을 전하고 고향에서 함께 살 수 있는 가능성, 즉 어떤 식으로든지 남북이 오고가며 교류를 할 정도의 국가가 된다면 그렇지 않고 분단의 절망 속에 사는 것보다 훨씬 좋은 상태가 될 것이다.

둘째, 남북통일은 그 자체로 자연법적 선이다. 분단은 같은 언어, 역사, 전통을 가진 남북 구성원들에게 자연과 인륜에 거스르는 세력에 의해 유지되고 있는 측면이 있다. 무엇이 분단을 지탱하고 있는가? 정권을 담당하는 권력자들 또는 그들 집단의 사유화된 권력을 놓지 않기 위해서, 또는 주변의 강대국들이 분열 상태를 이용하여 더 큰 이득을 취하기 위해서 힘을 발휘하고 있다는 점을 간과해서는 안 된다. 분단 상황은 권력과 군사력을 포함하여 비자연적 인위적 세력에 의해 야기되고 이로 인해 구성원들은 불안하게 되며 상호불신의 이데올로기에 사로잡혀 제한당한다.

또한 분단을 유지하기 위한 국방비와 외교경쟁의 비용은 시민들의 삶을 피폐하게 만든다. 국가의 발전은 이 걸림돌로 인해 더뎌지고, 국가는 국제적 위상을 높일 수 없게 된다. 따라서 인위적인 분단 상황보다는 인종, 지역, 언어, 문화, 역사가 동일한 공동체가 자연스럽게 소통과 교류를 하는 것이 자연법적으로 더 선하다고 말할 수 있다. 그러나 잠정적 과정적 분단 상황의 유지가 즉각적인 통일국가를 이룩하는 것보다 민족 전체를 위해 더 바람직할 경우가 있음은 물론이다. 중국과 타이완, 북한과 남한이 경제 사회 제도가 상이하게 다르므로 일정기간의 통일 준비가 평화적으로 통일국가를 수립하는데 더 도움이 될 것이라는 점은 일반적으로 납득할 수 있다.

셋째, 남북통일은 장기적으로 볼 때 개선된 분단 상황에서 오는 잠정적 평화보다 더 항구하고 안정된 평화시대를 연다. 통일된 한반도는 민족 구성원 간의 긴장과 불안을 제거하고 평화를 되찾게 되며, 동북아시아는 물론 환태평양의 평화시대에 기여할 수 있다. 이러한 상황은 남북의 의지로만 획득되지 않고 적어도 한반도 주변국가인 4개의 강대국, 미 일 중 러의 이해와 인정에 의해 유효하게 된다. 우리는 "모든 민족(사람)들은 자기결정권을 갖는다. 이 권리에 의해 민족(사람)들은 자신들의 정치적 지위를 자유로이 결정하고 또한 자신들의 경제적, 사회적, 문화적 발전을 자유로이 추구한다"[13]라는 시민적 및 정치적 권리에 관한 국제규약을 잘 알고 있다. 또한 일반 국제법에서의 계약자유의 원칙에 따라 각 민족은 자신의 운명을 스스로 결정할 수 있다. 그러나 뒤에서 다루겠지만 주변국들과 세계평화에 기여하지 않는 폐쇄적 민족통합이란 불가능할 뿐만 아

---

13) 시민적 및 정치적 권리에 관한 국제협약(International Covenant on Civil and Political Rights), Art. 1, 1.

니라 또 다른 분쟁과 긴장의 출발점이 된다. 이런 맥락에서 볼 때 남북을 포함한 6자 회담에서 미래지향적 평화협정이나 새로운 동아시아 지역안보체제를 논의하는 것이 전제가 될 때 통일은 세계평화에 기여할 수 있게 된다.

넷째, 남북통일은 그 자체로 민족의 긍정적 가치와 비전을 더욱 확산하고 재생산한다. 남쪽이든 북쪽이든 분단된 상황 하에서 터득한 바람직한 정치 사회적 가치와 이념을 확산시킨다는 의미로 통일을 희망할 수 있다. 이 이념은 분단된 남북의 공간에 한정되지 않고 통일을 통해 세계평화와 인류발전에 더 폭넓게 기여하게 될 것이다. 더군다나 양자의 장점을 조화있게 살리는 그런 정치체를 창조한다면 이는 인류에 새로운 정치 사회적 이념과 제도를 선보이는 것이 된다. 예컨대 남쪽에서는 자유민주주의를 북쪽에서는 주권국가로서의 주체성을 제공하여 민족구성원의 주체적 참여와 인권이 실현되는 민족국가를 비전으로 제시할 수 있을 것이다.

위에서 살펴본 것을 요약하면 통일의 정당성은 인도주의, 자연법, 평화와 안정, 민족적 가치 확산 등으로 근거지어 진다. 분단 상황보다, 개선된 분단 상황에서의 교류협력보다 남북이 통일된 상황이 더 좋다는 것은 남북 양자의 공동비전을 어떻게 창출하고 실천하느냐에 따라서 더욱 극명하게 증명될 것이다. 정당성에 관한 논의는 객관적인 사실을 기반으로 실용적인 방식으로 평가되어야 하나 민족의 자존감과 감성에서 발생하는 주관적 가치와 비전을 제외할 수는 없다.

4. 남북의 통일민족국가에 대한 비전

통일이 분단보다 더 정당한 근거를 가지고 있으면 통일은 선하다고 말할 수 있다. 더군다나 분단이 그 구성원들의 자유로운 의사로 결정된 것이 아니고, 주변국가에 가한 범죄행위에 대한 처벌도 아니며, 군사전략과 강대국의 이해의 역학구조에서 발생했고 인위적 힘에 의해 지탱되고 있으며 비자연적 성격을 띤다고 한다면 통일은 그 자체로 정당하고 자연적이며 선하다고 할 수 있다. 그러나 분단이라는 사실이 주는 선들의 총합보다 통일된 민족국가가 성립했을 때 발생하는 선들의 총합이 더 크다고 할지라도 이것이 민족 구성원 뿐 아니라 주변국의 국민들, 세계시민들에게도 확신을 주는 것이 아니라면 이 분단 현실을 헤쳐 나갈 동력을 얻기에 어려움이 많다. 왜냐하면 이런 분단의 현실 속에서 이미 기득권적 지위를 형성하고 이를 누리는 내, 외부 세력의 저항은 완강할 수밖에 없기 때문이다. 따라서 민족통일의 정당성을 넘어 통일이 지향하는 내용, 통일을 목적으로 여길 가치에 대한 이념의 정립이 무엇보다 필요하다. 통일국가에 대한 비전이 있어야 통일과정에서 지켜나가야 할 규준도 민족내부에서 마련할 수 있을 것이다.

남북의 민족구성원들이 동의할 수 있는 통일민족국가에 대한 비전은 무엇인가?

무엇보다 세계 평화와 인류공영에 기여할 국가이다. 분단을 획책한 힘이 제국의 야심과 냉전시대의 이데올로기 경쟁이라고 한다면 분단을 허무는 힘은 민족들의 평화공존이며 인류가 평화롭게 교류하고 협력하는 정신이어야 한다. 이것이 통일을 위한 방법이자 목적이다. 고 김대중 대통령이 '100년 1000년이 걸리더라도 전쟁으로 민족을 통일할 수 없다' 는 원칙하에 햇볕정책과 단계적 통일방안을 제안했던 것은 이러한 비전과 맥락을 같이 한다.

둘째, 민주주의적 공화국이라는 정치체이다. 다행이도 형식적이나마 남쪽은 "대한민국은 민주공화국"을, 북쪽은 "조선민주주의 인민공화국"을 헌법에 천명하고 있다. 공통점은 "민주"와 "공화국"이라는 정치이념이다. 근대의 '민족' 개념에는 봉건주의적 왕의 통치를 거부하고 모든 구성원들의 평등과 자유를 천명하는 민주주의의 이념을 담고 있다. 또한 '공화국'(res publica)이라는 뜻은 국가 공동체가 '공공(public)의 것(res)'이며 어떤 특정한 사람(왕, 황제 등)이나 계급(귀족)에 속하는 것이 아님을 의미한다. 따라서 통일된 민족국가의 정치이념은 민족주의의 본질로서 민주, 평등의 원리를 근간으로 하는 민주공화국의 수립이야말로 모두가 수용할 수 있는 비전이다.

셋째, 인권과 인간존엄을 보장하고 생태계를 존중하는 문명국가건설이다. 우리민족 정신의 원체험을 서술한 단군신화는 천지인 삼재의 조화를 매우 중시하고 있고 "제세이화 홍익인간(濟世理化 弘益人間)"이라는 국가 이념을 제시하고 있다. "세상을 다스림에 있어서 이치(자연법)에 맞게 하고 널리 인간들을 이롭게 하는 것"이 국가의 목적이라는 것이다. 인간의 모든 문화와 제도, 법과 정책의 최종 대상은 인간이다. 그러나 민족의 민중을 일깨운 19세기의 동학은 인간을 위한 덕도 결국 천지자연과 사물을 존중하지 않고는 완전할 수 없다고 가르친다. 새와 나무와 땅, 그리고 인간과의 관계들도 한울님의 기운이 관통하여 활동하고 있으니 곧 한울님이다(物物天 事事天)라고 해월은 가르쳤다[14]. 우리 민족의 고유한 인간존엄, 생명존엄, 한울님 공경 사상은 통일민족의 비전이 되고, 더 나아

14)「이천식천」,『해월신사법설』, 천도교 경전, 364-366 쪽.

가 타 민족들과 나눌 수 있는 이념이다.

넷째, 민족 간의 협력과 연대를 지향하는 국가이다. 앞에서도 강조하였듯이 세계화된 세계에서 이제 한 민족의 이익과 우월성을 주장하는 것은 다른 국가들과의 관계를 단절하겠다는 것과 다르지 않다. 자민족의 우월성을 타국가에 강요하며 절대권력을 누렸던 나라들은 그 후 급속도로 무너진 역사들을 우리는 잘 알고 있다. 16세기 스페인, 루이 14세 치하의 프랑스, 나폴레옹 치하의 프랑스, 나치 치하의 독일과 같은 군사적 패권 국가들을 예로 들 수 있다. 유럽연합, 북미, 남미 연합 등의 지역블록이 통합되는 세계화 시대에 동아시아라는 지역블록 안에서 남북이 긴장완화와 평화공존으로 나아가는 통일은 오히려 이 지역블록의 통합에 도움을 주고 세계평화에도 도움을 주도록 해야 한다. 민족의 통일을 위해 민족구성원의 자발성과 주체성, 즉 외부의 간섭이나 영향을 받지 않고 스스로 길을 개척한다는 민족자결의 원칙이 자칫 세계화시대에 "우리 민족끼리"라는 고립적 민족주의로 나아간다면, 인접 국가들의 견제로 인해 통일의 길은 더 어려울 수 있다. 독일의 통일이 유럽연합의 구상과 긴밀한 연관 하에 이루어질 수 있었음을 교훈으로 삼아야 할 것이다.

5. 나가는 말

이제까지 우리는 민족통일 담론에서 남북이 의식하고 있는 '민족'의 개념, 민족의 정체성을 구성하는 요소, 남북통일의 정당성 그리고 남북통일국가의 비전을 살펴보았다. 남북통일의 정당성과 통일국가의 비전에는 이미 통일과정에서의 남북 협력의 원칙이 내포되어 있다. 남북통일의 정당성 토론으로부터 1) 인도주의 2) 자연법적 선 3) 평화 4) 좋은 가치와 이념의 확산에 의해 통일은 정당한 근거를 가지고 있음을 살펴보았다. 또한 통일국가의 비전에 관한 토론으로부터 1) 세계 평화의 원칙, 2) 민주공화국의 원칙, 3) 인권의 원칙, 4) 친환경적 원칙을 도출했다.

1972년 7.4 공동성명, 1991년 남북의 화해와 불가침 교류합의서, 2000년 6.15 공동선언, 2007년 10.4 남북관계 발전과 평화번영을 위한 선언 등에서 남북이 줄기차게 강조하는 원칙은 1) 당사자 해결의 원칙, 2) 평화체제로의 전환, 3) 화해와 치유의 원칙, 4) 인도주의의 원칙, 5) 연대와 협력의 원칙으로 요약할 수 있다. 당사자 해결의 원칙은 통일과정을 주도할 주체는 남북 당사자이므로 이는 민족적 자의식의 당연한 발로인데 이를 민족구성원들에게 의식화하기 위해 강조하는 것으로 보인다. 남북 선언문에서의 화해와 치유, 인도주의는 결국 자연법적 선의 개념과 유사한 것으로 여겨진다.

따라서 남북통일의 과정에서 가장 우선적으로 시작해야 하는 것은 남북의 비자연적인 긴장과 무력경쟁에서 벗어나기 위해 1) 평화체제로의 전환을 꾀하고 2) 분단 상황에서 발생한 전쟁과 이산가족의 상처를 치유하고 화해하며 3) 인도주의적 사항에 대해서는 정권과 시대적 상황을 초월하여 협력해야 한다. 또한 민족통일을 지향하기 위해 양자가 공유할 수 있는 비전, 즉 4) 민주주의와 공화정의 정신, 5) 인권과 친환경적 정책으로 공동의 사회, 경제 질서를 만들어 나가야 한다. 더 나아가 이러한 일련의 민족통일의 지향이 6) 세계와 동아시아 국가들과 평화를 건설하는 맥락에서 이루어져야 하고 7) 한민족이 인류공영에 이바지하고 우리 고유의 가치와 이념을 타 민족과 나눌 수 있어야 하겠다.

이러한 점들을 감안한다면 현재 교착상태에 있는 남북관계를 풀어나갈 해법은 단순하게 드러난다. 남북의 정부 당국은 민족자율적 문제이면서 동시에 합의 도출이 용이한 실제적인 문제, 즉 한반도 평화정착의 당면과제로 이산가족 문제의 해결, 남북간의 경제협력 및 사회 · 문화교류, 당국

간의 대화의 재개 등을 추진해 가야 한다. 북쪽은 핵 무장과 관련해서 세계로부터 고립을 더욱 자초해서는 안 되고 북미회담 또는 6자회담의 틀에서 핵을 불능화하는 조건으로 북미, 북일 외교수립을 하여 한반도의 영구평화가 보장되는 남쪽을 포함하여 당사국 간의 평화협정을 맺어야 한다. 남북의 민간단체들은 민족통일의 요구를 왜곡 무시하는 기득세력에 직면하여 통일운동을 대중화하고 실용화하면서 남북합의문을 옹호하고 지켜나가는 견인차 역할을 모색해야 한다. 민족화해협력범국민위원회는 이런 의미로 그 역할과 기능이 해외 동포들에게까지 확대하여 민족의 상처를 치유하고 서로 화해하며 연대하고 일치해 나가는 데 도움이 되는 모든 사업들을 정권에 영향을 받지 않고 지속적으로 추진할 수 있어야 한다. 한편 종교단체들은 종교(religion)의 본질이 고립되고, 분열된 것을 다시 합일시키고(re-ligare), 죄와 상처로 고통받는 사람들을 치유하고 통합하는 데에 있다는 것을 자각하고 민족과 인간들의 고통과 불안을 제거하는 일에 앞장서야 한다

독재에서 민주주의로 변화하는 과정에서 동독 가톨릭교회가 맡았던 역할

크리스토프 푀치 Christoph Pötzsch
(독일 드레스덴-마이센 교구)

존경하는 청중 여러분!

저는 오늘 여러분께 통독 과정에서 가톨릭교회가 맡았던 역할에 대해 주로 역사적인 맥락에서 말씀드리려고 합니다. 1989년 그리고 1990년 상반기에 일어난 사건은 이 시기와 또 그 이전의 몇 십 년 동안 구동독에서 교회가 담당한 역할에 대한 근본적인 이해가 없으면 설명할 수 없을 뿐더러 이해할 수도 없습니다.

그러나 평화적인 혁명의 과정에서 가톨릭교가 담당한 역할만을 일방적으로 묘사하고 개신교 교회를 언급하지 않는다면, 이는 미진할뿐더러 비생산적이기도 합니다. 왜냐하면 1989년 혁명에서 개신교 교회가 기여하는 바는 가톨릭교회 보다 더 컸기 때문입니다. 이에는 논란의 여지가 없습니다. 이러한 까닭에 저는 이 강연에서 다루는 내용상의 범위를 다소 넓힐 수 있겠습니다.

제 강연은 세 부분으로 이루어져 있습니다.

첫 번째 부분에서 저는 구동독에서 개신교 교회와 가톨릭교회가 처한 상황을 묘사하려 합니다. 시간적 테두리는 아직 소련이 점령하고 있던 지역에서 1945년에서 시작하여 혁명의 해인 1989년까지입니다.

두 번째 부분에서 저는 두 교회에 관련하여 1989년 혁명의 결과를 조명하려 합니다.

세 번째 부분은 1990년 이후의 상황을 다루고 있습니다. 그리고 어떻게 교회가 새로운 체제 속에서 자리를 굳혔는지도 설명하겠습니다. 이 절은 가장 짧지만, 아마도 여러분께는 가장 지루할 수도 있겠습니다. 여러분들에게 교회가 민주주의 사회에서 맡게 되는 제도적인 위상을 제 경험에 비추어 묘사하는 것은 낯설지 않을 수 없기 때문입니다.

그리고 여러분! 한 가지 더 짚고 넘어가겠습니다. 가능하다면 저는 제가 소속된 교회, 곧 가톨릭교회를 대변해서 말합니다. 저는 가톨릭교회를 잘 압니다. 가톨릭교회에서 벌어지는 일들과 생각하는 구조는 저에게 집처럼 친숙하게 여겨집니다. 반대로 구동독에서 개신교 루터파 교회에 대한 저의 지식은 적습니다. 특히 교회법에 대한 부설에서 전적으로 가톨릭교회만 다룬다 할지라도, 이는 개신교에 소속된 신자들을 경시하는 것이 아님을 밝힙니다. 반대로, 저는 개신교 교회가 1989년 가을 혁명의 시기에 - 이미 언급했듯이 - 뛰어난 활동을 펼쳤음을 자세히 서술하려 합니다.

마지막으로 한 마디 더 하자면, 본 강연자는 학술적으로 훈련되어 연구와 교육을 본령으로 삼는 학자가 아닙니다. 여러분 앞에는 실무자가 초빙되어 있습니다. 저는 완결된 외부 시각을 가졌다기보다는 사건들을 내부로부터 체험한 이입니다. 그렇기에 여러분은 제 강연에서 이런 성격의 강연에서 필요한 것보다 훨씬 더 많이 감정적임을 발견하시게 될 것입니다. 이에 대해서는 여러분의 이해를 구합니다.

저는 그 모든 것을 체험했습니다. 이 때문에 저는 기쁩니다. 그렇지만 20년 전에 일어났던 일들, 그리고 가능했던 일들 또 가능한 일들 그리고 앞으로 가능할 일들 앞에서 겸손함을 느낍니다.

1. 구동독 교회의 상황

1.1. 기독교인들 1945년에서 1949년까지 새로운 사회의 건설에 참여하다

2차 대전에 끝난 지 몇 달 뒤에 소련군 주둔지역에서는 개신교 교회와 가톨릭교회가 새로운 사회 체계에 공정하고도 조직적으로 포함될 수 있다는 인상이 만연했습니다. 막 생겨난 당들 중에서는 곧 권력에 대한 요구를 내세웠던 독일 통일 사회당이 주도적이었지만, 시민 대중들에게 호소할 수 있는 당들이 있을 정도로 다양했습니다.

1945년에 세워진 기민당은 새로운 사회를 지향하는 기독교적 가치들을 모아낼 수 있는 기관일 수 있다는 인상을 남겼습니다. 기민당이 창당된 지 몇 달 후에 심지어 가톨릭교 사제들까지 기민당에 입당하기도 했습니다. 이들의 입당 동기는 예전에 가톨릭교가 주도하던 중심정당의 전통을 계속해서 유지할 수 있으리라는 기대였습니다.

구동독의 핵심으로 내세워진 청년 조직 '자유 독일 청년' 은 세계관에 있어서 개방적이고 관용적인 자세를 보였으며 기독교적인 성향의 청소년들이 수용할 만한 것이었습니다.

당시에 알지 못했고 또 감도 잡을 수 없었던 사실은 소련 색채의 공산주의자들이 들어서서 일당독재에 대한 요구를 가차 없이 관철시키려 했다는 점입니다. 1971년까지 독일 통일 사회당 중앙위원회의 서기장이었던 발터 울브리히트는 "민주주의적이라는 인상을 풍기되 모든 것을 장악해야 한다." 고 말한 바 있는데, 바로 이를 말합니다.

1948년 이후 공산주의를 따르는 권력기관은 과감하게 그 탈을 벗었습니다. 당과 청년조직에서 일하던 기독교인들은 변두리로 몰리고 차별 당했을 뿐더러, 직업에서도 점점 더 많은 불이익을 당했습니다. 당시까지 열려 있던 국경을 넘어서 서방으로 이주하는 물결이 처음으로 생겨났습니다.

콘라트 프라이징 추기경은 1950년 총리였던 오토 그로테볼에게 당시에 막 세워진 동독에서 기독교적인 기준에 따라 살고 사회적인 책임을 완수하는 것이 불가능해졌다고 공식적으로 전한 바 있습니다.

1.2 국가와 교회의 점진적인 분리 - 가톨릭교회의 반발심화(1950-1977)

동독이 세워진 후 독일 통일 사회당의 공식적인 반교회 정책의 기조는 눈에 띄게 날카로워졌습니다. 독일 통일 사회당의 2차 전당대회에서 1952년 "동독에서 사회주의의 계획적인 건설"이 결의되었습니다. 이런 사회에서 교회를 위한 여지는 더 이상 없게 되었습니다. 이미 오래전에 동독의 권력자들은 교회가 국가에서 이탈하는 입장을 취할 뿐더러 쉽게 국가에 넘어올 수 없음을 파악했습니다. 게다가 교회는 1949년 제정된 동독의 헌법에 따라 형식적으로 보호받고 있습니다. 이 헌법은 별도의 항목으로 믿음과 양심의 자유 (41조 1항)를 분명히 정했습니다. 종교 단체는 형식적으로 공공 기관의 법인체라는 특권을 가진 법적 지위를 가졌습니다.

처음에 사회주의국가는 교회와 교회의 활동을 관용했습니다. 왜냐하면 당시의 관심사를 따른 까닭입니다. 교회는 잠깐 동안만 지속되다가 그 후에는 저절로 사멸할 것이라고 사람들은 말했습니다. 사람들은 사회주의 사회에서 교회가 있어야 할 근거가 없다고 했습니다. 그렇지만 이러한 주장은 너무도 빨리 타당성을 잃었으니, 교회가 존속할 권리를 스스로 입증해 보였고 시민들에게 분명한 매력을 갖고 있었으며 사회에 전반적으로 자리를 잡고 있어 여전히 전통에 힘을 입어 강한 영향력을 끼칠 수 있었기 때문입니다. 교회는 동독에서 유일하게 국가의 간섭을 거부하는, 사회 전체를 포괄하는 대형기관으로 남아 있었습니다. 게다가 교회들은 서독 교회들과 연맹 관계에 서 있었습니다. 두 국가의 교회들은 정치적 경계에 자신들의 판단의 한계를 적응시키려 들지 않았습니다. 가톨릭교회에 대해서 이는 다음과 같이 서술할 수 있겠습니다.

납세 의무 등이 면제된 마이센 교구가 동서독 분단을 통해서도 그 관할 영역에 대해 전혀 영향을 받지 않았던 반면 파더본, 오스나브뤽, 풀다, 뷔르츠부르크 그리고 힐데스하임과 같은 오래된 교구들은 - 모두 서독에 주교좌를 갖고 있었는데 - 독일 분단을 통해 서로 분열되었습니다. 그러나 주교들은 이를 찬성했고, 이제 동독 지역에 있는 영역들이 자체의 주교좌가 되지 않고 전반적으로 예전 주교좌들에 속할 수 있게 되었습니다. 한편으로 교회의 관할영역 구조가 사회주의적 국가지도부의 정치적-국가적 결정을 따르지 않도록 하려 했고, 다른 한편으로는 예전 교구들의 경계를 존속시키면서 서독과의 연락이 가능해졌습니다.

당연히 동독 영토에 소재한 원래 교구 지역들의 일부에는 형식상의 판결이 유효했고 여전히 주교청의 지위를 갖고 있었습니다. 그렇지만 교구의 법적인 지위와는 거리가 멀었습니다. 이로써 에르푸르트 주교청에 재직하는 주교는 에르푸르트 교구의 주교로 서품을 받을 수 없었습니다. 왜냐하면 에르푸르트 교구 자체가 없었기 때문입니다. 오랜 전통에 따라 요아힘 반케는 1980년에 에르푸르트에서 활동하는 주교로 서품을 받았으며, 마우레타니엔의 카스텔룸 교구 주교로 서품 받았습니다.

동독정부는 교구의 경계에 관한 문제를 특권적이라는 이유로 정부가 몰락할 때까지 계속 다루어왔습니다. 동서독 분계선과 일치하도록 교구의 경계를 새로 정했더라면 독일의 2 국가적 성격이 공개적으로, 또한 세계적으로도 확연하게 굳어졌을 것입니다. 동독의 신자들은 사제들과 함께 독립된 주교좌 설치에 반대해 싸웠습니다. 한편 교황은 이 문제에 별로 관심을 보이지 않았습니다.

협약의 문제는 구동독에서 전혀 내세울 만큼 중요하지 않았습니다. 최소한 70년대 초반까지 국가와 가톨릭교 사이에서는 어느 정도 협약에 따랐지만 그렇다고 해서 명시적으로 협약에 근거하지는 않았습니다. 게르하르트 샤프란 주교는 1970년 여전히 1933년에 제정된 제국 협약의 규범들과 마이센 교구에 적용되는 바덴 협약에 따라 주교가 되었습니다.

1973년 동독이 UN에 가입했을 때에 외부의 시선에 따라 필연적으로 국제법에 따른 주권을 인정받았습니다. 동독은 자신들에 내세운 바에 따라 예전의 독일 제국을 계승하지 않았기에 1973년 이래 제국 협약을 유효한 법으로 인정하기를 거부했습니다. 교황은 이러한 독트린을 샤프란 주교의 후임으로 1988년에 요아힘 라이넬트를 임명할 때에 이용했습니다. 이 주교서품은 협약에 따른 규정들을 따르지 않았습니다. 그렇기에 국가에 공식적으로 문의하는 따위는 이루어지지 않았습니다.

60년대 후반 이래 동독의 가톨릭교 주교들은 앞으로 이 강연에서 국가안보부라고 부르게 될 '슈타지'가 사제들과 신도들에게 강도 높여 접촉하여 이들을 정보원으로 이용하려 했다고 발표했습니다. 종파와는 상관없이 사제에게 책임서약을 시키고 국가안보부의 직원으로 포섭하면, 그렇게 한 동독의 첩보원은 신분상승을 이룬 셈이나 다름없었습니다. 그러나 동시에 동독의 가톨릭교회는 사회에 참여하는 것을 삼가기는 했지만 그래도 동독의 관청들과 어쩔 수 없이 산발적인 대화를 필요로 했습니다. 예컨대 교회직원의 의료보험이나 연금보험 문제, 국가의 허가가 필요한 교회 또는 부속건물을 지을 때 그러했습니다. 이것 말고도 주교들은 동독의 신자들이 서독에 있는 병든 가족을 방문하러 가려다가 거부당하는 경우에 동독 정부에 협조를 구했습니다. 또 주교들은 가톨릭 학생들이 학교에서 뛰어난 성적을 보임에도 불구하고 종교적인 이유로 불이익을 받을 경우 항의를 하기도 했습니다. 이렇게 국가와의 접촉은 피할 수 없었습니다.

동독 정부는 이런 정황에서 가톨릭교회를 오염시킬 수 있는 가능성을 보았습니다. 주교들은 위험성을 알아채고 대응했으며 사제들에게 국가와 공식적이든 비공식적이든 대화하는 것을 금했습니다. 주교들은 명시적으로 거명된 사제들을 소위 대화 담당자로서 이를 위해 투입했습니다. 오로지 이들만이 교회를 대변해 말할 수 있는 대리권을 가졌습니다.

다른 모든 사제들은 국가와 공식적으로 또는 은밀하게 접촉한 경우에 이를 즉시 주교에게 알리도록 요청받았습니다. 국가와 접촉한 사제들은 자신들이 주교에게 그러한 만남을 보고해야 할 의무가 있다는 사실을 동시에 관리들에게도 알려야 했습니다. 이렇게 해서 국가안보부가 두려워한 것, 즉 모의 시도가 탄로 나고 말았습니다.

주교들은 신도들에게도 비슷한 처리방법을 권했습니다. 신도들이 정부와 접촉했거나 부역을 요구받았다면 이들은 이에 맞서서 접촉사실을 고해신부에게 알려야 할 의무가 있다고 보았습니다. 일반적으로 정부와 접선한 이들은 그렇게 해야 국가정보부의 손아귀에서 벗어날 수 있었습니다. 저 역시 이를 직접 체험했습니다. 저 역시 이런 유형에 따라 처리되었습니다. 국가정보부의 제안은 달콤하기도 했습니다. 국가정보부는 제게 자발적으로 스파이노릇을 할 경우 서방으로 여행할 수 있을 뿐더러 동독에서 일반적으로 수 십 년 기다려야 얻을 수 있는 전화를 설치해주겠다고 제의했습니다.

자, 저는 제 고해 신부에게 알려야 할 의무가 있음을 상기시켰고, 그제야 저는 이 문제에서 풀려났습니다. 평화혁명이 끝난 후 국가정보부가 보유한 저에 대한 서류를 살펴보면서 저는 고해신부에게 알려야 할 의무가 있다는 제 말이 핑계로 여겨졌지만 저를 부적합하다면서 제외한 사실을 알게 되었습니다.

제가 아는 바에 따르면 동독의 개신교 루터파 교회에서도 이러한 메커니즘은 마찬가지였습니다. 거기서도 곧장 음모가 더 이상 아니게 되곤 했습니다.

그러나 교회 안에는 앞에 언급한 규정을 지키지 않고 국가정보부를 위해 부역한 직원들도 있었습니다. 제가 알고 있는 국가정보부 직원의 경우가 그랬습니다. 한 여직원이 가톨릭교회의 행정에 투입되기 위해 몇 년 동안 "교육"을 받았습니다. 이 여직원은 형식적으로 가톨릭교에 입교하여 교회의 업무를 맡아 보다가 국가정보부의 정보원으로서 "내부로부터" 교회에 대해 보고하였습니다.

동독과 가톨릭교회의 관계는 더욱 경직되었지만 동시에 유연해지지기도 했습니다. 서로 일치할 수 없음을 선언하면서 경직되었고, 가톨릭교회가 국가에 인식 가능해졌기에 유연해졌습니다. 곧 가톨릭교회에서 무엇이 걸림돌이었는지를 알게 된 것입니다. 동독에 주재하는 주교들은 국가와 협력하거나 대화하는 것을 부득이 필요한 경우로만 줄였습니다. 마이센의 주교였던 오토 슈필벡이 쓴 글이 이를 명확히 보여줍니다. 슈필벡 주교는 동독 관리와의 가상적 대화에서 가톨릭교 신자가 동독에서 느끼는 감정을 다음과 같이 서술했습니다. "당신들과 우리들 사이에는 다리가 없습니다. 우리는 완전히 분리된 사람들입니다. 그렇지만 우리는 자신이 기반을 닦지 않은 집에서 살고 있으며, 그 기반이 유지되는 역학을 우리는 그릇된 것으로 여기고 있습니다. 우리는 이 집에서 인간에 합당하게 또 기독교인으로 살아갈 수 있기 위해 기여합니다. 그러나 우리는 그 위에 새로 층을 만들 수 없습니다. 왜냐하면 기반이 잘못되었다고 생각하기 때문입니다."

알프레트 벵쉬 추기경도 국가에 대한 가톨릭교회의 자세를 위와 마찬가지로 적확하게 - 은유적으로 - 쓴 바 있습니다. "기독교인이 사자 굴에 들어 있다. 그는 사자를 쓰다듬을 수도 없고 꼬리를 잡아 끌 수도 없다."

1.3. 1978년에서 1989년까지 사회 발달의 맥락에서 본 교회

이 단계의 초기에 가톨릭교회는 자기 안으로 침잠했습니다. 사자 옆에 앉아 사자를 건드리지 않고 무시했습니다. 사자, 그러니까 국가와의 접선은 피할 수 없는 경우에만 이루어졌습니다. 스스로 선택한 게토이지만 내적인 자유를 누렸습니다. 그러나 분명히 해 두어야 할 것은 국가에 대한 이런 금욕적 태도가 동독의 모든 가톨릭교 신자들의 마음에 들었던 것은 아니라는 점입니다. 국가의 조치에 대한 입장표명을 아쉬워했으며 미사가 아닌 행사에 대해 교회를 개방하지 않는 태도를 아쉬워했습니다. 그러나 일단 뚫리면 진 것이라는 정서가 본질적으로 국가에 흡수되는 것으로부터 보호해 주었습니다.

오늘날까지도 동독의 최근 교회사를 다룰 때에도 그렇게 '뚫리면 진 것' 이라는 정서가 득이 되었는지 해가 되었는지에 대한 최종적 판단은 내리지 못하고 있습니다. 물론 그 정서는 그럴만한 이유를 갖고 있었습니다. 다만 비교할 바 없이 더 개방적이었던 개신교 교회와는 달리 가톨릭 교회가 자체로부터 혁명의 요소를 보이지는 못했다고는 볼 수 있습니다. 개신교 교회는 사자를 더욱 많이 쓰다듬었을 뿐더러 꼬리를 잡고 흔들어 대기도 했습니다.

국가에 대한 다른 태도들은 물론 전략적인 선택이 달라서 나타난 것이 아니었습니다. 오히려 상이한 태도는 교회에 대한 다른 이해에서 나온 것이었습니다. 개신교의 교회 개념에 따르면 교회는 독립된 기관이 아니라 세상 속의 삶을 위한 군장입니다. 가톨릭교에 따른 교회개념은 반면 성사로 이해됩니다. 이러한 출발점의 차이가 결국에는 논란의 여지없이 각각 자신의 존재 근거를 갖고 있는 두 교회의 전략적인 태도로 연결됩니다.

국제적인 사건들과 동독에만 관련된 몇 개의 사건들이 1979년부터 평화혁명에 이르는 10년 동안을 각인시켰습니다. 오늘의 시점에서 돌아보면 이 사건들은 함께 작용하여 1989년의 혁명적 사건들로 귀결되었다 할 것입니다.

a) 최초의 자유노조 결성을 둘러싼 폴란드의 사건들은 동독에 지대한 의미를 지녔습니다. 차후에 동독에서는 80년대 중반에 견줄만한 발전이 없었습니다. 그러나 자유에 대한 생각은 깨어 있었습니다. 폴란드에서 이러한 운동은 폴란드에서 영향을 미친 가톨릭교의 민중교회 없이는 이해할 수 없습니다. 1978년 폴란드 출신 교황의 선출은 이러한 맥락에서 공산주의 정권에 예민한 타격을 뜻하는 심상치 않은 사실이었습니다. 이 때에 폴란드의 사제들과 동독 사제들 사이에 우호적 관계가 있어왔고 폴란드의 정신이 수입될 수 있었다는 것 역시 일익을 담당했습니다.

b) 군비확장을 위한 나토의 이중결정에 따라 소련은 추가 무장을 해야 했고 결국에는 이를 통해 경제적으로 파국상태에 접근했습니다. 레이건 독트린은 동독과 서독의 좌파 지식인들에게서 극도로 증오의 대상이 되었지만, 결국에는 성공했습니다. 경제적이고 따라서 정치적인 소련 붕괴의 원인이 바로 그것이었습니다.

c) 소련에서 1986년 미하일 고르바초프가 권력을 잡으면서 생겨난 변혁은 글라스노스트와 페레스트로이카로 대변됩니다. 이것은 동독에 상당히 강한 영향을 미쳤습니다. 갑자기 동독 시민들은 자신의 입장을 소련에 관련짓기 시작했고 그로써 동독 정부의 심기를 건드렸습니다.

d) 1978년 동독 국가와 개신교 교회 사이의 최초의 유일한 만남이 이루어졌습니다. 이는 동독 국가에 대한 개신교 교회의 훨씬 개방적인 태도를 표현하고 있습니다. 1971년 연방 종교회의는 "우리는 사회주의 옆이나 사회주의에 맞서는 교회를 원하지 않으며 사회주의 내의 교회이기를 원한다"라고 선언한 바 있는데 이것이 개신교의 국가에 대한 태도에 기반

이 되었습니다.

이로써 본회퍼가 품었던 "타자를 위한 교회"의 이상이 빛을 내고 있습니다. "사회주의 내의 교회"라는 표현은 물론 매우 해석력이 있습니다. 이 표현은 단순한 지역적 사명일 수 있었고, 현실에 몰두하는 것 또는 사회주의에 대한 고백일 수 있었습니다. 그 어떤 이론보다도 이 표현은 더욱 많이 토론되었을 뿐더러 때로는 의도적으로 오해되기도 했습니다.

이 표현은 위에서 언급한 바 있는 역사적으로 의미심장한 1978년 개신교 교회와 국가의 대화에 대한 전제가 됩니다. 동독은 이로부터 국제적인 명성과 다루기 쉬운 교회를 희망했습니다. 이에 대한 반대급부는 예배의 중계방송과 예배 외의 다른 훨씬 자유로운 분야를 위한 방송 시간대 편성이었습니다.

이런 대화는 국가와 가톨릭교회 사이에서는 상상할 수도 없는 일이었습니다. "사회주의 내의 (가톨릭교) 교회"라는 표현은 생각할 수 없었습니다. 가톨릭교회는 사회주의를 자체로 잘못된, 개혁될 수 없는 질서로 파악했습니다. 앞에 인용한 바 있는 집과 기반에 대한 비유를 떠올려 보십시오. 반면 개신교 권에서는 "민주주의적 사회주의"에 대한 생각이 동독 말까지 있었습니다. 이러한 서로 다른 자세의 영향에 대해서는 평화혁명과 정당정치적인 합의의 맥락에서 다시 언급하도록 하겠습니다.

e) 동독에서는 1978년 교련교육이 도입되었습니다. 하필이면 9월 1일, 곧 세계 평화의 날이었습니다. 교련교육은 2시간 연속 수업으로 일주일에 네 번 이루어졌습니다. 9학년이 되면 젊은이들은 12일 동안 병영에 가서 기초 군사교육을 받아야 했습니다. 여기에는 엎드려 쏘는 자세로 50미터 거리의 사람 모양 표적을 향해 사격하는 훈련이 포함되어 있었습니다.

이러한 프로젝트는 교회의 강한 반발을 야기했습니다. 전에는 정치에 입장을 표명하지 않던 가톨릭교회 역시 이에 대해서는 입장을 표명했습니다.

여태까지 언급한 상황들은 동독에서 사회적 삶의 양극화를 불러 왔습니다. 출국 신청자들의 수가 늘어났습니다. 예술가들과 문화생산자들이 동독의 생활환경에 대해 비판적으로 입장을 표명하는 경우가 늘어났습니다. 악명 높은 3차 개정형법은 그 결과였습니다. 이 법에 따르면 국가의 허가를 받지 않은 비판적인 언급이나 출판은 가혹한 형벌을 받게 되었습니다.

80년대 동독 상황은 더욱 심해졌습니다. 국가와 당은 점차 드러나는 문제들을 백안시했습니다. 도시들은 쇠퇴했고 보급시설은 엉망이 되었습니다. 자연은 거의 존재하지 않는 환경보호를 통해 우려스러울 만큼 상했습니다. 교회에 소속된 환경보호 단체들이 평화 혁명의 초기 활동가들에 포함되어 있었다는 사실은 주목할 만합니다.

2. 1989년 혁명과 교회

여러분, 제가 여러분께 사회주의 국가에서 민주주의 공화국으로 변화하는 과정에서 교회의 영구한 주도적 역할을 조직과 구조에 관련하여 소개하기를 바라신다면, 저는 여러분께 실망을 안겨드릴 수밖에 없겠습니다. 이런 것은 없었습니다. 그럴 수도 없었습니다.

권력을 갖고 있는 교회 - 우리 시대에 그런 것은 생각할 수 없습니다. 그런 역할은 교회에게 너무도 큰 부담을 안기는 것입니다. 교회는 전반적으로 세속적인 환경 속에서 중재할 수 없습니다.

이 얼마 안 되는 몇 달, 그렇지만 우리에게는 역사적으로 중요하고 독재에서 민주주의로 이행하는 것이 가능해졌던 그 몇 달 동안 교회의 역할은 그저 - 그렇지만 '그저' 라는 말은 무슨 뜻입니까? - 모임을 동반하고,

모임의 사회를 보고, 절제와 진행 중인 사건들에 도덕적인 동기를 부여하는 것에 관련됩니다. 부담을 걸머질 수 없는 이들을 동원가능하게 하는 것 역시 관련되어 있습니다. - 이는 도외시할 수 없는 요소입니다.

그리고 몇 주 동안 교회들은, 알려고 들지도 않았고 또 알지도 못한 채, 국가를 지탱하는 기능을 맡았습니다.

이러한 근거로 1989년 가을에서 1990년 10월 통독에 이르는 변형과정에서 교회에 관련한 제 서술의 다음 부분은 개별적인 예들로 이루어져 있습니다. 이 예들은 개별적이지만 총합해 보면 하나의 커다란 그림을 보여주리라 저는 기대합니다.

앞의 서술들에서 저는 말하자면 1945년부터 준비해온 양탄자를 펼쳐 깔았습니다. 그 위에서 1989년에 벌어진 사건들이 일어났습니다. 1989년 가을의 사건들은 종종 그리고 내용적으로 "전환"이라고 잘못 불리곤 합니다. 이 명칭이 적합하지 않은 까닭은 전환이란 결국에는 회귀를 뜻하는데 그런 것이란 없기 때문입니다. 이 명칭이 문제 있는 까닭은 또한 당시 독일 통일 사회당 중앙위원회의 서기장인 에곤 크렌츠가 이 말과 이 말의 의도를 자기의 것으로 삼았기 때문이기도 합니다. 그러나 전환이라는 말은 독일 언어사용에 너무도 스며들다 보니 이러한 상황을 잘 알아야 하는 이들까지도 그 단어를 사용하고 있습니다. 여기서 저라고 예외는 아닙니다.

80년대 말에 가톨릭교회는 사회 문제에 그동안 입장을 표명하지 않던 태도를 포기했습니다. 이에 대한 동기를 부여한 것은 당시 베를린 대주교였던 요아힘 마이스너가 1987년 드레스덴에서 열린 가톨릭교 신자회의에서 행한 잊을 수 없는 강론이었습니다. 이 강론은 뜻하지 않게도 멋지면서도 현명한 오해 중 하나를 담고 있습니다. 마이스너 추기경은 당시에 이렇게 말했습니다. "이 나라에 하느님의 말씀이 내렸습니다. 동방 박사들이 당시에 베들레헴의 별을 좇아 와 아기 예수에게 선물을 바쳤습니다.

우리나라의 그리스도인들은 자신들의 재능과 능력을 사회에 사용해야하지만, 베들레헴의 별 말고 다른 별을 좇아서는 안 되겠습니다." (Günter Schabowski, Das Politbüro, Rowohlt-Verlag 1990, S. 119.)

수 천 명이 모여든 초원에서 거행된 미사에서 말해진 추기경의 강론에서 인용한 이 문장은 엄청난 환호를 불러 일으켰습니다. 사람들이 좇아서는 안 되는 "다른 별"이란 증오의 대상이었던 공산주의의 상징인 붉은 별을 뜻했기 때문입니다. 서독에서 온 이들은 마이스너 추기경의 이 문장을 완전히 다르게 해석했습니다. 그들에게 "다른 별"은 바로 메르체데스-벤츠 자동차에 달린 별을 뜻했고 자유주의적 물질주의의 상징으로 여겨졌습니다. 여기서 추기경은 - 원하든 원하지 않든 그의 비밀로 남아 있게 되었는데 - 교회의 두 적들, 곧 공산주의와 고삐 풀린 유물론을 하나의 표현 속에 담아낸 것입니다. 그의 강론에서 그런 식의 독자적인 삶이 펼쳐진 것은 최적의 순간에 강론이 행해졌다는 사실 때문이겠습니다.

그러나 실제로 보면 이 강론은 가톨릭교 신자들에게는 스스로 선택했던 구석에서 빠져나와 이제 사회에서 책임을 떠맡게 되는 신호탄으로 여겨졌습니다. 주교들은 구두발언을 통해 국가로부터 훨씬 분명하게 거리를 두었습니다.

1989년 평화 혁명에서 개신교회의 역할이 가톨릭교회의 역할보다 더 크다는 것에는 논란의 여지가 없습니다. 이것의 원인은 두 교회의 크기가 서로 달랐다는 점입니다. 어쨌든 개신교 교회의 신자수는 가톨릭교회의 신자수보다 10배 더 많았습니다.

이미 마지막 몇 년 동안 개신교 교회의 보호 아래 다양한 색채의 강령을 가진 네트워크들이 형성되었습니다. 환경 단체, 인권단체, 문인단체가 생겨나 금지된 서적들을 소개하고 토론했습니다. 굴복하지 않은 작가들과 가수들의 낭독회가 열렸습니다. 개신교 교회가 가톨릭교회보다 폐쇄적이지 않았다는 사실은 여기서 분명한 영향을 미쳤습니다. 개신교 교회는 예배와 교리문답 영역 이상의 것을 포괄했습니다. 가톨릭교회는 오히려 자신에 의무를 다해야 한다고 느꼈습니다.

그렇지만 금방 가톨릭교회의 평신도 운동이 일어났고 과정 속에 편입되었습니다. 가톨릭교회의 평신도들은 주교들이 가톨릭교회를 교회 일치 모임의 과정에서 일원으로 함께 활동하도록 결의했을 때에 커다란 안도감을 느꼈습니다. 1988년 마그데부르크 그리고 1989년 드레스덴에서 열린 교회 일치 모임의 3차례 회합은 결정적인 전환이 되었습니다. 개신교 교회 역시 이 시점에 뚜렷하게 국가에 거리를 두었습니다. 제가 앞에서 언급한 논란의 대상이 된 "사회주의 내에서의 교회"라는 표현은 철회되었습니다. 사자의 꼬리를 더욱 세게 잡아당겼고, 사자는 더욱 고통스러워했습니다.

2.1 1989년 드레스덴에서 열린 교회 일치 모임

1989년 가을의 사건들에 대한 중대한 자극은 같은 해 4월 제 고향인 드레스덴에서 열린 교회 일치 모임의 3차 회합이었습니다.

특히 3차 회합에서 결의된 12개의 문서들은 순수하게 신학적인 물음들을 훨씬 넘어섭니다. 특히 문서 3번 ("동독에서 더 많은 자유를")은 동독에서는 낯선 분명한 언어로 사회적 결함을 언급하고 있습니다. 여행의 자유가 없음, 결사의 자유가 없음, 선거 체계는 국민의 주권에 어울리지 않음 - 이런 것들은 동독의 권력자들의 속을 제대로 강타한 문제로, 가차 없이 다루어지고 있습니다. 동독 정부는 이 문서의 출판을 저지하려고 공식적으로 비공식적으로 시도했습니다.

적극적으로 교회 일치 모임의 세 회합에서 함께 활동했던 이들을 우리는 1989년 가을 그리고 이후에 사회의 변혁에서 만날뿐더러 또 그 이후에는 정치 활동에서 만나게 됩니다. 예를 들어 본다면 작센-안할트 주의 주지사가 된 라인하르트 회프너, 처음으로 자유선거에 의해 구성된 정부의 재무장관이 된 발터 롬베르크 그리고 원탁(der Runde Tisch)의 3 진행자 중 한 명인 칼-하인츠 두케를 들 수 있겠습니다. 동독의 마지막 외무장관이 된 마르쿠스 메켈도 언급할 수 있겠습니다. 소위 전환의 내용적 강령은 이 문서들에서 선취되었다고 말할 수 있겠습니다. 이러한 요구들은 1989년 가을 시위용 포스터에 축약된 형태로 다시 나타나게 됩니다.

2.2 1989년 가을

1989년 초가을 첫 번째 시위가 시작되었을 때에 - 라이프치히 시가 대표적입니다 - 라이프치히의 개신교 교회에서 몇 년 전부터 있었던 월요 평화기도 모임들이 앞서 있습니다. 처음에는 교회의 주제로 다루어졌던 것이 거리에서는 격한 정치적 요구로 변화했습니다.

마지막으로 점점 더 세를 더하는 시위는 예컨대 라이프치히에서 7만 명 이상의 사람들이 참가할 정도로 커져서는 혁명의 승리를 가져왔습니다. 플라우엔과 드레스덴 같은 도시도 언급해 볼 수 있겠습니다. 그러나 라이프치히가 선구적으로 세계언론의 초점이 되었습니다. 거리의 압력은 권력자들이 민중 앞에 서도록 강요했습니다. 대화는 10월 내내 핵심어였습니다.

제 고향인 드레스덴에서 사람들은 시민위원회와 국가 관료들 사이의 대화가 끝난 후에 신뢰할 만하고 중립적인 지역들을 찾아 바로 시민들에게 대화 내용을 알렸습니다. 드레스덴에서는 이를 위해 호프키르헤, 아넨키르헤 그리고 크로이츠키르헤같은 수천 명이 들어갈 수 있는 대형 교회들이 자리를 마련해 주었습니다.

위로부터 1989년 동독에서 일어난 사건들을 조망하게 되면, 상황과 배경에 대한 상세한 분석들이 있음에도 그저 기적이라고 부를 수 밖에 없습니다. 정부가 전체 나라를 장악하고 있었습니다. 정부는 철저하게 무장되어 있었고 엄청난 수의 감시원을 주민들 사이에 퍼뜨렸습니다. 그런데도 겉보기에 도대체 건드릴 수 없는 시멘트처럼 단단한 정권이 무너졌습니다. 그것도 비폭력에 의해서.

국가 권력은 "비폭력"이라는 시위자들의 외침을 잘못 짚었습니다. 여기서도 복음에 대한 관계를 눈여겨 볼 수 있습니다. 폭력으로는 이 국가를 이겨낼 수 없었을 터입니다. 비폭력을 행사하는 이들의 힘이 승리했습니다. 솔로몬의 잠언 "부드러운 혀가 뼈를 부순다."(잠언 15:4)라고 쓰여 있지 않습니까.

몇 년 전에 출간되어 이 시기의 사건을 요약하고 있는 소설에서 저자는 절망에 빠진 국가안전부 부장이 창문에서 수만 명의 시위대를 보면서 "우리는 모든 것에 다 대비했건만, 촛불과 기도에는 아무런 대비를 못했구나"라고 외치게 합니다.

이러한 이야기는 아마도 북한에 대한 희망을 불러일으킬 수도 있겠습니다. 여러분의 북쪽 이웃이 무기와 힘을 행사할 태세로 뻐기고 있다 할지라도 이 정권은 적절한 때가 되면 기도와 촛불에 맞설 수 없는 처지에 빠질 것입니다.

1989년 10월 18일에 에리히 호네커는 독일 통일 사회당의 서기장직에서 사임합니다. 이것은 루마니아에서 볼 수 있었던 전형적인 몰락은 아닙니다. 루마니아의 독재자 차우체스쿠는 법에 따라 국민에게서 쫓겨났고 무너졌으며 낯선 혁명법정에서 사형을 언도받고 처형 장면은 촬영되었습니다. 이런 것은 동독에 없었습니다. 호네커의 신상명세 역시 관료주의적인 규정에 따라 이루어졌습니다. 호네커는 자신의 수호부대에 의해 파면되었으며, 체면을 유지하기 위해 공식적으로 그의 심상치 않은 건강 상태를 이유로 좌천되었습니다.

새로 선발된 서기장 에곤 크렌츠는 권력을 잡은 첫날을 눈여겨볼 만한 방문의 기회로 삼았습니다. 교회 대표자를 만난 것입니다.

당시 정치국 소속이었던 귄터 샤보브스키는 이러한 방문을 몇 년 뒤에 이렇게 요약했습니다.

"그동안 교회가 이러한 발전에서 자극적인 구성 요소였는가를 우리가 알았기 때문에 우리는 크렌츠가 임기 후 첫 공식 행보 중 하나로 교회 대표자들과 만나는 것에 동의했다. 교회는 사회의 요구에 상응하는 현명한 태도를 보였다. 그들은 독립성을 충분히 이용하면서 극단들 사이에서 중재했다." (Grande/Schäfer, Zur Kirchenpolitik der DDR, Bennoverlag Leipzig 1994, S. 173.)

2.3 화합을 위한 원탁 그리고 교회의 협력

평화 혁명의 과정은 교회가 동반했거나 교회의 지원을 최대로 받았다고 흔히들 주장합니다. 교회는 이 과정에서 국가적 제도적 권력의 소유자가 아니었다고 말입니다.

이것은 완전히 맞는 말이 아닙니다. 당연히 교회는 이 맥락에서 순종적으로 물러섰습니다. 교회가 갑자기 국가 권력을 가진 기관이 되었다는 것은 제도적으로 생각할 수 없습니다. 저는 교회가 이를 혐오했다고 생각합니다.

그럼에도 불구하고 권력의 공백이 있었고 교회는 이를 메워야 했습니다.

10월에 호네커는 권좌에서 추락했습니다.

11월 7일, 장벽이 무너지던 전설적인 날 이틀 전에 동독의 슈토프 정부가 물러났습니다. 11월 13일 인민 의회를 통해 선출된 모드로우 정권이 들어섰습니다. 드레스덴의 독일통일사회당 SED 총수였던 한스 모드로우가 집권한 정권은 법치국가 수립을 부인했습니다. 어쨌든 이 정권은 새로 선출된 의회를 통해 세워진 것이 아니라 1986년 선출된 기존의 의회가 모드로우를 지명하면서 가능해졌습니다. 새로운 정부는 독일 통일 사회당 당원을 다수 포함하고 있었으나, 처음으로 무당적자나 다른 당 당원을 내각에 입각시켰습니다.

이는 전형적인 권력 교체는 아니었습니다. 이러한 상황을 민주주의적으로 교육받은 이가 가진 권력 분립의 시선으로 살펴보아서는 안 될 터입니다.

전형적인 권력 분립은 주지하다시피 독재에는 없습니다. 입법부, 행정부 그리고 사법부는 독재자들에 복무하기 위해 획일화되어 있습니다. 동독 정부는 현실에서 참된 행정부가 아니라 독일 통일 사회당의 정치국의 보조였습니다.

이제 독일 통일 사회당 지도부는 마비되었습니다. 그들의 정당성은 거리에서 의문시되었고 마치 그들의 자리는 사라진 듯 했습니다.

공장과 기관들에서 당의 간부들은 말 그대로 길에 나앉게 되었습니다.

당은 더 이상 기능하지 않았고, 그저 그림자로 존재해왔을 뿐더러 이에 익숙해진 정부는 나라의 문제보다는 자신의 문제에 몰두했습니다. 독일 통일 사회당에 속하지 않거나 또는 그에 관계를 맺지 않은 인민 의회의 의원들은 내용상 독일 통일 사회당과 자신을 구별했습니다. - 참을 수 없는 기회주의적인 방식도 일부 엿보였습니다. 몇 주 전만 하더라도 그들은 독일 통일 사회당에서 권력진출을 좌지우지했던 이들이었습니다.

권력은 길 위에 있었습니다. 권력은 우리 앞에 있었지만 아무도 권력을 보지 못했습니다.

그렇기에 막 시작한 민주화의 과정에 형태를 계속 부여할 새로운 형식을 찾는 것이 필연적이었습니다. 시위대가 요구한 대화의 의미에서.

이미 10월 4일에 이른 바 원탁을 소생시킬 창립 모임이 결성되었습니다.

탁자는 비유로 말하자면 둥그렇지 않았습니다. 왜냐하면 탁자에는 두 진영이 서로 마주서 있기 때문입니다. 여기서 낡은 세력과 새로운 세력이 서로 마주보고 앉아야 했습니다.

한 편에는 낡은 세력, 곧 이미 동독에 있었던 5개의 정당이 앉아 있습니다. 다른 한편에는 아직도 인정받기 위해 투쟁하는 새로운 저항세력 중 7개의 파가 앉아 있습니다. 교회는 이 대면에서 자리를 갖지 못했습니다.

각각의 편이 15표를 갖는 것에 합의했습니다. 그렇지만 독일 통일 사회당이 기득권 유지 세력의 대표로 서 있었다는 사실은 눈여겨볼 만합니다. 왜냐하면 독일 통일 사회당의 조종에서 풀려난 예전의 집단 정당들이 독일통일사회당과는 거리를 두고 행동할 것을 원했기 때문입니다.

기관으로서 원탁이 지닌 문제는 누구를 초대할 것인가 준비는 누가 할 것인가 그리고 누가 지휘를 맡을 것인가라는 문제였습니다.

예전의 권력기관의 종식을 위해 공공의 영역에 관련되어 있는 이러한 도전이 어떻게 준비되고 선언될 수 있었을까요? 어쨌든 형식적으로 동독의 구법이 여전히 유효했지만 적용되지는 않았습니다. 법적으로 어려운 상황이었습니다.

모드로우 정권과 대화하겠다는 의도 때문에 새로운 정당들과 결사들은 개신교 교회 연맹과 고트프리트 포르크 주교(베를린)에게 접근했습니다. 원탁의 사회자 중 한 명인 몬시뇰 칼 하인츠 두케에 따르면 원탁으로의 초대를 전기독교적(ecumenic)으로 하자는, 다시 말해 두 교회들이 공동으로 초청하자는 제안이 유래했습니다. 이를 위해 교회를 이용했습니다. 왜냐하면 교회는 정치적으로 의심의 대상도 아니었고 복수의 일념에 사로잡히지도 않았으며 동독에서 필요한 도덕적 권위를 갖고 있었기 때문입니다.

11월 21일 포르크 감독은 베르너 라이히 감독(아이제나흐)과 함께 준비 모임과 연락모임의 필연성에 대해 서로 이야기를 나누었습니다. 가톨릭교회에서도 베를린 주교회의 의장이었던 슈테르친스크지 주교가 협력하겠다고 알려 왔습니다.

처음부터 개신교 감독들과 가톨릭교 주교들은 자신들이 이 모임을 주재할 수 없다는 사실을 알았습니다.

그래서 베를린 주교 회의에서는 몬시뇰 칼 하인츠 두케(에르푸르트 신학교의 교장)가, 개신교 교회에서는 마틴 치클러가 그리고 기독교 교회 프로젝트에서는 마틴 랑에가 사회자로 정해졌습니다.

1989년 12월 8일의 첫 원탁 모임에서는 교회가 독자적인 세력으로서 참가하여 발언을 할지, 아니면 사회만을 맡을 것이냐를 두고 분명하게 결정하지 않았습니다. 개신교 교회는 원탁의 첫 모임이 있던 날에 결정을 내렸습니다. 그러나 천주교 교회에서는 의견이 분분하여 사회만 보는 역할로 한정하기로 결정했습니다.

사회를 각각의 교회 대표자들에게만 위임할지 그리고 다른 두 명의 교회 대표자들이 각각 자신들의 관심사를 담당하게 할 것인지에 대한 논의도 특히 개신교 측에서 이루어졌습니다. 그렇지만 이 논의는 이해관계의 충돌이 야기될 수 있다는 이유로 중단되었습니다.

우선 원탁의 첫 번째 모임만 세 명의 교회 대표자가 진행하도록 계획되었습니다. 이들은 두 번째 모임도 진행하게 되었습니다. 사회의 역할이 입증되었고 이들은 세 번째 모임의 진행도 맡았습니다.

결국 이들은 전체 16개의 모임에서 사회를 담당했습니다.

이러한 위원회는 자신도 알지 못하는 가운데 몇 주 동안 동독을 지배했습니다. 몇 주 동안 유일하게 행동할 수 있었던 것은 원탁 위원회였습니다. 이 위원회는 법적으로 조망 불가능한 동독의 상황에서 벌어지고 있는 당면한 문제들을 다루었습니다. 원탁은 헌법이나 법 또 기타 규정에서 근거를 찾을 수 없는 기관입니다.

동독 원탁의 첫 세 번 모임은 물론 원탁이 아니라 사각 모양의 탁자였지만, 교회에서, 곧 베를린 중부 지역의 헤른후터 수사교회의 본회퍼 관에 있는 예배당에서 있었습니다. 분명히 중립적인 자리가 필요했습니다.

이렇게 해서 사회자 또는 사회자들에게는 균형을 잡고 인도를 한다는 점에서 높은 도덕적 의미가 부여되었습니다.

원탁이 동독을 위한 활동반경을 가진 베를린에서만 있었던 것은 아닙니다. 여러 도시들에서도 원탁은 해당하는 지역의 내용적 지향에 따라 형성되었습니다. 많은 경우에 여기서도 교회 대표자들이 독재시절에 얻은 신뢰도를 통해 더 큰 지지를 받고 사회를 보았습니다. 그러나 동독 시절에 교회의 보호된 공간에서 정치적 압박을 받지 않고 책임을 걸머졌다는 사실이나 교회 운영위원회, 목사 모임 그리고 종교회의에서 자유연설을 할 수 있었다는 사실 역시 교회 대표자들이 사회 보는 것을 당연하게 했습니다.

원탁은 점차로 운영규정을 다듬으며 모든 사회 문제들을 구조적으로 포괄했습니다. 규정이 제대로 갖추어지지 않았기에 원래 힘이 없었던 이 위원회의 힘은 무엇보다도 중앙 원탁이 총리를 인용할 때에 나타났습니다. 총리는 1월 15일 7번째 모임에 정시에 나타나서 첩보부의 해체를 보고했습니다. 처음에 개신교 교회와 가톨릭교회가 신자들과 목사 또는 사제를 원탁에서 활동하도록 고무했다면, 1990년 3월에 시행된 최초의 자유선거 후에 원탁이 새로 구성된 의회들로 대체되었을 때 가톨릭 교회는 활동을 삼갔습니다. 오늘날까지 가톨릭교회의 변하지 않은 기본규범에 따르면 사제는 공직을 맡으면 안 되었습니다. 평신도들이 명시적으로 공직을 맡도록 촉구되었습니다. 개신교 교회는 상당 부분 목사들을 공직에 내보냈습니다. 여기서도 교회에 대한 상이한 이해를 알아 볼 수 있겠습니다.

이에 대한 좋은 예는 드레스덴의 호프키르헤 사제인 프랑크 리히터의 삶입니다. 그는 1989년 10월 8일 드레스덴의 시위에 참여했습니다. 저녁에 시위대와 중무장한 경찰이 대치한 일촉즉발의 상황에서 리히터는 홀로 경찰 앞에 다가가 비폭력과 대화를 요청했습니다. 경찰 수뇌부와 그는 양측 행동의 유예와 시장과의 대화에 합의했습니다. 리히터는 즉석에서 시위대 중 20명을 선발하여 연설하게 했습니다. 이것이 전설적인 20인 그룹이었습니다.

이미 며칠 뒤에, 20인 그룹이 정치 세력으로 모양을 갖추기 시작했을 때 리히터는 일선에서 물러나 자기 대신 가톨릭 성향 학자들 모임의 대변인인 헤르베르트 바그너를 후임으로 세웠습니다. 바그너는 몇 달 뒤에 인구 5십만 명의 드레스덴시 시장에 취임하여 11년 동안 활동했습니다.

개신교 신학자 슈테펜 하이트만은 20인 그룹의 법률자문으로 활약하다가 잠시 후에 성공적인 법무장관이 됩니다.

드레스덴 지역의 원탁 사회자였던 에리히 일트겐이 짧은 동안 다시 작센주 주의회 의장으로 작센주에서 최고 높은 공직자가 되었습니다.

많은 가톨릭 교인들이 오래전부터 내적으로 준비해온 일을 할 수 있었던 것, 즉 새로운 사회적 발전에 투입되어 책임을 다할 수 있었던 것이 새로운 상황 덕분임은 원칙적으로 맞습니다. 1990년 3월 이후 주의회와 개별 시의회 선거를 통해 비할 바 없이 많은 가톨릭교인들이 고위 또는 최고 공직을 맡았습니다. 다수가 무신론자였고 가톨릭교 신자의 비율이 전체 인구의 4%에 불과했던 곳에서 1990년 이후 5명의 총리 중 3명이 가톨릭교 신자였다는 사실이나 3개의 주에서 수도의 시장으로 활약했다는 사실은 놀랍습니다.

1989년 가톨릭교 의원과 공직자들이 이렇게 주목할 만큼 많았다는 사실은 많은 가톨릭교 신자들이 기민당에 가입했기 때문이기도 합니다. 기민당이 현재 구동독 지역에서 여당이 될 것이라고 그 누구도 예상치 못했던 시점이었습니다. 개신교 교회에서도 기민당에 참여했지만 본질적으로는 사민당 또는 90년 연맹(Bündnis 90)에서 활동했습니다.

물론 이것은 교회일치운동의 분위기를 흐리는 결과를 낳기도 했습니다. 이는 오늘날에도 확인됩니다. 이것이 혹시 다시 가톨릭화하는 신호가 아닐까 추측되기도 했습니다. 이런 불평은 물론 타당하지 않습니다. 그런 느낌이 사회에서 계속 이어져 왔던 것은 18세기 그리고 19세기 독일사를 살펴볼 때에 이해됩니다. 비스마르크의 문화투쟁은 주지하다시피 반카톨릭적 분위기로 물들어 있습니다. 작센의 선제후였던 프리드리히 아우구스트가 다른 지역은 루터교를 채택했는데 1697년 가톨릭교회로 개종한 일이 불안을 야기했습니다. 이러한 불안은 그 누구도 믿으려 들지 않겠지만 오늘날에도 여전히 감지됩니다.

가톨릭교인이 1989/1990년의 민주화 과정에서 갑자기 고위 또는 최고 공직을 차지했다는 사실은 우연만은 아닙니다.

가톨릭교인들 대다수가 동독과 동독의 개혁가능성을 거부했던 반면, 많은 개신교인들은 "새로운 동독"에 대한 희망을 가졌습니다.

기독교인이 갑작스럽게 요직을 차지하게 된 것은 그들이 교회 행정관, 교회 운영위원회 그리고 목사/사제 협의회 등의 교회 위원회에서 활동하면서 몇 년 동안 훈련을 받았기 때문이기도 합니다. 그들은 자유연설을 연습했고 과제를 담당하면서도 국가와는 전혀 같이 일하지 않았습니다. 동독에서 교회 공간 외에 그럴 여유가 있는 피난처는 없었습니다.

이와 같이 가톨릭교회는 새로이 관직을 맡는데 준비되어 있었습니다. 평화 혁명에 대한 교과서로 통하는 한 저서에는 다음과 같이 요약되어 있습니다.

"이는 다시 한 번 교회의 뛰어난 사회적 기능을 확인시켜 주었다. 교회는 이전에 이미 평화 기도를 통해서 그 기능을 발휘했다. 교회의 대표인 목사와 교회의 일꾼들은 지역에 산재한 원탁을 이끌었고 조사위원회에 참여했으며 시민 위원회에 초빙되었다. 의심할 여지없이 교회들은 극히 중요한 중재 업무를 완수했고 혁명이 평화롭게 진행될 수 있도록 기여했다." (Ehrhart Neubert, Unsere Revolution - Die Geschichte der Jahre 1989/90, Piper-Verlag 2008, S. 306.)

2.4 자유선거와 교회

1990년 3월 18일 인민의회 선출을 위한 최초의 자유선거가 열리는 시점을 개별 지방자치단체들 역시 선거를 위한 기회로 삼았습니다. 이런 은밀한 목표에는 물론 상당한 어려움이 수반되었습니다. 시민들은 몇 년 동안 그리고 몇십 년 동안 선거라는 이름에 도대체 어울리지 않는 공산주의적 선거체제를 강요받았기에 자유선거를 해 본 경험이 없었습니다. 간단히 말해, 법적으로 어떻게 지방자치단체 선거를 시행해야 하는지 아무도 몰랐습니다. 동독의 선거법은 그럴 만한 여건이 안 되었습니다.

여기서도 다시 교회의 상황이 도움이 되었습니다. 1990년 데사우 근처의 밀덴제에서 동독에서 처음으로 시행된 1990년 2월 3일 지방자치단체 선거가 이에 대한 예입니다.

밀덴제 담임 목사는 이 문제를 잘 해결했고 교회 운영위원회에 적용되던 규정에 따라 지방자치단체 선거를 하도록 했습니다. 개별적인 문제는 많았지만 이것은 성공했습니다. 여기서도 교회가 [정치에] 평행하는 세계를 세우고 지켜온 사실이 입증되었습니다.

2.5. 몰락한 독재자 - 에피소드 하나

교회들이 - 이제 저는 다시 복수로 교회를 일컫겠습니다. - 이런 혁명의 맥락에서 어떤 위상을 지녔는지를 보여주는 감동적인 예가 있습니다.

독재자들이 몰락 후에 심연에 빠지게 되는 것은 역사적인 순서입니다. 호위대와 경쟁자들은 등을 돌리고 몰락한 독재자를 홀로 내버려 둘뿐더러 민중의 분노에 맡겨버립니다. 이것이 에리히 호네커의 경우에도 마찬가지였습니다. 호네커는 18년 동안 그 누구도 반론을 제기하지 못한 1인 독재자였습니다. 1989년 10월 18일 그는 권좌에서 밀려났고 몇 달 동안 짧은 수감 생활을 제외하고는 아무런 계획 없이 국민들의 복수에 쫓기면서 전국을 헤맸습니다. 그는 경비가 삼엄하던 호화 저택에서 쫓겨났습니다. 그의 동지들은 그에게 재판 때까지 어느 정도 안전하게 숨을 숙소를 마련해줄 처지도 아니었지만 그럴 의사도 없었습니다. 그런 그에게 숙소를 마련해 준 것이 교회, 그것도 개신교 교회였습니다. 개신교 목사였던 우베 홀머는 장애인과 만성 환자를 위한 로베탈 병원의 원목이었는데 바로 호네커와 그의 부인을 목사관에 머물도록 하였습니다. 홀머 목사가 독일 통일 사회당 독재 하에서 얼마나 고생했는지 알 필요가 있습니다. 그가 둔 10명의 자녀들은 동독에서 뛰어난 학업성적에도 불구하고 대학교육을 거부당했습니다. 목사의 아들이라는 지위는 거부의 근거로 충분했습니다. 하필이면 이 사람이 독재 체제의 주역인 호네커를 자기 집에 받아 그에게 숙식을 제공하고 민중의 분노에서 그를 보호했습니다.

여러분, 한 번 생각해 보십시오. 북한에서 국민들이 거리로 나가 현재의 끔찍한 독재를 철폐합니다. 김정일은 모든 공직에서 축출되고 하루하루 심연으로 떨어집니다. 이런 생각은 해볼 수 있습니다. 김정일이 복수하려는 국민들에게 쫓겨서 전국을 떠돕니다. 그런데 그가 핍박했던 교회가 그를 받아주고 그를 보호해 줍니다. 이러한 상황을 한번 천천히 생각해 보십시오. 그러면 호네커와 그의 부인이 홀머 목사에게서 거처를 제공받은 게 어떤 의미인지를 아시게 될 것입니다.

동독의 기독교인들은 혁명에 또 다른 의미를 부여하고 있습니다.

1989년 10월 7일 독일 통일 사회당이 지금은 허물어진 공산주의 건축물인 공화국 궁전에서 동독 건국 40주년을 기념하면서 사회주의의 승리를 자부하였을 때 그들은 그 궁전의 문밖에 수만 명의 시위대가 퇴진을 요구하고 있음을 알았습니다. 마치 신들의 몰락 같았을 겁니다.

동독 건국 40주년에 상황은 역전되었습니다. 며칠 뒤에 동서독을 가르던 장벽은 무너졌습니다.

숫자 40이었습니다.

40년 동안 모세는 민족을 이끌고 찬양된 땅을 찾아 광야를 헤맸습니다. 이 선명합니다. 물론 찬양된 땅이라는 표현은 주의해서 다루어야 하겠습니다.

3. 1990년 이후 새로운 민주체제 하에서의 교회와 역할

1990년 10월 3일 자정을 기점으로 이루어진 정치적 통일과 더불어 가톨릭교회는 체제 속에서 민주주의에 규범적인 역할을 완수했습니다. 통일과 더불어 독재에서 민주주의로 향한 체제전환 과정은 끝났습니다. 우리의 동유럽 이웃국가들에 비교할 때 이는 전적으로 특별한 길이었습니다. 이들 국가들이 법적으로 민주주의 체제를 얻기 위해 노력해야 했다면 구동독은 이러한 체제를 선물처럼 받았습니다. 10월 3일 이후로 이식받아 커가는 것은 없었습니다.

구동독 지역의 교회들에는 거의 예외 없이 서독정부의 법이 적용되었습니다. 이는 교회법에 따라 합의하는 바가 있었습니다. 기본법과 (1990년 이후 구동독 지역에 종교와 관련하여 결의된) 개별 주헌법은 오늘날 교회의 활동을 보장하고 있습니다.

공공기관으로서 교회의 법적 지위는 다시 살아났습니다. 협약은 이제 무제한적인 효력을 가지게 됩니다.

자기보호를 위해 설치된 교회의 대화담당부서는 이제 더 이상 활동할 필요가 없었고, 주교좌에서는 공식적으로 공인된 대리인을 주정부의 직위에 파견했습니다. 작센주 가톨릭 사무실의 실장이 바로 저입니다. 이들은 국가와 교회 사이의 계약 규정들을 관찰하고 이를 준수하고 충족시키는지 여부를 감시하는 임무를 맡고 있습니다.

새로운 교회체제가 하룻밤 사이에 생겨났습니다. 국가는 교회세를 징수했습니다. 이것은 관청을 통해서가 아니라 교회와 협의를 근거로 했습니다. 종교 수업은 교회 안에서만 가능했다가 갑자기 학교의 정식 교과가 되었습니다. 구동독 시절 불법으로 몰수된 교회재산은 다시 교회로 환수되었습니다. 수백 년 동안 국가가 지불해 온 예전의 지원금들이 - 이에 관한 법적인 문제에 대해서는 다른 강연이 필요할 터입니다 - 동독 시절 자의적으로 중단되었다가 다시 보장되었습니다. 주교좌와 새로 선출된 주정부가 교회 계약을 놓고 협상을 벌이기 시작했습니다.

혁명의 해에는 낭만적이던 혁명동기가 통독 이후 법치국가의 차원으로 급속하게 변화했습니다. 교회가 보유한 특유의 조직적 역할에 대한 수요는 더 이상 없었고 필요하지도 않았습니다. 민주주의는 자체의 동력을 가졌습니다. 독일에서 민주주의는 특수한 최근 독일 역사를 근거로 전반적으로 정당정치에 한정되어 있습니다. 이는 폄하하는 의미로 강조해서 말한 것은 아닙니다.

평화 혁명 후 20년이 지난 마당에 교회가 풀어야 할 핵심 물음은 이것입니다. 수십 년 동안 강요된 무신론 이후에 신앙을 다시 불러일으킬 수 있었는가?

신앙의 르네상스는 찾아오지 않았습니다. 이는 분명히 말할 수 있고 말해야 합니다. 40년 동안 교조주의적 공산주의와 그에 앞선 국가사회주의는 나라에서 전반적으로 기독교의 색채를 뺐습니다.

독재 초기에, 즉 1920년대 말에 주민 대부분이 교회에 등록되어 있었던, 제가 사는 작센주를 들어본다면, 오늘날은 (종교 개혁이 일어난 도시였으니) 16%가 개신교 루터파 소속이고 가톨릭교 신자는 4%밖에 안 됩니다. 하느님의 말씀은 오늘날 공공영역에서 들을 수 없습니다. 오늘날 교회는 희귀한 것이 되었으며 새롭게 정의해야 합니다.

제가 든 교인 숫자 비율은 시청에 소속종교를 신고한 공식적인 자료에 따른 것입니다. 그러나 시민들은 수치로 가늠한 것보다 훨씬 광범위하게 종교적입니다. 이를 두고 '신앙은 좋지만, 교회는 싫다' 라는 말로 표현할 수 있겠습니다.

오늘날의 개인주의는 어디든 매이는 것을 거부합니다.

평화 혁명 이후 교회는 필수적인 고백의 성격을 잃어버렸습니다. 동독 시절 공공연하게 신자임을 고백하면 차별을 피할 수 없었습니다. 찬송가와 기도서를 팔에 끼고 일요일에 교회에 가는 것은 고백이었는데, 그런 행동은 감시를 받았습니다.

공산주의가 몰락하고 난 뒤에 눈에 띄는 적은 사라졌습니다. 대신에 새로운 적이 생겨났습니다. 여기서 마이스너 추기경이 강론에서 언급했던 어떤 별을 따라야 하고 따르지 말아야 하는가라는 멋진 오해가 힘을 발합니다.

오늘날 신앙의 적은 시대정신입니다. 시대정신은 자유주의와 개인주의 그리고 이기주의 또 매이는 것에 대한 거부를 먹고 삽니다. 자유를 요구합니다. 자유의 이면, 곧 책임은 부담으로, 너무도 무거운 부담으로 보통 긍정적이지 않게 보입니다.

여러분, 이것은 새롭고 결코 사소하지 않은 주제입니다. 새로운 독일의 주들, 곧 구동독에 속해있던 주들의 문제입니다. 여기서 잠재한 상실에 대한 두려움이 추가됩니다. - 저는 이를 사회심리학의 불안한 얼음 위에서 다룹니다. 수십 년간 후견인처럼 굴었던 국가, 사람들에게 모든 것을 속여 보였던 국가, 그들에게 결정과 책임감을 빼앗았던 국가가, 사람들을 미성숙 상태로 키운 국가가, 몇 년 뒤에 사라진 국가가 공백을 남기지는 않았습니다. 대신에 수족이 잘린 후에도 팔다리가 여전히 있는 듯한 느낌을 남겼습니다. 곧 상실의 두려움입니다. 비록 여러분이 동독인을 붙잡고 권력의 상실을 느끼지 않느냐 물어본다면 그렇다고 그 누구도 대답해 주지 않겠지만, 권력의 상실은 현재 동독의 주된 감정 중 하나입니다. 그것은 기묘한 생활 감각입니다. 물질적으로 보자면 동독인들은 예전보다 더욱 잘 살고 있습니다. 환경은 깨끗해졌고, 여행제한도 풀렸고 정치압박도 사라졌습니다.

그러나 도처에서 탄식하고 있습니다. 그리고 예전 시절이 더 좋았다는 희한한 향수가 퍼지고 있습니다. 예전이 더욱 단순하고 일목요연하지 않았느냐. 민주주의는 그 자체가 가치로 여겨지지 않고 있습니다.

독일에서 민주주의는 전적으로 자체의 영역을 갖고 있습니다. 바이마르 공화국의 짧은 시절은 민주주의를 살아볼 가능성을 갖지 못했습니다. 민주주의는 가치로 파악되지 않았습니다. 민주주의는 부족했고, 과격주의자들은 몇 년 뒤 민주주의를 갉아먹었습니다.

평화 혁명에서 자유를 위해 투쟁했습니다. 민주주의는 구서독의 수입품이었습니다. 민주주의는 전적으로 커다란 선물이었지만, 그러나 많은 이들이 겉과 속이 뒤집혀진 삶의 형태라고 부르면서, 선물 말고는 뾰족한 대안을 내놓을 수 없는데도, 거부했습니다.

여기에 교회가 의기투합했습니다. 하루하루의 교육 작업에서 그러했습니다. 어쨌든 교회는 보조원칙의 발명자였으며 자유와 책임을 수용하는 인간상을 이루기 위해 많은 것을 제공해야 합니다.

공산주의 이후의 시대에 대한 이론적인 토대를 명문화한 이는 〈백주년 Centesimus annus〉을 쓴 요한 바오로 2세입니다. 가톨릭교의 사회에 대한 가르침은 〈노동헌장 Rerum novarum〉(1891)에서 시작하여 〈민족들의 발전 Populium progressio〉(1967)을 거쳐 책임 있는 개인의 자유와 보조원칙이라는 해방적인 핵심어들을 통해 행동의 토대를 마련했고 여전히 희망적입니다.

실패한 맑스의 소외론을 수용하면서 〈백주년〉에서는 다음과 같이 씁니다. "사회주의 국가의 역사적 경험은 슬프게도 집단주의가 소외를 극복하지 못한 채 오히려 증가시켰음을 보여준다. 왜냐하면 필수품의 부족과 경제적인 실패가 덧붙여졌기 때문이다.”

이러한 분석에 아무것도 덧붙일 것이 없습니다. 민주주의에는 대안이 없습니다.

교회와 국가는 항상 할 일이 많습니다. 서로에게 있어야 할 자리를 정해줍니다. 완벽하게 활동영역을 정하는 따위는 없을 뿐더러 있을 수도 없습니다. 국가는 이 세계의 것이지만, 교회는 그렇지 않습니다. 이미 이러한 이유에서 교회는 국가의 체계를 벗어납니다. 교회의 특수한 처지가 커다란 변화에 유익한 영향을 미칠 수 있었음을 우리는 1989/1990년 독일과 유럽에서 봅니다. 그리고 저는 여기서 - 다시 한국을 염두에 두면서 - 역사가 반복되기를 희망합니다. 감사합니다.

오태석 연극의 통일과 생태 담론[1)]

〈내 사랑 DMZ〉, 〈만파식적〉, 〈백년언약〉을 중심으로

이상란 (서강대학교)

1. 머리말

오태석은 1967년 〈웨딩드레스〉로 조선일보 신춘문예에 당선된 이래 지금까지 40여 년간을 왕성하게 작업하고 있는 한국의 동시대의 중요한 극작가이자 연출가이다. 1984년부터 극단 목화를 창단하여 단원들과 함께 극작을 무대화로 실현시키며 오늘에 이르고 있다. 그가 무대를 통해 치열하게 대면하여 온 문제 중에 하나는 한국의 분단 상황이다. 그의 무대를 압도하는 시청각적 효과는 총성과 화염이다. 그가 직접 분단 상황을 다루는 극뿐 아니라 셰익스피어의 〈로미오와 줄리엣〉을 공연해도 중요한 장면에서는 화염에 휘날리는 장막을 배경으로 집단의 죽음이 형상화된다. 반복 강박적으로 회귀하는 한국전쟁에 대한 직접적이거나 간접적인 무대화는 그의 개인적 상처와도 연관이 있다. 그가 10살에 경험한 참혹한 한국전쟁, 그중에서도 존경하는 아버지가 전쟁 통에 납북당하고 자신의

1) 이 논문은 "한국문학이론과 비평" 45집(2009)에 실린 것을 일부 수정 · 보완한 것임.

삶이 완전히 전복되는 경험을 하였고, 그의 어머니가 56년이나 홀로 살다 돌아가시는 것을 지켜보아야만 했다. 그러한 개인적 상처는 1967년 등단 당시에는 은유적으로 드러나다, 80년대부터 한국전쟁과 대면한 작품들 〈산수유〉, 〈자전거〉, 〈운상각〉에서는 충분한 애도를 통해 개인적 차원의 비극에서 민족적 차원의 비극으로 승화된다.

오태석의 2000년대 작품에서 반복적으로 드러나는 담론은 통일과 생명에 대한 것이다. 1980년대의 분단 삼부작인 〈산수유〉, 〈자전거〉, 〈운상각〉에서 분단의 문제를 굿을 활용하여 충분히 애도하는데 초점을 맞췄다면, 2000년대 들어와서는 미래지향적인 통일의 문제를 다루고 있다. 특히 〈운상각〉의 1990년 공연과 1999년 공연을 통해 살펴본 바와 같이 오태석은 한국전쟁으로 인한 개인적 상처를 연극을 통해 승화시켜나갔음을 확인할 수 있다. 개인의 상처를 민족의 비극으로 확대하고 그것을 풀어내는 언어도 굿이라는 문화적 기억 속에서 찾아냄으로써 자신의 손상된 자아를 민족이라는 집단정체성과 연결시켜 회복시켜 나갔던 것이다. '해원굿' 의 형태를 통해 분단의 비극을 충분히 애도하고 승화시켜 끊임없이 한국전쟁에 고착되어 과거로 향하고 있던 시선을, 2000년대에 들어서는 아직도 지속되고 있는 분단의 아픔을 연극 속에서 통일에 대한 꿈으로 전환함으로써 미래로 향하고 있다. 이는 2000년 남북 정상회담이 열리고 이어 장관급 회담들이 성사되고 정치 경제 관광 언론 종교 체육 문화예술 등 다양한 분야에서 남북교류가 활성화되기 시작한 한반도의 사회적 분위기와도 긴밀한 연관관계에 있다. 특히 남북정상회담의 결과로 6.15 공동선언이 이루어지고, 그 내용 중 흡수통일에 대한 양자의 생각이 '남측의 연합제 안과 북측의 낮은 연방제' 라는 평화공존의 패러다임으로 전환되면서 통일로 나아가는 길이 시작되었다는 인식이 사회전반에 퍼지게 된 것과 긴밀한 연관성을 갖는다.

이 글에서는 통일에 대한 연극적 담론이 본격화되어 드러나는 〈내 사랑 DMZ〉(2002), 〈만파식적〉(2005), 〈백년언약〉(2008)을 분석하려 한다. 그리하여 동시대를 대표할 만한 극작가이자 연출가 중의 하나인 오태석이 통일에 대한 연극적 상상력을 무대에서 어떻게 구체화하는지 천착하려 한다. 또한 그러한 무대를 통해 동시대의 관객과 문화적 공동체를 이루어내는 방식을 밝히고자 한다.

2. 분단현실과 연극적 상상력

〈내 사랑 DMZ〉, 〈만파식적〉 그리고 〈백년언약〉이 모두 한반도의 분단현실에 대한 철저한 인식에서 출발한다. 〈내 사랑 DMZ〉에서는 극적 공간 자체가 도처에 지뢰가 묻혀 있고 남북의 군인이 대치하고 있는 비무장지대이다. 남북이 경의선 철도를 다시 잇기로 합의했다는 것이 극의 전제이지만, 그럼에도 불구하고 그 공사 때문에 도처에서 지뢰가 터져 전쟁을 방불케 하는 폭음이 무대를 진동하고 있고 여기저기서 동물들이 다치거나 죽고 있다. 그리고 땅속에는 한국전쟁 당시 치열한 전투의 흔적들이 땅속에 묻혀 있는 곳이다. 즉 국군 인민군이 지하에 잔뜩 묻혀 있어 조금만 파면 "인민군 모자, 구멍 난 국군철모" 그리고 "해골"이 수북한 곳이다. 〈만파식적〉에서는 주인공 종수의 아버지가 한국전쟁 때 납북되어, 남에 홀로 자식들과 남은 어머니는 56년을 독수공방을 하다 죽은 무덤에서 극이 시작된다. 그 불쌍한 어머니 묘 곁에 종수가 아버지의 가묘를 만들고 아버지의 뼈라도 추려다 묻어 드리겠다는 다짐을 한다. 이러한 비극적인 남북분단으로 인한 이산가족의 뼈아픈 슬픔이 극의 시발점이다. 〈백년언약〉은 한국전쟁 당시의 비참한 피난생활로 시작한다. 주인공인 새댁의 남편은 한국전쟁 때 북쪽 군인에게 납치당하고 납북과정에서 총살당하고, 그 와중에 새댁은 임신 중인 셋째 아이를 잃는다. 그런데 그런 여자들이 하나가 아니라 집단으로 무대 위에 등장하고 결국 새댁은 자신처럼 전쟁 중에 남편을 잃고 자식들과 남은 여인들과 더불어 어떻게든 살아남기 위해 여러 시도를 하며 고초를 겪는다.

이렇게 한반도의 이데올로기 대립과 그로 인한 전쟁이 이 세 작품 모두의 비극적 현실이 된다. 그로 인한 고통과 슬픔 그리고 남루함이 극적 분위기의 바탕이 된다. 무대에는 다양한 방식으로 비무장지대가 형상화된다. 〈내 사랑 DMZ〉는 제목의 전면에 부각되듯 무대 자체가 비무장지대이다. 전쟁의 상흔으로 남북이 대치하고 있는 중간지대인 이곳은 철책이 쳐져 있고 지하에는 전쟁 때 죽은 이들의 뼈가 묻혀 있지만, 온갖 자연이 전쟁의 상처를 딛고 스스로의 힘으로 생명을 온전히 회복하여 살아가는 곳으로 조명된다. 〈만파식적〉에서는 종수가 꿈속에서 북의 아버지를 만나고 내려오는 길에 위태롭게 비무장지대를 통과한다. 〈백년언약〉에서 극의 결말에는 진행 내내 대무대를 가르고 있었던 배 모양의 구조물이 제거되면서 무대의 깊이가 온전히 관객들에게 확장되어 비무장지대를 형상화한다. 이렇게 이데올로기 대립으로 인한 분단 상황을 지정학적으로 명시하는 비무장지대는 한반도의 허리를 끊어내고 있어 남북의 가족도 50년 넘게 만날 수 없게 하고 꿈속에서도 위태로운 공간이며 모든 종류의 소통을 끊고 있는 공간이다. 바로 그렇기 때문에 통일을 다루고 있는 이 세 작품에서 문제적인 극적 공간이 되는 것이다.

이러한 분단 상황에 대한 철저한 인식을 무대화하면서도, 오태석은 현실에서 이루어지기 어려운 통합에 대한 연극적 상상력을 무대화하기 위해 꿈, 신화, 산대놀이, 굿 등의 장치를 활용한다.

〈내 사랑 DMZ〉에서는 비무장지대의 동물들이 중심이 된다. 한국전쟁의 치열한 마지막 전투가 벌어졌고 그 전화로 황폐화되었던 그곳, 휴전된 50여 년 동안 비무장지대가 되어 인간의 발자취가 멈춘 곳에서 자연 스스로의 힘으로 소생하여 다양한 생명이 어우러져 살아가는 그곳을 조명하며 오태석은 자연 스스로의 시선으로 세상을 바라보고 말하게 하여 관객이 그 시선에 동참하게 한다. 무대는 철책으로 둘러싸여 있고 검은색이 주조를 이루지만, 그 철책은 고무줄로 만들어 유연하고 유희적 분위기를 조성하고 검은색 무대 바탕에 초록색을 중심으로 한 다양한 빛이 조명되어 푸른 숲에 다채로운 햇빛이 비추이는 것으로 보인다. 남북이 경의선 철도 잇기로 한 합의에 따라 남북의 군인들이 지뢰제거작업을 진행시키고 있고 민족의 역사적 상흔이 집약되어 있는 공간이 어느 곳보다도 생명력이 넘치는 공간으로 형상화된다. 그러나 그 생명력은 인간이 설치해 놓은 전쟁의 도구들 지뢰, 총, 남북의 대치 등으로 언제고 다시금 위협 당할 수도 있고 실제로 무대에는 지뢰를 밟아 다친 동물들 죽은 동물이 등장하기도 한다. 이 전쟁의 도구에 의해 때때로 위협 받으면서도 다양한 생명이 공존하는 곳을 자연의 시선으로 관객과 함께 바라볼 수 있게 하여 죽음의 공간이며 동시에 생명의 역동적 공간으로 형상화된다.

무대에는 여우, 들개, 오소리, 너구리, 황소, 염소, 나귀, 노루, 들쥐, 개미, 조랑말, 수리, 원앙 등이 등장하여 말하고 노래하고 춤춘다. 이 작품이 2002년 서울 아동청소년 공연예술축제 공식초청작으로 출발하여 아동청소년층을 포괄하면서 동화적 상상력을 적극 활용한다. 동물들이 말하고 민요를 랩과 결합시켜 노래하고 춤추면서 무거운 비무장지대를 생명력이 넘치는 공간으로 전환시킨다. 그들은 남북이 경의선 철도를 지상으로 이어 비무장지대의 자연의 삶의 터전을 훼손하는 것을 막기 위해 지하로 철도 잇기를 위해 지하에 묻힌 전몰병사들을 다시 살려내 도움을 받고자하는 계획을 세운다. 동화적 상상력으로 극이 진행되기 때문에 이러한 환상적 사건 진행이 아주 자연스럽게 연결된다. 이를 위해 동물들이 무녀를 불러 생명의 굿을 지성을 다해 올린다. 무녀는 바리데기처럼 원을 품고 죽은 자들을 살려내 신명을 바쳐 비무장지대의 생명을 사수하는데 기여하는 것으로 원을 풀게 한다. 오구굿의 구조를 빌어 와 한국전쟁 막

바지에서 치열한 전투를 벌이다 비무장지대에서 이름도 없이 죽어간 전몰병사들이 다시 살아나게 하는 것이다. 주지하다시피 오구굿은 살아생전에 원을 품고 죽은 혼을 불러 그들의 다 못한 원을 풀어주어 이승의 미련을 버리고 저승으로 떠날 수 있게 하는 굿이다. 그를 위해 진토 되어 팔도에 흩어진 전몰병사들의 살과 뼈를 담은 불을 황새가 모아오고 곰은 쓸개를 내어주고 쑥과 마늘을 섞어 가마에 제물을 넣고 생명을 주관하는 삼신할미에게 치성을 드리는 생명굿을 올린다. 이는 동화적인 발상이면서 삼신할머니신화를 굿에 포함시켜 온갖 현실적 장애들을 뛰어넘어 연극적 상상력이 자유롭게 활동하는 풍요로운 공간이 되게 한다. 이를 통해 되살아난 부생군이 가마로부터 등장하는 장면도 환상적이다. 우주복 같은 의상을 입은 이들이 푸른색 바탕에 주황 노랑 파랑의 조명을 받으며 슬로우 모션으로 등장하고 이에 음악이 받쳐준다. 이들이 등장하여 비무장지대의 생명을 사수하는데 신명을 바칠 것임을 맹세하는 장면도 감동적이다. 한국전쟁의 희생자인 이들이 다시 살아서 아무도 원망하지 않고 자신의 원한에 머무르지 않고 민족의 분단의 한을 풀어내는 것으로 역설적 한풀이를 한다. 그리하여 남과 북을 연결하는 경의선철도를 비무장지대의 생명을 살리면서 잇는데 동물과 힘을 합하여 신명을 다하고 온전한 죽음의 세계로 되돌아간다. 이들이 원하는 것은 이름을 찾는 것이거나 죽어 땅속에 다시 묻히지 않고 수리가 되어 하늘을 날아가는 것에 불과하다. 이들을 지켜보며 관객은 연민과 슬픔 그리고 감사의 마음을 갖게 된다. 분단된 조국의 한을 이중의 희생으로 풀어내는 이들을 바라보며, 관객들은 조국의 통합을 위해 자신은 무엇을 희생할 것인지 성찰하게 한다.

〈만파식적〉에서는 남과 북으로 헤어져 평생 만날 수 없었던 비극적인 어머니와 아버지의 한을 풀기 위해 아들 종수가 무덤 속에서라도 하나 되도록 북에 계신 아버지의 뼈라도 추려오겠다는 다짐을 하는 것으로 시작된다. 이는 〈운상각〉에서 해남댁의 아들 영기가 "내 어머니 돌아가시면수의 마름해서 입혀드리고 아버님 곁에 모셔 드립니다."고 하는 약속과도 겹쳐진다. 이는 작가 오태석이 어머니께 드리는 한 맺힌 약속이다. 그는 한 신문의 인터뷰에서 다음과 같이 언급한다.

> "지난해 1월1일 어머님이 85살에 돌아가셔서 충남 서천의 선산에 모시면서 곁에 빈관을 함께 묻었지요. 6 · 25가 나던 1950년 7월에 납치돼 생사도 모르는 아버지의 백골이나마 합장시켜 드리겠다고 약속했어요. 올해 92살일 텐데 아마 돌아가셨을 거예요. 두 분이 56년간의 여생을 따로 지냈으니 저승에서나마 함께 해드리고 싶었어요."[2)]

그 약속은 개인의 의지만으로는 불가능하기에 무대 위에서 실현한다. 그것도 등장인물의 꿈을 통해 개연성을 획득한 후에 무대 위에 실현하는 것이다. 그의 강한 열망은 이렇게 무대 위 꿈으로 실현된다. 그 개인적인 열망은 비단 그 하나의 문제가 아니고 분단된 한민족의 처절한 고통이며 이것은 지양되어야 한다는 정서적 바탕이 무대와 객석을 하나로 만든다. 작가는 거기에 민족의 통일신화를 연결함으로써 그것의 당위성과 가능성을 드러낸다. 작가는 육성으로 삼국유사의 만파식적 신화를 인용하여 들려줌으로써 통일과 호국의 강렬한 의지를 무대 위에 형상화한다.

소리 삼국유사에 이런 얘기가 전한다.

> 신문왕이 물었다.
> "저 섬과 대나무가 떨어졌다가 다시 합치니 무엇 때문이냐"
> 청룡이 대답했다.
> "비유컨대 한 손을 치면 소리가 나질 않고 두 손을 쳐야 소리가 나는 것과 같습니다."

---

2) 『한겨레 신문』, 2005년 1월 12일자.

> 이 대나무란 물건은 합한 연후에야 소리가 나니 한 분은 동해 바닷 속에 누워 계신 선왕(先王) 문무대왕(文武大王)이시고 한 분은 돌아가신 김유신이오.
> … 중략 …
> 이 대나무를 베어 피리를 만들어 부니 피리소리에 적병이 물러가고 병이 낫고 가뭄에는 비가 내리고 오던 비가 그치고 바람이 그치고 파도가 잠잠해졌으므로 만파식적(萬波息笛)이라 하였다. (오태석 공연대본전집14, 162-3)

7세기에 이루어진 한반도의 삼국통일의 주역인 문무왕과 김유신 장군이 이 신화의 중심인물이다. 죽어서도 조국을 지키기 위해 동해에 해장되길 명했던 이들을 상징하는 대나무 둘을 합해서 신문왕이 세상의 풍파를 잠재우는 피리 만파식적을 만들었다는 이 신화는 통일과 호국의 강렬한 메시지를 내포하고 있다. 이것을 작가이자 연출가인 오태석이 녹음된 자신의 목소리로 관객에게 들려줌으로써 그가 이 연극을 통해 관객에게 전하고자하는 메시지를 명백히 드러낸다. 이것은 주인공 종수의 꿈의 시작이라는 점도 괄목할 만하다. 오태석은 종수의 꿈을 통해 현실에서 성취되지 않은 열망을 무대 위에서 실현하고자 한다. 종수의 아버지의 뼈라도 북에 가서 추려 오고 싶은 개인적 소망은 통일이라는 사회적 차원의 성취가 전제 되어야 이루어질 수 있다. 관객은 그러한 종수에게 연민을 느끼게 되고, 종수와 관객 공동의 사회적 꿈인 통일에 대해 생각하게 된다. 꿈이라는 장치를 통해 종수가 남한에서 북한으로 넘나들 수 있도록 하고, 만파식적의 신화를 활용하여 개인적 꿈의 공간이 신화적 공간으로 확장된다. 그것을 한국의 전통 산대놀이 중 북쪽의 북청지역의 사자놀이를 활용하여 표현한다. 산대놀이가 기승전결로 짜인 완결구조의 연행이 아니라 다양한 에피소드들을 넘나들며 삶의 단면들을 자유롭게 표현하는 개방성을 가지고 있으므로, 이를 활용하여 〈만파식적〉에서는 통일신화와 사회적 꿈을 분방하게 표현해 낸다.

〈백년언약〉에서도 꿈과 통일신화의 결합을 시도한다. 주인공 새댁은 극의 중요한 시점에 꿈을 꾼다. 북쪽의 장정들이 아이를 업고 땅굴을 통해 모안과 병원으로 찾아오기 직전에 한국전쟁 때 죽은 남편 구연수가 베이징에 살아있다고 브라질로 도피하는 자금이 필요하다고 두 여자가 이야기하는 꿈을 꾼다. 아이를 업은 장정에 의해 꿈에서 깨어난 새댁은 그를 남편과 잠시 혼동한다.

> 장정 중에 상급자가 책상에 엎어져 잠든 새댁을 깨운다.
> 잠이 들 깨서 그런가 새댁이 보기에 눈앞에 장정이 죽은 남편과 꼭 닮았다. 그래서 얼결에 "여보 당신"하고 반긴다. (공연대본, 34쪽)

구연수는 한국전쟁 때 상자 속에 든 쥐가 몇 마리인지 맞히면 살려주겠다는 인민군의 말에 새댁의 도움을 받아 여덟 마리인 것을 맞췄지만, 삼국유사에 등장하는 고구려의 무당 추남처럼 죽임을 당한다. 이렇게 신화 속 추남의 이미지를 구연수와 연결시킨다. 그리고 새댁이 북에서 온 아이를 어르다 잠든 꿈속에서 삼국유사에 등장하는 고구려 무당 추남과 쥐 여덟 마리 이야기, 김유신 탄생 설화가 펼쳐진다. 쥐들이 서현공 부인이 되어 달라고 부탁하고 추남의 혼이 그녀 품에 안긴다. 그리하여 삼국통일의 주역인 김유신과 새댁 품에 안긴 북쪽 아이의 이미지가 오버랩된다. 이렇게 삼국유사에 실린 통일신화의 인물들과 새댁, 그의 남편 그리고 북쪽의 아이를 오버랩 시켜서 현실과 신화의 경계를 허문다.

> 북에서 온 아이를 어르다 잠든 새댁의 꿈 속에
>
> **새댁** 북쪽에 추남이 혼백이 내 몸에서 김유신- 삼국통일 한 장군으로 태어난다고 허니-
> 예 태몽이요. 얘가 장차 김유신이 되어서-

(문득 잠이 깬다. 둘러본다. 아이를 내려다보며 혼잣 소리하듯)

니가 삼국통일을 한다고-
어느 세월에- (대본 39쪽)

이러한 은유를 통해 분단의 비극적 현실은 통일의 신화공간과 겹쳐지고 그 안에서 통일에 대한 사회적 꿈이 백일몽으로 자연스럽게 무대 위에 펼쳐질 수 있는 것이다. 그리하여 북의 병들어 죽어가는 아이들을 장정들이나 아낙들이 땅굴을 통해 목숨 걸고 업고 내려오고, 남쪽의 새댁은 이들을 돌보는 것을 시발점으로 남북의 온정어린 관계 형성이 가능함을 보여준다. 신라시대에는 김유신 같은 훌륭한 장군이 지략을 동원하여 삼국을 통일하는데 혁혁한 공을 세웠다면, 오늘날은 병든 아이들이 교량이 되어 남북의 정서적 통합이 이루어지는 것을 연극적 상상력으로 무대 위에서 실현한다.

3. 정서적 통합

통일을 지향하는 연극에서 정치적이고 사회적인 문제를 첨예하게 다루는 방법도 있겠지만, 남북의 정서적 만남과 통합을 이루어내는 것이 더욱 근원적인 방법일 것이다. 김누리가 "통일은 '제도'나 '체제'의 통합이기에 앞서 '인간'과 '정신'의 융합"[3]이라고 언급했듯이, 연극에서 남북의 인간들의 만남이 이루어지도록 하는 것이 통일로 나아가는 지속적이고

3) 『통일과 문화. 독일통일의 현실과 한반도』, 김누리 · 노영돈 편, 역사비평사, 2003, 6쪽.

도 근본적인 방법이 될 것이다. 빌리 브란트가 동서독의 통일을 위해 장기적으로 '접근을 통한 변화'를 시작했듯이, 한반도의 통일을 지향하는 연극에서는 50년 넘게 다른 체제 속에서 살아 온 남북이 정서적으로 교감을 이루어내는데 기여하는 것이 필요한 작업일 것이다.

오태석의 통일을 지향하는 연극들도 이러한 맥락에 놓여 있다. 독일의 귄터 그라스가 한반도 통일을 위한 제언에서 문화가 "분단의 과정에서 가장 저항력 있는 것으로 증명"[4]되었으니 남북의 문화인들이 "같은 나라의 유대를 강조하며, 비판은 하더라도 상대방의 예술을 존중해주고 제대로 평가하려는 자세를 견지해야 할 것"[5]을 부탁했는데, 오태석 연극에서 이러한 작업을 확인할 수 있다. 이 장에서는 오태석이 통일을 지향하는 작품에서 어떠한 연극적 전략으로 남과 북의 정서적 통합을 유도해내고 있는지 분석하려 한다.

3.1. 문화공동체의 형성

굿, 산대놀이 그리고 신화 등을 연극적으로 활용하여 한국관객의 문화적 기억을 불러내는 방법은 1972년 〈쇠뚝이놀이〉 이후 오태석 연극에서 반복적으로 발견되는 현상이다. 그는 이러한 문화적 기억을 활용해서 관객과 함께 문화적 공동체를 형성하려는 시도를 끊임없이 하여왔다. 특히 이 글에서 다루는 통일을 꿈꾸는 세 개의 연극에서도 예외가 아니다.

〈만파식적〉에서는 북쪽의 북청지역의 전통연희인 북청사자놀음을 활용하고 거기에 통일신화를 결합시킴으로써 웅장한 하나의 민족적 정서를 자극하고 있다. 민족의 영산인 백두산의 천지가 열리고 북청사자놀음

4) 귄터 그라스, 「통일은 계속 풀어나가야 할 과제」, 앞의 책, 24쪽.

5) 귄터 그라스, 앞의 책, 20쪽.

의 사자가 출산을 하는 장면을 무대 위의 신화적 인물과 산대놀이패로 분한 등장인물들이 주인공 종수와 힘을 합해 축제적으로 연출해냄으로써 스펙터클한 생산의 이미지로 무대를 압도한다. 이는 다시금 극의 마지막에서 평생을 남과 북으로 헤어져 만날 수 없었던 종수의 노부모가 무덤에서라도 만나 함께 북청사자춤을 추는 잔잔하고도 감동적인 장면으로 반복된다. 이러한 통합의 이미지가 전통연희와 신화의 결합을 통해 미학적 성취도를 높이며 관객의 정서를 자극한다. 게다가 북쪽의 전통연희를 연극적으로 재창조하여 관객과 공유함으로써 남과 북이 하나임을 미학적으로 체험하게 한다.

〈백년언약〉에서 새댁과 구연수의 골수에 새긴 "백년 사자 굳은 언약"(대본 57쪽)은 한국전쟁에 의해 무참히 깨졌지만, 그들이 남과 북이 함께 사는 백년언약을 지켜내는 사회적 주체로서 통일에 다가가는 꿈을 무대 위에서 실현한다. 그 통일에 대한 꿈을 통일신화와 연결시킴으로써 민족통합의 이미지를 심화시킨다. 〈내 사랑 DMZ〉에서는 한반도의 팔도에 진토되어 흩어져 있는 전몰병사의 살과 뼈를 상징하는 불을 모아 무대 중앙에 가마에 넣어 생명을 기원하는 굿을 함으로써 통합의 제의를 연극적으로 무대화한다.

이렇게 오태석의 통일 담론을 담고 있는 작품에서 삼국유사에 등장하는 통일에 대한 신화를 불러내어 현실을 은유함으로써 한민족이 7세기 이래 통합된 하나의 민족이었음을 강조하고 있다. 거기에다 민족이 공유해온 문화적 기억인 굿과 산대놀이를 결합시킴으로써 남과 북이 하나의 문화공동체임을 미학적으로 확인하고 향유하도록 계획하고 있다. 이러한 계획은 남한의 관객에게는 어느 정도 호응을 받을 수 있을 것으로 예상된다.

그러나 통일을 위해 남북 모두의 관객에게 이러한 공연이 제공될 때 문화공동체를 이룰 수 있는가. 이상일은 통일문화를 위한 방안에서 "난장의 활력을 통해 민족화합과 통일문화의 디딤돌을 삼으려한다"는 입장을 제시한다. 즉 이는 "민족적 원형의식으로의 회귀"를 통해 민족문화의 전통적 유산과 동질성을 확인하며 축제적 만남의 상황을 조성할 수 있기를 바라는 마음일 것이다.[6] 각각의 이념적 차이를 걷어내고 민족예술의 원형으로 돌아가 소통하려는 시도는 이상적인 방법 중의 하나이긴 하나 실제에 있어서는 장애요소가 있을 것이다. 왜냐하면 현재에서 불러내는 전통예술은 각각의 문화가 집단적인 욕망으로 기억해내고자 하는 문화적 기억이기 때문에 문화와 체재의 욕망이 상당히 반영되기 때문이다. 예컨대, 북쪽에서는 탁음이 있는 판소리라든가 무굿에 대한 거부감을 가지고 있다고 한다. 그러나 민중의 건강함이 들어 있는 민속놀이는 북쪽에서도 장려하고 있다고 한다.[7] 중요한 것은 민족의 동질성을 규정하고 그것에 맞추려는 억압적 태도보다는 전통문화라 하더라도 그간의 상황을 고려하여 서로 있는 그대로를 인정하고 바라보면서 커다란 의미에서 하나임을 자연스럽게 받아들이는 것이다. 서로 다르게 발전해온 것 자체를 인정하고 교류하면서 새로운 통일성을 만들어가는 미래지향적인 노력이 중요한데, 오태석의 연극은 가능한 시발점 중의 하나로 보인다.

3.2. 통일을 향한 연극적 상상력

남과 북의 통합을 위해서 오태석 연극에서 제시하고 있는 것은 무엇인가.

〈내 사랑 DMZ〉에서는 한반도의 좌측 북단인 신의주와 서울을 연결하던 경의선 철도가 분단으로 인해 끊어진 것을 남북이 다시 잇기로 합의한

---

6) 김문환, 『분단조국과 통일문화』, 서울대출판부 1994(1995), 21쪽 참조.

7) 김문환, 앞의 책, 7쪽 참조.

것이 극의 전제이다. 이러한 극적 현실은 2000년 남북정상회담에서 제시된 다양한 현안들 중에 남북 경의선 동해선 철도 복원과 긴밀한 관계에 있다. 2001년 8월 남북한 장관급 회의에서는 경의선 동해선 철도 및 도로 연결 합의가 있었고, 2001년 현대아산과 북측은 금강산 육로관광실시[8]에 대한 합의를 이루어냈다. 2003년 6월 14일에는 경의선 동해선 철도 연결식이 남북의 군사분계선에서 열렸다. 이에 이러한 사회적 분위기에서 2002년도에 초연된 〈내 사랑 DMZ〉의 남북이 경의선 연결 장면이 등장하는 것은 가까운 미래에 이루어질 수 있는 행복한 순간을 연극 속에서 선취하는 기회를 마련하게 된다. 경의선의 연결은 남과 북의 교류를 상당한 궤도로 올려놓을 수 있는 계기가 될 것이다. 이는 통일 이전에도 남북교류가 활발해지면 언제고 이루어질 우리의 행복한 미래 중 하나이다. 경의선은 분단된 현실에서는 섬과 다름없는 남한을 북한과 연결시켜 남북의 원활한 순환 뿐 아니라 중국과 러시아 그리고 유럽까지 벗어나갈 수 있는 환상적인 통로가 될 것이다. 이 철도는 인간들의 안정적이고 저렴한 교통수단이 될 뿐 아니라, 물류들의 원활하고 광범위한 유통에 기여할 것임은 자명하다. 이러한 경의선을 연결하기 위해 그것도 비무장지대의 자연을 그대로 보존하면서 지하로 통로를 만들어 잇기 위해 한국전쟁 때의 전몰병사들을 살려내어 동물들과 힘을 합하는 지난한 과정을 신명나게 연극적으로 표현해 낸 것이 이 작품이다. 비무장지대의 지하통로를 마련하여 남과 북의 막혔던 길이 뻥 뚫리고 그 곳을 통해 기차가 무대에 등장하는 순간, 섬나라처럼 지정학적으로 고립되어 있는 남한에 살고 있는 관객들은 가슴이 뻥 뚫리는 카타르시스를 경험할 수 있다. 이 아름다운 환상을 오태석은 무대 중앙에 둥근 통로를 만들어 그곳이 뚫리면서 기차가 나오

8) 김문환, 「통일과 문화정책- 햇볕정책을 중심으로」, 『통일과 문화. 독일통일의 현실과 한반도』, 김누리 · 노영돈 편, 역사비평사, 2003, 56-61쪽 참조.

고 그 앞에 토끼로 분한 배우와 아이가 함께 동요 "푸른 하늘 은하수"에 맞춰 춤을 추는 것으로 형상화한다. 공연은 남과 북의 통로가 마련되어 자유롭게 다닐 수 있다면 얼마나 행복할지 관객들이 선취하여 느낄 수 있도록 한다.

〈만파식적〉은 북쪽의 시선에서 낯설게 바라 본 남한 사회를 '다양성'이라 명명한 장에서 구체화한다. 귄터 그라스가 "40년이 넘는 오랜 세월 동안 갈라져 살았던 북쪽의 사람들이 그 동안 어떻게 살았으며, 여러분들이 그들의 어떤 점을 높이 평가해줄 수 있는지를 알아야 할 것"(귄터 그라스, 21)이라고 우리에게 충고하고 있는 점을 생각해 볼 필요가 있다. 빈부의 격차가 적고 개인적 소유보다는 공동의 삶에 익숙한 그들에게 비친 남한 사회는 상당히 그로테스크할 것이다. 그것을 무대화하여 관객의 웃음을 자아내는데, 이는 우리 사회의 어느 부분을 일그러져 묘사되어서이기도 하지만, 상당부분 허를 찔리는 듯한 부분이 있기 때문이기도 하다. 남한의 전반적인 경제수준과는 다르게 평가하고 있지만, 농촌의 공동화와 노숙자문제 매춘부의 생존권투쟁 위안부할머니들의 투쟁 등은 비교적 정확하게 포착된다. 계획경제이므로 도시 집중화가 있을 수 없고, 거지와 매춘부가 없고, 주체사상으로 일관된 외교정책 등을 펼치고 있는 북쪽의 시선에 비추어 보았을 때 위의 현상들은 아주 낯설고 이해할 수 없는 것은 자명하다. 그러니 다음의 결론이 나온다.

> **소리** 이자 보셨지만 지금 남조선사회, 특히 서울은 소새끼 죽처럼 볏단 볏겨 콩깍지 퇴끼풀 퇴끼가시 쑥 이런 것들이 한데 엉켜 부글부글 끓고 있습다. 저기에 아버지가 가 지내실 생각하믄 정신이 아찔함다. (18)

북한주민이 남한에 오면 부글부글 끓고 있는 사회에서 살아가기 어려울 것임은 자명하다. 그러기에 종수는 남한이 살아가기 괜찮은 사회임을 증명하기 위해 우산 돌려주기를 시도해보는 것이다. 북에 아버님을 만나러 가서 이복동생들을 만난 종수는 그들이 우산이 없는 것에 동정하는 시선을 보내지 않고, 그들의 삶을 존중하며 오히려 남한의 지하철에서 공공의 우산돌려주기가 가능하기를 바라며 그것을 통해 남한이 살만한 사회임을 증명하고자 한다. 우산이라는 오브제는 상당히 일상적인 것이지만, 북한과 남한의 사회를 연결하는 매체라는 점에서 의미심장하다. 북한에 없고 남한에서는 돌려주기가 얼마나 어려운지를 보여주는 희극적 에피소드에서 우산은 소유에 대한 환유임을 보여준다. 자본주의의 원동력인 소유에 대한 욕망을 단적으로 보여주기 위해 이 에피소드를 활용하고 있다. 무자비한 소유욕에 균형을 잡아 줄 양심의 문제를 생각해보게 한다.

이렇게 〈만파식적〉에서는 북한의 눈으로 남한 사회를 보려는 시도를 한다. 북의 시각에서 남한 사회를 바라볼 때 어떠할지를 성찰하고 그 안에도 희망이 있음을 입증하려는 피눈물 나는 노력이 우산돌려주기 에피소드이다. 그래야만 북에 있는 아버지를 모셔올 수 있는 주인공 종수를 설정함으로써 이산가족의 만남에 대한 절박한 기대를 표현한다. 이들이 자유롭게 오가려면 적어도 인간적인 신뢰, 남한 사회가 얼마나 살만한 곳인지를 보여주어야 하는데, 천민자본주의의 욕망에 사로잡힌 시민들의 모습을 '우산 돌려주기' 에피소드가 극명하게 보여주고 있다. 그리하여 자본주의의 욕망을 낯설게 바라보는 연극자체의 시각은 바로 서로 소통하기 위해 어떤 노력이 필요한지 그 일면을 보여준다. 게다가 종수의 북쪽 형제들이 순박하게 형상화되어 그들의 시선이 다소 왜곡되어 있어도 남한 관객들이 불편함을 느끼게 하지 않는다.

여기에 북의 북청사자놀음이라는 문화적 기억을 활용하여 북쪽의 전통문화의 아름다움을 부각시키고 있다. 또한 북쪽의 사투리를 장국철이 손질하여 대거 삽입하는 시도를 한다. 그리하여 북쪽의 시선, 언어, 문화적 기억을 통해 남한 관객이 북쪽에 대한 이해와 동질감을 느끼게 하고, 북쪽의 관객은 내포작가가 역지사지의 입장에서 북쪽의 시선을 작품에 포함시키는 시도에 친근감을 느끼게 할 수 있다. 따라서 통일의 민족축제를 유도해낼 수 있는 가능성이 이 작품에는 내포되어 있다.

〈백년언약〉에는 통일을 향한 연극적 상상력이 상당히 구체적으로 무대화된다. 이 연극의 백년언약의 주체는 한국전쟁 때문에 백년가약을 지킬 수 없었던 부부이다. 이들은 첫날밤의 백년가약을 골수에 새길 정도의 의지를 지녔으나, 한국전쟁 당시 남편은 납북 당하다 죽음을 당하고 그의 아내인 새댁의 지난한 삶이 무대의 중심을 이룬다. 이들은 전쟁과 분단에 의해 희생당한 자들이지만, 역설적으로 바로 그러하기에 연극 속에서는 그러한 남북의 민중으로서 통일을 향해 나아가는 주체가 된다. 백낙청이 역설하듯 "남북의 민중은 분단의 벽을 넘어 만나고 소통할뿐더러 그간의 갈라진 삶에 대해 성찰하면서 새롭게 태어나는 지적·도덕적·정서적 과제를 안고 있는"[9] 존재임을 〈백년언약〉은 연극적으로 형상화해낸다.

새댁의 남편 구연수 역을 맡은 장민호는 북에서 아이 업고 땅굴을 통해 내려오는 장정과 비무장지대를 넘어오는 노란 스쿨버스의 기사로 일인삼역을 맡는다. 새댁은 꿈속에서 남편이 살아 있다는 꿈을 꾸고 이어 장정과 만날 때 남편인 줄 착각한다.

그런가 하면 〈백년언약〉의 마지막 장면에서 새댁은 스쿨버스의 기사로 북의 아이들을 손에 손잡고 비무장지대를 내려오는 사람을 "생시의 남편의 모습"으로 인식하고 손을 흔든다. 이렇게 장민호는 새댁의 남편에서 북의 아이를 살리기 위해 목숨을 걸고 땅굴을 통해 내려오는 장정으로 그리고 결국 비무장지대를 가로지르며 여러 아이들의 손을 잡고 내려오는 기사로 일인삼역을 맡음으로써 이들 사이의 이미지의 동일성을 부여한

---

9) 백낙청, 「한반도 통일을 위한 지구적 시각을 찾아서」, 『통일과 문화. 통일독일의 현실과 한반도』, 40쪽.

다. 또한 새댁도 장민호가 등장할 때마다 남편으로 여긴다. 관객은 결국 장민호라는 배우를 만나는 것이므로 장민호가 형상화하고 있는 이들 배역들이 하나의 이미지로 결합되면서 개인적 차원의 한 여자의 남편이 아니라 통일을 이끄는 사회적 차원의 자아로 확장하여 받아들이게 된다. 그리하여 그는 극이 진행되는 동안 생명을 소중히 여기는 생태적 자아이자 사회적 자아로 성장하기에 이른다.

남쪽의 새댁은 남편과 자신의 아이를 지키기 위해 안간힘을 쓰는 평범한 어머니였다가, 한국전쟁 중에 남편의 죽음을 목격하고 임신 중인 아이까지 유산되고는 차츰 자신의 아이들 뿐 아니라 함께 고생하는 자모들과 그의 아이들에 대한 관심을 지니게 된다. 그녀는 자신처럼 전쟁 중에 남편을 잃고 혼자된 여인들과 그의 아이들과 함께 살아남기 위해 벽돌재생을 시도하고 여관을 경영하고 미군을 위한 댄스클럽까지 차리는 경영자가 된다. 총기사고로 클럽이 해체되고 남은 이들과 함께 대가족을 꾸리고 연탄 재생하는 노동을 시도하나 번번이 실패한다. 그 끝에 우연히 시력 잃은 북한사람들이 중국인 안과의사에게 수술 받고 개안하여 감격하며 김일성 김정일 사진에 절하는 모습 보고 새로운 아이디어를 떠올려 남한에서 모(毛)안과병원을 차리게 된다. 모택동 사진을 걸고 놓고 중국인 안과의사 고용하여 눈 시술하고 개안하면 모어록을 읽으며 감동어린 순간을 맞으려는 남한의 좌파 젊은이들을 대상으로 한 이 병원은 날로 번창할 뿐 아니라, 북쪽에서도 주목하는 곳이 된다. 그리하여 이 병원으로 북쪽에서 죽어가는 아이들을 데리고 사람들이 남하하게 된다. 50년간을 자신만이 아니라 자신과 같은 입장에 있는 여인들과 그 아이들과 함께 살아남으려 갖가지 시도를 하는 새댁은 자신도 모르는 사이에 이미 한 개인이 아니라 사회적으로 중요한 역할을 하는 자아로 성장하게 된다. 결국 그녀는 북의 아이들까지 살려내려는 시도를 하게 되고 그로 인해 남북의 경계를 풀어 소통하게 하는 계기를 마련하게 되는 것이다. 새댁의 이러한 시도들은 사회적 인식에 의해 계획된 것들이 아니라 근본에는 모성애가 중심으로 자리하고 있다. 내 자식 뿐 아니라 우리들의 아이들까지 품어 안는 확대된 모성애를 지닌 존재, 생명에 대한 연민에서 출발하는 돌봄의 주체[10]가 되어 결국 남과 북의 아이를 끌어안는 사회적 어머니로 성장하게 된 것이다.

그렇게 무대의 중심을 차지하며 관객의 공감을 유도해내는 새댁이 실천하고 꿈꾸는 통일로 나아가는 길은 사랑과 연민을 통한 정서적 통합과 연결되어 있다. 북에서 내려온 장정이 도움을 요청하는 방법도 인간적 연민에 근거하고 있다.

새댁 애들 눈이 나빠요?
장정 눈만 아니요. 죽어가고 있어요. 손을 쓸 수 없게 허약한 애들이요.
저런 애들 수없이 많이 있어요 북에.
(두 손으로 세수하듯 얼굴 가린다)
병원에 약도 없고 물도 없어요. 의사도 없어요.
… 중략 …
새댁 왜 데려 왔어요.
장정 직접 두 눈으로 보니까 어째요. 동정심이 생기지요. 먹지 못에서. 먹을 게 없으면 사람이 이렇게 됩니다. 사진하고는 달라요. 여러분이 이 애들을 두 눈으로 봐 주십사고 데려왔습니다. 손잡고 너 왜 이렇게 됐냐고 물어 봐 달라고. 그러면 죽어도 어 애들 외롭지 않을 겁니다. (대본, 35쪽)

인간에 대한 연민으로 손을 내미는 것, 이것이 남북 만남의 시발점임을 공연은 시사한다. 새댁은 처음에는 이 쓴잔을 거부하고자 한다. 가난한

10) 마리아 미즈 · 반다나 시바, 『에코페미니즘』, 손덕수 · 이난아 역, 창작과 비평사, 2000.

형제에게 무작정 베풀기가 얼마나 어려운지 그건 비단 북한에 대해서 뿐 아니라 가까운 일상에서도 확인되는 것이 아닌가. 거부하다가 꿈에서 자신의 품속으로 추남의 혼이 들어와 김유신으로 태어나는 것을 보고, 새댁은 꿈에서 깨어나 자신의 품에 안겨 있는 북쪽에서 온 아이가 바로 통일의 공신이었던 김유신과 같은 존재임을 깨닫는다. 삶과 죽음의 갈림길에 있을 때, 남쪽의 따뜻한 보살핌으로 살아난 북쪽의 아이가 다시 고향으로 돌아가 남북이 하나임을 정서적으로 느끼는 것은 당연한 일이다. 새댁이 제시하는 또 하나의 천진한 발상은 그러한 아이들 남한 가정에서 보름 양자삼기를 해서 남북의 정서적 일체감을 도모하려는 것이다.

새댁 해외 양자 고만하고 입양 사업 그거 국내 양자로 돌려야 할 때요. 이제- 이런 생각해 봐요. 보름동안 양자 가져 본다. 북으로 돌려보내야 되는 이 애들 보름 동안 우리 민가에서 가정생활 체험하게 한다. "보름 양자 삼기" 뭐 그런 거 맨들어 봐요. 북의 아이들과 친형제처럼 지냈던 이 소중한 체험이 장차 남북통일이 됐을 때- 서로 다시 합칠 때 얼마나 큰 도움이 되겠소. (51)

전쟁의 상처가 없는 아이들, 이들이 오히려 가장 어려울 때 서로 돕고 친형제처럼 지낼 수 있도록 한다면 남과 북의 아이들의 정서적 연대가 미래 통일의 초석이 될 것임을 역설하고 있다. 그러면서 공연에서는 공식적인 차원의 지원도 좋지만 다양한 통로로 민간 차원에서 서로에게 도움이 되는 길이 더 좋음을 새댁의 입을 통해 드러낸다.

형사 소가 올라갑니다.
팔천 마리- 소 팔천 마리가 판문점을 통과하여 선죽교 건너서
뚜벅 뚜벅- 북으로 북으로-

새댁 소가 올라가요.
형사 따라서 땅굴은 폐쇄합니다. 쌍방 간에 합의 봤어요.
땅굴 문제 앞으로 일절 없어요.
새댁 폐쇄해 왜.
(중략)
새댁 애들 살려주마고 했어요. 내입으로-
그런데 제대로 주사 한 대 못 꽂아주고-
땅굴 이거 놔 둬두 되잖아요. 아픈 애들 치료해서 보내고
백두산- 묘향산에 한약재 좋은 거 많다는데 그거 가져와 돈 맨
들어 가고. 민간인끼리 물물교환도 하고 - 공들여 파논 땅굴
요긴하게 쓰는 거 좋지 않아요. (대본, 53쪽)

현대그룹 회장이었던 정주영이 1998년 통일소 500 마리를 이끌고 판문점을 통해 북으로 간 사건을 이 작품에서는 더욱 확대하여 소 8,000 마리가 북으로 가는 장면을 지붕 위로 소가 지나가는 것으로 무대화한다. 공연에서 소들은 지붕 위로 지나가고 북쪽 사람들이 아이들을 데려오는 통로는 지하의 땅굴을 통해서이다. 국가적 차원의 공식적인 통로로는 소 팔천 마리 같은 커다란 재원이 지상 육로를 통해 판문점을 지나 북한의 개성 선죽교를 통해 지원되는 것을 매스컴을 동원해 보도되며 진행될 수 있다. 그것도 중요하지만 이미 이루어지고 있는 민간차원의 비공식적이고 다양한 채널들이 더 중요함을 이미 "공 들여 파논" 땅굴로 형상화한다. 예컨대 땅굴은 민간차원의 비공식적 다양한 채널 중의 하나인 셈이다. 이렇게 다양하고 드러나지 않은 통로로 민간의 교류가 이루어지고 이러는 동안 정서적 친밀감과 피부에 닿는 교류가 다양하게 진행되는 것이 필요함을 공연은 시사하고 있다.

결국 마지막 장면에 가면 통일에 대한 환상을 꿈처럼 형상화한다.

쥐들 궁초 댕기 잊으리까/ 백년 사자(살자) 굳은 언약/ 골수에 새겼

소.(중략)

노래 소리 타고 멀리 공중에 노란 스쿨 빼스가 구름처럼 떠서
북방 철책을 넘어 DMZ 지대로 들어서 남쪽으로 향한다.
남쪽 경비초소에서 정지 신호로 경고 발사한다.
노란 빼스가 DMZ 중간 지점에 정지하고서 핸드마이크로 버스에 굶고
병들어 죽어가는 아이들 실렸다고 통과하게 해달라고 호소하고
북쪽 초소 대남 확성기에서는 스쿨 버스는 유턴하여 조국의 품으로 돌아오라고 소리치고-

놀래 뛰는 노루 멧돼지가 뇌관을 건드려 여기 저기서 지뢰 터지고-
무대에서는 발고랑마다 새순이 돋듯 아홉 개 땅굴 뚜껑 열리면서
아이들이 꾸역꾸역 올라와 환영처럼 객석으로 다가온다.
걸어서, 다리 끌면서, 부축이고 업히고 기면서 다가온다.
새댁이 한 아이를 품에 안는다.
버스 기사가 손을 흔드는데 생시 남편의 모습-

새댁 (여보라고 부르지만 소리가 나오지 않고) (대본, 57-8)

빔 벤더스의 영화 〈베를린 천사의 시 Himmel über Berlin〉의 천사들이 베를린 장벽을 투명인간처럼 통과하듯 스쿨버스는 북쪽 철책을 구름처럼 떠서 넘어 비무장 지대로 넘어오고 땅굴에서는 아이들이 꾸역꾸역 나와서 남으로 향하고 있다. 새댁은 죽은 남편을 꿈속처럼 생시의 모습으로 만난다.

백년 살자고 한 언약을 전쟁 때문에 죽음이 둘을 갈라놓아 지킬 수 없었던 새댁과 그 남편은 이 장면에서 환시처럼 북의 버스 기사와 남쪽의 새댁으로 바라보며 손짓을 한다. 그들 사이에는 아이들이 놓여 있다. 통일이 되어야만 혼이라도 만날 수 있는 이들의 눈물겨운 백년언약이 북쪽

에서는 목숨 걸고 아이들을 데리고 남으로 내려오고 남쪽에서는 그 죽어가는 아이를 품어 안음으로써 이루어지는 것이다. 그리하여 신랑신부의 백년언약은 한국전쟁으로 인해 현실적 차원에서는 좌절되었지만, 북쪽과 남쪽에 생명을 사랑하는 남성과 여성의 언약으로 확장되면서, 폭력적으로 끊어져 있는 비무장지대의 경계를 무너뜨리는 연극적 환상이 무대화된다. 그 안의 주체는 갖은 사회적 간난에도 불구하고 생명에 대한 연민과 돌봄으로 사회적 자아이자 생태적 자아가 되어 남과 북의 경계를 넘음으로써 민족차원의 해원을 지향한다.

4. 유기체로서의 한반도

얼핏 보기에 통일과 생태 담론은 별개의 것으로 보인다. 그러나 한반도를 정치적 차원으로만 바라보지 않고 살아 숨 쉬는 유기적 생명체로서 바라본다면, 분단은 그 유기체의 허리를 끊어 순환하지 못하게 하여 생명의 자연스런 순환을 불가능하게 하고 결국 한반도를 고사시키는 일이다. 그러므로 오태석의 통일을 다루고 있는 연극이 자연스럽게 생태담론과 연결되는 것이다. 상처 받고 훼손된 가이아처럼 한반도는 여기저기 상처투성이이고 허리는 철책으로 가로 막혀 순환되지 않아 고통스러워하는 이미지로 이 글에서 다루는 세 작품에서 공통적으로 드러난다. 〈내사랑 DMZ〉, 〈만파식적〉 그리고 〈백년언약〉이 모두 비무장지대를 문제 삼고 있고 결국 생태담론과 연결되는 이유가 바로 거기에 있다. 한반도 안에 살고 있는 민중들은 가족과 생이별하고 죽을 때까지 보지 못하거나, 동족상잔으로 죽어 사별하는 비극 속에 살고 있는 것이다. 혈연의 강제적 단절은 동간 난 허리의 한반도와 같은 운명에 처해 있다. 혈연과 민족처럼 한반도도 살아 있는 유기체로서 생명의 연결고리로 연결된 하나의 생명공동체로 형상화되는 것이다. 그러기에 고통의 근원인 분단을 뛰어넘기 위해 극적 주체들은 비무장지대의 땅굴을 파고 그를 통해 내왕을 하거나 동해에서 백두산에 이르는 지하도를 판다. 마치 가이아의 막힌 내장이나 핏줄과 같은 땅굴을 정비해 왕래를 함으로써 고사 직전의 한반도를 구출하려는 노력이 이 작품들에서 필사적으로 나타난다.

땅굴은 통합의 새로운 통로로서 이미지화된다. 땅굴이 원래 북한이 남침을 위해 파 놓은 전쟁의 도구였음을 감안한다면, 오태석의 통일을 다루는 연극 속에서 의미심장한 이미지의 전복이 이루어진 것이다. 남침을 위한 장소를 남북의 소통을 위한 절실한 통로로 전환시켜 작품 속에서 소위 "창의 방향을 거꾸로 뒤집기(Spitz Umdrehen)"가 일어난다. 성경의 미가 4장 3절에서 "칼을 쳐서 보습을 만들고 창을 쳐서 낫을 만"[11]드는 성경의 비유처럼, 오태석 연극에서 전쟁의 도구가 평화적 소통의 길로 새롭게 태어난다.

〈내 사랑 DMZ〉에서는 부생군이 동물들과 힘을 합해 디엠지를 통과하는 생명띠로서의 디엠지를 보존하면서도 남과 북을 잇는 통로로서 땅굴을 판다. 그리하여 남과 북을 잇는 대동맥과 같은 경의선이 뚫리는 순간 무대 후면 중앙의 보름달 같은 통로를 통해 기차가 내려오고 그 앞에서 토끼와 아이가 "푸른 하늘 은하수"에 맞춰 춤을 추는 동화 같은 장면이 극의 정점을 이루며 관객에게 통일에 대한 잔잔하고 행복한 이미지를 선사한다.

〈만파식적〉의 신화적 동물 이시미는 20년 넘게 동해에서 천지에 이르는 지하도를 파서 민족의 정기를 살려내 백두산 천지가 열려 거대한 사자의 생명출산이 가능하도록 하는 축제를 연출한다. 원래 이시미라는 신화적 동물은 용이 되려 천년을 기다리다 용이 못되어 온갖 해악을 끼치는

---

11) 「미가」, 4장 3절, 『공동번역 성서』, 대한성서공회, 1993(1977), 1544쪽.

존재로 그려진다. 단적인 예를 들자면 한국 민속인형극 꼭두각시놀음에서는 이시미가 하늘도 땅도 모든 인간을 포함한 살아 있는 존재들을 닥치는 대로 먹어치우는 공포스런 존재로 등장한다. 그러나 〈만파식적〉에서는 소들의 힘을 빼서 모아 동해에서 백두산 천지로 이르는 지하도를 20년에 걸쳐 파는 신성한 인물로 형상화된다. 기존의 가공할 폭력의 이미지를 전복시켜, 거대한 힘으로 민족의 정기를 회복하는데 기여하는 이시미 이미지의 전복도 땅굴의 경우와 동일한 기능을 한다. 남과 북을 잇는 거대한 해저 땅굴을 통해 민족의 정기가 연결되어 천지에 모이면, 천지가 열리고 북청사자놀음의 신성한 사자가 생명을 출산하는 장면은 무대의 이층 중앙에서 연극의 가장 큰 에너지가 집중되는 스펙터클로 연출된다. 거기에 종수 뿐 아니라 문무대왕 신문왕 북청사자놀음패 등으로 분한 대부분이 배우들이 북청사자놀음을 응용하여 춤을 추고 빨간 띠가 하나 둘씩 솟아오르면서 출산의 이미지가 웅장하게 형상화된다.

〈백년언약〉에서 땅굴은 아주 구체적인 교류의 공간으로 형상화된다. 땅굴이 무장한 군사들이 집단으로 남침하는 전쟁의 통로가 아니라, 새댁이 제안하는 것처럼 "아픈 애들 치료해서 보내고 백두산- 묘향산에 한약재 좋은 거 많다는데 그거 가져와 돈 맨들어 가고. 민간인끼리 물물교환도 하"(대본, 53쪽)는 공간으로 전환된다. 그야말로 무기를 녹여 쟁기를 만드는 이러한 상상은 결국 남과 북의 통합으로 이어지게 된다. 공연에서 마지막 장면은 여러 기능을 하며 무대 후면 중앙에 있었던 배 모양의 가건물이 무대 아래로 내려가 무대를 가르고 있던 면을 메우고 무대 전면과 깊은 후면이 연결되면서 깊숙하게 펼쳐진 국립극장의 해오름 무대가 그 깊이를 온통 활용하게 되면서 무대가 확장되어, 무대자체가 통일의 이미지를 형상화한다. 그곳은 비무장지대를 형상화하면서 노란 버스가 중앙에 서 있고 그 곳에서 새댁의 남편 역을 했던 장민호가 아이들의 손을 잡고 내려오고 동물들이 함께 환호한다. 무대 전면 중앙에는 아이를 안은 새댁이 환하게 웃으며 손짓하는 것으로 정지된다. 대본에서 제시되어 있는 아홉 개의 땅굴을 통해 북쪽의 아이들이 꾸역꾸역 기어 나와 관객석으로 다가오는 역동성은 무대화하지 않지만, 노란 옷을 입은 북의 아이들이 무대를 가득 메우는 이미지는 실현한다. 그리고 그 중 한 아이를 품어 안음으로써 새댁의 사회적 모성애가 무대의 중심에서 강조된다.[12] 이렇게 살아 있는 유기체로서의 한반도의 동간 난 허리를 다시 이어 되살려내는 축제의 장에는 비무장지대의 동물들, 땅굴을 통해 나오는 아이들 노란 스쿨버스의 아이들 그리고 그러한 생명을 사랑하는 생태적 자아이자 사회적 자아인 새댁과 그의 남편 모두 동참하고 있다. 이런 방식으로 언제고 이루어질 한민족 통합의 미래를 오태석은 관객과 함께 무대에서 실현해 낸다.

5. 맺음말

남북문제는 주변정세와 정부의 정책과 긴밀히 연결되어 있다. 참여정부의 김대중 전 대통령의 햇볕정책과 6.15 남북공동선언 그리고 그 뜻을 이어 받은 국민의 정부의 통일정책이 2000년대의 남북의 화해무드를 이끌어냈다면, 2008년 이후 이명박 정권의 대북 정책의 변화와 북측의 핵실험 등이 겹치면서 다시금 남북관계의 경색이 일어나고 있다. 주변국가들의 입장과도 연결되어 있음은 주지의 사실이다. 2008년 11월 28일에는 일 년간 운행하던 경의선의 개성과 도라산간 열차운행이 멈추었다. 금강산 관광은 더 이상 이루어지지 않고 있고, 개성을 거점으로 한 남북경협

12) 김미도는 그녀를 "모든 풍상을 겪어내며 북녘의 아이들을 끌어안는 오태석의 '영원한 모성'"(백년언약 팜플렛, 13쪽)이라 언급한다.

이 위축되고 있다. 남북의 다양한 문화교류가 현격히 감소하고 있는 실정이기도 하다.

그럼에도 불구하고 오태석 연극은 이미 시작된 통일에 대한 담론이 구체화되는 방향으로 진행되고 있다. 대북정책의 변화에도 불구하고, 국립극장 해오름극장에서 2008년 5월 28일에서 6월 1일에 공연된 〈백년언약〉에서 커다란 대극장 무대에 형상화된 비무장지대는 노란 의상의 아이들과 동물들로 남북의 경계가 무화되어 광활한 공간으로 확대되어 있었다. 귄터 그라스가 이야기하듯, 문화는 이데올로기나 경제에서 비롯된 제약에도 불구하고 국경을 넘나들 수 있으며, 분단의 과정에서 가장 저항력 있는 것임을 확인하게 된다.[13)]

오태석 연극에서는 원래 한 태(胎)였던 민족이기에, 한반도는 하나의 유기체이기에, 결국은 하나가 되어야 함이 마땅하게 형상화된다. 분단된 민족은 형편이 어려운 다른 한쪽에게 연민으로 손을 내밀고, 50여 년간 다른 체제에서 살아 온 각자의 가치를 존중하고, 땅굴을 파서 핏줄의 막힘을 뚫어내어 다양한 교류를 하여 결국은 오랜 세월 함께해 온 생명공동체이자 문화공동체임을 확인하게 하여 장기적인 정서적 통합의 과정으로 가게 하는 장이 오태석의 연극 〈내 사랑 DMZ〉, 〈만파식적〉 그리고 〈백년언약〉의 무대이다.

세계정세의 역학관계 안에서 북한이 상당히 어려운 입지에 놓여 있고, 경제적인 여건도 열악한 현재의 상황이 지속된다면 언제고 남한 주도의 흡수통일이 이루질 것이라는 생각은 남한의 상당수의 사람들이 지니고 있을 것이다. 오태석도 그러한 생각을 지니고 있음을 〈백년언약〉의 마지막 장면에서 읽어 낼 수 있다. 그러기에 병들고 굶주린 북의 아이들이 아

---

13) 귄터 그라스, 「통일은 계속 풀어나가야 할 과제」, 『통일과 문화. 독일통일의 현실과 한반도』, 김누리 · 노영돈 편, 역사비평사, 2003, 20-24쪽 참조.

홉 개의 땅굴을 통해 꾸역꾸역 기어나와 남한의 관객에게 다가 오는 연극적 환상이 〈백년언약〉의 말미를 압도한다. 그것도 북의 아이들은 "걸어서, 다리를 끌면서, 부축이고 업히고 기면서 다가온다"(대본 58쪽) 남북의 경계가 느슨해지면 병들고 굶주린 아이들 뿐 아니라, 북한 주민의 상당수가 남으로 물밀듯이 내려올 것이라는 예상은 쉽게 할 수 있다. 이는 〈백년언약〉의 말미처럼 행복한 축제가 되기는 어렵다. 남북이 준비 안 된 상태에서 북의 주민이 대거 남쪽으로 내려온다면, 남한의 사회전체가 위기에 놓이게 될 것이고, 북은 공동화 현상으로 또 다른 위기에 놓일 것이다.

북의 사람들이 고향에서 자신의 사투리를 쓰고 선산이 있는 바로 그곳에서 자신들의 가치를 지키며 살아 갈 수 있게 남에서 도와주고[14], 상대방을 존중하고 장기적인 접근을 통해 자유로운 교류를 가능하게 하여 결국은 경계선이 무의미해지는 단계가 이상적인 통일이기 때문이다. 어느 한쪽 주도의 흡수통일이 아니라, 장기적인 과정을 거쳐 또 다른 차원의 통합을 이루는 것이 필요함을 우리는 독일통일의 경우를 보면서 생각하게 된다. 남한은 현재의 계층 간의 격차를 줄이고, 사회보장제도를 확충하여 사회민주주의 방향으로 나아가고, 북한은 유연하고 민주적인 소통구조와 자본주의적 경제체제의 장점을 비판적으로 수용하여, 양자 간의 변화를 통한 제 3의 길을 찾아가는 과정이 요구된다. 김누리, 김용민, 백낙청, 황석영[15]이 언급하듯 그렇게 되면 한반도 통일이 단순히 한민족의 것일 뿐 아니라, 21세기의 세계사에 새로운 비전을 제시하는 사건이 될

---

14) 귄터 그라스도 통일이 되어서도 북쪽 사람들이 고향에 그대로 머물러 살 수 있도록 남이 도와야 한다고 언급한다. 귄터 그라스, 「통일은 계속 풀어나가야 할 과제」, 김누리 노영돈 편, 앞의 책, 23쪽 참조.

15) 김누리, 「독일통일과 지식인」, 김누리. 노영돈 편, 앞의 책, 196-197쪽 참조.
김용민, 『독일통일과 문학』, 창작과 비평사, 2008, 414-419쪽 참조.
황석영, 「남과 북은 서로를 변화시킨다」, 김누리.노영돈 편, 앞의 책, 138-139쪽 참조.

수 있다.

그러한 장기적 접근에 기여할 수 있는 것 중의 하나가 연극이다. 연극을 통한 양자간의 정서적 통합은 통일의 과정에서 뿐 아니라, 정치적 통일이 된 후에도 상당기간 필요할 것이다. 이를 위한 초석을 우리는 오태석의 2000년대 통일을 향한 연극에서 발견하게 된다.

국가, 법률, 정치의 관점에서 본 통일과 사회통합

탈북자문제의 실태와 과제

김영수 (서강대학교)

1. 탈북자문제의 의미

탈북자를 남쪽 사회에 적응시키는 재사회화 과제는 현재의 문제이기도 하지만, 통일과 연관되는 미래의 문제이다. 이런 의미에서 중장기적 차원의 준비와 대책이 필요하고, 특히 단순히 그들을 위하는 정책이 아니라 그들과 함께 할 수 있는 정책이 필요하다. 이와 함께 '남한'의 보통 사람들이 이들의 재사회화 과정에서 장애요인이 되지 않도록 노력해야 한다. 즉, 이들을 새로운 사회에 적응시키는 노력과 함께 우리 사회 구성원들이 탈북자를 바라보는 시각과 인식을 통일준비 차원에서 전환시키는 작업이 필요한 것이다. 이것은 '이기는 통일'이 아닌 '함께 사는 통일' 그리고 '땅의 통일'이 아닌 '마음의 통일'을 궁극적으로 성취해야 하기 때문이다. 따라서 현 상황에서의 통일준비 작업은 서로 다른 체제에서 살아온 남북한 주민들이 통일된 새로운 사회 속에서 함께 살아가며 적응할 수 있는 방법을 모색하는 데서부터 시작되어야 한다.

탈북자 남한사회 정착의 성공 여부는 남북한 사회통합의 예비실험이며 시금석이라고 할 수 있다. 이런 의의에서 탈북자의 현황을 종합적으로 고찰한 후, 이들의 적응을 위해 어떤 시각과 노력이 필요한가를 모색하고자 한다.

'탈북자' 는 한동안 눈에 가시 같은 존재였는데, 이는 그들의 존재가 남북관계 활성화에 걸림돌이자 장애요인이었기 때문이다. '새터민' 이란 용어가 생겨난 것도 이런 맥락에서 이해될 수 있다. 북한이 탈북자문제를 공식적으로 꺼내는 것을 끔찍이 싫어했기 때문에 우리 정부가 알아서 북한 당국의 비위를 건드리지 않는 분위기에서 새로운 용어를 만든 것이다. 강연 연사로 탈북자를 섭외했다가 높은 사람으로부터 질책을 받는 일이 벌어지기도 했다.

그런데 요샌 세상이 바뀌어 탈북자 문제에 너무 많은 관심이 쏠리고 있다. 이들을 우리 사회에 정착시키는 재사회화 문제를 해결하지 못하고서는 통일문제를 풀어가기 어렵다는 공감대가 형성되면서, 그리고 정부가 적극 나서면서 탈북자 문제는 새로운 국면을 맞이하고 있다.

올해가 지나면 탈북자 수 2만 명인 시대로 접어든다고 할 정도로 우리 사회엔 북한이 고향인 동포들이 적지 않게 살고 있다. 그들은 서태지가 '발해를 꿈꾸며' 에서 말하던 우리의 반쪽임에도, 너무나 오랫동안 떨어져 살아온 결과 사고방식과 생활양식이 다른 민족이라고 할 정도로 상당히 이질적임을 부인할 수 없다. 핏줄과 언어는 같지만 이제는 단지 60여 년 전에 같은 민족이었다는 사실만 확인할 정도로 현재는 서로 다른 점이 너무 많다. 입에 맞는 음식 맛도 다르고 세상을 보는 눈도 많이 다르다.

탈북자들에게 정착금 주고 거주지를 정해준다고 해서 성공적으로 우리 사회에 안착하리라고 기대하기엔, 그들은 너무나 이질적인 요인들을 많이 지니고 있다. 우리 사회에 끼어들어 살기엔 너무나 다른 이들을 포용하는 사회 분위기도 기대하기 어려운 상황임을 잊어선 안 된다. 남한에 사는 것이 마치 섬에 갇혀 사는 분위기라는 표현을 그냥 듣고 넘겨서는 안 된다. 이는 우리 사회에 편입해 온 이들조차 제대로 끌어안지 못하면 우리가 바라던 통일은 사실상 불가능하다는 것을 증명하는 것이나 다름없기 때문이다.

통일연습이란 차원에서 이들을 위한 정책에서 벗어나 이들과 함께 할 수 있는 정책을 실행해 나가는 새로운 시도와 노력이 필요할 것이다. 남쪽에 사는 '헌터민' 들이 이들과 함께 사는데 익숙해질 수 있도록 지금과는 다른 노력과 정책도 함께 펼쳐야 한다. 탈북자들을 새 사회에 적응시키는 노력도 중요하지만, 무엇보다 시급한 것은 남쪽에 사는 우리들이 이들을 보는 인식이 제대로 설 수 있도록 국민교육 차원에서 계몽시켜나가는 일이 필요하다.

시혜성 차원의 정책을 부분적으로 손질하는 임기응변의 대응책은 한계를 드러내고 있다. 이제부터는 탈북자를 위한 정책에서 한 걸음 더 나아가 이들과 '함께 하는 정책' 으로 전환해야 한다. 우리 사회가 이들을 어떻게 바라보고 있는지를 지속적으로 고찰하여 탈북자를 둘러싼 우리 사회의 사회심리적 환경의 현주소를 확인하고 정책에 반영해야 한다.

이것은 '이기는 통일' 이 아닌 '함께 사는 통일' 그리고 '땅의 통일' 만이 아닌 '마음의 통일' 과 '사람의 통일' 을 위해 반드시 실천해야 할 과제임을 명심해야 할 것이다.

2. 탈북자의 규모와 향후 과제

탈북자는 최근 10년간 증가 추세를 보인 결과, 2009년 9월 현재 약 1만 7천여 명이 우리 사회에 거주하고 있는 것으로 나타났다. 남한 사회와 전혀 다른 북쪽 사회에서 살다온 이들이 앞으로 어떻게 살아갈 수 있을지, 또 북쪽에서 살던 이들이 점차 많이 들어와 함께 살게 될 경우 과연 우리 사회가 어떤 시각으로 이들을 바라보게 될지가 향후 연구과제이다.

이제 탈북자의 사회적응 여부 및 재사회화 문제는 우리가 원하든 원하지 않던 통일 이전에 우리가 해결하지 않으면 안 되는 범국민적 차원의 당면과제가 되었다. 그럼에도 북한을 탈출하여 우리 사회로 온 이들을 외면하거나 이들의 존재를 부담스럽게 여기게 되면, 결국 우리는 그렇게도 바라던 통일을 실제로는 원하지 않고 있었다는 자기모순에 빠지게 됨을 생각해야 한다.

따라서 탈북자를 새로운 사회에 적응시키는 노력도 중요하지만 이와 함께 우리 사회 구성원의 북한인식 및 의식구조를 통일준비 차원에서 전환시키는 작업이 시급하다. 현재와 같이 남북한 간의 실질적인 교류가 거의 차단된 상태가 장기간 지속될 경우, 남북한 주민들의 이질성으로 인해 통일의 부작용 및 후유증은 매우 심각한 양상을 띨 수밖에 없기 때문이다.

탈북자는 같은 민족이지만 오랫동안 떨어져 살아온 결과 사고방식과 생활양식이 다른 상황으로 변할 정도로 이질적이란 데서 출발해야 한다. 핏줄과 언어는 같지만 이제는 단지 60여 년 전에 같은 민족이었지, 현재는 완연히 다른 민족과 마찬가지라는 인식에서 출발해야 탈북자가 지닌 문제를 풀어가는 해법을 찾을 수 있을 것이다.

요컨대, 현 상황에서의 통일준비 작업은 서로 다른 체제에서 살아온 남북한 주민들이 통일된 새로운 사회 속에서 함께 살아가며 적응할 수 있는 방법을 모색하는 데서부터 시작해야 한다. 이것이 남북한 사회통합의 첫 번째 실천과제이다.

3. 탈북자의 남한생활 실태

남한 사회에 들어온 탈북동포를 칭하는 공식적 법률 용어는 '북한이탈주민' 으로서, 「북한이탈주민의보호및정착지원에관한법률」 제2조에 의하면 "북한에 주소 · 직계가족 · 배우자 · 직장 등을 두고 있는 자로서 북한을 벗어난 후 외국의 국적을 취득하지 아니한 자"를 의미한다. 그러나 일반 사회에서는 통상 '탈북자', '귀순자', '탈북동포', '새터민' 등의 표현을 더 많이 쓰고 있는 실정이다.

그들은 2002년부터 한 해 1천 명을 넘기 시작한 후, 최근 2-3년간 매년 평균 2천 명이 넘는 규모로 우리 사회에 정착해 있다. 국내유입 숫자의 증가와 함께 두드러진 현상은 가족을 동반한 집단입국의 증가이다. 1993년까지는 단독입국 형태가 대부분이었던 데 반해, 1994년 이후부터는 입국한 수의 50% 이상이 가족 형태로 나타나고 있음. 특히, 최근에는 먼저 입국한 가족들의 주선으로 제3국에 거주하거나 북한에 남아 있던 가족들이 뒤따르고 있기 때문에, 단독 입국한 후 국내에서 가족을 이루는 경우가 부쩍 증가하였다.

탈북자 성별 현황을 보면, 2009년 8월말 현재 여성의 수가 남성의 수보다 많은 양상을 나타내고 있는데, 최근 여성의 증가세가 더욱 뚜렷해지고 있다. 이는 탈북한 이후 중국 등의 제3국에서 정착할 수 있는 여건이 남성보다 여성이 유리하기 때문으로 보인다.

한편, 그동안 입국자 대부분이 거동이 용이한 20-30대가 약 70%를 차지해 왔으나, 가족단위 입국 증가로 노령자 · 청소년의 입소비율이 최근 증가하는 추세가 나타났다.

출신지별로는 중국 연변조선족자치주와 접경지역인 함북이 약 66%로 다수를 차지하고 있고, 함남 13%, 평남 5%, 평북 4%, 량강도 3%, 강원도 3%, 황북 3%, 황남 1%, 자강도 1%, 기타 1% 순이다.

직업별로는 노동자 · 농장원 · 운전원 · 벌목공 48%, 군인 · 관리직 · 지도원 · 선전원 12%, 학생 11%, 교사 · 의사 · 간호사 6%, 무직 23% 등으로 탈북자의 상당수가 노동자 · 농장원 등 단순직 종사자들이다.

탈북동기는 예전에 주로 '비교인식'과 '체제불만'으로 나타났던 데 반해 최근에는 이념 문제에서 점차 생활고통, 처벌우려 등 경제 · 사회적인 개인문제로 바뀌고 있음을 알 수 있다.

현행 제도에 따르면, 일단 탈북자 발생 보고를 접수하게 되면 북한이탈주민의 보호 및 정착지원에 관한 법률에 의거 보호신청 및 보호결정을 내린 후, 보호대상자의 본적을 정해 서울가정법원을 통해 취적 절차를 밟으며, 약 3개월 정도 시설보호 과정을 이수하도록 한다.

시설보호 이후 일정 기간의 거주지 보호가 이루어지는데, 이 과정에서 사회로의 안정적인 배출을 지원하기 위해 학력 · 자격인정, 취업알선, 특별임용, 주거지원, 정착금 지급, 교육지원, 의료 · 생활보호 등을 실행한다.

탈북자들은 입국 이후 신원확인 조사를 거쳐 법률에서 규정한 '탈북자' 로 판정 받으면 정착지원 전용시설인 '하나원' 에서 사회적응교육을 받게 되는데, 여기서는 탈북자의 초기 사회정착을 위한 종합적인 지원 프로그램을 운영하고 있다.

하나원에서는 이론위주의 주입식 강의를 지양하고 실생활 사례중심의 현장체험교육 위주로 진행하고 있는데, 주요 교육내용은 첫째, 심리안정, 생활안내 등 우리 사회 기초적 이해교육, 둘째, 생활영어, 한문, 신문 활용교육 등 언어 적응교육, 셋째, 컴퓨터(PC), 요리, 봉제 등 생활기능교육으로 구성되어 있으며, 아울러 민간위탁교육도 병행 실시하고, 사회 · 종교단체의 교육프로그램과 연계한 교육도 실시하고 있다. 그리고 약 3개월 과정의 사회적응교육을 이수한 후, 직업훈련을 희망하는 경우는 직업훈련 기관에서 교육받는 것을 적극 권장하고 있다.

4. 탈북자의 정착초기 적응양상

현재 탈북자들이 입국하게 되면 국정원이나 정보사 등의 관계기관에서 신원확인, 탈북동기와 경로, 북한에서의 행적, 위장귀순 여부에 대한 조사를 받은 후, 탈북자 정착지원 전용시설인 '하나원' 에서 사회적응교육을 받게 되어 있다.

사회적응교육을 받는 동안 탈북자들 대부분은 교육 이외에도 텔레비전 시청과 직접견학을 통해 '남한' 이라는 새로운 사회를 접하게 되는데, 이 과정에서는 대체로 다음과 같은 양상을 보인다.

첫째, 무엇보다 죄책감과 외로움에 괴로워한다. 이 기간 동안 대부분의 탈북자들은 자신의 탈북으로 인해 고통 받을 가족들에 대한 죄책감과 남한 생활의 외로움으로 말미암은 심리적 양상을 나타낸다.

둘째, 탈북 전에 형성된 시각에서 남한 사회를 바라보는 성향을 나타낸다. 이 기간 초기 탈북자 대부분은 북한에서 교육받은 '남조선 사정' 을 확인하고자 하는 양상을 보이는데, 판잣집과 달동네 그리고 거지를 보고 싶어 하며, 피를 팔고 눈알을 파는 현장에 가보고자 한다.

셋째, 탈북 전에 형성된 대미 · 대일관을 쉽게 버리지 못한다. 어릴 때부터 받은 교육의 영향으로 북한에서 말하는 타도의 대상인 '미제' , '일제' 와 '남조선 반동 통치배' 들을 향한 증오심이나 적개심을 탈북자들의 행동양태에서 발견할 수 있는데, 미국인 신문관에 대한 적개심, 왕조 중심의 사극, 퇴폐장면, 외래어 간판 및 외래어 사용에 대한 거부감 등을 나타낸다.

넷째, 탈북 이전에 형성된 가치관 및 인생관에 의해 새 삶을 설계한다. 전반적으로 어떤 대립된 개념이나 상황에서 적절한 타협을 찾기보다는 흑백논리적인 판단과 태도를 가지는 성향, 인간에 대한 의리를 소중한 가치로 내세운다든가 남한 사람들의 국가관 결여, 사회의 퇴폐 등을 지적하는 것 등은 모두 탈북 이전에 형성된 북한식 특유의 가치관과 세계관에서 기인하는 것으로 볼 수 있다.

다섯째, 입국해서 처음 만나는 보호(수용)담당 관련 근무자로부터 받는 영향이 절대적이다. 초기 재사회화 과정에서 접하게 되는 보호 담당자들과의 인간관계가 탈북자들의 새로운 삶을 설계하는 데 절대적인 영향을 미치는 경우가 많다. 대개의 경우 초기에는 자신의 담당자들에게 절대적으로 의존하는 성향을 보이다가 점차 남한 생활에 익숙해지면서 '독립' 하려는 경향을 보이는데, 이 과정에서 양자의 긴장과 갈등관계가 형성되는 경우가 적지 않다. 따라서 입국 이후 초기 단계를 담당하는 인력의 전문성과 숙련도가 탈북자의 재사회화 과정에 매우 중요한 요소로 영향을 미치고 있음을 알 수 있다.

여섯째, 텔레비전으로부터 받는 영향력이 상당히 크다. 탈북자들 거의 대부분이 텔레비전을 통해 남한 사회를 인식하고 이해하려는 태도를 발견할 수 있는데, 좋아하는 프로그램의 편차는 매우 크게 나타난다.

일곱째, 남북한에서 사용하는 용어의 차이, 즉 언어문제가 미치는 영향이 의외로 크게 나타난다. 특히 '진술', '관리', '심문' 등의 용어가 초기 적응단계에서 매우 부정적인 결과를 초래하기도 한다.

여덟째, 방문장소, 면담인사 선정 등 초기 적응프로그램이 주는 영향력 또한 크다.

아홉째, 종교자체에 절대적으로 의존하면서도 종교를 신앙화하지 못한다.

5. 사회생활에서의 애로사항

하나원 교육과정을 마친 탈북자들이 정착과정에서 겪는 어려움, 즉 실제 사회생활에서 체험하는 애로사항들을 정리하면 다음과 같다.

가족동반 입국이든 단독입국이든 탈북자들이 정착하면서 공통적으로 겪는 어려움은 크게 다르지 않음. 가족동반의 경우 외로움과 죄책감으로부터 받는 충격이 적고 서로 조력할 수 있다는 점이 다를 뿐, 적응과정상의 어려움은 공통적으로 경험한다.

첫째, 남한 사회에서 살아가는 데 필요한 기초적이고 상식적인 예비지식과 정보가 없어 적응에 곤란을 겪는다. 이는 주로 적응초기에 겪는 어려움인데 지리에 익숙하지 못하고, 버스 노선도 모르고, 지하철 타는 법도 모르고, 상식적인 물건값도 모르고, 어느 것이 좋고 나쁜 것인지도 구별할 수 없는 사회의 초년생으로 겪는 어려움이다. 가족동반 입국의 경우라도 이 문제는 개별적으로 경험하는 문제라 가족의 존재가 큰 도움이 되지 못한다. 오히려 가족간의 가치관과 해석 차이로 논쟁이 벌어지면서 세대간의 긴장이 조성되는 경우가 없지 않다.

둘째, 언어문제로 겪는 곤란이 있다. 언어 곤란 문제는 다양한 차원에서 탈북자들을 곤혹스럽게 하고 있는데, 영어 및 외래어를 이해하지 못하는 것, 남한에서 상용하는 전문용어를 이해 못하는 것, 한자를 해독하지 못하는 것, 이북말씨로 인해 오해받거나 웃음거리가 되는 것 등이 그 대표적인 예이다.

흔히 생각하는 것과는 달리 탈북자들이 제일 힘들어하는 것이 언어문제로 인한 어려움이다. 언어문제만 해결되면 적응하기가 쉽겠다는 이들의 지적에서 이 문제가 안고 있는 비중이 얼마나 큰 것인가를 확인할 수 있다.

셋째, 새로운 대인관계를 맺어 가는 과정에서 겪는 어려움이 있다. 이는 주로 북한의 집단주의 사회와 남한의 개인주의 사회의 차이로 인해 발생하는 어려움이다. 북한에서 교육받고 살면서 몸에 밴 사고방식과 생활양식이 남한 사회의 그것과 다름으로써 겪게 되는 어려움인데, 이로 인해 탈북자들은 외로움, 그리움, 소외감, 열등의식 등을 느끼게 되어 미적응 및 부적응 양상들을 초래하고 있다.

넷째, 문화적 충격으로 인한 어려움이다. 가치관 및 도덕성을 평가하는 척도가 달라 받게 되는 혼란, 돈에 대한 가치인식의 미정립으로 인한 혼란, 탈출로 인한 죄책감, 이방인으로서 느끼는 차별의식에 대한 지나친 반응, 국가 또는 기관의존적인 소극성 등이 그 대표적인 양상이다.

다섯째, 경제 사정으로 인한 어려움이 있다. 특히 탈북자 지원정책이 그 동안 몇 차례에 걸쳐 바뀜으로써, 정착금이 줄어든 시기에 입국한 사람들은 다른 탈북자에 비해 실제로 심리적 불만과 경제적 곤란을 겪고 있다. 또한 취업을 하고 싶어도 하지 못하고 기대했던 것만큼 돈을 벌지 못하는 답답함을 경험하고, 직장생활을 하면서도 자신의 능력을 발휘하기 어려운 여건 등이 복합적으로 작용하여 남한 사회 부적응 양상을 초래하는 경우가 많다. 한편, 경제적인 불만은 자신과 남한사람들과의 비교에서만 나타나는 것이 아니라, 많은 경우 주로 자신과 다른 탈북자와의 비교에서 빚어진다.

여섯째, 탈북자들에 대한 남한 사람들의 무관심, 냉정함, 경멸로부터 오는 어려움이 있다. 이 현상은 최근 탈북자의 숫자가 증가하고 있을 뿐 아니라 탈북문제가 체제경쟁의 이념적 차원을 벗어나면서 더 강하게 나타나고 있다.

"남한사람들이 나를 진정한 이웃으로 생각하는 것을 보고 나도 이 나라에 와서 살 자격이 있구나 하는 확신을 가질 수 있었다"는 어느 탈북자의 증언에서처럼 남한 주민의 태도가 호의적일 때 이들은 더 쉽게 적응할 수 있다. 그러나 대개의 우리 사회 구성원들은 우리(남한) 사회의 기준으로 탈북자를 대하고 있으며, 또한 우리 사회의 생활을 척도로 삼아 이들의 적응정도를 측정하는 성향을 갖고 있다. 여기서 탈북자는 대체로 '남한' 주민들이 자신들을 비우호적으로 보고 있다고 생각하게 된다. 대부분의 탈북자들이 새로운 대인관계를 맺어나가는 것이 쉽지 않음을 토로하고 있는데, 이의 가장 큰 이유를 남쪽 사람들에게서 찾고 있다

일곱째, 전문지식의 결여로 인한 지적 열등감, 사회적 지위가 북한에 있을 때보다 하락했다는 생각 때문에 상대적 박탈감 내지는 열등감에 빠지는 경우가 많다. 특히 자신이 원하는 직업이나 목표를 사전에 설정하고 거기에 맞추려는 심리 때문에 더욱 좌절감을 느낀다. 즉, 대부분의 탈북자들은 남한 사회의 실정은 고려하지 않은 채, 자신의 능력, 북한에서의 경력, 제3국에서 세웠던 기대치 등을 토대로 남한에서 성취하려는 목표를 실제보다 높게 잡기 때문에 적응초기단계에서 사기가 떨어지고 적응력이 감소되는 양상을 나타내고 있다.

여덟째, 종교에 절대적으로 의존하는 경향을 보이면서도, 종교를 신앙화하는 데는 많은 갈등과 동요를 나타낸다. 탈출 단계에서 정착 단계에 이르기까지 종교단체의 도움을 많이 받기 때문에 탈북자들은 자신을 도와준 은인이 믿는 신을 의리로 믿는다는 심정을 갖고 있다. 또한 착한 신, 좋은 신을 하나만 믿는 것보다는 여러 개 믿는 것이 좋지 않은가라는 생각을 하는 경우도 있다.

아무튼 정착 초기, 종교의존도가 크게 도움이 되는 동안에는 종교로 인한 갈등이 표출되지 않지만, 어느 정도 시간이 지나면서 정착이 안정화되는 단계에서 종교로 인한 갈등과 동요를 겪는 사례가 적지 않게 나타나고 있다.

6. 탈북자들의 가족 문제

탈북자들이 새로운 삶을 설계하고 실천하는 과정에서 겪는 문제는 무엇일까? 또한 탈북자들 간에도 세대간 갈등, 노인들의 적응 문제, 부부간

의 갈등, 여성으로서의 갈등이 있을까? 있다면 어떤 유형과 특징을 갖고 있을까? 결혼과 관련한 양상은 어떻게 나타나고 있는지? 육아나 자녀교육에서의 문제는 어떤 것인지? 가족동반 입국 이후 나타나는 특별한 양상은 무엇인지? 그밖에 겪는 문제는 무엇일까?

첫째, 세대간의 긴장 및 갈등 속에서 부모가 아이들에게 권위를 잃는 문제가 뚜렷이 나타난다. 가족동반 입국 이후 일정 기간 적응교육을 거치고 나서 독립된 사회생활을 하는 단계에서 이런 양상이 두드러지고 있는데, 초 · 중 · 고 학교생활을 하는 아이들 및 대학생활을 하는 젊은 세대들이 비교적 새로운 사회에 '과동화' (over-acculturation)되는 반면, 나이가 든 부모들은 주변적(marginal) 또는 표피적 동화만을 함으로써 나타나는 현상이다.

둘째, 탈북자들 중 나이가 많은 노인층에서 소외감을 느끼는 양상이 점점 더 뚜렷하게 나타난다. 특히 앞에서 지적한 세대간의 긴장이나 갈등이 노인들에게 어려움을 준다. 즉, 북한에서와 달리 새로운 정착지에서 노인들의 경험과 지혜가 큰 도움이 되지 않을 뿐 아니라 오히려 생계유지의 걸림돌이 되면서 노인들을 점점 더 위축시키고 있다. 더욱이 북한의 가치관과 생활방식에 익숙한 노인들은 서구식 사고방식과 문화를 가진 남한사회에 적응하지 못하고 식구들에게 잔소리를 하고 통제하려 함으로써 종종 가족간 갈등을 종종 빚어내는 것이다.

또한 주거형태가 대가족을 위한 규모가 아니라 주로 소규모 임대주택으로 분가하는 양상을 띰으로써, 기존의 가족유대를 유지하기 힘든 상황이 조성되곤 한다. 반면, 젊은 세대는 집안 어른의 감독과 통제를 벗어나 상대적인 자율성과 독립성을 키워나갈 수 있는 여건이 조성되고 있다.

'탈북' 의 힘든 여건으로 인해, 노인층 유입인구가 증가하고는 있으나 아직까지 많은 비중을 차지하는 것은 아니고, 또한 노인층 탈북자 문제가 밖으로 드러난 사례가 적어 주목을 끌고 있지 않다. 그러나 대부분의 '고령 탈북자' 들이 또 다른 자괴감 속에서 임대주택 공간에 거의 '처박혀' 있다는 사실에 주목해야만 한다.

셋째, 탈북자 가정에서의 부부간 문제가 적지 않게 나타나고 있는데, 특히 아내가 남편보다 새로운 사회에 적응하는 속도와 형편이 나을 경우 부부간 갈등이 어김없이 초래됨을 알 수 있다. 정착 초기에는 청소, 식당 허드렛일 등의 일을 구하기 쉽기 때문에 일반적으로 여성이 새로운 사회에 더 빨리 적응하는 경우가 많다. 그 결과 정착 초기에 가족 내에서 유일하게 돈을 버는 위치에 놓이게 되는 경우가 많은 것이다.

이럴 경우 가부장적인 의식이 강한 북한 남편들은 오히려 아내에게 권위주의적인 태도를 취하게 되고, 아내로 인해 큰 좌절감을 느끼는 경우가 적지 않다. 부부간 사이가 이미 좋지 않은 경우에는 이런 갈등이 더욱 심해지는 경향을 보이는데, 가장의 권위가 훼손되었다는 인식이 남편의 가정폭력을 불러일으키고, 결국은 심각한 가정불화로 이어져 이혼에 이르는 경우도 발생하곤 한다. 특히, 북한 사회에서 폭넓게 용인되던 남편 폭력이 남한 사회에서 시작한 부부관계에도 그대로 이어지는 경향이 나타나고 있다.

넷째, 여성 탈북자들의 '의식화' 로 인해 가족의 역학관계가 바뀌거나 가정의 긴장이나 갈등이 초래되는 경우가 잦아지고 있다. 가부장적이고 유교적 전통이 강한 북한 사회에서 생활하던 여성들이 남한 사회에서 점차 여성의 역할과 위상을 새롭게 깨닫게 됨에 따라, 고부간의 관계, 시누이와 올케와의 관계, 부부간의 관계에 변화가 초래되는 양상이 나타나고 있다. 특히, 아파트 부녀회 활동이나 문화센터 여성강좌 참가 등 사회활동을 경험한 이후, 북한출신 여성들의 의식 변화가 빠르게 나타나고 있는데, "올케가 예전 같지 않아요", "며느리 눈치가 심해지고 있다"는 얘기가 최근 잦아지고 있다.

요컨대, 북한여성은 순종적이고 남편을 하늘같이 떠받드는 형이기 때문에 통일될 경우 남한 남성들이 배우자감으로 선호할 것이라는 기존의 단순한 고정관념과 선입견이 예상과는 달리 맞지 않을 징후가 나타나고 있다. 아직까지 부부가 동시에 남한에 들어온 기간도 짧고, 수도 많지 않다는 점에서 이 문제는 앞으로 더욱 세밀히 관찰 · 연구되어야 할 과제이다.

다섯째, '북남 · 북녀' 의 결혼이 증가하는 추세를 보인다. 탈북자 정착 및 지원 전용시설인 '하나원' 이 개설되기 전까지는 '북남 · 북녀' 결혼 사례는 1999년 7월 한 쌍 뿐이었고, 그 동안의 탈북자 결혼 양상은 '북남 · 남녀' 또는 '남남 · 북녀' 의 형태가 대부분이었다. 그러던 것이 1998년 7월 8일 '하나원' 이 개원, 약 2-3개월 동안의 합숙 교육이 이루어지면서 '북남 · 북녀' 의 결혼 양상이 부쩍 증가하였다.

그런데 '북남 · 북녀' 결혼의 경우 심리적 안정과 부부간의 결속력이 높다는 장점이 있는 반면, 정착하는 과정에서 겪는 어려움은 한두 가지가 아니다. 남쪽의 배우자를 얻는 경우에는 시가나 처가의 도움을 받을 수 있는 데 비해 북쪽 출신 부부인 경우 혈연 · 지연 · 학연이라는 소위 '3연' 이 없이 남한 사회에 정착한다는 것이 얼마나 큰 '고난의 행군' 인가를 새삼 경험하게 되는 것이다. 특히 육아문제, 자녀 교육문제에 부딪힐 때, '북남 · 북녀' 의 경우 갈등을 많이 겪고 매우 힘들어하는 경우가 많다. 따라서 한 쪽이라도 남한에 기반을 둔 경우가 성공적인 결혼 생활에 도움이 된다고 생각되나, 아직까지는 '북남 · 북녀' 의 사례가 많지 않고 남한생활의 기간이 짧아 성급히 판단할 수 없는 '상황의 이중성' 에 놓여 있다. 이런 상황을 감안하여 탈북자의 적응과 재사회화에 결정적인 요소인 결혼과 관련한 사전 교육에 비중을 두고 결혼 관련 상담 창구를 마련해 주어야 할 것이다.

7. 탈북자 남한생활 실태를 통해 본 시사점

남한생활 실태와 애로사항을 볼 때, 탈북자가 겪는 남한 사회 적응과정의 어려움과 곤란은 다름 아닌 탈북자 자신과 탈북자를 둘러싼 환경에 있는 것으로 보인다. 탈북 이후 문화적 충격과 이로 인한 심리적 불안, 북에 두고 온 가족에 대한 죄책감으로 회의에 빠져 있거나 소극적인 생활자세를 취하게 되면 그만큼 적응기간이 늘어나게 되며, 이런 성향을 보이는 탈북자 대부분은 물론 각자의 사정이 있겠지만 자신의 신분을 감추거나 은폐하려는 소극적인 태도를 보이고 있다.

그 결과 북한 출신이라고 소개하기보다는 조선족이라고 자신을 소개하는 경우도 적지 않다. 따라서 새로운 사회에 정착하기 위해서는 이런 자세와 태도를 이른 시일 내에 떨쳐버릴 수 있는 자신감 회복의 계기가 반드시 필요하다.

한편, 탈북자를 둘러싼 환경은 다름 아닌 남한 주민의 탈북자에 대한 태도와 정부의 탈북자 지원정책이다.

한 탈북자가 "남한 사람들이 나를 진정한 이웃으로 생각하는 것을 보고 나도 이 나라에 와서 살 자격이 있구나 하는 확신을 가질 수 있었다"라고 술회한 것처럼 남한 주민의 탈북자에 대한 태도가 호의적일 때 이들은 더욱더 쉽게 적응할 수 있다. 이들은 자신을 동료라고 생각해 준다고 느낄 때, 비로소 남한 사회에 대한 강한 소속감을 느끼게 되기 때문이다. 그런데 대개의 경우 남한 주민들은 남한 사회의 기준으로 이들을 대하고 있으며, 또한 남한 주민의 생활을 척도로 삼아 이들의 적응정도를 측정한다. 여기서 탈북자들은 대체로 남한 주민들이 자신들을 멸시하거나 부정적으로 보고 있다고 생각하게 되는 것이다.

현재 적지 않은 탈북자들이 새로운 대인관계를 맺어나가는 것이 쉽지 않음을 토로하고 있는데, 이의 가장 큰 이유를 남쪽 사람들에게서 찾고 있음. 다음은 탈북자들이 토로하고 있는 예이다.

"처음에는 동정을 베풀고 협조적이지만 점점 갈수록 냉담해짐을 많이 느낍니다."

"일시적으로 북한에 대한 이야기만 듣고 난 다음에는 모르는 척합니다."

"남쪽 동포들이 귀순자들에게 거리감을 갖고 대하기 때문에 종종 좌절감을 느낍니다. 사람 사귀기가 어렵습니다."

"이곳 사람들은 남을 생각해 주는 여유가 별로 없는 것 같습니다."

"우리 같은 사람들이 정을 주고받을 곳이 없는 것이 이 곳 생활에서 제일 힘든 점이다."

"마치 죄를 짓고 내려온 사람 취급을 하기 때문에 터놓고 사람을 사귀기가 어렵다. 유학생 출신들은 유학기간에 한국 학생을 사귄 것이 들통나 귀국 후 처벌이 두려워 귀순한 경우가 많은데 이쪽 기준으로 보자면 죄라고 할 수도 없다."

"우리를 대한민국 사람으로 생각해주지 않는다는 생각에 좌절감을 느끼기도 한다. 멸시 당한다는 느낌이 종종 든다."

과연 탈북자들이 느끼는 소외감의 가장 큰 원인이 남한 사람들의 차별의식과 편견에서 비롯되는 것인가를 확인하기 위해서, 고등학생과 대학생 각각 500여 명을 대상으로 탈북자에 대한 의식을 설문조사를 통해 살펴보았음. 조사결과를 요약하면 다음과 같다.

첫째, 조사학생들의 대부분이 탈북자를 직접 만난 경험도 없이 피상적으로 탈북자를 인지하고 평가하고 있다. 한편 탈북자를 꼭 한 번 만나보고 싶다는 견해가 대다수로 나타나 이들에 대한 호기심은 무척 높은 편이나, 꼭 만날 필요를 못 느낀다는 견해도 적지 않게 나타나고 있다.

둘째, 가족이나 친인척을 두고 탈북한 행동에 대해서는 학생들 반수 이상이 이해하기 어렵다는 반응을 보였다. 그만큼 탈북행동의 정당성을 쉽게 인정하지 않으려는 분위기가 강하게 나타나고 있다. 특히 대학생의 경우 이 문제에 대한 부정적인 입장이 강하게 나타내고 있다.

셋째, 탈북자의 인권에 대한 관심이 적지 않은 것으로 나타난다. 예컨대, 탈북자의 입국 사실 및 신상을 언론을 통해 공개하는 것에 대해 학생들 대부분이 찬성하지 않고 있는 데서, 탈북자를 체제경쟁 차원에서 홍보 및 선전수단으로 다루는 데 거부감이 적지 않다.

넷째, 탈북자의 남한 사회 적응이 쉽지 않을 뿐 아니라, 시간도 오래 걸릴 것으로 보고 있다. 남한 사회에 대한 지식과 이해의 부족, 경제문제, 심리적 적응문제, 새로운 대인관계 수립 등을 그 이유로 들고 있는데, 특히 체제 차이에서 오는 전반적인 이질감 때문에 언어가 같아도 적응하기가 쉽지 않다는 점을 지적하고 있었다.

다섯째, 이러한 적응상의 어려움과는 달리 탈북자에 대한 남한사람들의 태도는 비교적 우호적이며 동정적이라는 견해를 나타냈다. 예컨대, 앞으로 탈북자를 전원 수용해야 하고, 이웃으로 이사 올 경우에 따뜻하게 맞아주어야 하며, 자신의 기업에 고용하는 데도 인색하지 말아야 한다는 점을 강조하고 있다. 특히 교통질서위반과 같은 사회적응 과정에서 빚는 사소한 실수에 대해서는 최대한 관용을 베풀어야 함을 주장하기도 하였다.

여섯째, 그러나 북한출신 의사에게 진료를 받는 문제, 탈북자의 자격 및 경력 인정문제 등을 놓고 반대의사가 강하게 표출되고 있는 데서, '실질적인 문제' 에 대해서는 우호적이며 동정적인 분위기가 더 이상 작용하지 못함을 알 수 있다. 특히 입학제도나 장학제도의 특례 및 특혜여부를 놓고는 고등학생, 대학생의 이해관계가 뚜렷이 나타나고 있는 데서 이를 확인할 수 있다.

일곱째, 고등학생에 비해 대학생의 반응이 보다 현실주의적 성향을 나타낸다. 특히 배우자 선택 조건을 묻는 질문에 수용소 출신보다는 이왕이면 당원 출신이 더 낫지 않겠느냐는 반응을 거의 대부분의 학생들이 보이고 있는 점에서, 젊은 학생들의 현실적이고 이해관계에 매우 민감한 성향을 읽을 수 있다.

끝으로, 학생들 대부분이 탈북자에 대해 알지 못한 상태에서, 특히 탈북자 관련 정책을 거의 알지 못한 채, 이들을 바라보고 있다. 이는 그만큼 탈북자가 우리와 멀리 떨어진 채 인식되고 있음을 의미한다.

이러한 조사 결과를 보면, 예상과는 달리 학생들 대부분이 탈북자를 비교적 우호적으로 인식하고 있음을 확인할 수 있다. 그 동안 탈북자를 대상으로 적응실태를 조사한 결과들을 보면, 남한 사람들 대부분이 탈북자를 차갑게 대하고 있다고 언급하고 있는데, 실제로 조사해 보면 탈북자들이 느끼는 것과는 달리 대부분의 남한 사람들이 비교적 따뜻하게 바라보고 있음을 알 수 있다.

그러나 탈북자를 인식하는 이런 시각이 실생활에서 그들과 이해관계가 얽힐 경우에는 매우 실질적인 자세로 바뀌어 나타나고 있음에 주목해야 한다. 특히 경제적인 면과 관련해서 탈북자들 대부분이 보상금도 받고 강연 수입도 있어 대체로 괜찮게 살고 있을 것이라는 관점이 적지 않을 뿐 아니라, 이른바 유명한 귀순스타를 중심으로 탈북자를 인지하는 경향이 지배적이다.

또한 학생들 대부분이 남한 사회의 기준으로 탈북자들을 대하고 있고, 남한 생활을 척도로 삼아 이들의 적응정도를 측정하는 성향을 갖고 있다.

한편, 북한 출신과 결혼할 수 있느냐는 질문에 예전에는 약 20% 정도 "그럴 수 있다"라는 대답이 나오곤 했는데, 남북정상회담 이후부터는 그 수가 급격히 줄어들어 200여 명의 학생 가운데, 한두 명 정도가 손을 드는 사례가 매학기 조사할 때마다 반복되고 있다.

이것은 남북정상회담 이후 남북간 교류가 전보다 빈번해지고 북한 사회의 실상이 드러나면서 학생들이 '북한 사람'에 대해서 낭만적이고 이상적인 상상에 기초하지 않고 매우 현실적인 판단을 하고 있는 결과로 보인다. 즉, 정상회담을 통해 당국간 거리는 가까워졌지만 사람들의 마음의 거리는 더 멀어지고 있음을 반증하는 것이다.

물론 이러한 조사결과를 남한 사람 전체의 의식으로 일반화할 수 없으며, 제한된 표본에 대해 실시한 예비조사에 불과하므로 여기서 얻은 결론을 남한의 고등학생 및 대학생들의 견해라고 일반화할 수는 없을 것이다.

그러나 통일 과정에서 겪게 될 문제들에 대한 예비 실험적 의의를 지니는 이런 조사결과는 탈북자 정책 및 통일정책 수립에서 참고해야 할 중요한 점을 시사해 주고 있다.

조사결과 한 가지 분명한 점은 이런 탈북자에 대한 인식이 앞으로 더욱 확산된다면 이들이 남한이라는 새로운 사회에 적응하면서 살기가 매우 힘들 것이라는 사실이다. 따라서 이 문제는 통일준비 차원에서 앞으로 많은 노력을 기울여야 할 중요한 과제이다.

탈북자들의 의식구조를 남한 사람들이 보다 객관적인 눈으로 이해할 수 있을 때, 이들의 남한 사회에 대한 적응은 앞당겨질 수 있으며 통일성취 과정에서도 그만큼 남북한 주민간의 부작용을 최소화할 수 있기 때문에 더욱 그러하다.

특히 탈북자와 직접적인 이해관계가 생길 경우에 젊은 학생들의 반응을 감안하면, '땅의 통일' 을 넘어 '마음의 통일' 을 이루기에는 많은 노력과 교육이 필요함을 느끼지 않을 수 없다. 왜냐하면 이런 의식이 일반적인 현상이거나 아니면 앞으로 더욱 확산된다면 '탈북자' 들이 남한이라는 새로운 사회에 적응하면서 살기가 매우 힘들 것이 자명하기 때문이다.

그동안 정부는 탈북자들에게 정착금과 보상금 그리고 직업알선, 주택마련, 의료혜택 등 다분히 특혜의 성격을 띤 정책을 운영해 왔다. 최근에는 일시적인 보상보다는 스스로 자립할 수 있는 자생력을 키우는 적극적인 방향으로 운영하고 있다.

한편, 단기간 지원이나 교육으로 새로운 체제에 적응하는 것이 어렵기 때문에, 탈북자들에 대한 물질적 차원의 지원도 중요하지만, 사회심리적 차원의 다각적인 지원도 더욱 중요하다. 서독의 효율적이고 체계적인 동독 이주민 정책으로 인해 외형적인 사회적응에는 일단 성공했으나, 사회심리적 적응에는 많은 문제점이 있다는 사실에서 그 중요성을 알 수 있다.

요컨대, 탈북자들의 남한 사회에 대한 적응은 충분한 시간적 요인은 물론이고 관계기관의 지속적인 정책과 남한 주민의 태도와 같은 환경적 요인뿐만 아니라, 탈북자 자신의 적응하려는 의지가 결합되어야 원만하게 이루어질 수 있다.

이주민에 대한 국민적 공감대가 형성되어 있는 이스라엘과는 달리 우리 사회에는 탈북자에 대한 공감대가 폭넓게 형성되어 있지 않다. 남북관계가 호전되면서 두드러지게 나타나지 않고 있었을 뿐이지, "빨갱이도 귀순하면 생계대책 세워주는데 도시빈민은 왜 생계대책 세워주지 않느냐?"는 극단적인 표현까지 등장하고 있다. 특히 남북관계가 경직될 때마다 탈북자의 자녀들이 학교에서 모욕을 당하는 일이 이따금씩 벌어지는 것을 가볍게 생각할 수 없을 것이다.

최근 들어 탈북자의 수가 증가하면서 정부차원에서 기존의 '탈북자정책'을 새롭게 운영하고 있다. 요컨대, 현재 시행 중인 탈북자정책의 방향을 통일정책 차원에서 재정립하고, 범정부 차원의 종합적인 대처능력을 제고하며, 전용 정착시설을 확대설치하고, 일시적 물적 공여와 함께 자활 · 적응 능력을 제고하는 방향으로 보호 · 지원방식을 전환하고 있다. 이와 함께 탈북자의 사회정착을 위해 그 동안 각종 지원활동을 해 온 종교단체 및 민간단체들도 새로운 역할을 모색하고 있다.

8. 탈북자 지원정책의 방향과 과제

남북한 사회통합의 방향과 과제의 관점에서 향후 탈북자의 사회적응 및 재사회화를 위해 필요한 사안을 제시하면 다음과 같다.

첫째, 무엇보다도 국내수용 이후의 탈북자 차별대우 문제를 개선해야 함. 북한에서 잘 나가던 사람은 남한 사회 정착 과정에서도 잘 나갈 수밖에 없게 만드는 사회분위기와 지원제도는 철저하게 재검토되어야 한다. 기존의 탈북자 정책에서 가장 미흡한 부분이며 심각한 문제를 초래하고 있다는 점에서, 기존의 체제경쟁차원에 토대를 둔 차별대우 문제는 남북한 주민 통합의 차원에서 새롭게 개선되어야 한다.

둘째, '탈북자를 위한 정책' 이 지닌 한계에서 탈피해서, '탈북자와 함께 하는 정책' 으로 전환해야 한다. 이들을 우리 사회에서 어떻게 바라보고 있는지? 세대별로 바라보는 시각의 차이는 어떻게 나타나고 있는지? 이들에 대한 이미지는 어떻게 변하고 있는지? 등의 문제를 지속적으로 고찰하여 탈북자를 둘러싼 우리 사회의 사회심리적 환경의 현주소를 확인해야 한다. 그리고 이를 통해 이들이 정착과정에서 겪을 애로사항을 세밀하게 진단하여 이에 맞는 사회적응프로그램을 운영해야 한다. 지금까지 시혜적 차원의 일방적 지원중심의 정책이었다면, 이제부터는 탈북자 문제의 특성에 맞는 능동적이고 적극적인 지원정책을 마련하여 실행해야 한다. 즉, 탈북자 문제가 심각한 사회문제로 비화하는 것을 사전에 방지하고 아울러 남북한 주민이 하나가 될 수 있는 통일작업을 실행한다는 차원에서 정책의 방향과 실행원칙을 새롭게 수립해야 한다.

셋째, 거주지 보호 문제에 보다 많은 관심을 가져야 한다. 독일의 경우를 참고하여, 입국 초기보다는 사회정착 이후에 거주지 마련, 세금 감면, 교육, 취업알선 등에 비중을 두고 지원할 수 있는 정착지원시스템을 마련하여 가동해야 한다.

현재도 사회정착을 지원하는 제도를 운영하고 있지만, 탈북자들의 요구사항을 충족시키기에는 아직 부족한 점이 많다. 무엇이 부족한지, 그리고 어떤 점을 원하고 있는지를 현행 제도에 탄력적으로 반영할 수 있는 적극적인 사후 서비스(After Service) 차원의 제도보완이 필요하다.

넷째, 탈북자들을 관리 · 보호하는 전담요원의 양성이 필요하다. 탈북자의 수가 급증하면서 기존의 관리 · 보호를 위한 전담제가 매우 파행적으로 운영되고 있다. 따라서 향후 이들의 유입추세를 예상하여 사전에 탈북자를 관리 · 보호하는 시스템을 보완하고, 이를 전담하는 운영인력의 양성과 전문성 제고를 준비해야 한다. 한편, 이런 필요성에 직면하여 기존의 탈북자들을 지금보다 더 적극적으로 그리고 체계적으로 활용하는 방안을 검토해야 한다.

다섯째, 탈북자들의 초기 정착 및 지원을 위한 전용시설인 '하나원' 을 보다 효율적으로 운영하기 위한 종합적이고 객관적인 발전방안을 모색해야 한다. 최근 '하나원' 증축 및 분원 개원을 통해 수적 증가에 따른 문제를 상당부분 해소했다 하더라도 양적 증가에 따른 교육내용의 질적 유지를 위한 교육훈련 프로그램을 개발은 시급한 사안이다.

9. '땅의 통일' 이 아닌 '마음의 통일' 을 위한 노력

이제 탈북자의 '보호와 정착지원' 문제를 포함한 '재사회화 과제' 는 우리가 원하든 원하지 않던 통일 이전에 우리가 해결하지 않으면 안 되는 범국민적 차원의 당면과제로 등장하였다. 우리 사회로 편입해 온 1만 7천 명에 가까운 '탈북자' 들조차 제대로 끌어안지 못하면 우리가 바라던 '통일' 은 사실상 불가능하다는 것을 증명하는 것이나 다름없다. 그리고 이들을 멸시하거나 부담스럽게 여긴다면 그렇게도 바라던 통일을 실제로는 바라지 않았거나, 통일을 성취할 수 있는 마음의 준비가 전혀 안 되어 있음을 스스로 자인하는 것과 같다. 따라서 '탈북자' 을 우리 사회 구성원으로 받아들이는 정부의 수동적인 자세도 전환되어야 하며, '선별' 해서 받아들인 '탈북자' 를 활용가치에 따라 차별 대우하는 태도도 지양해야 한다.

지금은 '탈북동포' 에 적합한 용어가 무엇인가를 놓고 논쟁할 때도 아니며, 시혜성 차원의 정책을 부분적으로 손질하는 임기응변의 대응책을 마련할 때도 아니다. 지금은 '탈북동포' 를 '탈북자' 의 차원에서 접근하고, 이들을 정착시키고 재사회화시켜 나가는 과업이 통일과 어떤 의미를 지니는지 정확히 인지하고, 그 구체적인 준비를 실천하는 것이 무엇보다 중요하다.

이를 위해 탈북자들이 적응 및 재사회화 과정에서 겪는 애로사항이 무엇인가를 단순히 파악하는데 그치지 말고, 적응의 장애요인이 무엇인가를 지속적으로 관찰하고 이를 제도적으로 탄력 있게 보완할 수 있는 적극적인 자세가 무엇보다 필요하다. 즉, 통일연습이라는 점에서 탈북자를 위한 정책 수준에서 탈피하여 그들과 함께 할 수 있는 정책을 실행할 수 있도록 인식의 전환을 제도화해야 하는 것이다. 그리고 남한의 보통 사람들이 통일의 최대 장애가 되지 않도록 노력해야 한다. 다시 말해 '탈북자' 들을 새로운 사회에 적응시키는 노력도 중요하지만, 무엇보다도 시급한 것은 남한 주민들의 대북한인식 및 의식구조를 통일준비 차원에서 전환시키는 작업이라는 것이다. 이것은 이른바 '이기는 통일' 이 아닌 '함께 사는 통일' 그리고 '땅의 통일' 이 아닌 '마음의 통일' 을 위해 반드시 실천해야 할 과제이다.

요컨대, 현 상황에서의 통일준비 작업은 서로 다른 체제에서 살아 온 남북한 주민들이 통일된 새로운 사회 속에서 함께 살아가며 적응할 수 있는 방법을 모색하는 것으로부터 시작되어야 하는 것이다.

체제전환과 사회보장정책

- 독일 재통일의 과정이 시사하는 미래의 교훈 7가지

닐스 골드슈미트 Nils Goldschmidt[1)]

(독일 뮌헨 국방대학교)

1. 사회보장체제는 내재화 방식과 외재화 방식 가운데 어느 편의 장점을 더 많이 취하느냐에 따라 구분할 수 있다(Zacher, 2001). 내재화 해법은 사회문제를 기존의 생산관계와 법규정 안에서 풀고자 시도하는 접근법으로서, 예로 근로권과 임대권에 관한 개입규정이 이에 속한다. 이에 반해 외재화 해법은 사회적 위험요소를 그것이 발생한 시장이라는 틀 안에서 또는 시장에 개입하는 방식이 아니라 그 외부에서 다룬다. 예로 사회보장제도는 자본주의적 생산이 초래하는 결과를 완화하면서, 이때 지출비용이 노동과 생산비용에 영향을 끼치지 않도록 한다. 상기한 이론적 개념구분이 실제 경제정책에서 거의 무효화되기는 하지만, 시장경제에서는 사유재산과 기업이 필수적으로 인정 · 보호되는 가운데 외재화 해법을 취하게 되고, 반대로 사회주의적 계획경제에서는 내재화 해법이 취

1) 뮌헨 국방대학교 교육학과, 교수분야는 사회보장정책과 사회적 서비스 조직, (Universität der Bundeswehr München, Fakultät für Pädagogik, Lehrgebiet Sozialpolitik und Organisation Sozialer Dienstleistungen, Werner-Heisenberg-Weg 39, D-85577 Neubiberg, email: nils.goldschmidt@unibw.de.)

해진다는 점은 잘 납득이 된다. 이러한 차이는 1989년 이전 동・서독의 사회제도에서도 발견된다. 서독이 1949년 이래로 자체의 사회보장체제를 광범위하게 확장해온데 반해, 동독은 수많은 보장과 지원부담을 생산층위에 가중시켰고, "국가소유의 기업들"은 "멀티기능"을 수행하며 사회보장정책의 주된 수단이 되어갔다.[2] 결론적으로 사회주의적 시스템을 시장지향적 경제체제에 합류시키려면 사회통합을 염두에 두는 가운데 내재화 방식에서 외재화 방식으로의 규정체계 전환이 필요하다.

2. 전환이론은 대개 충격요법이냐, 점진적 변화냐(예: Rolland 2000과 2004)는 구분을 거론한다. 동유럽과 중부동유럽의 전환과정에 대한 최근의 연구들만 보아도, 경제시스템이 성공적으로 전환되려면 경제정책과 사회보장정책의 변화과정이 납득할 수 있는 수준이어야 하고 문화적으로도 사회적 수용이 가능하도록 적절한 맥락이 있어야 한다. 점진적 변화과정은 최소한 지속되는 면에서는 더 성공적인 것으로 보인다(골트슈미트/ 츠바이네르트 2006).[3] 1989/90년도의 동・서독 사회통합에 관한 토

---

2) 국영기업에 관해 호커르트는 이렇게 썼다. "국영기업의 활동분야는 보건의료, 휴양지 숙박업소, 유치원, 노인활동모임, 기업이나 개인을 고객으로 하는 세탁업에 이르기까지 다양하기 이를데 없다. 국영기업이 모든 방면에 걸쳐 지점들을 통해 조치를 취해주는 체제를 대변하는 사례를 보자면, 한 연금수령자가 자기 집을 수리하는데 이전에 자신이 일했던 직장에 원조를 요청한 경우를 들 수 있다." (Hockert, 2009, p.45)

3) 최근에 권위있는 의학저널 〈The Lancet〉에 실린 연구에 따르면, 이전에 공산주의 권역에 속했던 나라들에 시장경제 시스템이 "충격적으로" 도입되었을 때 사망률이 유의미한 수준으로 높아졌으며, 점진적인 전환과정이 도입되고 사회복지자급이 많이 투입될수록 사망률은 낮아졌다. "해당 시기에 총체적인 사회구조가 유해한 혼란에 대응하는 무게중심을 부여하여 사람들로 하여금 사회적인 혼란을 극복하도록 하는데 매우 중요한 것으로 보인다. (……) 민영화가 천천히 진행된 나라들은 자본주의 종점(capitalist endpoint)에 도달할 수 있었지만, 이에 상응하여 거의 같은 금액의 사회적 비용을 감당하지는 못했다. (Stucker/ King/ McKee, 2009. p.405f)

론에서 점진적 전환론(동독체제의 서독체제화)은 사회민주주의와 독일 노동조합동맹(DGB)이 구동독의 - 임대보호법, 산모보호법, 가족정책 등의 - 사회복지정책을 독일 전체에 확정적으로 시행할 것을 요구하면서 사회적 배려라고 할 만한 기존체제의 요소들을 지속시키고자 한데서도 알 수 있듯이 매우 중요한 역할을 했다. 당시 정당연합이었던 기민당(CDU)와 자민당(FDP)의 대다수는 다른 이유에서, 특히 동독경제의 경쟁력을 감안하여 "점진적" 인 접근법을 지지하였다. 그 접근법은 동독과의 사회적 통합을 화폐와 경제의 통합과 분리한다는 것으로,[4] 서독국민이 이 선택을 더 선호할 것으로 판단되었다. 그러나 어쨌든 점진적 방법은 하나같이 관철되지 못하는 결과가 나타났다. 1990년 7월1일의 경제, 화폐, 사회통합에 관한 국가조약과 1990년 10월3일의 동서독 통일조약을 통해, 다수의 예외와 특별규정이 있기는 했지만, 조만간의 신속한 사회법적 통합이 선택된 것이다. 그 이유는 세 가지로 정리할 수 있다. 첫째, 서독체제와 동독체제의 개혁과 융합을 동시에 진행하자고 주장한 정당이 없었고("좌파" 진영과 "우파" 진영은 "점진적" 변화에 대해 상반된 관점을 취하였고), 따라서 서독의 법규정과 기구들을 이어간다는 것만이 최소한의 공통된 정치적 입장이 되었다. 둘째, 통일된 독일에서 경제적으로 뿐만 아니라 정치적, 사회적으로 "에누리 없이" 동등한 구성원이 되기를 동독시민들의 압박 때문에 사회적 통합의 연기는 생각하기 어려웠다. 셋째, 구

4) 당시 독일연방은행장이었던 한스 티트마이어(Hans Tietmeyer)는 이렇게 회고한다. "훗날 연합하게 될 정당들은 화폐와 경제 그리고 사회법적 통합이라는 3대 과제를 당시 동독시민들에게 단일한 프로그램으로 제시하였고, 시민들은 이에 상응하여 결정을 내렸다. 따라서 저 3차원적인 통합이 4월12일의 동독 연합협정에서 중점의제로 떠오른 것도 이상할 게 없었다. 이러했기에 사회적 통합을 우선 보류하고자 했던 우리의 의도는 정치적인 이유로 인해 전혀 성사될 여지가 없었다. 나는 이 점을 유감스럽게 여겼다. 왜냐하면 사회적 통합을 전진적으로 성숙시킬 수 있었다면 (예를 들어 노동법과 단체협약법 등의 영역에서) 장차 나타날 경제적 충격을 완화시킬 수 있었을 것이기 때문이다." (Tietmeyer, 1994, p.66)

동독의 사회체제를 존속시키면서 동시에 구동독의 지역들을 서독에 통합시킨다는 것은 법적으로 수행불가능한 일이었다(Zacher, 2007, p.508). 그 결과로 두 국가의 재통일은 영역별로 개별적으로 한정되기가 극히 어려웠고, 또한 여러 부분영역들의 통합과정도 각기 상이한 "속도"로 이루어질 수 없었다. 경제와 사회질서는 불가분의 상호의존성을 갖고 있고, 또한 정치를 일원화하기 위해서는 사회법의 정치적 통합 밖에는 다른 수가 없었다. 경제적 충격을 완화해가면서 사회적 변화를 점진적으로 도입한다는 것은 실현 불가능했다. 결국 재통일의 속도는 경제적, 합리적인 계산으로 산정되는 것이 아니라 정치적으로 결정되는 것이었다. 추가하여 말하면, 사회주의 국가의 이념적 사회정책과 비교해 볼 때 사회적 시장경제질서의 사회적 성취들이야 말로 통합추구의 본질적인 기반인 경우가 흔했다.

3. 재통일 과정에서의 사회적 통합은 특히 행정분야에서도 어려운 과제가 된다. 이는 각 지역 현장에 사회복지과(Sozialamt) 같은 관청을 세우는 일만이 아니라 노동과 복지분야 담당관청을 제도화하는 작업까지 포함하며, 이를 위해서는 직원들을 확보, 재교육하고 사무공간을 임대하는 등의 일이 요구된다. 기록들은 하나같이 독일 재통일 과정에서 실무적으로 많은 어려움들이 있었음에도 그 난점들이 놀랄 정도로 훌륭히 극복되었다고 말한다. 그럼에도 불구하고 - 게르하르트 리터(Gerhard A. Ritter)에 따르면 - 구동독에 필수적인 사회복지 행정기관을 구축하는데 최소한 3년 동안 정치인과 정부내 행정전문가들이 꼬박 그 과제에만 매달려 있어야 했다고 한다(Ritter, 2009, p.92). 이로부터 두 갈래의 문제적 상황이 전개되었는데, 첫째로는 사회복지정책상의 문제해결을 위해 국가에 초점이 맞추어졌고, 둘째로는 안정성이 보장된 구조를 도입하는 대가로 급박한 변화가 유보되었다. 특히 어려운 과제는 독일재통일 과정에서 자유

사회복지연합이 사회경제적 삼각관계(고객 · 수혜자 - 용역제공자 - 생산물)에서 중심적 역할을 수행하는 구서독 특유의 사회시스템을 구축, 확장하는 것이었다. 신교와 구교 그리고 사회민주주의라는 배경을 갖고 구축된 자유사회복지연합이 닻을 내리지 못할 때, 구동독에서 보듯이 사회복지정책 시스템의 기둥을 세우기는 매우 어렵다. (Ritter, 2009, p.66) 전체적인 결론은, 재통일 과정에서 사회복지정책에 관한 핵심적인 과제는 효과적인 사회복지행정체제를 도입하고 구축하는 것이다. 이때 특히 어려운 점은, 자유사회복지연합의 예처럼, 사회복지정책적 조치들을 취할 특정한 형식적 기구들을 도입하는 일도 기존의 지배적인 역사적, 문화적 발전맥락에 결부되는 사안이라는 것이다(North, 1990. Zweynert/Goldschmidt, 2006).

4. 재통일과정에서 사회통합을 이루어내려면 무엇보다도 재정운영의 어려움을 기술적으로 극복해야 한다. 동서독 간에는 과거부터 현재까지 막대한 사회보장자금이 이동했다. 예를 들면 1991년부터 1995년까지 공공복지 분야에서 3,350억 마르크(DM) (Ritter, 2007, S.79) 규모의 자금이 이동하였다. 특히 연금보험 분야에서 자금조달이 필요했다. 2008년도 독일 연금보장보고서에 따르면 2008년부터 2012년까지 구동독지역의 주(州)들로 흘러들어갈 자금은 매년 140억에서 155억 유로(Euro)에 이를 것이다(연방노동사회복지부[5], 2008, p.32). 새 연방주(州)들의 일반연금보험 재정형편이 이토록 긴박한 주된 이유는 다른 주들에 비해 취업률이 현저히 낮기 때문인데, 특히 재통일직후에 취업률은 급격히 낮아졌었다. 1990년에 구동독지역의 고용근로자 수는 860만 명이었는데, 2005년에는 540만명으로 줄었다(연방노동사회복지부, 2005, p.34). 구동독지역의 연

5) 연방노동사회복지부(Bundesministerium für Arbeit und Soziales)

금보험재정에 부담이 가중된 이유는, 구동독지역에서는 서독지역에 비해 대부분 근로시간이 연속적이어서 연금액 평균이 높기 때문이다. 동독지역의 남성들은 서독지역의 같은 그룹과 비교할 때 연금을 평균 36유로(Euro), 심지어 여성들은 182유로(Euro)까지 더 많이 지급받는다(Nagl, 2009, p.9). 이런 세부적 통계와 무관하게, 일반적으로 연금보험과 관련해 두 가지 주요 기본경향을 말할 수 있다. 첫째, 구동독지역의 연금수혜자들이 전체독일이라는 연대공동체에 수용될 수 있었던 것은 전적으로 서독의 연금보험법에 규정된 지급방식을 토대로 한 결과이다. 연금적립제도를 도입하고 이를 위해 필수적으로 자신이 자본을 절약해야 하는 경우에 구동독지역에서는 상당기간 동안 국가가 연금을 지급해야 했다(Ritter, 2009, p.63). 여기서 강조할 점은, 통상적으로 독일 언론이 파악한 바와는 달리, 오늘날 구동독지역에서의 문제는 아직 이른 시기에 연금을 납부해야 한다는 사실이 아니다. 연금지급방식이 도입될 때는 대개 "가입혜택"이 주어진다(예를 들어 1995년에 수발보험이 도입될 때도 그랬다). 정작 문제는 구동독지역에서 - 조속히 서독지역의 수준에 이르도록 - 연금에 대해 상이한 규정을 적용, 운영해 왔고 지금도 그러하다는 사실이다. 이렇게 상이한 규정적용은 오로지 정치적인 맥락에서 이루어진 일로, 보험과는 무관한 서비스로 간주할 수 있다(전체적인 맥락을 살피려면 전문위원회 2005, p.373 참조). 이는 다음의 국면으로 이어진다. 재통일과 더불어 구동독지역의 연금수령자를 전체독일 연대공동체로 수용하는 비용은 특히 중산층과 영세서민층에게 부담을 가중시켰는데, 그 원인은 사회복지비용의 증가, 실업률 상승, 구동독지역에서의 조기은퇴 등이었다(Ritter 2009, p.95). 차라리 일반세수(一般稅收)를 통해 구동독과 서독지역에 복지 및 분배 정책적으로 상이한 규정을 적용하는 편이 나았을 것이다. 세금으로 지원되는 사회보장체제는 원칙적으로 - 연금보험이든 의료보험이든 수발보험이든 상관없이 - 재통일과정에서 사회통합을 실현하는데 적당하다. 이에 반해 보험과 무관한 서비스는 장기적으로 합리적인 재정정책을 고려할 때 사회보장 시스템 외부에서 세금을 통해 해결해야 한다.

5. 노동시장정책에 대해 간단히 말하자면, 구동독에서의 경험은 양면적으로 보인다. 적극적인 노동시장 정책적 개입은 단기노동자지원과 일자리 창출 등에서는 분명 경제적, 사회적 변화를 촉진했지만, 실질적인 노동시장을 창출하는 길을 개척하지는 못했다(오스트하임/ 슈미트, 2007, p.197 참조). 이에 관해 게르하르트 리터는 "노동능력의 재고화(Qualifikation auf Halde)"라는 표현을 쓴다(Ritter, 2009, p.89). 게다가 적극적인 노동시장정책적 조치들은 종종 동독지역의 구조변화를 억제하기도 하였다. 동독지역 경제의 진짜 문제는 처음부터 낮은 생산성이었기에, 상기한 조처로는 극복될 수 없는 것이었다. 결론적으로 재통일과정에서 노동시장의 변화에 수반되는 사회적 어려움을 완화함과 동시에 새롭게 추가되는 경제영역의 생산성에 시선을 고정시켜야 할 것이다. 동서독 장벽이 무너진 지 20년이 지난 오늘날에도 구동독지역인구의 노동생산성은 전 경제영역에 걸쳐 서독지역의 생산성의 80퍼센트에도 미치지 못한다. 그 이유는 무엇보다도 동독기업들이 규모가 작게 나뉘어져 있어 혁신력이 부족하기 때문이다(Paqué, 2009). 노동시장정책이 성공하려면 생산성이라는 요소를 간과해서는 안 된다고 결론내릴 수 있다.

6. 지금껏 별개로 존재하던 국가들의 재통일은 명백하고 필연적으로 정치적인 과정일 수밖에 없다. 그런데 정치적 통일이 "형식차원의 행위"로서 이루어진 다음에도 자율적인 정치적 역학이 작용하고, 이는 독일의 경우에서 그랬듯이 체제의 변화를 가져올 수가 있다. 민주사회당(PDS ; Partei des Demokratischen Sozialismus) 내지 좌파당(Die Linke ; The

Left)이 생기면서 정치체제의 지속적인 변화가 이루어졌다. 구동독(DDR)의 정치, 사회적 정황, 그리고 다른 여건 하에 있던 동독국민들의 사회적 경향은 - 1989년까지의 서독에서라면 비중도 다르고 또 다르게 취급되었을 정치적 의제에 매우 강하게 집중되어 있었고, 예로 사회복지정책은 아동지원에 대한 토론정도로 이해되고 있었다. 그 과정을 어떻게 평가하든간에 동서독의 통합으로 인해 "사회정의"라는 개념으로 총칭할 어떤 입장들이 통일 이전보다 훨씬 중요한 것이 되었다. 더 나아가 정치체제도 구조적으로 변화되었다. 정치적 결합의 구도는 새로운 정당이 생길 때만 바뀐 것이 아니다. 통일독일에 편입된 다섯 개의 새로운 주(州)들은 자체의 주정책과 연방의회 활동을 통해서 독일의 정치지형에 지속적인 영향력을 행사했다. 특히 사회복지정책 분야에서는, 예를 들면 독일내 최소임금제에 대한 논쟁이 보여주듯, 단기적으로 선거결과에 영향을 줄만한 입장들이 취해졌지만, 이런 경향이 반드시 장기적으로도 현명한 정치적 선택을 뜻하는 것은 아니었다. 결과적으로 재통일의 틀 안에서 직접적으로 정치적 거래가 이루어지는 한편으로, 다양한 사회적, 국가적 전통을 배경으로, 사회복지정책 영역에서 장기적 · 지속적으로 현저한 정치체제의 변화를 초래할 정치적 역동이 이루어지고 있다.

7. 동서독이 평화롭게 통일되고 20년이 지난 현재 - 논란의 여지없이 현저한 변화와 성공도 있었지만 - 구동독지역의 신속한 경제적 안정은 환상이란 사실이 드러났다. 동독지역 경제의 만성적 부실은 곧장 사회복지국가의 현실로 이어진다. 사회복지국가 독일이 직면하는 어려움들은 - 인구변동과 같은 다른 요인들 외에는 - 상당 부분이 구동독지역을 서독수준으로 사회복지화하는, 정치적으로 착안되고 법적으로 완수된 과정이 실제 경제적 성과와 일치되지 못한데서 비롯되었다. 여기에 정치적으로 다른 선택의 가능성은 없었다(쇼이블레, 2009). 하지만 이로써 논의를 끝낸다

면 너무 간단할 것이다. 정치적 여건과 이에 상응하는 활동을 또 다른 견지에서 학문적으로 성찰해 보아야 한다. 또 상당히 동떨어진 얘기로 문화적 숙명론을 언급하자면, 독일재통일과 이로부터 야기된 사회복지정책상의 역동은 1989년 이후의 발전양상이 서독은 물론이고 특히 동독이 지녀온 역사적, 문화적 배경 하에서만 이해할 수 있음을 시사한다. 재통일이란 경제적인 과정 못지않게 사회적인 과정으로서, 독일의 경우 1945년 이전까지의 공통된 과거뿐만 아니라 제2차 세계대전 이후의 상이한 발전노선의 경로에 영향을 받지 않을 수 없었다. 결론은 이와 같다. 독일재통일 과정에서의 체제전환과 사회복지정책을 통해 분명히 알 수 있는 바는, 경제적, 사회복지정책상의 변화는 역사적인 시각과 아울러 문화를 고려하는 시각을 갖추고서 비공식적인 기구들과 이에 상응하는 규범적 토대를 고려함으로써만 성공적으로 수행될 수 있다는 것이다.

〈참고문헌〉

1. Bundesministerium für Arbeit und Soziales (2005): *Bericht der Bundesregierung über die gesetzliche Rentenversicherung, insbesondere über die Entwicklung der Einnahmen und Ausgaben, der Nachhaltigkeitsrücklage sowie des jeweils erforderlichen Beitragssatzes in den künftigen 15 Kalenderjahren gemäß § 154 SGB VI* (Rentenversicherungsbericht 2005), http://www.bmas.de/potal/884/property=pdf/rentenversicherungsbericht__2005__langfassung.pdf.

2. Bundesministerium für Arbeit und Soziales (2008): *Bericht der Bundesregierung über die gesetzliche Rentenversicherung, insbesondere über die Entwicklung der Einnahmen und Ausgaben, der Nachhaltigkeitsrücklage sowie des jeweils erforderlichen Beitragssatzes in den künftigen 15 Kalenderjahren gemäß § 154 SGB VI* (Rentenversicherungsbericht 2008), http://www.bmas.de/portal/29494/property=pdf/2008__11__19__rentenversicherungsbericht.pdf.

3. Goldschmidt, N. / Zweynert, J. (Hrsg.) (2006): *Die Interaktion der ökonomischen Kulturen und Institutionen im erweiterten Europa* (= Kulturelle Ökonomik Bd. 6), Münster: LIT-Verlag.

4. Hockerts, H. G. (2009): West und Ost – Vergleich der Sozialpolitik in den beiden deutschen Staaten, in: *Zeitschrift für Sozialreform* 55, S. 41-56.

5. Nagl, W. (2009): Zur Angleichung der Rentenwerte in Ost- und Westdeutschland, in: *ifo Schnelldienst* 62,4, S. 9-11.

6. North, Douglass C. (1990): *Institutions, institutional change and economic performance*, Cambridge u.a.

7. Ostheim, T. / Schmidt, M. G. (2007): Sozialpolitik nach der Wiedervereinigung, in: Schmidt, M. G. u.a. (Hrsg.): *Der Wohlfahrtsstaat. Eine Einführung in den historischen und internationalen Vergleich*, Wiesbaden, S. 193-209.

8. Paqué, K.-H. (2009): Deutschlands West-Ost-Gefälle der Produktivität. Befund, Deutung und Konsequenzen, in: *Die Wirtschaft in Ostdeutschland 20*

Jahre nach dem Fall der Mauer. Vierteljahrsheft des DIW Berlin 2 / 2009, S. 63-77.

9. Ritter, G. A. (2007): Rahmenbedingungen der innerdeutschen Einigung, in: Bundesministerium für Arbeit und Sozialordnung und Bundesarchiv (Hrsg.): *Geschichte der Sozialpolitik in Deutschland. Band 11: 1989-1994. Bundesrepublik Deutschland. Sozialpolitik im Zeichen der Vereinigung*, Baden-Baden, S. 1-106.
10. Ritter, G. A. (2009): *Wir sind das Volk! Wir sind ein Volk! Geschichte der deutschen Einigung*, München.
11. Roland, G. (2000): *Transition and Economics. Politics, Markets, and Firms*, Cambridge, London.
12. Roland, G. (2004): Understanding Institutional Change: Fast-moving and Slow-moving Institutions, in: *Studies in Comparative International Development* 38, S. 109-131.
13. Sachverständigenrat zur Begutachtung der gesamtwirtschaftlichen Entwicklung (2005): *Die Chance nutzen – Reformen mutig voranbringen.* Jahresgutachten 2005/06, Wiesbaden.
14. Schäuble, W. (2009): Deutschlands zweite Chance – Geschichte, Stand und Perspektiven der Deutschen Einheit: Rede anlässlich der Tagung der Arbeitsgemeinschaft deutscher wirtschaftswissenschaftlicher Forschungsinstitute am 23. April 2009 in Berlin, in: *Die Wirtschaft in Ostdeutschland 20 Jahre nach dem Fall der Mauer. Vierteljahrsheft des DIW Berlin* 2 / 2009, S. 8-17.
15. Stucker, D. / King, L. / McKee, M. (2009): Mass privatisation and the post-communist mortality crisis: a cross-national analysis, in: *The Lancet* 373, S. 399-407.
16. Tietmeyer, H. (1994): Erinnerungen an die Vertragsverhandlungen, in: Waigel, H. / Schell, M. (Hrsg.): *Tage, die Deutschland und die Welt veränderten. Vom Mauerfall zum Kaukasus. Die deutsche Währung-*

sunion, München, S. 57-117.

17. Zacher, H. F. (2001): Grundlagen der Sozialpolitik in der Bundesrepublik Deutschland, in: Bundesministerium für Arbeit und Sozialordnung und Bundesarchiv (Hrsg.): *Geschichte der Sozialpolitik in Deutschland. Band 1: Grundlagen der Sozialpolitik*, Baden-Baden, S. 333-684.
18. Zacher, H. F. (2007): Gemeinsame Fragen der Organisation und des Rechts sozialer Leistungen, in: Bundesministerium für Arbeit und Sozialordnung und Bundesarchiv (Hrsg.): *Geschichte der Sozialpolitik in Deutschland. Band 11: 1989-1994. Bundesrepublik Deutschland. Sozialpolitik im Zeichen der Vereinigung*, Baden-Baden, S. 491-539.
19. Zweynert, J. / Goldschmidt, N. (2006): The Two Transitions in Central and Eastern Europe as Processes of Institutional Transplantation, in: *Journal of Economic Issues* 40, 4, S. 895-918.

한반도의 통일환경과 6자 회담

이규영 (서강대학교)

1. 들어가는 말

2009년을 기준으로 동북아 안보환경은 전지구적 현상과 마찬가지로 주요 관련 국가들이 이 지역에 대한 이해 및 관심도에 따라 크게 좌우되고 있다. 오바마 대통령 취임 이후 새로운 안보전략과 무기 통제, 러시아의 안보전략과 탈냉전시대 중국이 취하는 안보정책, 일본의 이에 대한 조응 및 동북아지역의 중요성 제고, 나아가 남 · 북한의 안보정책 등이 서로 맞물려 안보환경은 매우 복잡하기 짝이 없다.

그중에서도 동북아 정세를 이해하려면 주된 현안문제를 주시해야 한다. 무엇보다 이 지역에 핵무기 및 대량살상 무기의 확산 가능성, 동북아 안보환경이 예측하기 힘들 정도로 급변하는 상황 그리고 동북아의 안보환경과 현안문제에 직 · 간접적으로 관련된 중요 국가들이 한반도의 미래를 좌우할 수 있는 6자 회담에 참여하고 있다는 요소가 두드러진다. 결국 한반도에서 6자 회담의 향방이 역설적으로 동북아 안보환경을 결정짓는 변수로 간주된다.

이렇게 본다면 동북아 안보환경은 다자간 관계도 고려되지만 무엇보다

양자간 적대감이 오랫동안 지속되는 다양한 쌍들에 의해 영향을 받고 있다. 우선 중국과 미국관계를 살펴보자면, 양국간 치열한 전쟁은 없었다. 그러나 1953년 종결된 한국전 이후 1972년 데땅트까지 긴장관계는 계속되었다. 현재까지도 양국간 갈등상황은 잠재적으로 지속되고 있다. 기본적으로 중국은 미국을 국제사회에서 매우 공격적이며 위험한 존재로 본다. 이는 탈냉전으로 미국의 단극체제가 불가피해 질 것으로 염려하기 때문이다. 반대로 중국의 빠른 경제성장과 군사적 팽창은 미국에게 잠재적 위협 가능성으로 인식된다. 따라서 미국의 동북아 전략은 이 지역을 단독으로 통제할 수 있는 하나의 강대국이 새롭게 등장하는 것을 막는 것에 있다.

중국과 일본간 관계의 경우 양국은 이미 역사적으로 청일전쟁과 노일전쟁을 겪었고, 이후 1927년부터 1945년까지 장기적 갈등국면에 있었다. 특히 1937년부터 1945년까지 전면전을 경험하기도 했다. 그 결과 양국간 깊은 불신과 증오라는 역사 심리적 장벽이 존재하고 있다.

중국과 대만간 관계의 경우 전자가 후자를 자신의 통치하에 두겠다고 오래전부터 공언해오고 있으며, 오직 하나의 중국이라는 입장을 강력하게 견지하고 있다. 양국은 냉전 이후 적어도 네 차례 이상 중대한 국제위기를 겪은 바 있으며, 대만해협에서 전쟁을 포함한 새로운 국제위기의 발전 가능성은 여전히 존재하고 있다.[1)]

중국과 미 · 일동맹의 관계를 보건대, 미국은 오스트레일리아와 일본간에 3국 협력체제를 강화하려 한다. 특히 미 · 일 동맹의 강화에 중점을 둔다. 이는 세계적 차원은 물론, 특히 동북아에서 중국을 염두에 두면서 미국의 안보를 강화하려는 의도로 이해된다.

---

1) 장경룡, "동북아 평화체제와 구성주의 - 6자회담에의 함의," 『정치정보연구』, 제10권, 제2호 (2007), p. 137이하 참조. (pp. 135-154.)

이와 같은 동북아 정세를 바탕으로 한반도의 안보환경은 여러 국가가 동시에 지대한 관심을 표명하는 복잡한 지역이다. 즉 전반적으로 동북아 지역은 냉전이후에도 계속해서 미국, 일본, 중국, 러시아간 새로운 세력 균형체제가 유지되고 있다. 그럼에도 불구하고 특별히 한반도는 관련 국가들의 장기 비전이 일치하지 않는 지역이다. 따라서 앞으로도 당분간 심각한 안보위협이 지속될 것으로 보인다. 무엇보다 미국은 한반도에 대해 한국과 같은 비전을 공유한다. 즉 한국이 장기적으로 번영하고, 강력하고, 민주적이며 동시에 통일(prosperous, strong, democratic and unified Korea)되기를 바란다. 따라서 한국은 미국과 긴밀한 협조를 할 수 있는 틀을 갖추고 있다. 반면에 중국, 러시아, 일본의 경우 통일된 한국보다 두 개의 한국을 선호한다. 이들 3개국은 현재의 한반도 상태를 유지하는 현상유지(status quo)에 더 깊은 관심을 갖고 있다. 즉 한반도가 어느 하나의 강대국에도 예속되지 않고, 남북이 계속 대결하고 있는 상태를 기대하면서, 주변 국가들이 해당 분쟁을 조정 또는 통제하는 체제가 자국의 이익이라고 생각한다.

2. 한반도와 주변국의 동북아 정책

1) 미국 : 부시 행정부 이후 '현상유지' 정책

미국은 동북아지역을 중심으로 일본 및 한국과 기본 동맹국 관계를 형성하며, 중국과 개입정책(engagement)을 지속하면서 다자외교 또는 다자기구의 활성화를 지향한다.[2] 다만 대북정책의 경우 '지속적이며 적극

---

2) "미 · 중, 한반도 현상유지 정책 펼 것," 『조선일보』, 2009년 9월 12일 자.

적이고, 공격적이고, 직접적 외교'를 추진하려 한다. 전임 부시정부와 오바마 정부 사이에 정치기반이나 정책기조는 분명히 차이가 있다. 그러나 미국의 국익을 극대화하면서 세계를 운영하겠다는 의지 그리고 탈냉전 세계에서 미국에 대한 최대 안보위협은 다름 아닌 테러리즘과 핵무기 확산이라는 인식은 공통된다.[3)]

2) 중국 : 강대국으로 부상

중국은 계속해서 강력한 어조로 세계 체제의 주요 일원임을 강조해 왔다. 미국발 경제위기를 계기로 강대국으로서 책임있는 역할을 할 수 있는 기회가 왔다고 판단하여 실제로 경제, 군사 및 안보분야에서 중국과 미국간 일정한 협조무드가 조성되기도 하였다. 중국은 동북아지역의 경우 기본적으로 주변국과 관계를 개선함으로써 자국의 영향력을 더욱 확대하려고 한다. 이는 경제위기 이후 가속화될 세계질서 재편, 특히 동아시아 지역에서 일본과 주도권 경쟁에서 우위를 차지하겠다는 의도이자, 집권 후반기를 향해가는 후진타오의 정치적 업적을 철저하게 관리하려는 전략이다.

3) 일본 : 오바마 정권 출범의 영향과 우려

일본은 전통적으로 유지해 왔던 미일동맹 중심의 양자관계로부터 미중관계 및 미일동맹간 균형으로 전환을 시도한다. 나아가 동아시아를 포괄하는 다자간 협력을 중시하는 오바마 정권의 등장으로 동북아 정책을 새

3) 최강, "'한 · 미 전략동맹' 발전을 위한 비전과 과제," 『국제정세 변화와 이명박 정부의 외교 과제』, 외교안보연구원 정책보고서 (2009년 7월 1일) 참조.

롭게 수립해야 한다는 필요성을 느끼고 있다. 그럼에도 일본은 여전히 미일동맹을 대동아시아외교의 기축으로 보고, 미국과 동맹관계 발전을 최우선 외교목표로 삼는다.

오바마 정권이 출범한 뒤 동아시아지역에서 다자체제를 선호함에 따라 다자간 전략대화구축이 전개되고 있다. 따라서 일본은 미국과 관계를 중시함에도 자국의 영향력이 약화되는 것을 우려한다. 북한 핵문제에서 일본이 배제되는 미-북한 사이의 타협가능성 때문에 일본의 입지가 축소되는 등 일본 외교의 위기의식이 고조되고 있다. 만약 미국이 북한 핵이 폐기되고, 가능성이 현단계에서 낮지만 미-북한 국교가 수립되며, 계속 납치문제 해결에만 집착하는 경우 6자 회담에서 일본외교가 고립될 가능성도 배제할 수 없다.

4) 러시아 : 동북아중시정책과 한계

러시아의 입장은 동북아지역에서 미국의 헤게모니를 견제하면서, 러시아의 전통적 영향력을 복구하려 한다.[4] 이를 위해 중국과 외교관계를 중시한다. 대표적으로 2001년 상하이 협력기구를 통해 중앙아시아-중국-러시아를 연계하는 지역안보레짐을 추진한 바 있다. 이와 병행하여 중국을 견제하기 위해 대일본관계도 신중하게 관리하고 있다. 또한 시베리아 극동지역의 경제를 발전시키기 위해 동북아 국가들과 경제적 협력이 필요하다고 판단한다. 이러한 맥락에서 중동을 대체하는 주요 석유공급국가로 부상하려는 의도를 갖고 있다. 이는 동북아 지역에 에너지를 독점적으로 공급함으로써 동북아경제권에 진출하려는 의도이며, 미국의 군사적

---

4) 김경일, "6자회담과 다자주의," 『국제정치연구』, 제6집, 제2호 (2003), pp. 48~49 참조.

영향력에 대응하는 전략으로 판단된다.

3. 한반도와 북핵문제

1) 2008년 이후 남북간 일련의 주요 사건들

북한은 2008년 이후 대남정책 및 외교정책으로 '벼랑끝 외교'(brinkmanship diplomacy)전술을 구사하고 있다. 이를 통해 남북간 전면대결도 불사하겠다고 공언하고, 장거리 로켓발사 및 제2차 핵실험을 강행하였다. 동시에 이로 인한 유엔안보리 대북제재조차 무시하는 행태를 보이며, 심지어 사과를 요구하기까지 했다. 그러나 2009년 8월초 빌 클린턴 전 미국 대통령이 방북한 이후 유연한 정책으로 전환하였다. 대표적으로 그때까지 억류되었던 미국 여기자 2명을 석방하였다. 의도적으로 지체하도록 한 뒤 정치적 제스처로 김정일이 현정은 현대회장을 면담하였다. 김대중 전대통령이 사망하자 한국으로 조문사절단을 파견하고 이들이 이명박 대통령을 면담하기도 했다. 나아가 이산가족 상봉에 동의하고, 연안호 선원을 석방하며, 남북간 통행 정상화 및 남북경협사무소를 재가동하는 등 일련의 대미·대남 화해조치를 취했다. 그러나 다른 한편으로 2009년 9월 3일 유엔주재 북한대사가 유엔안보리에 서한을 보내기도 했다. 이 서한에서 북한은 폐연료봉의 재처리문제가 완료단계에 이르렀으며, 플루토늄을 무기화할 수 있고, 우라늄 농축시험도 성공적으로 마무리하고 있다고 밝히기도 했다.

2) 북한문제와 북핵문제

북한 핵문제는 본질적으로 북한과 미국간 오랜 대결관계의 산물로 보아야 한다. 즉 북한은 핵을 카드화하여 미국으로부터 주권보장과 더불어 생존권을 보장받으려 한다. 반면 미국은 핵비확산이라는 국제규범을 고수하여 악의 축이자 불량국가 북한을 근본적으로 전환시키려는 입장을 취하고 있다. 그러나 북핵문제는 그 자체로 보기보다 좀더 넓은 시각에서 분석되어야 한다. 즉 북한 문제를 보는 국제사회의 시각은 주로 '북한 핵문제'에 집중되어 있다. 특히 핵과 미사일 분야에 집중하고 있으나, 핵과 미사일은 '여러 북한 문제들 중의 하나'에 불과하다.

북핵문제는 북한 문제의 입장에서 보아야 한다.[5] 북한문제는 다음 4가지로 요약할 수 있다: 1) 핵, 미사일 등 대량살상 무기, 2) 개혁개방, 3) 북한 인권, 4) 한반도 평화체제 및 평화통일 등. 이러한 4가지 문제는 상호의존적이며 동시에 서로 제약하는 관계에 놓여있다. 이 4가지 문제를 둘러싸고 두 가지 가능성이 예상된다. 우선 선순환 가능성이다. 즉 핵과 미사일 문제가 잘 해결되는 경우 북한의 개혁 · 개방 및 한반도 평화체제 문제가 해결될 수 있는 가능성이 높아진다. 북한의 개혁 · 개방이 이루어지면, 북한주민의 인권문제가 개선될 가능성이 높아진다. 동시에 핵과 미사일 문제도 6자 회담에서 대화와 협상으로 풀러나갈 가능성이 상대적으로 높아질 수 있다. 반면 악순환 가능성도 전혀 배제할 수 없다. 즉 북한이 계속해서 핵과 미사일에 집착하면, 개혁 · 개방이 늦어지고, 따라서 한반도 평화체제 및 평화통일도 늦어질 수밖에 없다.

---

5) 최완규, "북한의 대화복귀 가능성과 그 조건," 『한반도 포커스』, 2009년 9 · 10월호 (제3호), p. 6 이하 참조.

3) 북한의 핵개발 이유와 배경

북한은 왜 핵을 개발하려하는가? 북핵문제는 기본적으로 남북한 간에 존재하는 고도의 정치적 문제이다. 남북한 대결상황에서 북한은 핵을 개발함으로써 국내적으로나 국제정치적으로 유리한 체제를 유지하기 위함이다. 이와 같은 기본입장은 다음과 같은 배경 하에서 핵을 개발하려는 것이다. 즉 1) 미국의 군사공격 억지와 대미 협상력 강화, 2) 한국에 대한 군사적 우위 차지, 3) 중국에 대한 견제효과, 4) 대내적으로 군부를 위무하고, 주민들에게 정권의 강건함 과시하고자 하며, 5) 부수적 효과로 남북 및 북미관계에서 긴장 국면을 오히려 역이용하여 주민의 체제 이반을 통제하기 위이다. 이러한 입장에서 볼 때 북한정권은 핵이 정권유지에 필수적 사단이기 때문에, 핵을 자발적으로 포기할 가능성은 매우 희박하다.

4. 북한 문제/북한 핵에 대한 각국의 입장과 전략

1) 미국

오바마 대통령의 취임이후 미국의 동북아정책은 기본적으로 변화가 없으나,[6] 대북정책은 전임부시대통령이 추진했던 대북정책과 차별성을 보이고 있다. 즉 아시아정책의 맥락보다 안보정책에 중점을 두고, 특히 핵무기 비확산정책의 일환으로 추진하고 있다. 북한의 핵무기 프로그램을 완전하고도 검증가능하게 제거하는 것을 주된 목적으로 삼고 있다. 기본적으로 6자 회담을 계승해서 이의 진전여부를 계속 모색하고자 한다. 따

---

6) "미 · 중, 한반도 현상유지 정책 펼 것," 『조선일보』, 2009년 9월 12일 자.

라서 북한과 직접적 외교를 적극 추진할 것으로 예상된다. 핵 프로그램이 무기생산으로 전용되지 않는다면 북의 핵에너지 생산을 가능할 수 있다는 입장이다. 그러므로 상황진전에 따라 에너지 문제를 둘러싸고 북한과 협상가능성을 전혀 배제할 수 없다.

나아가 6자 회담의 공동성명보다 더 엄격하게 핵무기 프로그램의 처리방식을 규정하고자 한다. 6자 회담의 경우 '한반도의 검증가능한 비핵화' 가 궁극적 목적이었으나, 오바마 행정부는 '완전하고도 검증가능하게 제거' 를 추구한다. 북한의 핵무기를 제거하기 위해 군사적 수단을 배제하지 않겠지만, 우선순위는 '지속적이고 직접적이고 공격적 외교' 를 추구함으로써, 외교와 군사력 사용간 우선순위를 바꾸었다. '직접적 외교' 는 부시행정부의 협상방식에 대한 비판에서 출발한다. 즉 북과 직접적 대면 자체를 거부했고 양자협상을 배제했던 부시 행정부의 입장과 정반대입장이다. 다시말해서 부시행정부는 가능한 양자회동을 최소화하려했다. 6자 회담을 추구하려 했던 시도는 바로 양자협상에 대한 거부감 때문이었다.

2) 중국

중국지도부가 김정일 정권에 대한 이해관계는 크게 두 가지로 요약된다. 첫째로 중국은 북한의 핵 폐기와 중국식 개혁·개방을 희망한다.[7] 북한이 제2차 핵실험을 강행한데 대해 중국 인민들의 비난은 고조되었다. 동시에 북한의 개방거부로 경제적 손해를 보고 있다. 이는 중국 동북지방의 발전을 저해하고, 두만강 유역 개발과 동해안 진출로 동북 3성의 발전

7) 한석희, "북한 핵 문제에 대한 중국의 입장: 제2차 북한 핵 실험 이후를 중심으로," EAI Issue Briefing, No. C2009-03 참조.

을 추구하려하기 때문이다. 동시에 러시아 및 일본과 경쟁하려는 의도도 담겨있다. 둘째로 중국은 재중 탈북자문제로 유엔과 미국, 한국, 일본, 유럽 등으로부터 직·간접적 압력에 직면하고 있다. 재중 탈북자문제는 불가피하게 중국 내부의 인권문제도 동시에 고려될 수밖에 없으며, 재중 탈북자 문제로 세계의 주목을 받지 않을 수 없다. 기본적으로 중국은 북한으로 인해 인권문제가 도처에서 제기되는 것을 원치 않는다.

중국은 왜 김정일 정권과 동맹관계를 유지하려 하는가? 첫째로 중국은 미국, 일본 그리고 한국이 채택하고 있는 자유민주주의 제도를 수용하기 어렵기 때문이다.[8] 중국이 1978년 개혁·개방을 시작하고, 시장경제를 수용한지 30년이 지났으나, 정치적으로 사회주의와 결별한 것은 아니다. 단지 자국의 경제건설 방식에서 소련식 사회주의가 실패의 원인이라고 판단다고 자본주의적 시장경제를 도입한 따름이었다. 중국의 최종 목적은 '중국식 사회주의'의 건설이며, 서방식 자유민주주의와 시장경제 건설이 아니다. 따라서 한반도 북쪽지역은 중국에 대하여 자유민주주의의 유입을 방어하는 전략적 요충지이다. 물론 중국으로서 김정일 정권 때문에 외교적, 경제적으로 손해를 보고 있으나, 이러한 배경에서 북한과 동맹관계를 끊기 어렵다. 둘째로 북한은 '반미전선'에서 미국을 견제하는 역할을 담당해주기 때문이다.[9] 현재 중국 대륙에서 대미 전략적 방어라인과 관련하여 티베트나 신장지역은 서쪽에 위치한 취약지역이다. 따라서 중국은 대륙 동쪽인 북한 지역까지 취약해지는 것을 원하지 않는다. 북한이 한국과 일본을 군사적으로 견제해주는 유리한 측면에 있다고 판단한다.

---

8) 손광주, "한반도 통일정책, 어떻게 가야 하나?"
http://www.konas.net/article/article.asp?idx=18792 (2009년 9월 6일 검색)

9) Ibid.

이러한 연유로 중국은 북한에게 핵 폐기를 요구하기 어려운 위치에 있다. 실제로 북한의 핵 개발은 중국과 러시아의 지원 하에 전개된 것이 아니다. 오히려 주변국가들이 모르도록 비밀리에 자력으로 이룩한 것이다. 김정일은 중국이 자신에게 '핵을 포기하라' 는 요구를 할 권한이 없다고 간주한다. 중국 역시 '조선반도 비핵화' 를 추구하고, 유엔 안보리 차원에서 북한의 핵무기를 반대하지만, 김정일 정권을 직접 반대할 수 없다. 따라서 중국은 북한 핵문제에 관한 한 김정일 정권에 대한 압박방식이 아닌 외교적 방법으로 접근해야 하고, '6자 회담에서 해결해야 한다' 는 원론적 주장만 할 수밖에 없다. 물론 중국의 북한에 대한 영향력은 거의 절대적인 사실은 부인할 수 없다. 만약 중국이 북한과 한시적으로 동맹관계를 단절하고, 에너지 · 식량 등 각종 지원과 교역을 중단한다면, 김정일 정권 붕괴는 시간문제이다. 중국이 북한과 관계를 단절하는 경우, 북한 내부에 혼란이 조성될 가능성은 매우 높다. 이 경우 북한의 당 · 군 · 정 간부 계층에서 혼란이 발생하고, 김정일 정권이 붕괴될 가능성이 높다.

중국은 실제로 두 가지 대북한 딜레마에 직면해 있다. 어떤 경우이든 북한 지역이 불안정해 질 수 있기 때문이다. 첫째로 만약 북한의 체제가 붕괴되는 경우 북한 난민의 대량유입이 불가피하다. 이는 자국의 동북지방에 대한 안정성을 위협하게 된다. 이 지역의 불안정은 '중국식 사회주의' 를 건설하기 위한 중요한 조건인 '사회안정' 문제에 배치된다. 중국 동북지방에 대규모 난민이 유입하는 경우 약 400만 정도에 이를 것으로 추산된다. 중국은 한반도의 정치 · 군사적 혼란으로 동북부 지역이 안정적으로 경제성장하는 것이 방해되는 것을 원하지 않는다. 결국 중국은 북한 붕괴를 원치 않는다. 북핵문제가 동북아 안보질서를 결정적으로 해칠 수 있는 사안임에도 불구하고, 김정일 정권과 관계 청산에 소극적일 수밖에 없다. 둘째로 미군의 북한지역 진주는 대미 전략적 완충지대 상실을 의미한다. 중국은 '한국중심의 통일' 과 한 · 미연합군이 압록강 · 두만강까지 주둔하는 상황을 가장 우려한다. 압록강 맞은 편에 선양·상하이·베이징을 겨냥한 미군의 MD 미사일 구축 상황은 상상하기 어려운 가정이다. 이와 같이 한반도는 미-중국간 그리고 중국과 자유민주주의 서방세계와 맞부딪치는 전략적 요충지이다.

이러한 이유로 중국은 '한국중심의 통일' 보다 한반도의 현상태 유지가 더 중요하고, 대미전략의 충격완화지대로서 북한 지역의 유지가 더 유리하다고 판단하고 있다.

3) 러시아

러시아는 북핵문제에 관한 두 가지 원칙을 수립하고 있다. 첫째로 한반도의 평화유지 및 동북아 다자안보레짐의 형성이다. 둘째로 한국과 북한간 균형자적 역할을 통한 북핵문제해결에서 국제적 입지를 강화하려는 원칙이다.

러시아는 1990년대 초반에 한국편중의 외교정책을 전개하였다. 그러나 초기 북핵문제에서 완전히 배제되는 경험을 한 바 있다. 또 한국에 기대했던 경제협력이 실패로 돌아감에 따라 이후 북한과 외교적 관계를 복구하였고, 1994년 이후 한국-러시아관계는 급속히 냉각되었다.

북한은 러시아에게 접경국가로서 지정학적 이해관계에 있다. 동시에 북핵문제를 둘러싼 동북아안보의 핵심요소이다. 따라서 러시아는 북한을 동북아에서 자국의 정치적 영향력을 유지-확대할 수 있는 지렛대로 인식한다. 동북아에서 미국의 압도적 영향력이 극대화되는 것을 막고, 자국의 영향력을 유지하고자 북한과 원활한 외교적 관계 유지 희망하고 있다.

러시아는 이러한 전략적 이해관계 때문에 시베리아·극동지역 개발을 위해서 한국의 재정적 지원과 북한의 협조가 불가피하다. 따라서 기본적으로 러시아는 북핵문제가 평화롭게 해결되기를 선호한다. 러시아는 한국과 북한을 극동지역 개발의 유일한 협력자이자 북핵문제의 주요 참여자로 인식한다. 그러나 동북아에서 미국의 헤게모니를 견제하고 정치적 영향력을 유지하기 위해서 북핵문제를 나름대로 자국에 유리한 지렛대로 활용하려는 입장이다.

4) 일본

일본은 '한반도의 비핵화'를 양보할 수 없는 원칙으로 간주된다. 동시에 일본은 일본인 납치문제를 북한핵 및 미사일문제와 더불어 포괄적으로 해결할 것을 요구한다. 즉 일본인 납치문제와 북한핵의 폐기가 없는 한, 일본은 북한-일본간 국교정상화를 할 수 없다는 입장을 취하고 있다. 물론 2004년 5월 22일 당시 일본 수상 고이즈미가 전격적으로 북한을 하루동안 방문하였다. 이 자리에서 일본은 북한당국자와 국교정상화에 대해 진지하게 논의하고, 상호간 신뢰 회복을 모색하기도 했다. 그러나 일본은 북한 핵과 미사일에 대하여 강경한 입장을 취하고 있다. 즉 일본은 고농축우라늄과 플루토늄을 포함한 모든 핵개발에 대해 '완전하고 검증가능하며 돌이킬 수 없는 폐기'를 요구하고 있다. 동시에 일본을 사정거리에 넣은 탄도미사일 '노동', '대포동' 발사실험의 동결을 요구하였다. 나아가 일본은 경제제재조치와 관련하여 일본 단독으로도 북한경제 제재가 가능한 개정 외환법을 법제화하였고, 만경봉호 등 북한 선박을 염두에 둔 특정 선박에 대한 입항금지법안을 마련하였다.

5. 6자 회담과 한반도

1) 6자 회담의 배경

탈냉전 이후 남북한간 직접대화가 재개된 바 있었다. 남북한은 1991년 남북간 상호불가침을 강조한 '남북기본합의서'와 '비핵화 공동선언'을 채택하였다. 남북한 직접대화를 전후하여 북한과 일본은 1990년 가네마루(金丸信)의 북한 방문과 북일 국교정상화 교섭이 시작되었다.

그러나 북한은 일방적으로 핵개발을 진행하였다. 이를 바탕을 북한은 미국에 직접대화를 요구하였고, 1992년 1월 첫 고위급 실무협의가 개최되었다. 이 회담에서 미국은 북한에게 국제원자력기구(IAEA)의 사찰을 수락하고, 핵개발 계획을 파기하도록 요구하였다. 반면 북한은 핵개발을 무기로 자국에 대한 체제보장을 요구하였다.

북한은 1993년 3월 핵확산 금지조약(NPT) 탈퇴를 선언하였다. 이에 당시 클린턴 정권이 북미고위급 실무협의를 받아들여 해결책을 모색하였다. 그 결과 1994년 10월 북미간 「제네바합의」에 서명하였다. 이 합의로 미국은 북한에 대해 핵개발을 동결하는 대신 대체에너지와 경수로 제공을 약속하였다. 또한 1995년 '한반도 에너지개발기구'(KEDO)가 설립되었다.

1997년 12월 '4자협의'가 시작되었다. 이 협의에는 한국과 북한, 미국, 중국이 참가하였다. 동시에 휴전협정을 대신하는 새로운 평화체제 확립을 목표로 하였다. 그러나 북한이 주한 미군철수와 북미간 평화조약체결을 강력하게 주장함에 따라 1998년에 중단되었다. 한편 클린턴 대통령의 후임으로 등장한 부시정권이 북한을 '악의 축'으로 규정하고 대북정책을 전면 재검토하게 되었다.[10] 2002년 10월 J. Kelly 미 국부차관보가 북한을 방문하여 첫 고위급 실무협의 실현하였다. 이 협의에서 북한은 고농

축우라늄(HEU: High Enriched Uranium)에 의한 핵개발을 인정하였다. 동시에 핵시설의 재가동을 선언하고, 연료봉의 재처리에 착수하는 등 이른바 '벼랑끝 외교'를 구사하였다. 이에 미국 정부가 북핵문제를 '외교적으로 해결'하고자 다국간 협의기구 6자 회담을 주선하였다. 이와 같이 6자 회담은 북한 핵문제를 다루기 위하여 동북아 다자간 틀로서 차관급으로 구성되었다.[11]

2) 6자 회담의 진행

2003년 8월 1차 회담에서 북한 핵문제는 대결이 아닌 대화의 방법으로 풀겠다는 북미의 양해가 있었으며, 미국의 의도대로 양자회담이 아닌 다자간 대화틀로 전개되어야 한다는 주장을 북한이 동의하였다. 2004년 2월 2차 회담에서 대화의 모멘텀을 유지하고, 실무협의를 가동키로 합의하였다. 미국은 구체적 협상안 대신 북한에게 리비아식 모델 수용을 요구하였다. 2004년 6월 3차 회담에서 미국은 처음으로 5단계 해법을 제시하였다. 즉 미국은 북한이 핵개발을 동결하는 조치에 대한 상응조치입장을 밝혔다. 이후 2004년 9월 4차 회담이 예정되었으나, 미국 입장에 대한 북한의 반발, 미국의 대선일정 그리고 한국의 핵파문 등으로 사실상 무산되었다.

2005년 9월 4차 회담 2단계에서 9 · 19 공동성명이 합의 · 서명되었다. 이에 따라 북한은 모든 핵무기와 현존하는 핵프로그램을 폐기하고, 미국은 대북 안전보장과 함께 향후 북미관계를 정상화하기로 합의하였다.

---

10) 이정철, "6자회담 통해 동북아판 NPT 체제 만들어갈 것," 『민족 21』 (2007년 2월호) 참조.

11) 김경일, "6자회담과 다자주의," 『국제정치연구』, 제6집, 제2호 (2003), pp. 31~55 참조.

2005년 11월 5차 회담에서 북한의 위폐활동을 이유로 미 재무부가 집행한 금융제재 문제가 야기되었다. 따라서 이 회담은 9 · 19 공동성명의 합의이행에 관한 논의를 조금도 하지 못한 채 결렬되었다. 이후 북한은 금융제재 해제를 조건으로 회담에 참여하지 않을 것을 표명하였다. 반면 미국은 금융해제문제는 불가능하다는 입장과 북한의 조건없는 회담 복귀를 요구하였다. 이후 한동안 6자 회담은 결렬 상황에 있었다. 무엇보다 주된 결렬을 지적하자면 다음과 같다. 첫째로 2006년 내내 미국의 대북압박 강화와 이에 대한 북한의 대미 대결의지가 충돌하였다. 둘째로 미국은 9 · 19 공동성명 이후 대 북한 금융제재를 필두로 북한의 체제전환을 노리는 대북압박 정책을 강화하였다. 나아가 미국은 위폐, 인권, 마약 등 다양한 이슈로 북한에 대한 실질적 압박을 전면화시켰다. 셋째로 미국의 대북정책이 북핵문제의 해결을 넘어 체제의 근본적 변화를 의도하는 '북한문제' 로 접근함으로써, 북미간 갈등이 더욱 악화되었다.

2006년 12월 5차 2단계 회담이 개최되어 단지 상대방에 대한 협상 가능성만이 타진되었다. 2007년 2월 5차 3단계 회담에서 이전에 추진하였던 북미 베를린 협상의 결과를 6개국 대표가 추인하였고, 2 · 13 초기 합의에 이르렀다. 2008년 12월 6차 3단계 회담은 아무런 성과없이 종료되었고, 결국 2009년 4월 14일 북한은 6자 회담 및 기존합의의 파기를 선언하였다. 즉 북한은 로켓발사에 대한 유엔결의 1718호 위반으로 규정한 의장성명에 반발하였다. 나아가 2009년 5월 25일 제2차 핵실험강행하였으며, 이에 대해 2009년 6월 12일 유엔안보리 대북결의 1874호가 채택되었다.

6. 함의: 북핵문제와 6자 회담의 전망

1) 북핵문제의 미해결 원인

북한 핵문제는 북한의 핵시설 불능화 단계를 넘어 완전한 핵폐기 단계에 이르는 해결목표에 도달하지 못한 채 현재 진행형으로 지속되고 있다. 이 문제가 쉽사리 해결될 수 없는 이유는 다음과 같은 요인을 지적할 수 있다. (1) 미국의 패권전략과 북한의 생존전략에 의한 충돌, (2) 국제사회의 비확산 규범과 북한의 주권규범 간의 충돌, (3) 탈냉전기 북미관계의 정립상 연계문제, (4) 미국과 북한의 외교안보전략상 차이.

2) 북한의 대미정책과 전략 목표

북한은 6자 회담보다 실질적으로 미국과 양자간 관계를 수립하면서 자신의 목표를 달성하려고 시도한다.[12] 이들의 대미정책 목표는 다음과 같이 요약할 수 있다. (1) 기본적으로 북한이 주권국가임을 인정할 것, (2) 미국과 동등한 입장에서 미국과 외교적 협상을 추구하고자 함, (3) 북한이 주권국가로서 핵에너지의 평화적 사용뿐만 아니라 핵무기 보유국가도 될 수 있음. 이러한 목표를 달성하기 위해 북한은 전략적 목표를 다음과 같이 수립하고 있다. (1) 정치협상을 통해 미국의 대북적대시정책을 무력화시키고, 관계개선의 실현, (2) 군사적 초강경태세로 미국의 핵전쟁전략을 분쇄함, (3) 한반도의 평화 · 안전 · 통일을 달성함.

북한은 이러한 정책과 전략하에서 6자 회담 틀 속에서도 줄기차게 미국과 양자접촉 · 양자대화를 주장 · 고집하고 있다. 동시에 6자 회담을 주

12) 안드레이 란코프, "북한 '공갈 전술'의 유효기간," 『조선일보』, 2009년 9월 16일자.

도적으로 미국과 북한의 입장 · 주장에 따른 의제의 타협 · 조율방향으로 진행시키려 한다.[13)]

3) 향후 6자 회담 전망

북한이 6자 회담에 대한 불참을 선언함에 따라 6자 회담의 장래는 매우 불투명하다.[14)] 북한의 주장은 2005년 9월 9 · 19공동성명과 더불어 북한의 금융압박을 가하는 BDA방식과 매우 유사하다. 즉 미국이 북한의 비핵화를 위해 6자 회담에서 협상파트너로 대하면서, 다른 한편으로 금융압박을 통한 북한의 붕괴를 시도하는 전술을 맹렬히 비난하고 있다. 이러한 북한의 입장에 대해 미국의 잭 프리처드 전 대북특사는 "6자 회담은 끝났다. 앞으론 4자회담(남 · 북한, 미국, 중국)형태로 북핵문제를 풀게될 것으로 본다" 고 평가하였다. 이와 병행하여 특히 일본은 6자 회담에서 북핵문제 진전보다 '납치자' 문제를 강조하였다. 일본이 북한의 로켓발사와 관련한 유엔안보리 대북제재에 앞장서는 조치는 이러한 자국의 상황을 반영하는 것이다.

무엇보다 북한 핵문제를 해결하기 위하여 미국은 6자 회담 형태를 쉽게 포기할 수 없다. 그 주된 이유는 다음과 같다. 첫째로 미국으로서 북핵문제의 해결에 큰 이익을 갖고 있는 일본과 한국 등 동맹국들을 배려해야하고 이 국가들의 협력이 필요하다. 둘째로 북핵문제가 해결될 때, 대북

---

13) 이상현, "북한의 대외전략 변화: 의미와 대응책," 『세종논평』, No. 150 (2009년 8월 25일) 참조.

14) "6자회담은 북핵문제의 유일한 해결책이 아니라 次惡이다," 『한국논단』 (2009년 1월호) 참조. http://kforum.co.kr/bbs/view.php?id=all&page=9&sn1=&divpage=1&sn=off&ss=on&sc=on&select_arrange=headnum&desc=asc&no=716 (2009년 9월 5일 검색)

'비용분담' 틀로서 6자 회담의 중요성을 간과할 수 없다. 셋째로 북핵문제의 해결과 더불어 한반도와 동북아지역에서 평화와 안보의 메커니즘을 창출해내는 틀로서 6자 회담의 유용성이 매우 크다.

결론적으로 6자 회담의 틀은 존속되고, 그 틀 속에서 북미양자회담이 예전보다 더욱 강력하게 활성화되고, 주요 현안들에 대한 돌파를 만들어 나가고, 6자 회담이 이를 추인하는 형태로 전망된다. 이 경우 북미양자회담의 중요성은 훨씬 더 커질 것이다. 만약 4자회담이 병행되는 경우 한반도 정전체제를 평화체제로 전환하는 방안도 예상된다. 따라서 남 · 북한, 미국, 중국의 역할은 더욱 중요해질 것이다.

4) 북핵의 해결방법

북한 핵문제의 포기는 북한 스스로 핵개발 능력과 의도를 확실하게 포기하는 것으로부터 시작되어야 한다. 이는 북미관계의 개선과 동북아지역에서 평화로운 신질서를 형성하기 위한 필수적 전제조건이다. 이 문제를 해결하는 과정에서 상호주권존중과 북미관계의 정상화를 모색해 볼 수 있다.[15] 간헐적으로 모색되는 고사작전을 통한 북한의 장기적 붕괴유도방식은 '전략적으로 실효성의 문제'가 있으며, 붕괴상황을 상정하는 '도덕적 딜레마'에 직면할 수밖에 없다. 한국으로서 받아들이기 어려운 불편한 대안이기는 하나, 미국은 북한체제를 인정하고 북미관계 정상화를 통한 한반도 평화구도의 정착을 모색할 수도 있다. 어떠한 방식이든 북한 핵문제의 해결과 핵포기 수단은 무력이나 군사행동이 아닌 외교적 수단과 평화적 방법으로 실현되어야 한다.

---

15) 양무진, "한반도 정세변화와 남북관계," 『홍민논평』, No. 6 (2009년 9월 22일) 참조.

5) 북한 정권 붕괴 vs. 북한 핵포기 - 우선순위 선택의 문제

이 양자간의 문제를 두고서 한국과 북한의 입장은 매우 대조적이다. 한국은 북한에 대해 인권개선, 개혁·개방, 남북경협, 자유로운 교류 및 통행, 핵포기 등을 강력하게 요구하고 있다. 반면 북한 정권의 최우선 정책은 정권유지에 있다.[16] 따라서 북핵문제의 해결 실마리는 정권유지와 북핵폐기 문제의 연계가 불가피하다. 즉 북한으로서 북핵의 폐기를 위해 분명한 북한 정권의 유지가 보장되어야 한다. 단 핵폐기 약속 위반시에 전면 대결도 불가피함을 인지시켜야 한다. 또한 북한정권의 핵폐기 결단을 위해 최소한 북한 외부의 요인으로 체제가 붕괴되지 않을 것이라는 믿음도 현실적으로 필요하다.[17]

북한 정권의 체제유지 핵심은 미국의 대북 적대시 정책이다. 이 정책의 포기를 분명히 확인시키는 가시적 조치로 1) 북미관계 정상화, 2) 적절한 수준의 경제지원 제공, 3) 주한 미군을 포함한 한반도 군사균형 유지를 제도적으로 보장하는 한반도 평화체제 구축이 필요하다.

북한 정권의 붕괴와 핵문제 포기를 둘러싼 일련의 외부적 압력 또는 제한 조치유보는 당연히 고려되어야 한다. 그러나 내부적 동인에 의한 장기적 정권 해체과정 유도전략도 병행되어야 한다. 대북 압박조치가 지나치게 강력한 경우 북한은 체제의 생존을 위해 대중국관계의 활로를 모색할 것으로 예상된다. 또한 내부적으로 대외투쟁노선을 정당화하고, 체제기강을 더욱 강화 예상된다. 이 경우 북한의 인권 상황은 더욱 악화될 것이며, 개혁·개방 가능성은 더욱 낮아진다. 대표적으로 2006년 BDA제재로 엄청난 고통을 겪으면서도, 2006년 7월 장거리 로켓발사와 10월의 핵실

---

16) 홍현익, "북핵 문제의 평화적 해결을 위한 제언," 『세종논평』, No. 154 (2009년 9월 9일) 참조.

17) Ibid.

험을 감행한 사례를 눈여겨 보아야 한다. 반면 북한 정권을 인정하는 경우, 점진적이나마 개혁 · 개방의 가능성을 기대해 볼 수 있고, 중장기적으로 북한 주민 스스로 정권 교체 가능성까지 상상할 수 있다.

6) 북한문제에서 중국의 영향력에 대한 인정필요성

한국은 자국이 주도하고 미국과 중국의 도움을 받아 북한을 개방화시키는 방안을 희망한다. 즉 북한에 개방정부를 수립하는 과정으로 한반도의 통일환경을 조성하는 방안이 가장 바람직하게 보인다.[18] 그러나 사실상 북한의 개혁 · 개방은 한국 단독의 힘으로 불가능하다. 현실적 관점에서 볼 때 이 문제에 영향력을 미칠 수 있는 국가는 중국-미국-한국의 순서이다. 한국은 1) 북한의 미래, 한반도의 미래에 대한 로드맵을 완성하고, 2) 이 로드맵을 미국과 먼저 합의하고, 3) '한미 합동' 으로 중국과 합의하는 과정을 거치는 과정을 준비해야 한다. 한국이 한반도 문제에 대해 능동적으로 주도하면서, 주변국의 지지 · 협조를 구하는 전략을 취해야 한다.

---

18) 손광주, op. cit.

통일로 가는 길
- 독일 재통일에 관한 헌법적 기초

클라우스 슈튀베 Klaus Stüwe
(독일 가톨릭 아이히슈태트-잉골슈타트 대학교)

서문

지난해는 한국과 독일이 공동으로 한 가지를 기념할 만한 해였다. 그것은 다름 아닌 1883년 11월 26일에 우리 양국이 그 후 오랫동안 관계를 갖게 될 기반으로서 독일과 한국 간에 무역과 해운 및 우호관계를 위한 통상조약이 체결되었기 때문이었다. 그리하여 대한민국과 독일연방공화국 간의 우호적이고 긴밀한 관계가 성립된 지도 이미 125년이나 지났다. 이 오랜 동안 우리 양국이 걸어간 길은 서로 달랐다. 그럼에도 불구하고 양국은 오늘날 많은 유사점들을 지니고 있다.

그 사이에 다행히도 양국 모두 민주주의 국가이자 법치국가가 되었다는 것은 아주 분명한 사실로 보아야 한다. 한국과 독일 양국의 정치체제는 비슷한 조건에서 생겨난 헌법에 기초를 두고 있다.[1] 양국의 헌법 - 즉

1) 대한민국 헌법의 성립에 대해서는 다음을 참조할 것:
아우렐 크롸상(Aurel Croissant): 〈남한. 군사독재로부터 민주주의에 이르기까지〉.

1949년에 제정된 독일의 기본법(das deutsche Grundgesetz)과 1948년에 재정된 대한민국의 헌법[2] - 은 이데올로기와 세계 정치가 대립을 보이던 시대에 만들어졌다. 그 양자의 경우 모두 소련의 공산주의가 권력과 헤게모니를 잡으려고 분투하던 시대를 배경으로 해서 생겨났다. 양 국의 헌법은 독재정권 시대가 끝난 후에 이어진 후속질서를 나타내고 있다. 그리고 그 양국 모두 무력으로 분단된 영토 위에서 창설되었다. 한국과 독일이 오랫동안 분단되어 있었던 것도 역시 양 국가가 공동으로 겪은 일이었다.

1990년에 성취된 독일의 재통합은 독일과 대한민국의 관계를 더욱 가깝게 이끌어준 하나의 사건이었다. 그 사이에 우리 두 나라 간의 정치적, 경제적 그리고 문화적인 관계는 계속해서 강화될 수 있었다. 1990년에 이 역사적인 재통합의 순간이 왔을 때, 한국인들은 이를 한편으로는 부러워하고 다른 한편으로는 감탄의 시선으로 바라보았으리라는 것을 나는 충분히 상상할 수 있다. 그로써 한편으로 한국의 재통합도 역시 가능하리라는 희망을 키울 수 있었으며, 또 한편으로 독일에서 일어난 그 사건은 분석의 대상이 되었다.[3]

---

in: 토마스 헤버러(Thomas Heberer) & 클라우디아 데릭스(Claudia Derichs)(발행인), 동아시아 정치체제에 대한 개론(Einführung in die politischen Syesteme Ostasiens.). 비스바덴(2판) 2008. 285쪽 이하. ; 한스 W. 마울(Hanns W. Maull) & 이보 W. 마울(Ivo W. Maull), 중심점으로 떠오른 한국(Im Brennpunkt: Korea). 뮌헨 2004, 91쪽 이하.

2) 대한민국 헌법은 1987년에 국민투표를 가쳐서 전체적으로 개정되었으며 이 개정 법안의 형태로 1988년 2월 25일부터 효력을 발휘하고 있다.

3) 예를 들어 다음의 논문을 참조할 것. 전재호(Jaeho Jun), 국가통일을 이루기 위한 헌법의 의미와 기능(Die Bedeutung und Funktion der Verfassung zur Herstellung der nationalen Einheit). 박사학위 논문. 베를린. 1994, 특히 208쪽 이하. ; 신한기(Hyan-Ki Shin), 평화로운 재통합의 길을 가는 한국(Korea auf dem Weg zur friedlichen Wiedervereinigung). 뮌헨 1999.

이번 독일과 한국 간에 개최되는 학술대회에서 나의 기고 논문의 주제는 독일의 재통합에 대하여 헌법상의 측면에서 분석해보는 일이다. 그러기 위해서 나는 이를 다섯 단계에 걸쳐서 고찰해보고자 한다. 첫째로, 나는 독일의 기본법과 남한의 헌법에 기재되어 있는 재통합의 문제에 관해 각기 씌어 있는 법률상의 규정을 살펴볼 것이다. 둘째로, 그 당시 독일기본법에 주어졌던 독일통일을 향해 나아가는 두 가지 길에 대해서 소개할 것이며, 이어서 세 번째로는 이에 관해서 토론할 것이다. 그 다음 네 번째로는 기본법에 법률상 미리 정해진 원칙이 실제로 어떻게 실행되었는지에 대해서 다루게 될 것이다. 이어서 끝으로 나는 그러한 실상에 근거해서 장래 한국의 재통합에 관한 교훈을 이끌어내고자 한다.

1. 남한과 서독의 헌법상의 재통합 조항들

분단된 우리 양국의 재통합 - 이것이 이번 독일과 한국 간 학술대회의 주제이기도 하다 - 은 우리 양국에게 있어서 정치적인 과제일 뿐만 아니라 헌법상 주어진 과제이기도 했으며 지금도 역시 그러하다. 우리는 먼저 대한민국의 헌법으로 눈을 돌려보자. 여기서 헌법조항 속에 수차 재통합에 관한 조항들이 있는 것을 만나게 된다. 이미 1987년 개정헌법의 전문(前文)에서는 조국의 평화 통일의 과제에 대해서 언급하고 있다.* 헌법 제

* 대한민국 개정헌법의 전문(前文) 가운데 앞부분의 내용은 다음과 같다:
"유구한 역사와 전통에 빛나는 우리 대한국민은 3.1운동으로 건립된 대한민국임시정부의 법통과 불의에 항거한 4.19민주이념을 계승하고, 조국의 민주개혁과 평화적 통일의 사명에 입각하여 정의 · 인도와 동포애로써 민족의 단결을 공고히 하고, (……)"

3조에서는 "대한민국의 영토는 한반도와 그 부속도서로 한다" 라고 되어 있다. 심지어 제 4조에서는 한국의 재통합이 분명한 국가의 목표라고 정해져 있다. 거기에는 문자 그대로 다음과 같이 씌어 있다. "대한민국은 통합을 지향하며, 자유민주적 기본질서에 입각한 평화로운 재통일 정책을 수립하고 이를 추진한다." 헌법기관들에게도 역시 이를 의무화하고 있다. 즉 헌법 제 66조에는 국가원수(대통령)에게 "조국의 평화적 통일을 위한 성실한 의무를 진다"는 요구규정이 있다. 또한 대한민국의 대통령은 직무의 수행을 선서할 때 제 69조에 따라 이 목표를 지키겠다고 분명하게 선서할 의무가 주어진다. 마지막으로 제 92조에서는 "민주주의와 평화통일을 위한 국가 자문위원회를 설립"할 수 있다고 규정하고 있다.

그러므로 당연히 독일의 정치학 논문들에서도 대한민국의 헌법 역시 분명히 한반도 전체를 구성하는 국가의 성립을 목표로 지향하고 있다는 점을 분명히 언급하고 있다.[4)]

1949년에서 1990년까지 효력을 지녔던 독일연방공화국의 기본법 내용에도 역시 통일에 관한 조항이 포함되어 있었다. 그러나 한국의 헌법 상황과 비교해볼 때 독일 기본법에서는 통일 조항이 훨씬 약하게 언급되어 있었다. "재통합(Wiedervereinigung)"이라는 개념은 - 정확히 말하면 - 그 당시의 기본법 안에는 전혀 등장하지 않았다. 단지 전문(前文)에만 전 독일국민에게 주어진 "자유로운 자기결정에 의하여 독일의 통일과 자유를 성취하도록 요망된다"는 규정이 포함되어 있었다. 기본법이 인준되고 난 이후에 벌써부터 과연 학문적으로나 공적으로 그 기본법의 전문(前文)으로부터 국가기관들이 국가의 통일을 지향하여 작업하도록 의무화

---

4) 아우렐 크롸상(Aurel Croissant): 〈남한. 군사독재로부터 민주주의에 이르기까지〉. in: 토마스 헤버러(Thomas Heberer) & 클라우디아 데릭스(Claudia Derichs)(발행인), 동아시아 정치체제에 대한 개론(Einführung in die politischen Syesteme Ostasiens.). 비스바덴(2판) 2008. 296쪽.

했다고 유추해낼 수 있는지의 여부에 대하여 논란이 일었다. 그 전문은 선언적인 성격을 지녔을 뿐 구속력이 없는 서문인가, 아니면 전체 헌법에 통합시킬 수 있는 구성요소일까라는 논쟁이었다. 이 쟁점은 결국에 가서 연방헌법재판소(Bundesverfassungsgericht)가 결정을 보아야 하는 것이었는데, 일찍이 헌법재판소는 이미 헌법의 전문(前文)에는 정치적일 뿐만 아니라 헌법상의 의미도 주어져 있다고 선언했었다. 1956년에 독일공산당(KPD) 활동을 금지하는 판결을 내릴 때 그것을 위한 결정적인 기초가 세워졌다. 그 당시 연방헌법재판소는 그 기본법의 전문에서 "독일연방공화국의 모든 정치적인 국가기관들이 모든 힘을 다해 독일 통일을 이룩하도록 하는 법적인 의무를 유추해낼 수 있다"고 진술하였다.[5)]

1973년 당시 서독이 동독과 기본조약을 체결하기 위해서 판단을 내릴 때 이러한 입장은 재차 강화되었다. 그렇지만 당시에 독일연방헌법재판소는 여기에서 정치적인 기관들에게 일종의 여지가 주어져 있음을 인정하였다. 즉 "그러나 재통합을 실현하기 위해서 어떤 길을 가는 것이 정치적으로 올바르고 합법적인 것으로 보는지는 정치행위를 하도록 소명된 독일연방공화국의 기관들에게 위임되도록 결정되어야 한다"는 것이었다.[6)]

따라서 서독의 정부들은 독일의 재통합을 목표로 노력을 하면서 전적으로 서로 다른 정책들을 수행해나갈 수 있었다. 1969년까지만 해도 동독에 대해서 분명한 경계를 긋는 정책을 써나갔지만, 사회민주당(SPD)이 이끌던 시절의 연방정부는 1970년대부터는 반대로 새로운 동방정책(Ostpolitik)의 틀 안에서 "접근을 통한 변화"[7)]를 이루고자 노력하였다.

---

5) 독일연방헌법재판소(BVerfGE) 판례. 5, 85(127).

6) 독일연방헌법재판소(BVerfGE) 판례. 5, 85(127).

7) 1963년 7월 15일에 독일 투칭(Tutzing)의 복음 아카데미의 한 회의에서 있었던 토론 논고에서 -당시 사회민주당 당수인 빌리 브란트의 대변인이자 가까운 자문이

이런 점에서 주지하는 바와 같이 독일의 정책도 북한과 엄격하게 경계를 긋던 정책을 쓰던 때부터 이후 김대중과 노무현 정부의 "햇볕정책"에 이르기까지 한국이 취해온 재통합의 정책과 유사한 점들이 있었다.[8)]

그러므로 국가의 재통합은 옛 서독에게 그랬듯이 오늘날 남한에게 있어서도 분명히 헌법상 주어져 있는 조항이다. 이 점에 있어서 양국의 헌법 - 1949년 독일의 기본법과 1987년의 대한민국 헌법 - 은 매우 유사하다. 그러나 한 가지 현저한 차이가 있다. 즉 대한민국의 헌법은 어떤 법적인 길을 통해서 한국의 재통합을 실현시킬 것인지에 대해서는 밝히지 않고 있는 점이다. 한국의 헌법은 그 점에 대해서는 아무런 언급도 하고 있지 않다. 그에 반해서 독일의 기본법은 독일의 통일이 어떻게 법적으로 실현되어야 할지 구체적인 규정들을 포함하고 있다는 면에서 달랐다. 나는 내 강연의 다음 부문에서 이에 대해서 다루고자 한다.

2. 독일 통일을 이루기 위한 1949년 기본법 내의 선택권

1949년에 제정된 독일의 기본법은 국가의 통일을 이루기 위해 법적으로 취할 수 있는 길을 제시한 두 가지 조항을 포함하고 있었다. 그러자 곧 이 두 가지 조항으로 인해 국가의 통일을 이루기 위해 취할 수 있는 두 가지 서로 다른 길이 구분되었다. 그 중 하나는 독일의 기타 지역들이 기본법의 시행 영역 안에 '가입(Beitritt)' 하는 것이었고(기본법 제 23조 ,Art.

었던 - 에곤 바르(Egon Bahr)에 의해 "접근을 통한 변화" 라는 표현이 처음으로 사용되었다.

8) 이에 대해서는 다음을 참조. 길승흠(Soong Hoom Kil) / 문정인Chung-in Moon (편집), 한국의 정치 이해하기, 개론(Understanding Korean Politics. An Introduction). 뉴욕 2001.표기를 덧붙이고 있다.

23 GG a.F.)**, 다른 하나는 전체 독일국민에 의해서 결정되어야 할 새로운 헌법에 의해서 기본법이 해체된다는 조항이었다(기본법 제 146조, Art. 146 GG a.F.). 이 두 가지 헌법규정은 독일의 재통합이라는 주제를 기본법이 갖는 공간적인 유효범위와 시간적인 유효범위의 문제라는 두 가지 서로 다른 시각에서 다루고 있다.

2.1 기본법 제 23조(Art. 23 GG, 구 조항) - 가입(Beitritt)를 통한 재통합

헌법상의 시각에서 볼 때 독일 통일의 첫 번째 가능성은 기본법 제 23조(구 조항)에 의해 제시되었다. 이 조항은 1948년과 1949년에 그것이 입안될 때 함께 참여하여 효력을 미칠 수 없었던 독일 지역들이 나중에 가서 가입하는 것을 다음과 같이 예상하고 있었다.

제23조(구 조항): "이 기본법은 우선 바덴, 바이에른, 브레멘, 그로스-베를린, 함부르크, 헷센, 니더작센, 노르트라인-베스트팔렌, 라인란트-팔츠, 슐레스비히-홀쉬타인, 뷔르템베르크-바덴 및 뷔르템베르크-호엔촐레른 주(州)의 지역에서만 적용된다. 기본법은 독일의 다른 지역에서는 그들의 연방가입 이전까지는 작용되지 않는다."

이 조항은 이미 1957년에 당시 자르란트(Saarland)가 뒤이어 독일연방

** Art. 23 GG a.F. 은 1949년에 제정된 이후로 1990년 통일될 때까지 유효했던 독일 기본법의 제 23조로서 이제는 삭제되고 그 자리에 유럽연합과 관련된 내용이 들어가 있기 때문에 여기서는 새 23조와 구분하기 위해서 '구 조항(a.F. = alte Form)'이라는 표기를 덧붙이고 있다.

공화국에 가입하는 것을 가능하게 해주었다.[9] 자르란트는 제2차 세계대전 후에 처음에는 프랑스의 관리 하에 있다가 나중에 가서 유럽화하기로 되어 있었다. 그러나 1957년에 국민투표를 치른 후에 그 지역은 독일연방공화국에 가입하여 하나의 연방주가 되었다.

이 헌법규정의 본문과 그 규정이 생겨나게 된 역사를 보면, 기본법 제23조(구 조항)는 처음부터 독일국민의 선조들에 의해서 독일 통일을 이룩할 한 가지 가능한 길로 생각되었다는 것이 명백하다. 그래서 헌법제정회의에서도 "동부 지역의 주(州)들"(그 당시에 "동독"은 아직 존재하지 않았다)들도 역시 - 물론 "헌법뿐만 아니라 동부 지역 주들의 실제적인 정치상황이 자유롭고 민주적이며 법치국가적인 기본원칙들에 부응한다는 조건 하에서 - 장래의 독일연방공화국에 가입할 수 있으리라는 것에 대해 이야기하였다.[10]

이 같은 입장은 나중에 가서 독일헌법재판소에 의해서도 채택되었으며,[11] 지배적인 법해석에 의해서도 긍정적인 것으로 인정되었다.[12]

이 조항과 직접적으로 부합하는 것은 예전의 전문(前文)에 들어 있던 표현으로서, 그것에 의하면 독일국민은 "(…) 참여하지 못한 독일인들의 문제도 다룬다"는 것이었다. 그래서 기본법의 제정자들은 1949년의 독일연방공화국은 영토상으로 불완전하다는 점에 기초하고 있었다. 제 23조(구 조항)는 어떤 의미에서는 영토 확장을 통해서 재통합을 할 수 있음을

---

9) 1956년 12월 23일자 자르란트의 편입에 관한 법에 관해서는 연방법률관보(BGBl). 1 1011쪽 참고.

10) 1948년 9월 8일 제 2차 헌법제정회의의 의원회 총회에서 의원인 Dr. 아돌프 쥐스터헨. 속기보고서(Sten.-Ber.) 19쪽 참고.

11) 특히 독일헌법재판소 판례(BVerfGE 36, 1.) 조항 참고.

12) 이와 다른 법해석들은 드물다. 예를 들면 다음과 같은 것이 있다. 안드레아스 하만(Andreas Hamann)/헬무트 렌츠(Helmut Lenz), 기본법(Grundgesetz), (3쇄) 1970, 제23조(Art. 23), 주석(Anm.). 제 4권.

가능하게 하였다. 이와 관련해서 "영토 확장"이라는 개념은 문제가 있기는 하지만, 그래도 통합에 대한 발의는 수용되어야 할 일부 영토를 근거로 해서 시작될 수도 있다는 것을 암시한다. 그러나 헌법 상황에 의하면 결코 그런 경우는 해당되지 않았다. 그와는 정반대로 제 23조에 언급된 "가입"이라는 말에서는 가입의지가 있는 일부 영토가 일방적으로 설정권이 있는 선언을 한다는 뜻으로 결론지을 수 있었다.[13)]

물론 이 경우에 통합이라는 것은 두 개의 다른 국가가 결합되어서 새로운 국가가 탄생하는 것이 아니라 '편입' 된다는 의미라는 점을 분명히 해야 한다.

일반적인 헌법상의 시각에서 볼 때 이 같은 형태의 재통합은 분명히 가장 간단한 형태이다. 다른 부분의 영토를 수용하는 국가(서독)의 법적인 정체성은 대내외적으로 아무 지장도 받지 않는다. 수용하는 국가는 통일 이전에 존재했던 그대로 국제법상의 주권국가로 머문다. 그 권리와 의무는 변하지 않고 지속된다. 그 국가가 맺은 국제조약들은 계속해서 유효하며, 새로 가입되는 영토는 자동적으로 국제기구와 초국가적인 기구들에 포함된다. 또한 대외정책과 안보정책상 그러한 절차는 새로이 국가를 창설하는 것보다 훨씬 덜 위험하다.

그러나 무엇보다도 다른 영토를 수용하는 국가의 헌법은 그 일부 영토가 가입하는 과정에서 헌법의 본문이 일부 수정될 수는 있지만 그대로 유지된다. 그것이 특히 - 독일 기본법처럼 - 매우 합법성과 효율성을 지니고 있는 민주주의와 법치국가의 헌법일 경우에는 이러한 헌법을 지속시키는 것이 매우 중요하다. 그리고 가입의 틀 안에서 재통합은 가장 빠른 속

---

13) 크리스티안 토무샤트(Christian Tomuschat), 독일통일을 향한 길(Wege zur deutschen Einheit), in: 독일헌법학자 협회 간행물(VVDStRL) 49 (1990), 80쪽 ; 또 1990년 3월에 언론 및 정보국(Presse- und Informationsamt)의 공식발표 코뮤니케 중 연방정부. 6쪽 참고.

도로 실현될 수 있다. 거기에서는 협상을 오래 지속하고 헌법을 새로이 제정하는 일은 불필요하다.

따라서 헌법상의 시각에서 볼 때 1990년에는 동독을 기본법의 시행 영역 안에 가입시키는 길을 통해서 독일의 재통합을 이루는 것이 여러 면에서 유리하였다. 물론 이처럼 순수하게 헌법에 의해 표현된 것은 사회적-경제적인 차원의 재통합에 대해서는 아무것도 말해주지 않고 있다. 수용하는 국가의 실제 모습을 국토의 확장과 인구의 증가가 현저하게 바꿔놓으리라는 것은 의심할 여지가 없다. 그 통일된 국가의 선거권자들의 구성요소와 그들의 사회적-경제적인 상황 역시 더 이상 예전과는 같지 않을 것이다. 이러한 것들을 독일은 1990년 통일을 이룬 이후로 겪어야 했으며, 한국도 통일 되었을 경우에 의심할 여지없이 그와 똑같은 경험을 하게 될 것이다. 나는 이 문제에 대해서는 뒤에 가서 다시 한 번 언급할 것이다.

2.2 기본법 제 146조 - 헌법제정에 의한 재통합

통합을 이룰 수 있는 두 번째 가능성은 처음 기본법의 제정자들이 - 그 기본법이 일시적으로 유효하다는 점에 근거해서 - 새로운 헌법을 제정할 수 있는 가능성을 열어 놓은 다음과 같은 제 146조(구 조항)에 있었다.

“이 기본법은 독일국민에 의해 자유로운 결정을 통해 제정된 새로운 헌법이 효력을 발휘하게 되는 날에 그 효력을 상실한다.”

즉 제 146조(구 조항)는 전체 독일국민에 의해 수립된 새로운 헌법의 비호 아래서 국가의 통일을 가능하게 한다는 것이었다. 거기에서 이 조항은 다만 하나의 가능성일 뿐 그것이 기본법을 해체하거나 개정해야 한다는 헌법상의 과제를 포함하고 있지 않다는 것은 이론의 여지가 없다.

그 절차는 기본법을 제정한 선조들에 의해 더 이상 구체화되지는 않았다. 예를 들면 의결 전권(全權)을 지닌 의회를 선출하게 하거나 또는 헌법제정 회의에서 제안한 계획안을 국민투표에 붙여서 합법화시키는 일도 생각할 수 있었을 것이다. 헌법사(憲法史)를 보면 여기에는 여러 가지 가변요소들이 있었다.

근본적으로 이 문제는 미해결인 채로 남았다. 그 기본법을 만들 당시에 헌법제정회의는 일부러 자유로운 기본권의 영역을 하나 열어놓은 것일 수도 있다.[14] 그러나 새로 헌법을 제정할 경우에도 전체 유권자에게 방법상 미리 구체적으로 규정된 것을 거의 제시해줄 수는 없다는 것은 분명하다. 이는 국민이 헌법제정권력을 갖고 있다는 이념에 위반될 것이다. 그러므로 독일 기본법이 제정된 이후 처음 몇 년 동안은 역시 제 146조(구 조항)에 규정된 전체독일의 입법자들에 대해서 미리 내용상 규정된 것은 있을 수 없다는 의견이 상당히 지배적이었다.[15]

나중에 가서야 이 점에 있어서 일부 생각의 전환이 일어났다. 즉 예를 들면, 클라우스 슈테른(Klaus Stern)은 독일연방공화국의 국가법에 관한 그의 유명한 개론서에서, 비록 실증법적이지는 않지만 미래의 입법자는 기본법 제 1조와 제 20조에 기록된 원칙과 초실증적으로 연관된다는 점을 변호하였다.[16] 이 조항들에는 국가의 권력이 인간의 존엄을 존중할

---

14) 크리스티안 토무샤트(Christian Tomuschat), 독일통일을 향한 길(Wege zur deutschen Einheit), in: 독일헌법학자 협회 간행물(VVDStRL) 49 (1990), 88쪽.

15) 위의 주석과 같은 항목 89쪽 참고. 또 예를 들어, 테오도르 마운츠(Theodor Maunz), 기본법 내의 헌법제정권력(Die verfassunggebende Gewalt im Grundgesetz), in: 공공 행정(Die Öffentliche Verwaltung) 1953, 648쪽.; 빌헬름 헹케(Wilhelm Henke), 독일국민의 헌법제정권력(Die verfassunggebende Gewalt des deutschen Volkes). 슈투트가르트 1957, 143쪽 참고.

16) 클라우스 슈테른(Klaus Stern), 독일연방공화국의 국가법(Das Staatsrecht der

의무를 갖고 있다고 되어 있으며, 독일연방공화국의 국가 형태는 민주주의적이며 사회적인 연방국가라고 확정되어 있다.

하지만 그러한 법적지위(法的地位)는 예외로 머물렀다. 당시에 지배적인 의견은 - 오늘날에도 역시 그렇듯이 - 과거의 헌법이 미래의 새로운 헌법을 미리 규정할 수는 없다는 데 근거하고 있었다. 이런 해석을 옹호하는 것은 정치적인 실무 경험 뿐만은 아니었다. 헌법을 새로 제정해야 하는 경우에 기본법은 고작 서독에 대해서만 제한을 가하게 되리라는 사실도 역시 그런 해석을 낳게 하였다. 그런 제한은 분명 독일민주주의공화국(동독)에게는 유효하지 않으리라는 것이었다.

따라서 원칙적으로는 제 146조(구 조항)를 거쳐서 가는 길이 전체독일 국가를 정치적으로 새로 구성하는 방향으로 이끌어갈 수 있었을 것이다. 예를 들면 이론적으로는 연방주의 방식이 아니라 중앙집권적으로 새로운 국가를 구성하는 것도 생각해볼 수 있었을 것이다. 전체독일의 헌법제정자도 역시 의회주의 정부 형태 대신에 대통령 중심의 정부체제를 세우기로 결정을 내릴 가능성도 있었을 것이다. 물론 이러한 고려는 단지 이론과 공론(空論)으로만 머물러야 한다. 연방주의와 의회주의 체제 같은 특정한 국가 통치구조가 서독에서는 매우 적극적으로 수용되고 있어서 그것에서 벗어나는 일은 어려우리라는 것이 확실하다.

또 헌법을 새로이 제정하는 것이 헌법상의 "0 시(時)" (Stunde Null)*** 와 동일한 의미를 지닌다고 믿는다면 이 역시 너무나 순진한 일일 것이다. 헌법을 근본적으로 개정하는 때에도 역시 헌법제정자는 그것으로부터 완전히 자유롭지는 못하며, 한 국가가 예전에 짊어졌던 국제법상의 의

Bundesrepublik Deutschland). 제 1권, 튀빙겐. 1984, 150쪽 이하.

*** 이전(以前)의 것은 전혀 존재하지 않고 완전히 새 출발을 한다는 의미. 독일인들은 1945년 제 2차 세계대전에서 패배하고 완전히 새로운 국가로 출발했던 시점을 종종 "0 시(時)"(Stunde Null)라고 비유적인 표현하여 왔다.

무들은 존속한다. 즉 "헌법제정 행위는 한 국가가 지닌 국제법상의 지위에는 큰 의미가 없는 순수하게 국내적인 사건이다."[17] 제 146조(구 조항)는 단지 새로운 헌법에 의해서 기본법이 해체될 수 있다는 것에 대해서 이야기하고 있을 뿐, 새로운 국가를 설립하는 것에 대해서는 이야기하고 있지 않다.[18] 이는 구체적으로 예를 들면 그 당시에 독일연방공화국은 물론 독일민주주의공화국이 (물론 이 나라는 말뿐인 고백이었겠지만) 모든 인권조약에 서명한 것은 새로운 전체 독일 헌법이 제정되어도 내용상 구속효과를 갖게 되리라는 의미이다.

확실한 것은, 제 146조(구 조항)에서 가능한 방식으로 헌법을 새로이 제정하여 국가통일을 이루는 일은 제 23조(구 조항)에 따라 다른 영토가 국가에 가입하는 것보다 현저하게 많은 비용이 들게 되리라는 것이다. 국민의회인가 아니면 헌법 제정 회의인가? 국민투표를 할 것인가 아니면 주(州) 의회에서 인준할 것인가? 어떤 식의 다수결 투표를 할 것인가? 따위의 문제들을 생각해보라. 그리고 아마 헌법을 제정하는 과정에도 많은 시간이 필요했을 것이다. 1989~90년에 열린 "기회의 창(窓)"(window of opportunity)을 이용하기에는 아마도 너무나 많은 시간이 걸렸을 것이다.

3. 헌법상의 갈등

방금 언급한 양자의 기본법 조항들은 수십 년 동안 미미하게 유지되어

---

17) 크리스티안 토무샤트(Christian Tomuschat), 독일통일을 향한 길(Wege zur deutschen Einheit), in: 독일헌법학자 협회 간행물(VVDStRL), 49 (1990), 91쪽.

18) 요재프 이젠제(Josef Isensee), 독일통일을 향한 헌법상의 길들(Verfassungsrechtliche Wege zur deutschen Einheit), in: 의회 문제에 대한 잡지(Zeitschrift für Parlamentsfragen) 2(1990), 319쪽.

왔다. 왜냐하면 1949년에서 1989년에 이르기까지 그 동안 어떤 길을 통해서 독일국민이 통일에 이를 수 있을지에 대해 한 번도 진지하게 의문을 제기한 적이 없기 때문이다. 그러다가 1989년에 동독에서 마지막으로 인민의회 선거를 치른 후에 재통합을 하려는 정치적인 의지가 분명하게 드러났을 때, 평화적인 혁명의 발발과 관련해서 비로소 기본법 제 23조와 제 146조가 최고로 중요해지게 되었다. 곧 어떤 과정을 밟아야 될 것인지에 관해 정치적인 대립과 헌법상의 대립이 일어나기 시작했다. 토론을 벌이면서 첫 번째 길을 선호하거나 두 번째 길을 더 선호하는 목소리들이 나왔다. 또 그 두 과정을 결합시켜야 한다는 다른 목소리들도 있었다. 즉 먼저 제 23조항에 따라 가입을 해서 통일을 이룬 다음에, 이어서 새로운 전체독일의 헌법을 새로이 구상해야 한다는 목소리였다.

가입을 통해 통일을 해결하는 방법의 사용에 반대하는 여러 주장들이 곧 제기되었다. 어떤 사람들은[19] 제 23조(구 조항)는 단지 자르란트(서독의 서쪽 끝에 있는 주)를 다시 병합시키는 일하고만 관련될 뿐 재통합에 대해서는 전혀 생각하지 않은 것이라는 의견을 내세웠다. 물론 이러한 입장에 대한 증거는 빈약하다. 이에 대해서는 1948년 헌법제정회의에서 독일통일은 가입의 길을 통해서는 성취될 수 없다는 의견을 내놓았던 카를로 슈미트(Carlo Schmid)에게서만 몇 가지 증거를 찾을 수 있을 뿐이다.[20] 그에 반해 울리히 쇼이너(Ulrich Scheuner)[21]와 테오도르 마운츠

19) 카를 몸머(Karl Mommer), in: 독일연방의회(Deutscher Bundestag), 2. 선거기간(Wahlperiode), 1818. 1956년 12월 14일자 회의. 속기보고서(Stenographischer Bericht) 10026 A쪽 참고.

20) 현재의 공공법 연감(Jahrbuch des Öffentlichen Rechts der Gegenwart) (N.F.) 1 (1951), 925쪽.

21) 울리히 쇼이너(Ulrich Scheuner), 기본법 제 246조와 헌법제정권력의 문제(Art. 146 GG und das Problem der verfassunggebenden Gewalt), in: 공공행정(Die

(Theodor Maunz)[22]의 논문들에 의해 법학계 내에서 가속화된 지배적인 의견에 의하면, 일찍부터 기본법 제 23조를 헌법상 재통합을 지향해 갈 수 있는 길로 간주하고 있었다.

그러나 가입의 방식으로 재통합을 하는 것은 근본적으로 서독의 영토를 확장하는 것일 뿐이며 통합과정에서 동독 시민들이 동등한 권리로 함께 행사하는 것을 무시하는 것이라고 주장하는 사람들도 있었다. 특히 서독의 지식인들 사이에서는 동독을 "병합"하는 데 관해서 논쟁이 벌어졌다. 예를 들면 독일의 저명한 작가 귄터 그라스(Günter Grass)는 소위 "동독을 싸구려로 구매"하려 한다고 이야기했으며, 철학자 위르겐 하버마스(Jürgen Habermas)는 "마르크화의 국수주의(DM-Nationalismus)"와 동일한 것이 될 거라고 믿었다.[23]

또 헌법학자들 가운데서도 기본법을 전체 독일의 헌법으로 만들 수는 없다고 하면서 제 23조에 따라 가입하는 것을 부정하는 몇몇 사람들이 있었다.[24]

그렇지만 헌법학자들 가운데 월등한 대다수는 헌법을 새로 제정하는 데 반대하였으며, 대신 제 23조(구 조항)에 따라 절차를 밟은 것에 찬성하

Öffentliche Verwaltung) 1953, 581쪽.

22) 테오도르 마운츠(Theodor Maunz), 기본법 내의 헌법제정권력(Die verfassunggebende Gewalt im Grundgesetz), in: in: 공공행정(Die Öffentliche Verwaltung) 1953, 645쪽, 648쪽 참고.

23) 카를-루돌프 코르테(Karl-Rudolf Korte), 기회를 이용하는가? 독일 통일을 위한 정책(Die Chance genutzt? Die Politik zur deutschen Einheit). 프랑크푸르트 암 마인. 1994, 108쪽에서 인용.

24) 예를 들어 다음을 참고. 헬무트 지민(Helmut Simin), in: 프랑크푸르터 알게마이네 차이퉁(Frankfurter Allgemeine Zeitung) 1990년 5월 25일자, 1쪽 ; 호르스트 드라이어(Horst Dreier), in: 호르스트 드라이어(Horst Dreier)(발행), 기본법-주석(Grundgesetz-Kommentar), 제 3권. 튀빙겐 2000, 제 146조.

였다.[25)]

1990년 3월 28일자 독일의 일간지 〈디 벨트(Die Welt)〉 지에는 분명히 제 23조(구 조항)에 따라 통일을 지향하는 것에 찬성하는 100명의 국법(國法) 관련교수들의 선언문이 실렸다.

헌법상의 문제에 있어서 정당들도 역시 입장이 분분하였다. 즉 동독의 사회민주당(Ost-SPD)은 1990년 3월 18일에 실시된 인민의회 선거에 대한 정당의 선거 강령에서, 동독을 독일연방공화국에 "편입" 시키는 것에 대해 격렬하게 반대하면서 양 독일 국가에서 등등한 수자의 위원회를 결성하여 기본법에서 출발하여 새로운 헌법을 구상할 것과 그런 다음에 국민투표에 의해 결정할 것을 요구하였다. 또 모든 시민운동단체들과 민주사회당(PDS)도 여기에서 기본적으로 새로운 헌법을 만드는데 찬성하였다.

1990년 초부터는 심지어 일련의 새로운 헌법을 구상하는 작업이나 - 예를 들면 1990년 4월 14일자 "원탁회의"[26)]의 구상 - 1991년 6월 29일자 "독일 주(州)들의 민주적인 연맹을 위한 감독기관"의 헌법 구상작업이 진행되기도 하였다.[27)] 그러나 이러한 구상들은 제 23조(구 조항)에 따라 가입하는 것으로 결정이 난 후에는 쓸모가 없게 되었다.

---

25) 예를 들어 다음을 참고: 독일헌법학자 협회 간행물(VVDStRL) 49 (1990), 그 중 요헨 A. 프로바인(Jochen A. Frowein), 요제프 이젠제(Josef Isensee), 크리스티안 토무샤트(Christian Tomuschat), 알브레히트 란델츠호퍼(Albrecht Randelzhofer)의 기고 논문들과 대담.

26) 1989년 12월 7일 동베를린에 설치된 소위 "중앙 원탁회의"에는 "구세력들"의 대의원들이 반대파 그룹에서 보낸 대표들의 맞은편에 앉아 있었다. 그 원탁회의의 마지막 회의는 1990년 3월 13일에 개최되었다. 이에 대해서는 다음을 참고: 우베 타이젠(Uwe Thaysen) (발행): 동독의 중앙 원탁회의. 담화 프로토콜과 문서(Der Zentrale Runde Tisch der DDR. Wortprotokoll und Dokumente), I-V권, 비스바덴 2000.

27) 베른트 구겐베르거(Bernd Guggenberger) 등등. (발행), 독일을 위한 헌법. 선언 - 텍스트 - 변호(Eine Verfassung für Deutschland. Manifest - Text - Plädoyers). 뮌헨/비인 1991. 참고.

특히 동독-기독교민주당(Ost-CDU), 동독자유당(Ost-Liberalen), 그리고 "민주적 부흥(Demokratische Aufbruch"[28] 및 본(Bonn)의 기독교민주당-기독교사회당(CDU/CSU)의 연립정부 및 자유민주당(FDP)은 신속히 가입을 해야 한다고 천명하였다. 1990년 8월 23일에 동독의 인민의회는 다수결에 의해서 이 절차를 밟기로 결정하였다.

제 23조에 따라 가입 절차를 밟는 것에 대해서 비판한 사람들이 열거한 합법성에 대한 주장이 결국에는 제 23조(구 조항)를 이용하는 데 찬성하는 것이 되었다 - 거기에는 두 가지 이유가 있었다.

첫째로, 동독의 시민들은 1990년 3월에 실시된 마지막 인민의회 선거에서 다수결로 빠른 가입을 주장한 바로 그 대의원들과 정당들을 뽑아주었다. 그로써 인민의회에서 제 23조(구 조항)에 따른 길을 밟기로 결정한 것은 최고의 합법성을 지닌 민주주의적인 결정이 된 것이다.

둘째로 - 그리고 이는 제 23조에 대한 논쟁을 벌이는 데서 대개는 간과된 것이었는데 - 제 23조는 독일의 통일에 대해 결정을 내리는 것은 오직 동독 주민들의 자기결정권에만 달려 있다고 일임해 놓은 점이었다.[29] 즉 독일연방공화국은 헌법에 의해서 동독의 가입을 전혀 거부할 수 없었던 것이다. 그에 반해서 동독 정부는 당시 화폐 통합, 경제 통합 및 사회 통합에 대한 조약 및 합병 조약에서 명시된 대로 협약에 의해 재통합을 이루는 일을 일 대 일의 협상으로 동등하게 진행시킬 수 있었다.

---

28) "민주적 부흥 - 사회적 + 생태학적(Der "Demokratische Aufbruch - sozial + ökologisch)"(DA)는 1980년 10월에 결정된 동독의 반대파 정치 그룹이었다. 1990년 2월에 DA는 사회연합 및 기독교민주당과 "독일을 위한 동맹"이라는 선거 동맹에 들어갔다. 1990년 8월에 DA는 동독-기독교민주당과 합당했다.

29) 마르틴 헤켈(Martin Heckel), 전집(Gesammelte Schriften). 클라우스 슐라이히(Klaus Schlaich)(발행), 제 3권. 튀빙겐 1997, 18쪽 참고.

반면에 만약 제 146조에 따라 헌법을 새로이 제정한다면 서독의 절대 다수의 주민수에 비해 동독의 주민수는 분명히 열세였을 것이다. 그 당시 동독의 유권자는 겨우 천 4백만 명에 달하였으므로, 당시 약 5천 5백만 명에 달하는 서독의 유권자들에게 수적으로 밀리게 될 것이 분명하였다.

이론적으로는 서독의 주민이 통일 후에 분담할 높은 통일분담금 때문에 심지어 재통합에 다수결로 반대하면서 헌법을 제정하는 데서 자신들의 숫자적인 우세를 마음껏 이용할 수도 있는 일이었다.

그래서 만약에 제 23조(구 조항)에 따라 절차를 밟는다면 "병합"이니 "인수"니 하는 이야기는 전혀 거론될 수 없었다.[30] 오히려 반대로 여기서 동독과 서독은 동등한 눈높이에 있었다.

4. 실제로 실행된 헌법상의 재통합

1990년 3월 13일에 동독에서 실시된 최초의 자유로운 인민의회 선거는 가능하면 빨리 재통합을 하고 싶어 하는 바람을 보여주었다. 그 당시 선거의 명백한 승리자는 기독교민주당(CDU)이 이끌었고 독일연방공화국에 신속히 가입하는데 찬성했던 소위 "독일을 위한 동맹"[31]이었다.

수상 로타르 드 메지에르(Lothar de Maiziere)가 이끄는 동독의 새로운

30) 상동(上同). 18쪽 참고.

31) "독일을 위한 동맹(Allianz für Deutschland)"은 동독-기독교민주당(Ost-CDU), 독일 사회연맹((DSU) 그리고 "민주적 부흥"(DA)이 선거를 위해 맺은 동맹이었다. 이들은 1990년 3월 18일에 실시될 동독을 최초 자유선거를 위해서 1990년 2월 5일자로 결성되었다. "독일을 위한 동맹"은 신속한 통일 및 1952년까지 구(舊) 동독지역에 있었던 주(州)들을 다시 회복하는 데 찬성하였다. 선거에서 참여표의 48.15 퍼센트를 얻음으로써 "독일을 위한 동맹"은 명백히 인민의회 투표에서 승리하였고 의회의 400 의석 가운데 192석을 차지하였다.

정부는 즉시 재통합을 위한 전제조건들을 마련하는 작업에 착수하였다. 1990년 5월 18일에 "경제 통합, 화폐 통합 및 사회 통합에 대한 조약"[32]에 서명을 하였다. 당시 독일의 경제체제는 더 이상 개혁마저도 할 수 없는 상황이었으므로, 동독은 1990년 7월 1일 자로 독일연방공화국의 경제체제를 받아들였다.

그 후 얼마 안 가서 베를린에서는 양쪽 독일의 정부들이 참여한 가운데 "통일조약"[33]에 관한 협의가 시작되었다. 협상이 끝나기 전에 동독의 인민의회는 1990년 8월 23일에 특별회의를 열어서 동독이 1990년 10월 3일 자로 기본법의 시행 영역 안에 가입하기로 결정하였다. 1990년 8월 31일에 통합조약이 체결되었으며, 이를 1990년 9월 18일에 "실행과 해석에 대한 합의"[34]로 보충하였다. 그 안에는 기본법 제 23조(구 조항)에 따라 동독이 독일연방공화국에 가입하는 방식들이 규정되었다. 그 조약은 45개 조항으로 구성되었으며, 중요한 법률 및 정책부문들에 관해서 조정한 방대한 추가 조항들이 첨부되었다. 통일조약에서는 특히 다음과 같은 사항들을 고려하였다.

- 기본법 제 23조(구 조항)에 따라 독일민주주의공화국은 독일연방공화국에 가입한다. 그로써 기본법은 전 독일의 헌법이 되어야 할 것이다.
- 1990년 10월 3일자로 재통합을 이행한다.
- 필요불가결한 헌법 개정은 2년 내에 이루어져야 한다.

---

32) 독일 통일에 관한 조약, 잉고 폰 뮌히의 소개의 말 첨부(Die Verträge zur Einheit Deutschlands, mit einer Einführugn von Ingo von Münch). 뮌헨 1991, 여기에서 1-24쪽 참고.

33) 상동(上同), 43-72쪽.

34) 상동(上同), 73-77쪽.

- 인민의회는 독일연방의회에 144명의 의원과 연방참사원에 대표들을 파견해야 한다.
- 기본법에서 벗어날 가능성이 있는 사항들은 가입한 독일영토 내에서 과도기 동안에 유효하도록 허용한다.

8월 23일 아침에 동독의 인민의회는 380명이 투표한 가운데 299명의 찬성표를 얻어 통일조약에 동의하였다. 8월 31일 아침에 독일연방의회가 (492명이 투표한 가운데 442명의 표를 얻어서) 그리고 같은 날 오전에는 연방참사원이 역시 동의하였고, 이미 정오에 통일조약에 서명을 하였다.

하지만 제2차 세계대전의 4개 전승국들이 독일 전체와 베를린에 대해 갖고 있던 권리와 책임 때문에 그 나라들의 동의가 없이는 독일의 재통합은 불가능하였다. 마침내 당시 소련도 역시 독일의 재통합을 더 이상 지연시킬 수 없다는 것을 인식하자, 전승국들은 1990년 2월에 양 독일 국가들과 함께 공동 협상에 들어가기로 합의하였다. 소위 2자 + 4자 대화였다.

그 다음 1990년 9월 12일에 체결된 열린 "독일과 관련된 궁극적인 규정에 관한 조약"[35]에서 재통합에 대하여 국제법적인 견해들이 조정되었다. 그로써 독일은 완전한 주권을 되찾았다. 1990년 10월 3일에 독일의 재통합은 예전에 설립된 동독의 5개 주(州)가 기본법의 시행 영역 안에 가입하는 것으로써 효력이 발생하였다.

특히 여전히 중요한 것은 통일조약의 제 5조항으로, 그 안에는 "정부는 (……) 통일된 독일의 입법 단체들에게 2년 내에 독일 통일과 관련해서 제기된 기본법의 개정 및 보완 관련된 문제들을 다루도록 (권한다)" 라고 씌어 있었다. 특히 연방과 주(州)들의 관계가 다시 조정되어야 하고, 주(州)들을 새로 조직하는 일이 가능해야 하며, 국가 목표의 규정을 기본법

---

35) 상동(上同), 29-34쪽.

안에 수용하는 것을 고려하고 논의해야 한다는 것이었다. 그것을 넘어서서 제 146조를 이용하는 일과 그 범위 안에서 국민투표를 하는 일에 관해서도 다뤄야 한다는 것이었다.

이러한 표현으로 통일 조약이 가진 화해적인 성격은 매우 분명해졌다. 그것은 비록 그들이 바꾸고 싶어하는 바람, 예를 들면 - 사회민주당(SPD)의 경우에 - 기본법을 통해 국민투표의 시행을 관철시키는 일 같은 것은 성공하지 못하였으나 "한편으로 역할을 맡은 여러 그룹들이 체면을 유지"할 수 있게 해주었고, 다른 한편으로 그 조약은 헌법 개정에 관한 토론이 계속해서 진행되는 동안에 자신들의 생각을 실현시킬 수 있으리라는 데서 출발한 야당인 사회민주당과 그 당이 이끄는 연방주들의 동의도 확보하였다."[36]

이같은 통일조약의 규정에 부합하여 1990년 11월 말에 연방의회와 연방참사원의 "공동 헌법위원회"가 지정되었다.[37] 그 위원회가 맡은 과제는 재통합 이후에 기본법을 개정하거나 보충할 필요성이나 바람에 대하여 생각하고 개정하자는 제안을 작성하는 일이었다. 거기에서의 논의는 환경보호라든가 남녀의 동등권을 확립하는 것 같은 새로운 국가 목표들을 수용함으로써 기본법을 확대하고, 혹시 유럽 통합에 근거해서 개별 조항들을 새로 작성하거나 삭제해야 하는지를 검토하는 데 이용되었다. 수많은 사회단체들이 발의를 하고 거기에서 진행되는 논의에 영향을 미치려고 노력하였다. 그러나 특히 연방주의의 개혁에 있어서는 기본법을 수정하자고[38] 부차적인 제안[39]을 하는데 머물렀다.

---

36) 헬게 로타르 바트(Helge Lothar Batt), 독일 통일 이후의 기본법 개혁(Die Grundgesetzreform nach der deutschen Einheit). 오프라덴 1996, 25쪽.

37) 이에 관한 상세한 것은 다음을 참조: 틸만 기젠(Tilman Giesen), 독일 통일 이후의 기본법 개정에 대한 준비(Die Vorbereitung der Grundgesetzänderungen nach der deutschen Wiedervereinigung). 프랑크푸르트 암 마인 등. 1997.

38) 상세한 것은 다음을 참고. 페터 피셔(Peter Fischer), 혁명 대신에 개혁. 연방의회

그로써 독일의 재통합은 법률적인 시각에서 보면 큰 후유증을 낳지는 않았다. 가장 중요하게 바뀐 것은 기본법의 전문(前文)과 제 146조였으며, 그로써 통일 독일은 더 이상의 영토를 요구하지 않는다는 것을 명확히 해야 했다. 제 23조 그 조항은 폐지되었다. 그럼으로써 1949년에 제정된 기본법은 전체 독일의 헌법이 되었다.[40]

5. 결론: 한국의 장래 재통합을 위한 교훈

한국 국민도 역시 지난 60여년 가까이 분단을 겪으면서 자국의 평화로운 재통합에 대한 소망을 계속 지녀왔다. 민주주의 국가인 남한에게는 국가의 통일은 전에 서독에게 그랬던 것처럼 헌법상 이미 주어진 국가의 목표이다. 심지어 공산주의 국가인 북한의 헌법도 "조국 통일"에 찬성한다고 표명하고 있다.[41]

그러나 한국의 장래 통일은 헌법상으로 어떻게 이루어질 수 있을까? 독일의 기본법과는 반대로 남한의 헌법에서는 통일과정이 어떻게 진행될 수 있을지에 관해서 아무런 암시도 하지 않고 있다. 그것은 어떤 길을 밟고 어떤 법률행위를 해서 한국의 통일을 이룰 수 있을지에 대해서 아무런 구체적인 언급을 하고 있지 않다.[42]

와 연방참사원의 공동 헌법위원회(Reform statt Revolution. Die Gemeinsame Verfassungskommission von Bundestag und Bundesrat). 뮌헨 1995.

39) 공동 헌법위원회의 보고서(Bericht der Gemeinsamen Verfassungskommission); 독일연방의회 인쇄물(BT-Drs.) 12/ 6000.

40) 클라우스 슈테른(Klaus Stern), 독일연방공화국의 국법(Das Staatsrecht der Bundesrepublik Deutschland). 제 5권, 뮌헨 2000, 1964쪽 이하.

41) 조선민주주의공화국 헌법 제 9조.

42) 전재호(Jaeho Jun), 국가 통일을 이룩하는데 있어 헌법의 중요성과 기능(Die

그렇지만 나의 견해로는, 남한의 헌법은 통일이 어떻게 헌법상 실현될 수 있는지에 대해 몇 가지 간접적인 시사를 내포하고 있다고 본다. 첫째로, 남한의 헌법 제 3조는 대한민국의 영토는 "한반도와 그 부속 도서로" 되어 있다고 시사하고 있다.

그로써 헌법은 한국의 영토상의 통일을 근거로 해서 출발하고 있다. 그에 따르면 헌법상의 통일은 독일에서와 비슷하게 다른 부분의 영토들이 남한의 헌법의 시행 영역 안에 가입함으로써 이루어질 수 있다. 그것으로 독일의 기본법 제 23조(구 조항)와 유사성이 있다고 할 수 있을 것이다.

두 번째 시사를 하고 있는 것은 대한민국 헌법 제 130조 2항이다. 거기에는 "헌법개정안은 국회가 의결한 후 30일 이내에 국민투표에 붙여야 한다"고 되어 있다. 남한의 헌법은 개정안에 대해 형식상 혹은 내용상의 제한은 두고 있지 않다. 이는 한국 국민 전체가 헌법제정권력을 행사함으로써 완전히 새로운 전체 한국의 헌법을 만들어내는 일도 헌법상 허용되고 있다는 뜻이다. 따라서 이 조항은 독일 기본법의 제 146조(구 조항)와 유사하다고 할 수 있을 것이다.

물론 한국의 통일을 이루기 위해서 독일이 밟은 것과는 전혀 다른 길을 가는 방법도 상상할 수 있다. 예를 들면 여기 한국에서는 재통합을 점차적인 과정으로서 실현하는 것도 생각해볼 수 있다. 즉 처음에는 조약상의 공동체나 연방주들을 형성하는 길을 밟은 다음에, 시간이 지남에 따라 통일된 국가의 형태를 띠게 하는 것이다. 주지하다시피 그 모델이 된 것은 1989년 11월 28일에 베를린 장벽이 열린 뒤에 당시 서독 수상 헬무트 콜(Helmut Kohl)이 발표한, 소위 "10개 조항"이라는 동독지원계획이었다. 현재 북한의 상황을 고려할 때, 그와 같은 점진적인 절차를 밟은 방식이

Bedeutung und Funktion der Verfassung zur Herstellung der nationalen Einheit). 학위논문. 아우구스부르크 1994, 209쪽 참고.

독일식 모델을 따라서 급속히 재통합을 하는 것보다 더 현실적일 수 있다.

그것을 넘어서서 한국의 경우에 급속히 재통합을 하게 되면 당시 독일의 경우보다 더 큰 도전을 받게 되리라는 것을 간과할 수 없는 몇 가지 요인이 있다. 그 까닭은 1989~90년 당시의 독일 상황과 오늘날 한국의 상황은 근본적으로 세 가지 다른 점이 있기 때문이다.

첫째, 예전에 동독의 대다수 시민들은 특히 독일연방공화국에서 보내는 라디오와 텔레비전 방송을 통해서 서유럽의 정보에 문제없이 접근할 수 있었다. 그럼으로써 동독인들은 자유와 민주주의가 갖고 있는 장점들에 대해 익숙해져 있었다. 그러나 북한의 주민들은 이 같은 기회를 갖지 못하고 있는 것으로 보인다. 그 때문에 만약에 민주주의와 합법성이라는 조건 하에서 헌법상 한국의 재통합을 실행한다면 이는 아마도 힘들어질 것이다.

둘째로, 독일의 통일 당시 동독의 주민수가 서독의 주민수에 비해 그 비율이 낮았던 것과는 달리, 북한은 남한과 비교해서 주민의 수가 비교적 많은 편이다. 즉 독일의 재통일 당시에 동독의 주민 수는 서독의 주민수의 3분의 1에 미치지 못했지만, 반면에 북한의 주민수는 남한 주민수의 약 절반에 달한다.[43] 가입을 할 것인지 아니면 새로 헌법을 제정할 것인지, 헌법과 관련된 이 가변요소들은 주민수의 비례 관계에 따라 그 특성이 달라질 것이다.

셋째로, 나의 이번 강연에서 해명하려고 노력한 헌법상의 측면은 국가통일을 이루는 데 있어서 한 가지 차원일 뿐이다. 거기에 추가적으로 사회적-문화적인 관점들과, 특히 경제적인 관점이 뒤따른다. 남한과 북한은 오랫동안 분단되어 있었던 만큼 정치 문화면에서 현저한 차이가 존재하고 있음을 부인할 수 없다. 우리 독일인들도 통일 후 거의 20년 동안 동서

---

43) 동독 주민수 약 천 7백만 명, 서독의 주민수는 약 6천만 명 ; 북한의 주민수는 약 2천 2백만 명, 남한의 주민수는 약 4천 8백 6십만 명이다.

독이 함께 하나의 국가에서 공동으로 생활해 왔지만 오늘날에도 여전히 그것을 느낀다. 동독이 독일연방공화국에 가입한 이후로 거의 20년이 지났지만 우리 독일에는 "내적인 통일"은 아직도 완결되지 않았다.[44] 이것은 예를 들면 선거를 치를 때 동부지역과 서부지역에서 서로 다른 선거 결과가 나오는 데서 판단할 수 있다. 독일 동부지역에서 공산주의 이후에 생겨난 좌파정당은 상당히 유권자의 호응을 얻고 있지만 서부지역에서는 그 정도가 훨씬 덜하다. 한국이 재통합된 이후에 남북의 정치적-문화적 차이가 얼마나 더 클지 현재로서는 전혀 추측할 수가 없다.

또 끝으로, 북한의 경제 상황은 1990년에 동독의 경제 상황보다 훨씬 더 열악하다.[45] 갑작스럽게 재통합을 할 경우에 통일 후에 독일에서 오늘날까지 독일인들이 부담해야 했던 통일분담금보다 훨씬 더 많은 경제적인 부담이 한국인들에게 주어질 것이다.

이는 우리에게 헌법상의 차원 - 즉 그것을 이용하여 국가 통일을 이루는 것 - 이 사실은 재통합 과정의 종착점이 아니라 시작점이라는 것을 보여주고 있다. 한 나라의 통일은 오랜 세월 동안 분단되고 난 후에는 단순히 법적인 행위에 의해서만 실현시킬 수 있는 것이 아니다. 시간이 흐르고 난 다음에야 비로소 "함께 속하는 것은 함께 성장하게 되는 것이다."[46]

---

44) 독일 내에서 벌어지고 있는 논쟁에 관해서는 다음을 참고: 오스카 W. 가브리엘(Oscar W. Gabriel), 함께 속하는 것은 함께 성장하는가?(Wächst zusammen, was zusammengehört?) 바덴-바덴 2005.

45) 예를 들면, 평균소득(구매력)은 서독이 US$ 25.000, 동독은 US$ 8.500 in Ostdeutschland; 남한은 US$ 26.000 , 북한은 US$ 1,700이다. (https://www.cia.gov/library/publications/the-world-factbook/rankorder/2004rank.html).

46) 이 유명한 인용구절은 당시 사회민주당(SPD) 당수였던 빌리 브란트(Willy Brandt)에게서 나온 것이다. 다음을 참고. 베른트 로테르(Bernd Rother), 구두로 한 말은 유효한가? - 언제 어디서 빌리 브란트는 "지금 함께 속하는 것은 함께 성장한다"라고 말했는가?(Gilt das gesprochene Wort? - Wann und wo sagte Willy Brandt "Jetzt wächst zusammen, was zusammengehört"?) In: 독일 기록집(Deutschland Archiv) 33권 (2000), 90-93쪽.

경제 및 기업의 관점에서 본 통일과 사회통합

〈특별강연〉

남북 경제협력과 현대아산

- 독일 통일의 교훈과 남북경협의 과제 -

조건식 사장 (현대아산)

올해로 베를린 장벽이 무너진 지 20년이 됩니다. 당시 베를린 장벽 위에서 국기를 흔들며 서로 얼싸안고 열광하던 동서독 시민들의 모습이 대단히 인상적이었습니다. 한 편의 드라마와 같던 감동이 지금도 생생합니다. 결국 베를린 장벽의 붕괴는 독일 통일의 도화선이 되었고, 이후 통일을 위한 조약과 협정 체결을 성공적으로 추진하여 1990년 10월 3일 마침내 동서독의 통일이 공식적으로 선포되었습니다.

베를린 장벽의 붕괴와 독일 통일의 과정은 분단국으로서의 입장과 사정이 비슷한 우리에게 두 가지 메시지를 주었습니다. 하나는 한반도에서도 통일이 가능하다는 희망이었습니다. 다른 하나는 정치적 통일 이후에 진정한 경제 · 사회적 통합을 이루어 내는 일이 얼마나 어렵고 중요한 일인가에 대한 교훈이었습니다.

베를린 장벽이 붕괴되던 그 해에 한국에서도 통일을 향한 진지한 노력이 마침내 결실을 맺게 됩니다. 바로 1989년 9월 11일에 확정 · 공표된 『한민족공동체 통일방안』입니다. 공동체 통일방안의 중심 내용은 '선 민족공동체 건설, 후 통일국가수립' 이라는 기본원칙 하에서 화해협력과 남북연합의 과정을 거쳐 통일로 나아가자는 것입니다.

특히 이 통일방안은 국민적 합의에 기초하여 만들어졌다는 점에서 높이 평가받고 있었습니다. 민주적이고 투명한 절차를 거쳐 국민의 뜻을 모으기 위해 일 년 이상의 시간이 소요되었으며 최종적으로 대통령의 국회 연설을 통해 확정되었습니다. 20년이 지난 지금까지도 여야의 초당적인 합의를 바탕으로 확정된 유일한 통일방안이라고 할 수 있습니다.

공동체 통일방안의 핵심은 경제공동체 건설입니다. 반세기 이상을 정치 군사적 적대 관계 속에서 살아 온 남북이 일시에 입장을 바꿔 하나가 되는 것은 현실적으로 불가능합니다. 아직도 법적으로는 휴전상태인 남북 사이에 가장 민감한 문제는 '안보' 입니다. 따라서 남북이 하나가 되기 위해서는 먼저 남북이 교류하고 협력하는 것이 매우 중요합니다. 현실적으로 가능한 분야 즉 남북이 서로 경제적 이익을 공유하면서 교류하고 협력할 수 있는 부분을 찾아 통일의 기초를 다져 나가자는 것이 경제공동체 건설의 취지입니다.

그러나 체제가 다른 남과 북 사이에서 경제공동체 건설을 위한 경제협력을 하기에는 많은 한계가 있었습니다. 또한 남북 사이의 경제적 격차도 경제협력을 어렵게 하는 요인이었습니다. 그래서 현대가 주목한 분야가 관광사업을 통한 경제협력입니다. 북측이 갖고 있는 천혜의 관광자원을 사업화함으로써 남북의 장점을 살린 경제협력 모델을 만들고자 했던 것입니다. 그러한 노력의 첫 결실이 금강산관광입니다.

1998년 11월 18일 마침내 금강산관광이 시작되었습니다. 당시 제가 통일부 국장으로서 금강산관광 T/F를 맡아 금강산 관광선 출항 여부를 결정하느라 고심했던 기억이 납니다. 그만큼 금강산관광은 민간 기업 차원의 사업이었지만 남북관계에 있어 획기적인 일대 사건이었습니다.

남북이 군사적으로 대치하고 있는 상황에서 처음 관광은 해로를 통해 이루어졌습니다. 그러나 2003년부터는 군사분계선을 직접 통과하는 도로를 개설해 관광을 하게 되었습니다. 베를린 장벽과도 같은 육중한 철책을 걷어낸 자리에 사람이 왕래할 수 있는 길을 만든 것입니다. 육로관광이 시작되면서 관광객이 급격히 증가하여 현재까지 금강산을 다녀온 관광객은 무려 195만 명에 이르고 있습니다.

금강산관광의 성공적인 시행은 북측의 다른 지역 관광 사업으로 이어졌습니다. 2007년부터는 개성관광이 시작되었고, 현재 직항로를 이용한 백두산 관광도 합의된 상태입니다. 또한 관광분야에서의 경제협력 성과를 토대로 본격적 남북경협 사업인 개성공단 건설사업 추진이 가능했습니다.

개성공단은 군사분계선 이북에 건설되고 있는 남측의 공업단지입니다. 2000년 8월 현대는 개성 지역에 2천만평 규모의 공업단지 건설을 합의하고, 이를 3단계로 나누어 추진하고 있습니다.

현재 1단계 100만 평에 대한 기반시설 공사와 분양을 마친 상태로, 114개 기업이 입주하여 공장을 가동하고 있습니다. 개성공단 사업을 위해 남북의 도로와 철도, 전력이 연결되었으며 4만여 명의 북측 근로자들이 남측의 동료들과 함께 일하고 있습니다.

개성공단 사업의 성공을 위해 여전히 풀어야 할 많은 과제가 있습니다. 그러나 북측의 토지와 노동력, 남측의 자본과 기술을 결합하여 시너지 효과를 거둘 수 있다는 점에서 개성공단 사업은 남북경협 사업의 본보기로 평가받고 있습니다.

금강산관광과 개성공단의 성과는 천천히 그러나 분명하게 나타났습니다. 2002년에 북측의 최고인민회의 상임위원회는 개성공업지구와 금강산관광지구를 특별경제구역으로 지정하였습니다. 개성과 금강산은 한반도의 허리를 가로지르는 군사분계선 인근의 매우 중요한 군사적 요충지입니다. 북측 군대가 주둔해 있던 이 지역에 중화기와 군사시설이 철거되고 대신 공장이 들어서고 관광지가 된 것입니다.

북측은 경제특구를 통해 새로운 기술을 배우고 기업 경영에 대한 노하

우를 익히며, 시장경제 제도에 대한 지식과 경험을 습득하는 기회를 늘려가고 있습니다. 이러한 경제특구가 늘어나고 특구의 배후지역까지 연관효과가 파급됨으로써 '경제공동체' 의 실현에 한 발 더 다가설 수 있을 것입니다.

단지 경제적인 효과만 있는 것이 아닙니다. 금강산과 개성은 단순한 관광지나 공단이 아니라 남북 주민이 소통할 수 있는 장이 되었습니다. 남북은 수십 년 이상의 분단으로 인해 언어, 문화, 생활양식 등 거의 모든 면에서 이질화 되고 있습니다. 그런 남북의 사람들이 금강산과 개성에서 만나며 서로에 대해 조금씩 알아가고 이해하게 되었습니다. 경제부문의 교류 협력이 자연스럽게 사회 문화 부문으로 확대되고 있는 것입니다.

불행하게도 금강산관광과 개성관광은 현재 중단되어 있습니다. 지난해 새정부 출범 이후 남북 당국 간의 갈등이 고조되면서 개성공단에 상주하던 남측 당국자의 철수를 시작으로 남북경협 사업은 심각한 위기를 맞게 되었습니다.

설상가상으로 작년 7월 관광지역을 이탈한 관광객이 북측 군인에 의해 피격되는 불행한 사고로 금강산관광이 중단되고, 이어 12월에는 남측의 대북 적대정책을 이유로 북측이 군사분계선 출입 · 체류를 엄격히 제한함에 따라 개성관광마저 중단되었습니다.

금강산관광은 사고에 대한 진상규명 등을 둘러싸고 남북 당국 간의 이견이 좁혀지지 못해 아직까지 재개되지 못하고 있는 실정입니다. 개성관광의 경우 지난달 북측의 출입 정상화 조치에 따라 언제라도 다시 시작할 수 있는 여건은 마련되었으나, 아직 구체적인 관광재개 일정을 잡지 못하고 있습니다.

개성공단 역시 북핵문제를 둘러싼 남북관계 전반의 경색국면과 맞물려 속도를 내고 있지 못한 상황입니다. 남북관계 악화를 우려하여 이미 분양을 받은 일부 기업들이 입주를 미루고 있으며, 북측 인력의 원활한 인력

공급을 위해 남북 당국이 이미 합의한 근로자 숙소 등의 건설도 지연되고 있습니다. 특히 250만 평 규모의 2단계 사업은 착수조차 하지 못하고 있는 실정입니다.

금강산관광이 일 년 이상 중단되는 등 현대의 남북경협 사업이 큰 차질을 빚고 있는 상황에서 지난 8월에 현대그룹의 현정은 회장이 평양을 방문하여 김정일 국방위원장을 만나 주요 현안을 논의하고 돌아왔습니다.

이번 방문은 당시 북측에 억류되어 있던 개성공단 직원의 석방과 월경어선 '연안호' 선원의 조기 귀환, 그리고 남북 당국 간 대화를 통한 남북경협 사업 정상화 촉구를 위함이었습니다. 다행히 현회장의 방문 기간 중 억류 직원이 석방되었고, 이후 연안호 선원도 무사히 돌아올 수 있었습니다.

또한 이번 면담에서 북측의 적극적인 호응으로 금강산관광 및 개성관광의 재개, 개성공단 사업 활성화, 남북 이산가족 상봉행사 개최 등 5개항을 합의할 수 있었습니다. 특히 금강산 관광객 피격사건에 대해서는 김정일 국방위원장이 직접 "안타까운 사고다. 앞으로 절대 그런 일 없을 것이다"라는 약속을 하기도 했습니다.

그러나 합의했다고 해서 곧바로 실행할 수 있는 것은 아닙니다. 민간사업자의 자격으로 현대가 합의해 온 사항을 실현하기 위해서는 정부 당국의 승인이 필요하기 때문입니다. 금강산관광 재개의 경우 우리 정부가 진상규명, 재발방지, 관광객 신변안전 보장을 요구하고 있는 만큼 이에 대한 남북 당국 간의 협의와 합의가 필요한 상황입니다.

현대라는 민간기업을 통해서이기는 하지만 북측이 관광재개와 이산가족 상봉행사 개최를 합의하는 등 당면 현안 해결에 매우 협조적인 자세를 보임으로써 당국 간 협의가 이루어질 수 있는 좋은 계기가 마련되었습니다. 이러한 기회를 잘 살려서 남북 당국 간의 대화가 추진되기만 한다면 관광재개 등 주요 현안에 대한 타결은 어렵지 않을 것으로 기대하고 있습니다.

지금까지 한반도의 통일을 위한 민족공동체 건설의 필요성, 특히 경제공동체를 만들어가기 위한 남북 경제협력의 중요성과 그 속에서 현대라는 기업이 수행하고 있는 남북경협사업의 내용과 현황에 대해 간략히 말씀드렸습니다.

남과 북의 상호 이익에 기반 한 경제협력이 활성화되면 자연스럽게 사회·문화 부문의 협력으로 확대되고 결국 정치·군사적인 협력으로까지 이어질 수 있다는 것이 저희의 기대이자 바람입니다. 그러나 남북 경제협력 사업이 계속 추진되기 위해서는 막연하게 인식되고 있는 두 가지 오해를 짚고 넘어가야 할 필요가 있습니다.

하나는 남북경협 사업이 북측에 대한 일방적인 지원이라는 오해입니다. 남북경협 사업이 북측의 경제발전을 위해 좋은 계기가 될 것이라는 점은 맞습니다. 그러나 우리의 기업, 우리의 경제에도 꼭 필요한 사업이라는 바른 인식이 필요합니다. 우리 기업들이 개성공단에서 저렴한 임금의 우수한 노동력을 제공받아 국제경쟁력을 높이고 재기의 발판을 삼는 사례가 좋은 본보기입니다. 다시 말해 남북경협은 남북 모두에게 이익이 되는 일이지 결코 일방적 지원은 아닌 것입니다.

다른 하나는 현재 북핵문제 등에 따른 대북제재 국면에서 남북경협의 대가 형식으로 북측에 유입되는 현금의 문제입니다. 이 이슈에 대해서는 그간 끊임없는 논쟁이 있어왔습니다. 하지만 북측이 시장경제의 원리에 따른 정상적인 경제협력에 익숙해지기를 원한다면 우선 정상적인 상거래 관행을 정착시킬 필요가 있습니다. 최근 미국의 대북제재 담당 골드버그 조정관이 '금강산관광이나 개성관광은 유엔의 대북제재와 무관하다'는 입장을 밝힌 것도 유용한 판단기준이 될 것입니다.

분단국의 통일이라는 것은 대단히 예측하기 어려운 문제입니다. 독일의 통일도 그러했지만, 한반도에서도 통일이 될지 안 될지 정확하게 이야기 할 수 있는 사람은 아무도 없습니다. 언제 통일이 될 것인가에 대해서는 더더욱 전망하기 어렵습니다. 그러나 분명한 것은 우리가 남북의 통일을 지향한다면 이를 위해 지금부터 준비하고 대비해야 한다는 것입니다.

이런 의미에서 우리는 독일의 통일에서 교훈을 찾아야 한다고 생각합니다. 독일통일은 정치적 지도력과 국민의식 그리고 통일정책이 종합해 낸 결과였습니다. 그러나 정치적인 통일을 넘어서 경제적 격차를 극복하고 사회 구성원 모두가 정서적으로 화합하는 진정한 통일을 이루는 것이 얼마나 어려운 일인가에 대해 많은 교훈을 주고 있습니다. 또한 통일을 위해 얼마나 막대한 비용이 수반되는지에 대해 진지하게 생각해 볼 수 있는 사례입니다.

저희 현대의 금강산관광 사업이나 개성공단 사업은 남북 공동의 경제 발전과 분단 민족의 보편적 가치를 지향하는 사업입니다. 경제협력 사업을 통한 남북의 경제적 격차 극복은 장기적으로 통일비용을 절감하는 결과로 이어질 것입니다.

또한 금강산이나 개성에서의 인적 교류를 통해 서로에 대한 이해를 높이고 같은 민족으로서의 동질감을 키워간다면, 언젠가 통일을 맞이했을 때의 사회통합 비용을 현저히 낮추는 효과도 기대할 수 있습니다. 현재 중단되어 있는 남북경협 사업이 조속히 정상화되고 더욱 활성화되어야 하는 이유이기도 합니다.

1950년 이곳 한반도에서는 전쟁이 있었습니다. 3년 동안 2차 세계대전 이후 최대 규모인 470만 명의 사상자를 낸 비극이었습니다. 반세기 이상이 지난 지금도 한반도는 군사적 긴장감이 감도는 분단국으로 남아 있습니다.

지금 이 순간 금강산에서 남북 이산가족 상봉행사가 열리고 있습니다. 그러나 여전히 수백만 명이 넘는 남북의 이산가족이 군사분계선을 사이에 두고 평생을 가족과 헤어져 살고 있는 곳이 여기 한반도입니다.

공동체 통일방안이 공표된 이후 지금까지 남북의 화해와 협력을 위해 부단히 노력해 온 결과 한반도의 평화와 통일을 위해 많은 의미 있는 진전이 있었습니다. 그 과정에서 저희 현대라는 기업이 나름대로의 역할을 해 왔다고 생각하며 앞으로도 그러한 노력은 계속될 것입니다.

오늘 귀중한 자리에 초청해 주셔서 감사드리며, 앞으로 저희 현대에 대한 많은 관심과 성원을 부탁드립니다.

감사합니다.

"자본주의의 정신"과 동독의 경제적 발전

로베르트 뵈머 Robert Böhmer
(독일 튀링엔주 경제 · 노동 · 기술부)

우리는 오늘 가톨릭 대학에 모였습니다.

저는 독일재통일의 경제적 문제에 관해 말씀 드리겠습니다. 저의 주제는 어느 정도는 종교적인 맥락에 속해 있기도 합니다.

철학과 경제학 그리고 사회학에서 "자본주의의 정신"으로 불리는 것은 종교적으로 이해될 수도 있습니다. 물론 "자본주의의 정신"은 당연히 성령, 곧 거룩한 정신이 아니고 계시를 깨닫는 정신도 아니며 신에 대한 앎이나 이웃사랑 또는 구원의 정신도 아닙니다. 여기서 "자본주의의 정신"이란 금욕적이고 세계를 향해 있는 경영자의 정신입니다. 그러나 "자본주의의 정신"은 최종적으로는 대체종교이기도 하고 독일 철학자 발터 벤야민이 1921년에 〈종교로서의 자본주의〉라는 글에서 처음으로 기술한 바와 같이 자신을 파괴하는 힘이기도 합니다. 우리가 바로 1년 이상 전부터 겪고 있는 경제위기에서 바로 그러합니다.

"자본주의의 정신"은 무엇보다도 사회학자이자 경제학자인 막스 베버의 커다란 주제였습니다.

베버는 1864년 에르푸르트에서 태어났습니다. 제가 여러분께 오려고 떠나온 곳도 바로 그곳입니다. 오늘날 에르푸르트는 독일 한 가운데에 소재한 튀링겐 주(州)의 수도입니다. 20년 전까지만 해도 에르푸르트는 동독의 철의 장막 뒤에 가려져 있었고, 그 과거가 어땠는지를 우리는 요즘에서야 이야기하곤 합니다.

먼저 베버에 대해 말해볼까요. 기념비적 저작인 〈자본주의의 정신과 개신교의 윤리 Der Geist des Kapitalismus und die protestantische Ethik〉(1905)에서 베버는 경제적 발전에 끼친 종교의 영향에 대해 기술하였습니다. 이는 중요한 사회학적, 철학적 주제이며, 또한 경제학적 도그마의 역사 일부를 이루고 있습니다. 독일재통일 이후 동독지역의 경제적 발전을 이해하는데 지금까지 베버의 명제는 별로 중요치 않은 것으로 여겨졌습니다.

그러나 제 확신에 따르면, 통독 이후 경제와 사회발전을 이해할 때 심성(心性)과 문화적 특징을 끌어들이는 작업은 분석을 위해 필수적입니다. 왜냐하면 소련식 사회주의의 붕괴를 겪으면서 현대 자본주의의 정신적 전제조건에 대한 베버의 물음이 다시 오늘날의 주제가 되었기 때문입니다. 그리고 심성과 정신을 경제적 사회적 제도들을 다룰 때 포용하는 것은 1990년에 단순하고 소박하게 전제될 수는 없었으나 이제 필수적입니다.

동독에서의 40년의 역사, 그리고 독일재통일과 더불어 그 지역에서 60년간 전횡한 독재가 끝나며 같은 언어와 문화를 공유하는 두 사회가 만났지만, 이는 무엇보다도 서로 반대되는 두 세계가 만난 것이기도 했습니다. 자유롭고 개방적이며 다원주의적인 서방사회와 권위주의적이며 억압적인 국가사회주의가 바로 그 두 세계입니다.

이러한 배경에서 오늘 우리가 다루는 주제는 바로 한국에 계신 여러분들께도 시사하는 바가 있겠습니다. 그러나 통독 이후의 전환과정에 대한 연구에서는 상당 기간 문화적 부수조건들과 같은 가벼운 요소들은 간과되어 왔습니다. 그렇다고 이런 현상이 전환과정 연구에서만 나타난 것은 아니며 (신고전주의로 불리는) 주도적 경제학파의 잘 알려진 문제이기도 합니다.

일각에서는 사회적 특성이나 심성과 같은 차원들은 경제학의 모델이 요구하는 엄밀한 진술과 '명쾌한 분석'을 방해한다고 주장하기도 합니다. 저 역시 경제학자입니다. 제가 저명한 경제학자 한 분에게 이런 생각을 말했을 때 돌아온 답은 다음과 같습니다. "동독적인 심성이 있다는 데 대해 나는 아는 바가 없습니다. 아는 게 없으니 배제할 수도 없는 거지요. 그러니까 심성은 내겐 아무런 의미도 없습니다! 이유를 말씀드리지요. 심성은 경제학적으로 다룰 수가 없습니다. 인간의 사고는 어쨌든 바꿀 수 없습니다. 관련된 정보를 나는 갖고 있지 않습니다. 안다면 좋겠지만 경제학자로서 나는 그걸 갖고 아무것도 할 수 없습니다."

정말 그럴까요? 분명히 아닙니다. 아시다시피 현실은 신고전주의 경제학의 모델세계가 그려내고 예측하는 것과는 다르게 전개됩니다. 동독사회는 최소한 오늘날까지 자체의 문제를 갖고서 체제전환 과정에 사회입니다.

동서독간의 격차는

- 1997년 이래 동독의 전환과정에서 상대적으로 침체된 데서 나타났고
- 무엇보다도 서독에 비해 뒤처지는 국내총생산(GDP) 성장률,
- 평균적으로 정체상태에 빠진 생산성 (서독 수준의 3/4),
- 장기적인 고용부진
- 동독가계의 저조한 재산형성 수준 (서독 가구가 소유한 재산의 1/3밖에 안됨)
- 그리고 오늘날까지 점점 더 줄어드는 피고용자 급여 등으로 나타납니다.

복잡한 경제적 상황의 원인은 다양합니다. 그러나 '정치적인 올바름'

(political correctness) 때문에라도 경제학의 "주류"에서 토론할 수 없는 대답은 허용되지 않습니다. 그렇지만 낡은 외부 구조들의 충격요법적인 해체(요젭 A. 슘페터)조차도 내적인 기관들, 곧 인간적인 습관에 공백을 남기지 않았습니다. 시장의 힘이 자유주의 경제학 교과서에 따라 전개될지는 의문스럽습니다.

그럼에도 독일 정치가들과 다수 경제학자들은 시장의 힘이 성공적으로 작용하리라는 전망에서 출발합니다. 단지 변화된 상황의 기본요건에 적응하고 "올바른" 경제정책적인 도구를 투입하기만 하면 된다고 이들은 말합니다. 그러면 저절로 경제적 성공이 뒤따른다는 것입니다.

그러나 20년이 지나도록 감지되는 경제적인 왜곡과 "공백들"이 생겨났습니다. 이런 문제에 대해서 "자본주의의 정신"의 견지에서 어떤 "이해하는 분석"이라 할 만한 대답을 줄 수 있을까요?

자본주의 정신에 대한 베버의 명제

막스 베버는 현대 자본주의의 내적인 조건에 대한 물음을 제기했습니다. 그리고 이에 대한 답으로 개신교적인, 더욱 정확히 말하면 청교도적인 칼뱅주의 윤리를 내세웠습니다. 이는 예정설의 도그마에 따른 포기, 직업의무와 근검 그리고 순종을 내용으로 합니다.

경제적 성공을 "개신교적 요소들"로 설명하는 것은 구동독처럼 세속화된 사회주의 이후의 사회에서는 한계가 있습니다. 뿐만 아니라 "자본주의 정신"은 오늘날 서구사회의 일반적인 가치표상들로 변했으며, 종교적인 근원에서 점진적으로 풀려나 사회적 현대화 과정에서 수정되었습니다.

베버는 이런 현상을 "세계의 탈마법화"라는 개념으로 각인하였습니다. 현대 자본주의 사회는 더 이상 예전처럼 종교적인 동기에서 출발하는 기독교적인 뒷받침을 필요로 하지 않습니다. 게다가 소련과 동독 사회주의에서는 사회적 현대화의 세속적인 경향이 이데올로기적으로 뒷받침되었습니다.

미국의 사회학자 롤랜드 잉글하트(Roland Inglehart, 1996)는 "사회주의적 레비아탄 같은 국가는 (사회적인) 현대화 과정의 논리에 따른 정점이지만, 그것이 미래의 길은 아니라는 사실이 밝혀졌다"고 말했습니다.

그러나 "탈마법화된 사회"에서조차 시장경제체제를 위한 심성적이고 정신적인 초석은 필수적입니다.

동기부여 연구자인 데이비드 맥클랜드(David McClelland) (성취하는 사회 The Achieving Society [1961])는 "가치, 믿음, 이데올로기 - 이것들은 한 국가에서 성취를 위해 가장 필요한 자원들"이라고 요약했습니다.

시장경제의 "자본주의적" 경제질서 기능은 이러한 체제에 윤리적으로 상응하는 삶의 운영방식과 윤리를 통해서 보장됩니다. 외부시각으로 보자면 서구세계에서는 오늘날 겉보기에 아시아적이며 유교주의적인 가치들이 시대에 걸맞는 시장경제적인 사고로 관심을 끌고 있습니다.

이는 독일의 경우엔 약간 다르게 역사적으로 이해되어야 합니다. 독일의 사회적 시장 경제는 2차대전말부터 세계적으로 가장 성공적인 사회 및 경제 질서로 여겨져 왔습니다. 사회적 시장경제는 하나의 윤리적, 기독교적 기반 위에 서 있으며, 국가사회주의에 대한 저항, 신자유주의와 정통자유주의, 독일 역사학파 그리고 천주교의 사회이론을 통해 영감을 받았습니다. (경제학자인 빌헬름 뢰프케, 알프레트 뮐러-아르막, 발터 오이켄, 프란츠 뵘은 이에 이념을 제공한 유명한 학자들입니다.)

탈사회주의 체제를 오늘날 막스 베버의 의미에서 해석한다 함은

- 일반적으로 정신적 제도주의적 차원에 관련짓고 그리고 현재에도 타당한 성취윤리를 기술하는 일이고
- 뿐만 아니라 경제적으로 타당한, 원래의 개신교적 노동윤리에 대한 베버의 테제에 대응되는 "세속적 상응물"을 인식하는 것입니다.

그렇다면 오늘날 동독의 맥락에서 베버가 말하는 개신교 테제는 우리에게 무엇을 말할까요?

구동독 지역에는 역사적으로 중요한 이전의 산업지역들이 특히 작센 지방에 소재해 있을뿐더러, 루터를 통한 종교 개혁의 모태들이 있기도 합니다. 1933년 곧 (민족사회주의가 집권하기) 전에는 주민의 90% 이상이 (루터파) 개신교에 등록되어 있었고, 종교를 등록하지 않은 이들이나 천주교 신자는 거의 없었습니다. 오늘날에는 겨우 20%만이 루터파 개신교도이고 약 4%가 천주교도이며 무종교인이 대다수를 차지하고 있습니다. 오늘날 독일 동부는 에스토니아와 체코 공화국을 제외하면 세계적으로 가장 무신론적인 지역에 속합니다.

한국인들에게 이러한 세속화는 낯설게 여겨질 것입니다. 남한에서는 분명 종교적 발전양상이 아주 달랐으니까요. 한국에 계신 여러분들은 북한 주민들의 정신적 기저와 윤리를 이해해야 한다는 도전을 받고 있습니다.

드레스덴 주의 예전 개신교 감독은 오늘날 동독에서 보이는 무종교성에 대해 다음과 같이 말했습니다.

"통일된 독일에서 개신교가 더욱 강화되어 동독에서 종교적인 각성을 불러일으킬 것이라는 희망은 동독에서 살아보지 않은 이들이나 가질 법한 것이다. 세속화는 뿌리를 깊이 내렸다. 이는 맑스주의를 독트린으로 삼은 결과이기도 하지만 오직 그것 때문만은 아니다. 동독공산당(SED)은 사람들의 마음에 심어져 있던 것을 밖으로 드러냈고, 또한 사람들이 교회로부터 분리되는 과정을 가속화시켜 교회를 떠날 구실을 제공했다."

하지만 개신교가 지배하던 과거는 구동독 주민들의 마음에 계속 영향을 미치고 있습니다. 특히 순종과 종속의 정신 그리고 직업의 의무와 노동에 부여한 강한 의미는 루터교적 개신교의 윤리적 토대이기도 했지만, 또한 산업화된 사회주의에서 현대의 정신적 태도이기도 했습니다. 이처럼 동독에서는 노동을 중시하는 금욕적인 개신교 윤리와 베버가 그려낸 예정조화의 도그마에 대한 세속적 상응물이 발전되어 온 것이 아닐까요?

예정이란, 종교적 측면을 제쳐 두면, 운명이 미리 결정되어 있다는 말입니다. 생산적으로 활동하는 "자본주의 정신"의 "세속적인 대칭"에 대해 말한다면, 이는 사람들이 동독에서 자신의 개성을 펼칠 의지를 갖지 못했다는 말이 아닙니다. 개인들은 사회적 활동에서 정치적 제한에 부딪혔습니다. 여전히 남아 영향을 미치는 문제는 예전의 한계들이 아닙니다. 문제는 과거에 그 한계들로 인한 억압들, 또 사회주의 규범들을 지나치게 서둘러 당연시해 주고 "평등"을 지나치게 높은 가치로 설정하는 태도입니다.

이런 식으로 왜곡된 선규정은 다음과 같은 결과를 만듭니다. 동독인들은 내면적으로 자기실현을 하도록 예정 받지도 못했고, "성공"을 위해 부름 받지도 못했으며, "월급과 빵"을 벌기 위한 무미건조하고 비독립적인 직업의무에 내적으로 구속되었던 것입니다.

베버는 "자본주의 정신"과 경제적 성공의 친화적 관계를 말합니다. 앞서 묘사한 현실사회주의적 성향과 경제적인 실패 사이에도 친화관계가 있을까요? 그러한 친화관계는 교육을 통해 전승되었을 것입니다.

동독의 비판적인 심리학자이자 정신과 의사였던 한스-요아힘 마츠(Hans-Joachim Maaz)는 동독의 교육을 주제로 연구를 했습니다. 이에 따르면 억압적인 교육이 다음과 같은 결과를 초래한다고 합니다.

- 사회적으로 『자아가 허약한』 성격들이 많아지며,
- 권위에 굴종하는 전통이 역사적으로 청산되지 않아 새로운 시대적 요구에 대처할 자원이 남아 있지 않고
- 이기적이고 물질만능적인 태도가 필연적인 것으로 잘못 이해된 결과로 "냉혹한 자기 관철 사회"가 되고,

- 물질적인 필요들로 인해 윤리적 공백이 생겨나며
- 『집단주의 문화』가 선호된다.

이로부터 시장경제에 적응하는 과정에서 사람들에게는 다음과 같은 사회심리학적인 문제들이 생겨났습니다. 권위에 의존하지 않은 채 독립적으로 살지 못하며 지속적으로 노력하여 성과를 내지 못하는 무능력이 그러한 문제 중 일부입니다.

분명 동독사회에서 노동의 의무는 사회주의적 "규범완수"로 이해되었지만 직업과제에 대한 내적인 관계는 일깨워지지 않았습니다. 베버가 서술한 세계 내적인, 의미에 초점을 둔 소명은 동독의 억압적 상황을 통해 관청국가 전통에 서 있는 "의무와 성과의 국가이념"으로 바뀌었습니다.

사회주의적 의무라는 기초이념에서 노동에 고착된 특징이 생겨났습니다. 이러한 맥락에서 경제와 노동이 삶의 의미를 가져다주었다는 잘못된 해석에는 "노동을 통한 인간화"라는 약속, 곧 경제주의적-합리주의적 기본 구상을 포함하는 맑스주의의 학설에도 책임이 있습니다. 그리고 이러한 맑스주의의 노동 이데올로기에도 불구하고 동독의 계획경제는 점점 더 뚜렷하게 노동윤리를 마모시켜 결국 노동을 거부하는 심성적 경향이 나타났습니다.

이 때문에 80년대 동독의 독재체제는 정당성의 위기를 겪으면서 개신교적 도덕윤리(루터교적인 직업의 의무)를 이용하여 저하된 노동윤리를 개선하려고 했습니다. 거의 날마다 "나는 내가 생산한 것만을 누릴 수 있다!"는 맑스주의 선동문구들이 반복되었습니다. 그렇지만 억압적으로 명령된 사회주의적 의무윤리, 부족한 것이 많은 사회 그리고 자유의 부재는 역으로 체념적인 경향을 불러 일으켰습니다.

동독 작가인 안드레아스 글래저(Andreas Gläser)는 이런 경향에 반하는 자신의 생활감각과 구동독의 선전선동에 대한 혐오를 이렇게 표현했습니다.

"윤택하게 살려면 배워야 한다, 배우고 또 배워야 한다. 레닌은 솜씨가 좋았다. 각운을 맞출 줄 아는 이였으니까. 그는 내게 아무것도 하지 말라는 이데올로기적인 갑옷을 주었다."

아무것도 하지 않기 - 이것은 성과주의 사회에서는 도저히 상상이 불가능합니다. 그러나 다음의 광고에서 전하는 내용은 뜻하는 바가 있습니다.

일은 노동자 한 명이 합니다. 6명의 동료들은 느긋하게 경멸하고 놀리면서 그가 일하는 모습을 바라봅니다. 그리고 이 6명은 자기들이 사장이라고 느낍니다. 이것이 동독의 담배 브랜드인 f6가 오늘날 전하는 내용입니다.

이 브랜드를 새로 소유한 필립 모리스사(社)에 따르면 구동독 브랜드인 f6은 여전히 오늘날에도 동독의 "좋았던 옛 시절의 친숙한 느낌"을 뜻하며, "새로운 시대에 구동독의 정체성을 분명하게 표현하도록" 해준다는 것입니다. 사람들은 취향으로 통하니까요.

브랜드 f6는 느긋하게 아무것도 하지 말라는 전언으로 동독문화사의 한 부분이 되었습니다. 이는 오늘날 정체성 형성의 일부이며 서구에 맞선 자기주장의 (역설적인) 상징이기도 합니다.

물론 모든 동독시민들이 내면화된 "동독-감정"에 젖어 노동을 거부하는 것은 아닙니다. 그러나 보통 사람들은 앞서 언급한 글래저가 말한 것과는 달리 자신의 창의성을 펼치면서 사회주의의 사회적 압박에서 해방되지 못한 채, 대신 출세주의, 무조건 도와야 한다는 강박 그리고 공격성에서 보상을 찾으려했습니다. 그리고 "이데올로기의 갑옷"으로 실제로 "아무것도 하지 않으려 드는" 감정에 빠져들었습니다. 이러다보니 사회적으로 영락하여, 다시 말해 소외되고 실업상태에 빠져 실업수당을 받는 처지가 되고 말았습니다.

구동독에서 유래하는 사회적 의미

일부 학자들과 정치가들은 구동독의 특성에서 사회적 시장주의를 방해하는 심성적 태도를 발견합니다. 볼프강 엥글러와 마찬가지로 어떤 이들은 동독의 사회적 경험들이 사회적 의미의 특징들을 새기는데 이르렀다고 주장합니다. 그렇지만 이러한 "동독적인 공동체 감각"은 이상화시키는 생각입니다. 사회를 지탱하는 특별한 요소는 표면적으로만 존재했습니다. 다른 말로 소위 동독의 "공동체 감각"은 오로지 부실한 경제와 사회적 억압을 통해 생산된 강제상황의 잔여에 불과할 뿐입니다

예전의 권위주의적인 억압 사회에서 가치 있는 삶을 위해서는 각자 작은 "네트워크"를 마련하는 것이 중요했습니다. 더 이상 권위주의적이지 않은 개방적인 새로운 상황에서 이러한 네트워크는 사라지고 있으며, 그저 미약한 의미기반 정도만이 흔적으로 남아 있을 뿐입니다. 셸-청소년연구가 수행한 설문조사에 따르면 동독 청소년들은 서독의 또래집단보다 경제적 동기와 이기주의를 더욱 강하게 내세우는 경향을 보입니다.

이미 막스 베버는 이렇게 말한 바 있습니다. "무제한적인 소유 욕구는 최소한 자본주의와 같지 않으며, 자본주의 정신과도 같지 않다."

이 문장은 동독의 사회적 시장 경제를 해석할 때에 오늘날까지도 해당되는 문제를 알려줍니다. 사회적 시장경제는 사회적으로도 윤리적으로도 감지되지 않고, 책임, 신뢰 그리고 사회윤리의 의미에서도 "정신적으로" 실현되지 않았습니다. 오로지 무제한적인 소유욕구에 지배되는 "늑대자본주의"만이 존재한다는 해석이 맞습니다. 이런 사회에서는 승자는 이기적인 소수에 불과할 뿐입니다.

오늘날 동독인의 61%가 시장경제 때문에 사회정의가 계속해서 몰락하고 있다고 봅니다. 73%는 자신들의 수익과 소득이 상대적으로 줄어들 것을 우려합니다. 82%는 노후대책이 없다고 생각합니다. 많은 이들이 독일에서 나누어야 할 전체에서 점점 자신의 몫이 줄어든다고 생각합니다. (Sozialreport 2008, SFZ BB)

이 글의 두 번째 핵심은 이런 생각, 즉 경제적으로 많은 손해를 보았다는 동독인들의 감정에 관련됩니다.

소스타인 베블렌의 제도학과 경제학

미국의 경제학자이자 철학자인 소스타인 베블렌은 경제학과 사회학에서 처음으로 사회적 지위를 경제학의 핵심 주제로 다룬 이로 여겨집니다.

주저인 〈유한계급론 Theory of the Leisure Class〉(1899)에서 그는 "사회적 지위의 왕국"이라는 개념을 펼쳤습니다. 이 개념은 주관적으로 자기보다 우월하게 느껴지는 사회적 지위를 모범으로 삼아 모방하는 대책없는 욕구를 가리킵니다. 사회적 지위의 모방은 강박적으로 "영원히 제자리에서만 달리는 자전거"를 닮아갑니다. 베블렌은 "평균에서 벗어나는 성격"과 "강한 종교적 신념"을 지닌 이들만이 이러한 강박에서 벗어날 수 있다고 파악했습니다. 물론 무신론적인 동독 지역에서는 이런 이들이 있을 리 없습니다.

구동독 사회에 대해서 이 말이 뜻하는 바는:

베블렌이 말하는 사회적 지위이론의 의미에서 체제변혁 이후 과거로부터 생겨난 개별 감정들은 사람들의 사고에 깊이 뿌리 내리고 있으며, 예를 들어 "서독"을 물질적으로 이상화하는 태도는 동독 주민들에게 깊이 내면화되어 있습니다. "서독"은, 공식적인 선전선동과는 달리, 충족되지 않은 인간적 동경의 이상화된 세계로 여겨졌습니다. (아마도 북한에서 마지못해 살아가는 이들은 성공적인 남한에 대해 마찬가지로 생각할 것입니다.)

이에 따라 시장경제에 대한 동독의 동화는 소비행태에서 가장 빠르게 실행되었습니다.

그러나 대다수의 동독인들은 "새로운 세계"에서 상대적으로 불행하다고 느끼고 있습니다. 이에 대한 단서로 낯섦, 정서적인 불안, 집에서처럼 편하지 못한 느낌과 확실함의 상실이라는 애매한 개념들 정도나 내세워지고 있을 뿐입니다. 이의 원인으로 제시되는 경제적 부유함은 정서적으로 만족과 행복의 동일 개념으로 여겨집니다. 동독에서 수행되는 설문조사에서는 이러한 현상들이 넘쳐납니다. 동독사람들은 자신의 경제적 지위를 그런 식으로 하찮다고, 자신은 성취한 삶의 환경에 관련지어 보잘 것 없다고 평가합니다. 그리고 정당하게 자신의 것이 되어야 할 것을 받지 못했다는 느낌에 사로잡혀 있습니다.

적당한 삶의 기준이 무엇이냐에 대한 생각은 동독에서는 최소한 "서독 수준" 또는 그 이상에 놓여 있습니다.

베블렌은 이러한 맥락에서 다음과 같이 말했습니다. "경쟁에서 나타나는 질투는 개인적인 안락함과 모범적인 삶의 방식에 필요한 방법들을 특징짓고 재화를 선택하게 한다." 그리고 이어서 "그러나 새로운 소유수준에 익숙해지게 되면 이러한 수준은 예전보다 더 큰 즐거움을 마련해 주지 못한다."

나아진 삶의 상황에 대한 기대수준이 변화된 경제 현실에 적응하는 속도는 내적인 기관에 적응하는 속도보다 훨씬 빠릅니다.

많은 구동독 주민들이 사회적인 지위를 잃었고, 사회적 특권을 상실했으며, 새로이 자신의 지위를 마련해야 했습니다. 이와 관련된 상실은 실제로 존재하지 않는데도, 새로 얻은 삶의 질보다 정서적으로 훨씬 더 힘겹게 느껴집니다. 베블렌이 말하듯이 개인적인 사회적, 경제적 지위 확보를 둘러싼 "투쟁"은 "품위와 명예를 얻기 위한 경쟁"이기 때문입니다.

질투감에서 비롯하여 지위를 비교하다 보니 주민들 사이에서는 울타리를 치는 식으로 정체성이 형성되었습니다. "운명에 대한 불만"은 타인의 탓으로 돌리는 태도를 유발했습니다. 이의 직접적인 결과는, 지위에서 볼 때, 주도 계층의 낯선 삶의 양식에 부정적인 심리적 투영을 하는 태도였습니다. 그리고 이 계층은 구동독 주민들에게 여러 점에서 바로 서독인들이었습니다.

마지막 결론은 다원주의적 개방사회와 서구 민주주의를 거부하는 태도였습니다. 이에 상응하여 동독과 서독의 생각은 서로 비슷하지 않습니다. 2000년 이래 동독인들의 만족도, 희망 그리고 기대는 점점 낮아지고 있습니다.

스스로를 "제대로 된 독일 연방국민"이라고 느끼는 구동독인들은 오늘날 22%일 뿐입니다. 동독인의 42%는 민주주의에 만족하지 못하고 있습니다. 경제적인 상황에 불만을 표시한 이는 심지어 50%에 이릅니다.

민주주의와 시장경제에 대한 회의에는 부분적으로 서독에 대한 질투와 불만이 관련되어 있습니다.

서독 기업인 한 명이 오늘날의 동독사회에서 받은 자신의 느낌을 다음과 같이 서술했습니다.

"나는 구동독 지역의 투자에 몰두해왔다. 그런데 거둔 것은 질투와 미움 그리고 적대감이었다. 투자자를 무언가를 빼앗아가는 적이라고 보는 것이 보통 의식이다. 우리 땅을 다 팔아치우는 것을 중단시켜야 한다는 식의 어처구니없는 말에 홀려 있다."

동독인들은 모방대상으로 여긴 서독인의 지위를 즉각 성취할 수 없다고 여기면서, 실망과 성취욕구 상실 그리고 남 탓하기의 태도가 생겨납니다.

다시 베블렌의 말을 상기하면, "비교가 결과적으로 자신을 불리하게 하면 인간은 운명에 대해 지속적으로 불만 속에 살게 된다." 경제적 몰락은 사회적인 귀결입니다. 지위비교를 통해 왜곡된 동독인의 주관적 감정은 소비나 자금이동을 통해서는 결코 교정되지 않습니다. 이것은 오히려 동독인들의 심성 문제를 더욱 고착시켰습니다.

대체 해답이 있을까요? 동독에서는 도대체 무엇이 부족할까요? 사회주의와 개신교가 말하던 예전의 의무라는 덕목들이 어떤 심성적 불구 상태를 유발했다면, 동독에 없는 것이 무엇이었을까요? 베블렌은 지위모방의 파괴적 현상을 발견해내기도 했습니다. 베블렌 자신이 파괴하면서 구조를 세우는 이였습니다. 그가 제시하는 경제적인 "권고"는 이론과 현실의 부조리한 대비의 결과로 이해될 수 있습니다. 베블렌의 이름은 학계에서 여유로움과 사치라는 주제에 관련되어 있습니다. 사치의 모티브는 베버가 말하는 청교도주의에 대한 비판의 상징입니다.

사치와 여유로움은 "자본주의적" 사고에서 단순히 포기와 금욕만 들어 있지 않음을 상징합니다. 사치와 여유로움은 "수고하지 않아도 된다는 약속"으로 부를 수 있는 인생관을 반영합니다. 과거든 미래든 독일국민 대다수에게 저러한 느긋함은 별로 찾아볼 수 없는 것입니다.

2004년 인터뷰를 하던 중 저는 "평균적인 구동독 주민들은 자신이 가진 대부분의 돈을 비교적 소수의 생산자가 만들어내는 평생 가는 소비재에 쓰지, 잠깐의 쾌락에 투자하지 않습니다. 잠깐 동안의 쾌락에 몰두하는 것은 서방의 데카당스입니다."라는 설명을 들은 바 있습니다.

"서구세계의 대도시를 보십시오. 이 도시들은 섹시하기 때문에 성공적입니다. 『데카당스』의 숨결이 있습니다. 이제 동독의 대도시를 보십시오! 지루합니다. 그러면 당신은 무엇이 문제인지 알게 될 것입니다. 그런 상태로 남아 있는 한 우리는 집단적인 사고의 함정에 빠져 있습니다. 여기서 도대체 누구를 위해서 무엇이 만들어지는지는 아무도 정확하게 모릅니다."

이것은 냉소적인 조롱이고 비관적인 말입니다. 그러나 이 말의 핵심에는 진실이 담겨 있습니다. 이것은 정치적으로 올바른 미화보다 훨씬 더 솔직합니다. 그럼에도 불구하고 저는 끝맺는 자리에서 화해로운 전망을 제시하고 싶습니다.

결론

1. 모든 이들이 평등하지는 않습니다. 저는 동독인들에 대해 단순화하고 유형적으로 접근하였습니다. 저는 잘못된 발전에 대한 원인을 인식하고 드러내려 시도했습니다. 이 글에 담긴 모든 진술들이 현실을 있는 사실로서만 보여준다고 할 수는 없습니다.

당연히 동독에도 열의 있고 지적이며 비판적인 이들이 있습니다. 사람들이 말하는 평화혁명, 곧 동독정부의 몰락은 그들이 지닌 비판적인 정신과 용기에 의해 이루어졌습니다. 그렇지만 개인들 각각을 넘어서 영향을 미치고 생각의 이미지들에서 재생산되는 국가사회주의의 내밀한 특성들이 있습니다.

2. 동독은 어쨌든 상당한 경제적 성공을 거두었습니다. 이 강연에서 저는 이를 "자본주의의 정신"과 사회적 지위의 모방이라는 두 개의 핵심개념을 사용하여 경제적 맥락에서 오로지 사회심리학적인 단면만을 말했을 뿐입니다.

여기서 분명한 것은 새로 사회를 건설할 때 시장이데올로기에만 바탕을 둔 체제전환으로는 기대하는 빠른 성과를 낼 수 없다는 점입니다.

다른 한편 유럽처럼 점점 세속화되는 사회에서 새로운 정신적 추진력은 기대하기 어렵습니다. 전통, 의미의 토대, 전래된 문화는 사회주의에서 파괴되었으며 계속해서 마모되고 있습니다. 서방의 다원주의는 어떠한 경우에도 맑스주의가 초래한 의미의 공백에 생기를 불어넣을 수 없었습니다. 심한 경우에 잘못된 발전은 통일된 독일 전체에 부정적인 영향을 미치고 있습니다. 시장경제는 파괴적인 늑대자본주의로 여겨지고 있습니다. 베버, 베블렌 그리고 벤야민이 말하는 "탈마법화된 세계" 에서 논리적이며 놀랍지 않은 발전입니다.

여기에 구동독에 속했던 지역들에 대한 항시 새로운 도전들이 덧붙여집니다.

- 인구 변화는 특히 구동독 지역의 인구를 줄어들게 하고 있습니다. 통독 이래 수십만 명이 서독으로 이전했습니다. 출산부족이 심화되고 있습니다. 어쨌든 맑시즘이 단절시킨 시민 문화의 소생은 어렵기만 합니다.

- 동서독 지역사이의 자금이동이 줄게될 것입니다. 유럽 연합의 풍성한 지원은 2013년까지 이루어집니다. 2019년이 되면 소위 연대 계약이 독일 내에서 끝납니다. 실제 경제적인 개선은 그 이후에는 어려워질 것입니다.

- 이는 구동독 지역의 경제 정책이 혁신적이어야 함을 뜻합니다. 적시에 미래공학을 투입해야 하고 시장의 틈을 채워야 합니다. 어쨌든 노동집약적인 산업들에 투자해서는 안 됩니다. 동유럽과 세계 전반의 임금 경쟁은 동독 기업들이 쉽게 극복할 수 있는 대상이 아닙니다.

- 대신에 재생 에너지 분야에서 시장의 주도권을 잡을 수 있습니다. 태양광 산업은 특히 성공의 예입니다. 튀링엔 주는 이를 넘어서서 (공작기계 제작과 광학에서) 높은 산업 밀집도를 성취해냈습니다.

- 다른 핵심 문제는 교육정책입니다. 장기간의 경제적 성공은 오로지

교육받은, 자의식이 강하고 세계에 열려져 있는 청년들만이 성취할 수 있습니다. 저는 교육정책이 여기서 어떤 일방적인 형식주의적 교육이나 세계관에 기초하지 않도록 주의해야 한다고 생각합니다. 그렇게 되면 결국에는 고작해야 비정한 전문가기질(베버)과 가차 없는 이기주의만을 얻게 됩니다.

- 오늘날에는 종종 사회체제의 새로운 구성을 위한 자극이 요구됩니다. 독일에서, 특히 튀링엔 주에서는 예컨대 무조건적인 기초수입, 즉 600유로에서 800유로에 해당하는 돈을 시민들에게 각각 지원할 정책이 논의되고 있습니다.

한때 저 자신은 기초수입을 창의성과 자발성으로 나아가는 수단이라고 믿기도 했습니다. 이것은 더 이상 오늘날 제가 가진 견해는 아닙니다. 자금 마련가능성을 논외로 하더라도 성취욕구를 감소시킬 뿐 아니라 기초수입을 받는 이들을 따돌릴 위험스러운 효과에 미치는 뜻하지 않은 영향들을 무시하고 맙니다. 무조건적인 기초수입과 같은 급진적인 구상들은 영원한 해결책에 대한 독일인들의 동경을 상징하고 있습니다.

- 국가는 모든 국민들에게 해결책을 제시할 수는 없습니다. 계몽된 국민으로서 우리는 국민의 양심이 국가의 머리에 들어 있지 않음을 알아야 합니다.

- 중요해지는 것은 예전 시대를 배제하거나 미화하는 태도가 아니라 자발성, 새로운 출발, 독자적이며 비판적인 생각 그리고 [동독의] 과거청산입니다. 그렇게 되면 베버가 말하는 생산적이며 자기를 분명히 파악하는 정신이 사회를 걸머지게 될 것입니다.

경제와 사회를 재건한 20년은 긴 시간이었습니다. 그동안 여러 가지를 달성했습니다. 그러나 더 이상의 자금투입이 필요치 않은 자립경제 발전을 위해서는 부단한 노력이 필요합니다. 인내와 아이디어가 필수적입니다. "풀은 잡아당긴다고 해서 더 빨리 자라지 않는다."는 속담은 여전히 유효합니다.

2차 대전 말 동독 경제의 경쟁상황 및 독일분단과 유럽분열의 결과로 생겨난 변화들

(1945년에서 1989년까지)

프랑크 촬러 Frank E. W. Zschaler

(독일 가톨릭 아이히슈태트-잉골슈타트 대학교)

1. 들어가는 말

동독과 서독이라는 개념은 1990년 10월 3일 통독 이후 20년이 지난 후에도 그저 지리학적인 의미에서만 사용되지는 않는다. 이 개념들이 오늘날 통용되는 의미를 지니게 된 것은 2차 대전 말 그리고 4개의 점령군 주둔지역이 설치된 후이다. 서독은 미군, 프랑스군 그리고 영국군의 주둔지역이었으며, 구 연방공화국이었으며, 소위 말해 '구' 독일 연방주들의 지역이다. 동독은 소련군 주둔지역으로 독일민주주의공화국이었으며 오늘날에는 소위 '새로운' 주들이다. 현재의 독일 수도인 베를린은 특별한 위상을 갖고 있다. 지리학적으로 동쪽에 놓여져 1871년 이래 수도의 임무를 수행하고 있는 독일 최대의 도시는 전쟁이후 연합군에 의해 4개의 점령지역으로 분할되었다. 3개의 서쪽 지역은 서베를린으로서 서독에 속하며, 소련군 점령지역인 동베를린은 1949년에서 1990년까지 동독의 수도

였으며 동독의 부분이었다. (그림 1과 2 참조)

그림 1:독일과 중부유럽 1945년에서 1949년까지

출처: Leisering (1997), P.120.

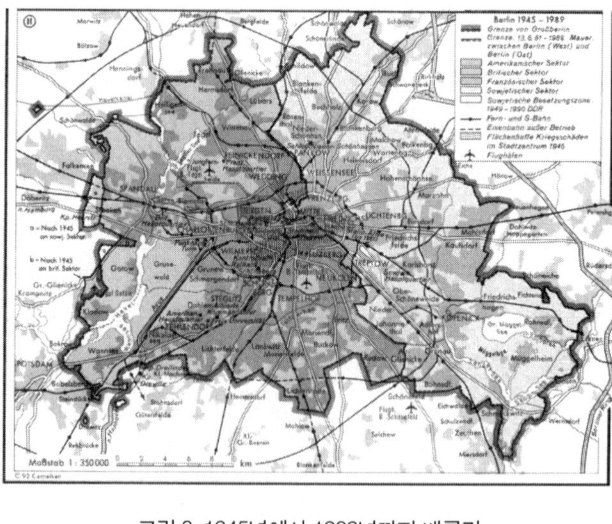

그림 2: 1945년에서 1989년까지 베를린

출처: Leisering (1997), S. 121.

전쟁 말 이전에는 물론 형국이 달랐다. 동독이라는 말은 오더강 저편에 놓인 독일 제국의 동쪽 지역을 뜻했다. 주된 산업은 농업이었고 구조적으로는 취약한 프로이센의 지방들인 동프로이센, (동)폼머른, 베르사이유 조약 이후 독일에 남아있던 예전의 포젠-서프로이센, (동)브란덴부르크, 경제 강세를 보였던 지방인 니더슐레지엔과 광산업과 중공업이 주된 산업이었던 오버슐레지엔이 이에 해당했다. 안할트와 작센 그리고 튀링엔 또 프로이센의 지방인 작센은 지리학적으로 중심에 놓여 있기에 중부독일이라 불렀다. 두 개의 메클렌부르크와[1] 폼머른의 서쪽 구역들은 북부독일이었다. 제국의 수도였을 뿐더러 프로이센의 수도이기도 했던 베를린은 브란덴부르크 지방의 오더강 서쪽에 놓인 지역(오늘날에는 브란덴부르크주)에 둘러싸였다. (그림 3 참조).

2차 대전 말의 동부지역 경제의 경쟁상황에 대한 연구는 그렇기에 경제지리학적인 지형을 고려해야 하겠다. 동부독일은 라인강이나 루르강 같은 광산 중심만큼이나 오버슐레지엔에 비슷하게 멀리 떨어져 있었다. 또한 고려해야 할 바는 국민경제적인 또 대외경제적인 얽힘과 내부 차이이다. 여기에 덧붙여 물어야 할 질문은 분열에 따른, 위에 언급된 요소들이 변화하면서 또 힘의 정치에 따르는 경제 질서와 사회 질서의 변화가 구조 변화에 어떤 역할을 차지했는지 또 동부지역이 서부지역에 비교하여 가진 경제적 지위가 전쟁 말기와 장벽붕괴 사이에 어떻게 변화했는지의 여부이다.

1) 메클렌부르크-슈베린과 메클렌부르크-슈트레리츠는 제국의 몰락 후 바이마르 공화국에서도 독자적인 주들로 남아 있었다. 1934년 이 두 지역은 메클렌부르크 주로 통합되었으며 당시까지 프로이센의 주였던 폼머른의 오더강 서쪽 지역을 포함하면서 확장되었다.

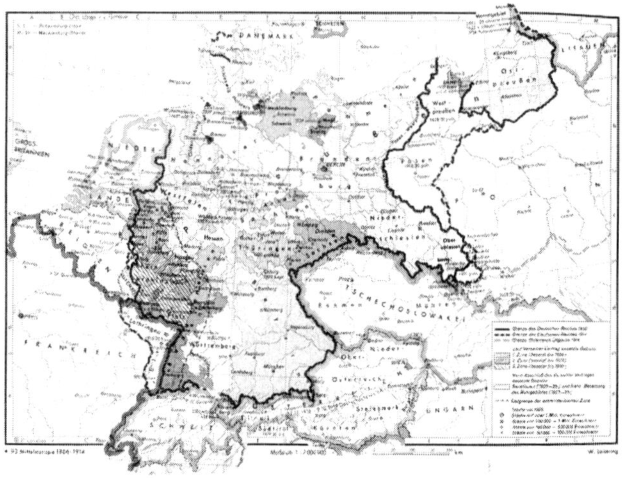

그림 3: 1918년에서 1933년까지 바이마르 공화국의 영토와 행정편성도

출처: Leisering (1997), P. 112.

2. 1930년대 중반까지 훗날 동독 지역의 경제

훗날 소련 점령지역 및 동독의 영토는 2차 대전 이전에는 통일된 경제 지역이 아니었으며 경제적으로나 구조적으로 취약하지도 않았다. 이 지역에는 작센과 튀링엔 그리고 안할트와 프로이센의 지방인 (마그데부르크를 포함한) 작센의 남부 서부 지역이 있고, 베를린과 그 주변을 이루는 고도로 현대적인 산업지역과 서비스 중심이 포함되어 있다. (서)브란덴부르크와 메클렌부르크 그리고 (서)폼머른과 작센의 북쪽 지역들은 대부분 효율적인 농업과 식품산업이 주도하고 있었다.

1933년 (베를린을 제외한) 이 지역에는 1,420만 명, 곧 당시 전체 독일 인구 6,600만 명의 22%에 해당하는 이들이 살고 있었다. (그림 4 참조)

대-베를린에는[2] 420만 명이 살면서 최대의 인구증가를 보였는데, 이는 독일 전체의 6%에 해당했다.[3] 베를린의 인구밀도는 1km^2당 4766명으로 가장 높았다. 오더강 동쪽 지역은 1km^2당 81명으로 밀도가 가장 낮았다. 훗날 동독과 훗날 서독의 인구밀도는 1km^2당 132명과 155명이었다.[4] 여기서도 내부 분화가 뚜렷하다. 작센은 대략 1km^2당 320명으로 훗날 동독에서는 평지지역으로서 가장 인구밀도가 높았다. 350명의 인구밀도로 이를 능가한 지역은 훗날 노르트라인-베스트팔렌지역 뿐이었다. 메클렌부르크는 1km^2당 61명이었고 이로서 60명이었던 브란덴부르크의 오더강 동쪽 지역, 60명이었던 폼머른, 대략 65명이었던 동프로이센과 비슷했다.[5]

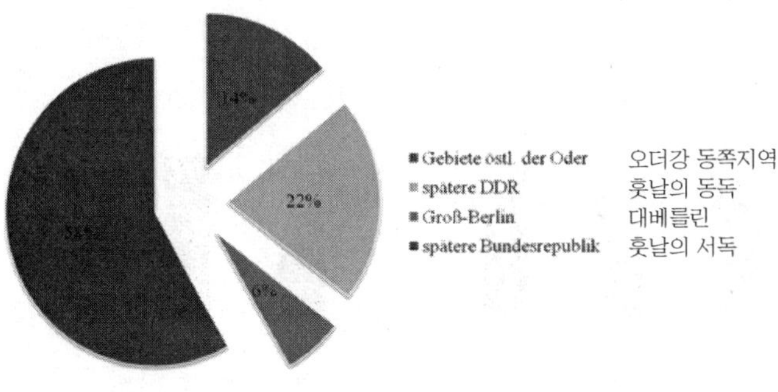

그림 4: 1933년 전체 인구에서 독일 지역들이 차지하는 비율

출처: Gleitze (1956), S. 146에 따름.

---

2) 대-베를린이라는 새로운 도시를 만드는 것을 내용으로 삼는 프로이센의 법안은 1920년 4월 27일 제정되었다. 이 법과 더불어 1883년 프로이센의 브란덴부르크지역에서 떨어져 나온 베를린은 주변을 둘러싸고 있는 도시들, 도시급 이하의 지역들은 4백만 명의 인구에 890km^2넓이의 대도시로 합병되었다. (Zschaler (1995b), P. 17.)

3) Gleitze (1956), P. 148.

4) Gleitze (1956), P. 146-148에 따라 계산함.

5) Gleitze (1956), P. 146-148에 따라 계산함.

고용구조에서도 차이가 보인다. 베를린에서 복잡한 경제가 혼합유형으로서 2차 분야와 3차 분야에서 비슷하게 높은 고용비율을 보이고 있기 때문에, 이를 제외한다면, 훗날 동독 지역은 1939년 산업종사자의 비율은 8%로 최고였다. 대략 42%의 비율을 가진 훗날 서독지역과 28%의 동부독일이 뒤를 잇고 있다. 비교적 높은 농업과 서비스 종사 비율은 이 지역의 구조적 약함을 두드러지게 보여준다. (그림 5 참조).

같은 해 서독에 비교할 때에 동독에서 산업의 일인당 또 산업 종사자당 총생산가치가 비교적 높은 것은 (1.381.27 제국 마르크: 1.161.62 제국 마르크 또 5.652.75 제국 마르크: 5.554.94 제국 마르크)[6] 산업 생산성에서 약진을 보여주기도 하다.

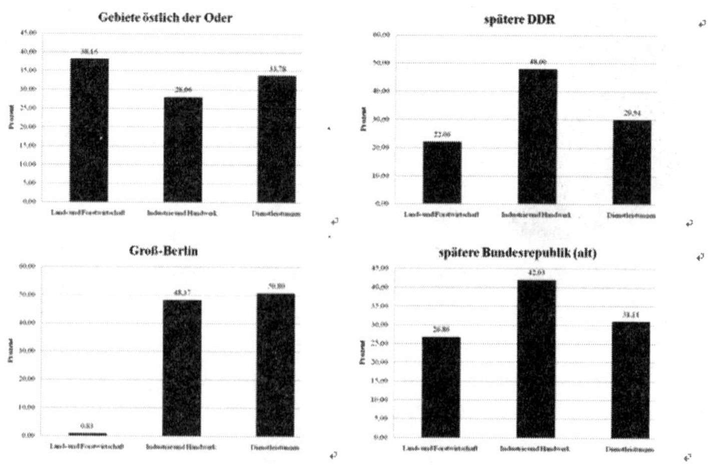

그림 5: 1939년 독일 지역별 고용 구조

출처: Gleitze (1956), p.153을 따라 재구성.

[시계방향으로: 오더강 동쪽 지역, 훗날의 동독, 훗날의 서독, 대-베를린. 그래프의 세로축은 %를 뜻하며 가로축은 왼쪽에서 오른쪽으로 농업과 임업, 산업과 수공업, 서비스업을 뜻한다.]

이는 19세기 중반 시작된 빠르게 진행된 산업화과정의 결과였다. 이 과정의 시초에 작센주의 석탄창고의 산출고와 안할트와 작센주의 설탕산업이 있었다.[7] 십몇 년이 지나지 않아 밀집된 중부독일 산업지역들이 생겨났다. 이들의 중심은 마그데부르크와 근방이었으며, 할레/라이프치히 그리고 드레스덴/켐니츠/츠비카우와 튀링엔의 핵심지역들 또 베라강 유역의 칼륨염 채굴지역과 만스펠트의 구리광산지역이 포함된 작센주의 서쪽 지역들이었다. 일반 기계설비와 특수기계설비 제작 또 섬유산업, 차량제작, 광학산업과 정공 산업, 과학용 도구 제작, 사무용 도구 제작, 훗날에는 자동차, 오토바이, 자동차 제작 또 전자기술이 업계의 구조였다.[8] 중공업에서는 이미 19세기 말에 효율성을 근거로 선철과 철강제작이 전반적으로 포기되었으며 선철의 가공에 비중을 두었다.[9] 같은 시기에 중부독일에서는 갈탄을 분해하여 갈탄타르를 만드는 작업이 시작되었다.[10] 내세울 만한 화학 산업은 1914년까지 발전하지 않았다. BASF의 로이나 공장은 1916년 할레 남부에 세워졌다. 이는 1차 대전 동안 독일 정부가 장려한 암모니아 생산을 위한 자급자족적 프로젝트였다. 이와 더불어 중부 독일은 대규모 화학 산업의 요지로 성장했다. 이에 대한 중요한 근거는 독일에서 중부가 차지하는 지리학적 위치였다. 중부는 자르강이나 루르강에 인접한 지역들이나 오버슐레지엔과는 달리 국경에서 멀찌감치 떨어져 잠재적인 전쟁에서 보호되어 있었다. 이로써 훗날 동독 지역

6) Gleitze (1956), P. 146, 153, 170에 따라 계산함.

7) 작센의 산업화에 대해서는 Kiesewetter (2007)를, 중부독일의 설탕산업에 대해서는 Jacob (2000) 참조.

8) 중부독일의 경제사에 대해서는 Karlsch / Schäfer (2006); Mühlfriedel (2001) 참조.

9) Karlsch / Schäfer (2006), P. 92.

10) Karlsch / Schäfer (2006), P. 145.

의 경제 구조의 변화는 1914년까지는 전반적으로 시장의 움직임이 만들어낸 결과였으나, 국가의 결정을 통해 시작되었다.[11]

2차 대전 직전의 민족사회주의 정부의 전쟁준비를 통한 군비확장과정으로 국가의 개입은 더욱 광범위하게 이루어졌다.

2차 대전까지 중부 독일의 경제에서는 가공 산업이 주도했다. 중공업은 더 이상 주목할 만큼 발전하지 않았다. 이는 무엇보다도 원자재의 가격이 싸지 않았던 배경에서 설명된다. 갈탄을 제외한다면, 여기서 독일중부지역에서는 독일 전체 비축량의 49.1%가 있었으며, 칼륨염은 68.2%, 구리는 82.1%를 통해 전략적으로 중요한 석탄과 철광석 재고 비율에 거의 육박했다. (차이는 0.4% 내지는 7.5% 에 불과했다.) 오더강 동부 지역들은 오버슐레지엔의 천연광물 산출 때문에 8%로 비교적 비율이 높았다. 가장 중요한 산출지역은 물론 루르지역과 자를란트로 석탄의 경우에는 91.6%였고, 철광석의 경우에는 92.2%였다.[12]

이러한 특수성에서 훗날 동독 지역들이 다른 독일의 경제 지역들과 밀접하게 경제적으로 얽히는 결과가 생겨났으며 중부독일 경제의 수출의존도가 높아졌다. (표 1 참조).

표 1: 1936년 훗날 동독 지역의 경제적인 관계(단위: 퍼센트)

	운송		구입	
	다른 독일 지역을 향한 운송	외국으로의 운송 (수출)	다른독일지역으로부터의 구입	외국으로부터의 구입 (수입)
오더강 동부지역	6,2		7,6	
대-베를린	9,3		7,6	
훗날 서독 지역	27,8		29,3	
전체	43,3	11,3	44,6	7,6

출처: Steiner (2007), S. 23에 따라 재구성.

11) Ritschl (1995), P. 17.

12) 이는 1936년에 관련된다. Gleitze (1956), P. 220.

서부독일의 기업들은 이와는 달리 균형 잡힌 내수경제의 얽힘을 보여준다. 운송과 구입은 각각 18%였다. 특히 석탄, 선철 그리고 철강에서 중부독일의 경제는 오버슐레지엔과 서부독일로부터의 유입에 의존했다.[13] 이것은 내수시장의 조건에 따른 고도로 특수화된 중부독일의 산업상품들을 고려할 때나 또 자유로운 외부교역을 고려할 때에 전혀 문제가 아니었다. 농업 생산성이 높다보니 식량의 자급자족률이 1936년 107%에 달했다.[14] 훗날 동독 지역은 국가가 경제에 대대적으로 개입하기 전에 고도로 발달한, 현대적인 산업지역이었으며 농업생산량이 초과 달성된 지역이었다.

3. 군수산업 경제와 전쟁경제에 따른 변화, 전쟁을 통한 파괴

1936년에서 1944년까지 곧 2차 대전 직전과 2차 대전 동안 중부독일 산업지역들은 민족사회주의 정부의 군수산업 경제와 전시 경제를 통해 대규모로 확장되었다.

표 2: 1936년에서 1944년까지 훗날 동독 지역에서 생산량의 발달 (기준: 1936=100)

A)	커다란 증가를 보여준 산업들	
	기계제작, 철강제작, 선박과 비행기 제작을 포함한 차량제작	263
	정공/ 광학	263
	전자 산업	259
	철, 철강, 금속 제품 산업	234
	화학 산업과 연료제작 산업	218

13) Steiner (2007), P. 23.

14) Gleitze (1956), P. 167.

B)	증가세가 비교적 약했던 산업들	
	야금	137
	광산	131
	식품과 주류산업	105
C)	약세로 퇴조한 산업	
	도자기와 가스를 포함한 돌과 흙	95
	종이와 인쇄	89
	가죽과 의류	86
D)	강세로 퇴조한 산업들	
	섬유 산업	65
	건설 산업	20
E)	산업 전체	137

출처: Karlsch (1993), S. 37.

국가가 주도한 투자들은 공작기계제작, 철강, 차량제작, 선박제작, 항공, 정공과 광학, 화학에 집중되어 있었다. 전시 경제 상황에서 중요하지 않은 분야들에서는 생산이 부분적으로 현저하게 감소했다. 전체적으로 산업생산의 전체 양이 대략 40% 늘어났다. (표 2 참조) 칼쉬(1993)에 따르면 "새로 얻어진 생산량은 … 대개 기술의 최고 수준"에 대한 지표이다. "무엇보다도 에너지 생산, 합성수지 생산, 인공 연료, 전자 기술과 정공, 광학에서 생산량 증가는 이후의 경제 발달에 호재가 되었다."[15] 리츨(1995)은 새로 마련된 생산량의 많은 부분이 자유로운 경쟁질서라는 조건하에서라면 경쟁력을 확보하지 못했을 것임을 암시한다. 독일 산업 역시 처음에는 자급자족 프로그램에 투자하는 것에는 주저했다. "계속된 자급자족의 프로그램을 위해서는 민족사회주의 정부의 전시 경제가 마련해준 구조들이 호재였다."[16] 물론 전후 경제 발전의 문제는 연합군 점

15) Karlsch (1993), P. 36-37.

16) Ritschl (1995), P. 18.

령지역들 사이에 중부독일에 소재한 철강 생산 공장이 세워진 산업지역의 일부가, 특히 헤르만-괴링 제국공장이 소재한 잘츠기터시가 소련군이 아닌 영국군이 주둔한 지역에 속했다는 점이었다. "조금만 다르게 주둔군들의 분할 경계를 정했더라면 민족사회주의 정부의 수입 장려 산업의 전체 복합체는 현실사회주의의 자급자족을 위한 침해되지 않은 복합체로 사용가능했을 것이다. 그러나 장래 정부의 필요에 그토록 완벽하게 짜인 네트워크 사이에 예전에는 틈이 벌어져 있었다."[17]

전쟁으로 인한 생산 잠재력의 파괴, 곧 교통시설과 건물들의 파괴는 막대했다. 특히 비교적 큰 도시들과 산업지역에서 사람들은 폭격이 끝나고 난 후에도 재앙상황에서 살고 있었다. 국민경제적으로 볼 때에 물적 재산가치의 상실 자체는 파괴가 추측하게 하는 바와는 달리 그렇게 크지 않았다. 훗날의 서독지역은 전쟁으로 인한 산업 시설 재산의 파괴 정도가 동독지역에 비해 훨씬 높았다. 주거 건물의 경우에는 파괴 정도가 훨씬 더 심했다. 이것은 대략 1년 전에 서부 독일의 주거 집중지역에 시작된 폭격의 결과였다. 1944년에 있었던 생산량에 관련하여 전쟁 파괴를 통한 훗날 동독 지역의 상실은 대략 15%였다.[18] 분야별로 살펴보면 생산량은 공작기계제작에서는 24%로 다소 높았으며, 차량제작에서는 21%, 목재산업에서는 20%였다. 인공섬유제작이나 석고 산업 그리고 신발 산업의 생산량은 각각 5%로 분명히 크지 않은 타격을 입었다. 구조적으로 중요한 야금은 10%의 생산량 감소로 평균 이하의 타격을 입었다.[19] (표 3 참조)

---

17) Ritschl (1995), P. 18.

18) Karlsch (1993), P. 44-47 참조, Baar / Karlsch / Matschke (1993), P. 29-32 참조.

19) Karlsch (1993), P. 282.

표 3: 전쟁으로 인한 독일 내 물적 손실 (단위: 퍼센트)

전쟁을 통한 상해의 비율	훗날 서독 지역	훗날 동독 지역	오더강 동부 지역
산업	22		
- 이중에서 시설 재산	18	12	8
- 이중에서 창고 재산	40	30	30
농업	2	2	-
교통시설	10	10	8
상업과 은행들 (시설 재산)	15	15	10
주거건물	24	14	-
공공 기관의 재산	15	15	-

출처: Cornelsen / Ruban / Teichmann (1972), S. 97.

2차 대전 말에 훗날 동독 지역의 경제는 훗날 서독지역의 경제에 비교했을 때에 결코 경쟁력이 뒤떨어지는 상황은 아니었다. 자급자족 프로그램과 투자의 맥락에서 새로 마련된 생산성들과 현대화된 시설재산들은, 물론 전쟁으로 인한 파괴의 정도에 달려 있기도 하지만, 또한 파괴되지 않았거나 덜 파손된 시설들과 함께 빠른 재건을 위한 토대가 될 수 있었을 것이다. 많은 대형 기업들이 이미 전쟁 종식 몇 주 전에 생산을 최소한 부분적으로나마 다시 시작할 수 있는 상황이기도 했다.[20)]

물론 전시 경제에서 평화 경제로 옮겨가면서, 특히 자유로운 경제 질서와 독일 국민경제가 다시 더욱 자유주의적인 세계경제로 편입되었다고 한다면, 수입의 지원을 통해 생산성이 늘어났으며 다면화되었던 분야들과 군수 산업에서 변화를 요구할 수 있었을 것이다. 기반시설 체제, 특히 전쟁으로 파손된 철도와 운하, 그리고 전쟁으로 인한 대물 상해의 비율은 여기서 아마도 표 3에서 나타난 10%보다 훨씬 높았다. 내수경제적인 무역관계들을 재건해낼 조건들이 있었다면 말이다. 이미 초기 국면에서 내

20) Karlsch (1993), P. 46.

수 성장에서 출발하는 시너지 효과들이 느껴져야 했을 터이다. 그러나 실제로 그런 일은 없었다. 독일은 주지하다시피 연합군에 점령되었고 얄타 회담의 합의에 따라 4개의 점령지역으로 분할되었으며, 수도인 베를린은 4개의 지역으로 갈라졌다.(위의 그림 1, 2를 볼 것)

4. 분열에 따른 변화들: 하위경제 공간들로 분류되다. 해체와 복구

1945년 8월 1일 3개국의 연합군이 베를린 회담에서 작성한 조약에서는[21) 독일을 "점령기 동안 경제적 통일체로 파악하고 이러한 목적으로 공동의 정치를 확정하자"[22)라고 명시되어 있기는 했지만, 독일 경제공간은 하위영역들로 쪼개졌다. 이들 하위영역들 사이에서 무역관계란 여전히 힘겨운 조건에서나 가능했다. 영토의 변경, 특히 오더강과 오더강의 지류인 나이세강의 서쪽을 두고 폴란드의 서쪽 국경을 정한 것이나 쾨니히스베르크와 동프로이센의 지역들을 소련이 인수하게 되었음은 역사적으로 성장한, 밀접하게 얽힌 독일 국민경제를 조각내는 효과를 내었다. 이것은 전후시대의 엄격한 조건들에서도 대외교역을 통해 보상될 수 없는 것이었다. 점령지역들 사이의 거래는 원칙적으로 가능했지만, 전시경제에 따른 규제 체제가 여전히 존속했고 허가절차가 장황했기 때문에 힘들었다. 이미 1945년 베를린에서는 각각의 점령지역들이 소속된 지역들에서 공

21) 베를린에는 정상회담을 위해 필요한 기반시설이 없었기 때문에 회담은 포츠담의 상수시 궁전의 세실리엔호프에서 이루어졌고, 이에 따라 조약은 포츠담 협정으로도 불린다.

22) Mitteilung über die Berliner Konferenz der drei Mächte (1945), Teil I, Abschnitt B, Absatz 14, in: Fischer (1973), P. 396.

급받아야 한다는 원칙이 도입되었다. 이런 지역들로부터 배달된 산업자재들은 같은 점령군이 다스리는 지역들에서만 사용될 수 있었다. 이런 물자들은 허가 없이 다른 점령지역으로 옮겨질 수 없었다. 다른 점령지역에서 일자리를 얻을 경우에도 해당 주거지의 점령군 당국의 허가가 필요했다. 이로써 베를린의 서부 점령지역을 훗날 서독의 경제지역으로 그리고 소련군 점령지역을 훗날 동독의 경제 지역으로 통합하는 것이 시작되었다.[23] 서부독일과 동부독일이라는 명칭은 위에 언급된 의미에서 관철되었다.

포츠담에서 연합군은 민족사회주의 독일이 초래한 물적인 손해에 대한 배상금 지불과 원상복구에 합의했다. 연합군이 점령지역에서 자신들의 요구를 만족시킨다는 원칙이 원칙으로 통했으며, 소련은 자신의 지역에서 폴란드의 복구 요구를 충족시키기로 약속했다. 이뿐 아니라 서방 세력은 전쟁의 물적인 주요부담을 담당했던 소련에 자신들의 지역에서는 더욱 적은 급부를 보장했다. 복구는 전쟁에 중요한 생산능력과 군수경제를 해체하는 형태로 이루어져야 했고, 2년 뒤에 완결되어야 했다. 당시 가동중이던 생산이나 노동생산성을 제공하는 형태의 복구에 대한 합의는 이루어지지 않았다.[24]

서방 세력이 포츠담에서 서명한 조약의 문구들을 지킨 반면, 소련은 1948년까지 계속되었던 대대적인 해체를 시작하여, 1944년 산업 생산성의 절반에 달하는 손실이 초래되었다. 1936년, 즉 중부독일 경제권에 대한 군수경제와 전시경제에 따른 확장 직전의 투자시설과 비교해 본다면, 손실은 30%로 서부독일에서 이루어진 해체의 10배에 달했다.[25] 점차로

23) Zschaler (1995b), P. 28-29.

24) Karlsch (1993), P. 29-31.

25) Steiner (2007), P. 31, Karlsch (1993), P. 233.

군수산업시설은 완전히 해체되었다. 해체는 또한 전시경제와 전혀 상관이 없거나 거리가 먼 생산기지들에도 해당했다. 개별적으로 산업분야들에서 다음의 시설재산들을 잃는 현상이 벌어졌다.

자동차 산업: 80%

철강 생산, 공작기계 제작, 사무실기계 제작, 기관차 제작: 75%

전자산업, 광학 산업, 섬유기계 제작: 66%

원소재 화학, 정공 산업, 인조섬유생산: 50%

갈탄 채취와 조개탄 채취, 신발산업, 제약 산업: 33%

섬유산업, 식품산업: 20%[26]

해체는 교통시설에도 해당했다. 교통시설에서 철도의 주요 노선의 25%가 해체되었으며, 완전하게 남아 있는 주요노선의 2차 철로의 100%가 해체되었다. 화물철도와 기관차를 위한 주차장은 전쟁으로 인한 파괴와 해체를 통해 각각 60%와 40% 줄었다.[27]

소련의 시각에서 볼 때 전략적으로 중요했기에 해체되지 않은 기업들은 소위 소련 주식회사(SAG)로 변신했다. 이런 종류의 기업 중에서 가장 중요한 기업은 'SAG 비스무트' 로 작센지방의 에르츠 산맥에서 우라늄 분해를 업무로 삼았다. 이는 소련의 핵프로그램에 전략적으로 중요했다. 1953년에서 1990까지 이 기업은 소련-독일 주식회사로 등록되었다.[28] 여기서 생산된 재화들은 소련으로 운송되었다. 여기에서는 점령군의 정비 명령의 형태로 실행된 다른 기업들의 생산에서 생겨난 공급이 있었다. 이러한 실천은 1953년 포기되었다.

26) Steiner (2007), P. 32.

27) Steiner (2007), P. 32-33.

28) Karlsch (2007) 참조.

동부독일에서 실행되어야 할 수선의 필요에 덧붙여 전쟁에 따른 급부와 외부교역의 상실 그리고 점령군의 비용을 더하게 되면, 직접 점령이 끝나게 되는 1953년까지 1944년 가격으로 동부독일에는 3,170만 제국 마르크의 부담이, 서부독일에 대해서는 3,420 제국 마르크의 부담이 생겨났다. 총생산에 비교해 보면 동부독일의 부담은 훨씬 더 컸다.(표 4 참조)

표 4: 총생산에서 당시 급부가 차지하는 비율 (단위: 퍼센트)

	1946	1947	1948	1949	1950	1951	1952	1953
동부독일	48.8	38.4	31.1	19.9	18.4	16.4	14.6	12.9
서부독일	14.6	12.8	9.0	6.0	5.8	7.1	6.0	3.1

출처: Karlsch (1993), S. 234.

전쟁으로 인한 물적 손실과 해체 그리고 급부를 통한 전체 부담은 동부에서는 1944년 가격으로 5,150만 제국 마르크였으며, 서부에서는 7,780만 제국 마르크에 달했다. 일인당으로 계산해 보면 동부독일에서는 인구가 적었기 때문에 시설손실에서는 서독의 899 제국 마르크에 비해 1,027 제국 마르크로, 급부에서는 서독의 713 제국 마르크에 비해 1,997 제국 마르크로 부담은 훨씬 높았다.[29)]

동부 독일이 전체 독일인을 대신하여 소련과 폴란드에 대한 보상금을 실제로 혼자서 지불했던 반면, 서부독일은 이스라엘에 대한 보상과 포괄적인 개별적 보상을 부담했다. 게다가 전쟁 희생자들과 난민 그리고 추방자를 위한 훨씬 많은 액수의 사회 보장 기금을 허락했다. 런던의 부채 협정에 따라 마련된 연방정부의 일방적 급부는 외국에서 독일의 신용도를 다시 살려내었고, 이로부터 동부지역 경제 역시 이득을 볼 수 있었다.

29) Karlsch (1993), P. 236.

해체, 정비 부담 그리고 전통적인 내수와 외수 경제적인 생산시장과 판매시장으로부터 경제 지역들이 고립되면서 생겨난 산업구조의 왜곡은 의문의 여지없이 동부독일 경제의 경쟁상황에 부정적인 영향을 미쳤다. 바로 해체로 인한 상실은 그러나 "독일의 통일성이 존속할 경우 일정 시점 이후에는 상쇄될 수 있었을 것이다. 이는 소련군이 점령한 동독의 구체적인 조건에서는 불가능했다. 비록 전후 몇 년 동안 사용가능한 생산기지들보다는 원자재, 에너지 그리고 운송능력에 경제 성장이 달려 있었지만, 해체 이후 50년대에는 현저한 성장에 대한 장애가 되었다. 개별 영역에서 해체는 동독말까지 완전히 극복될 수는 없었다."[30] 그러나 이것은 이미 종전 직후 시작된 규제정책 변화의 결과였다.

5. 규제정책의 변화: 전시 경제에서 계획 경제로 이행하다[31]

점령세력은 서로 다른 현실에서 왔다. 비록 서방세력의 점령정책이 특수한 이해관계, 경험 그리고 의도를 따른다 할지라도 또 세세한 부분에서만 다르더라도, 의회민주주의와 시장경제에 대한 기본적인 동의가 세력을 통일시키는 근거였다. 이와 반대로 전체주의적 일당독재와 중앙관리통제로 새겨진 동부 점령세력의 출신은 점령법상의 규정을 세우고 정치적인 기조를 잡는 형태로 이미 당시에 동부 독일의 질서를 소련의 질서에 동화시키도록 예정되어 있었다. 이밖에도 소련으로 이민했다가 돌아온 독일 공산당 간부들은 소련 모델의 도입을 가속화하려고 시도했다. 그렇지만 그들은 훨씬 많은 것을 얻은 유럽과 세계정치적인 모스크바의 관심

30) Karlsch(1993), P. 233-234.

31) 이하의 서술에 대해서는 Zschaler(1995a)를 참조할 것.

과 충돌할 수밖에 없었다. 동부독일의 발전의 특수성은 서부독일의 발전과 비교하여 서부 점령지역들 사이의 차이보다 훨씬 컸다.

100 헥타르 이상의 농가를 몰수했던 1945년 가을 농지 개혁의 실행에 따라[32] 그리고 1946년 이후 산업과 무역에서 국가의 몫을 만들면서 - 이는 처음에는 정부소유기업, 나중에는 인민소유기업으로 불렸다 - 소유관계의 변화가 시작되었다. 동부독일의 공공 재정은 예전에 사유기업의 재무상 결손부분을 처음에는 기본설비의 형태로 채우지 않을 수 없었다. 세금 체계를 수정하고 공공 재정에 매어 있는 "인민소유 기업의 재무경제"를 도입하면서 국가가 소유하는 기업들이 사유 기업들에 비해 경제적으로 상황이 더 나아지게 되어, 이들 사이의 경쟁은 더 이상 있을 수 없었다. 이뿐 아니라 세금들이 정치적으로 도구화되어, 산업, 상업 그리고 수공업에서 사유 기업들을 "사회화가능하게" 만들었다. 세금은 (예를 들어 상속세의 경우에) 일정한 액수 이상의 개인 재산에 관련해서는 몰수의 성격을 지녔다. 새로운 경제적 중산층의 생성 내지 기존의 중산층의 연속성은 난항에 빠졌거나 저지되었다.

1948년은 독일 전후사에서 특별한 의미를 지닌다. 신탁통치가 종식되었다. 소련은 화폐의 문제에서 나타나는 불일치를, 주지하다시피, 1948년 3월 20일에 연합군 통제협의회에서 영구 탈퇴하는 계기로 삼았다. 6월의 화폐개혁은 대외적으로도 두 개의 서로 다른 질서체계로 분열되는 것이 금방 임박해 있다는 인상을 더욱 강화시켰다. 소련 군정과 SED 수뇌부는 동부에 독립 국가를 서둘러 건설해야 한다고 압박했지만 모스크바의 지도부와 특히 스탈린이 1949년까지 이러한 계획에 완전히 동의하도록 움

---

32) 몰수된 토지는 우선 소규모 농부들을 위한 크기로 분할되었으며 추방자와 폭격받은 이들에게 우선적으로 배분되었다. 이미 시작부터 강제 집단소유화가 일어났다. 이에 대해서는 Kluge(1997) 참조.

직이지는 못했다. 동시에 SED의 수뇌부는[33] 강령과 구조에 따라 스탈린을 추종하는 공산주의당으로 발전했기 때문에 소련의 질서 모델 도입을 가속화했다. 이미 마련된 사실, 예를 들어 농업과 산업에서 소유관계의 변화가 이에 접목될 수 있었다. (위를 보시오).

1947년 6월에 세워진 독일 경제위원회에 1948년 2월 소련 군정이 입법 권한을 양도하면서 처음에는 사실상 동독의 최고 정부기관이 마련되었다. 1948년 총회에서 선출된 독일 경제위원회의 비서가 담당하는 가장 중요한 업무는 각 주들의 경제 기구들을 통합하는 것이었다. 점령세력과 SED 수뇌부의 정책을 엄격한 조직원칙에 따라 활성화시키는 것이 과제였다. 새로 구성된 독일 경제위원회의 첫 번째 경제정책 활동들은 기대에 어울리게 경제 계획을 준비하는 것으로, 1949/1950년 2년 계획을 세워 인민경제의 재건기를 완결하는 것이었다.

서부독일에서는 화폐개혁이 경제개혁과 맞물려 있어서 이미 국가 건립 이전에 사회적 시장 경제의 질서체계에 대한 근거가 되었던 서부 독일과는 다르게,[34] 동부독일에서는 계속해서 수량을 계획하는 형태로 국민경제 계획을 하는 포괄적인 관리체계가 중심에 있었다. 다른 결정적인 차이들은 이미 언급된 높은 사회화 정도, 경제정책적인 결정의 강력한 중앙집권화, 정치적 행정의 중위, 하위 기관의 독립성의 전반적인 상실 또 중심적인 경제 변수들의 전개를 통제하고 이에 대해 보고하는 독립된 위원회가 없음 그리고 마지막으로 정치 엘리트들의 학습능력 부재였다.

전문가들의 비판적인 조언들은 기조 수정에 영향을 미치지 않았거나 불충분하게나 영향을 미쳤을 뿐이다. 비판적인 언급들에는 공공연한 또는 숨겨진 억압도구들을 사용하여 대응하다보니 거의 완전히 사라지게

---

33) 1946에는 독일 사회주의 통합당을 위해 사민당이 공산당과 강제로 합쳐졌다.

34) 서독의 발전에 관해서는 Bucheim(1988) 참조.

되었다.[35]

SED 수뇌부가 약속한 인민의회 자유선거가 1949년 10월 7일 동부독일 정부가 수립된 이후에도 다시 미루어지고 결국에는 단일명부에 따른 선거제도를 선포함에 따라 SED 수뇌부와 소련 점령군은 의회 민주주의 대신에 소련을 모델로 삼은 인민민주주의를 설치하려 했음이 명백해졌다.

그림 6: 서독과 동독 (1949년에서 1990년까지)

출처: Leisering (1997), S. 122.

35) Zschaler (1997), P. 233.

이미 1950년에 정치적 숙청의 물결이 시작되어 SED에 속하지 않은 정치가들과 행정전문가들이 "태업과 반란", "전문가로서의 무능력", "민족사회주의적 성향" 등의 거짓 죄목에 따라 축출되었다. 가톨릭 성향의 기민당 정치가이자 작센의 재무장관이었던 게르하르트 로너가 당사자였지만 적시에 서베를린으로 도피할 수 있었으며, 튀링엔의 자유민주주의적 성향을 지닌 재무장관이었던 레온하르트 모크에 대해서는 인민재판의 필요가 제기되었으나 그 역시 적시에 서방으로 도피할 수 있었다. 메클렌부르크에서 스탈린식 숙청은 경제 행정을 대상으로 이루어졌다. 처음에는 소련 점령군에 체포된 경제부장관 지크프리트 비테(기민당)는 1950년 서독으로 도피할 수 있었다. 작센-안할트에서는 노동과 사회부 장관인 레오 헤르베겐(기민당)과 실장인 빌리 브룬데르트(예전에 사민당 소속)가 체포되었고 데사우에서 열린 인민재판에서 장기 징역을 선고받았다. 독일 태환은행장인 빌리 훈 (SED)은 SED 수뇌부와 동독 정부에 대한 이 은행의 독립성을 유지하려 들다가 1950년 물러나야 했다.[36]

1952년 행정체계로서 주들을 해체하고 1990년까지 유지되는 지역권들을 세우면서 중앙집권적 정부를 건설하면서 지방분권은 포기되었다. (그림 6 참조). 동독이 1950년 상호 경제협력 위원회에, 1958년 바르샤바 조약에 가입하면서 동독은 동유럽블록국가들에 정치적, 경제적 그리고 군사적으로 통합되었다.

---

36) Zschaler (2009) 참조.

6. 1949년에서 1989년까지의 경제 성장을 예산정책에 따라 조정하면서 생겨난 문제들[37]

동부독일은 체계에 따라 시간이 흐르면서 경제적 효율성의 저하가 커지는데도, 높은 산업화율을 보인 국가에 속했다. 그러나 중앙관리경제 체제 치고는, 아마도 어처구니없게 들릴 터이지만, 경제정책과 재무정책의 도구들을 투입할 때에 국가의 역할이 제한되어 있었다. 자유주의 체제는 여기서도 훨씬 효율적이었다. 예컨대 공공 재정은 서독에서와는 달리 경제정책의 핵심도구가 되지 못했다. 전체 경제를 다 다루어야 한다고 요구한 관리체제가 존속한 결과로 예산은 국민경제계획에 종속되어 있었으며 국영기업들의 채무계획과 재무계획들과 함께 계획과정의 일부였다. 예산의 과제는 수량 계획에 어울리는 재무흐름을 보장하는데 있었다.[38]

여기서 동부독일의 발전은 소련과 다른 동유럽블록국가들과 차이가 나지 않았다.

여기서도 국가재정계획은 경제의 유일한 조절수단도 아니었고 전체 국민경제의 재무계획도 아니었다. 그럼에도 불구하고 예산정책은 재원과 국민소득을 배분하며, 비록 제한적이기는 해도 경제 과정들의 안정화에 영향을 미쳤다. 그밖에 최소한 한시적으로 국민경제의 "최대 자본집합소"로서의 위상이 국가 재정에 부여되었다. 예산과 따라서 예산정책이 상당한 정도로 중앙 경제계획에 종속되어 있다 하더라도, 이것들은 다른 재무정책보다도 경제 통제 수단으로써 훨씬 나았다.

국가비율, 즉 생산된 국가수입에서 공공 재무의 지출이 차지하는 비율은[39] 동독의 역사에서 사회생산이 국가를 통해 재분배된 정도를 조사할

---

37) Baar / Müller / Zschaler (1995), P. 55-65 참조.

38) Holzmann (1991) 참조.

39) 이 연구에서는 공공의 전체지출은 회계계산에 따라 수정되어, 가계로부터 충당

때에 사용가능한 측정치이다. 이로써 중앙집권의 수준을 역으로 추론하는 것이 가능해진다. 중앙집권이 확대되는 국면에서 공공 재정을 통한 자본과 수입의 배분이 늘어나야 했으며, 중앙집권이 와해되는 시기에는 자체 자본을 모으는 수단을 강조하다 보니 줄어들어야 했다.

표 5에 나타난 자료들에 따르면 전체 발전은 네 개의 국면으로 나누어 질 수 있다. 1950년에서 1962년 첫 번째 국면에서 국가비율은 1956/57년의 예외를 제외하면 60% 또는 그 이상으로 국가비율이 움직였으나, 1953년에만 70%에 접근했다. 1963년에서 1970년에 이르는 2차 국면에서 국가비율은 현저하게 50년대 수준 이하이다. 1964년만 제외하면 생산된 국가수입에서 공공의 전체지출은 천천히 줄어들다가 1968년 51.89%까지 하락한 바 있다. 그리고 1970년에는 55.73%까지 올랐지만 1차 국면에서 나타나는 비율에는 도달하지 못했다.[40] 1971년에서 1982년에 이르는 3차 국면에서는 국가비율이 연속적으로 늘어나서, 1979년에는 70%에 도달했고[41] 1982년까지 10% 포인트 더 상승했다. 1983년에서 1988/89년에 해당하는 4차 국면에서는 국가비율이 1985년 90%까지 증가했으며 이 수위에서 오갔다. 여기서 파악된 마지막 해인 1988년에는 93.5%의 국가비율이 확인될 수 있다.(그림 7 참조).

된 사회보장의 총합결산만이 사회지출에서 고려되었다. 이를 위해 사회보장의 수입을 회계계산의 양 측면에서 공제하는 것이 필요했다.

40) 1965년 공공지출이 현저하게 감소한 것은 인민소유기업 연합들을 공적자금으로 충당한 산업행정에서 자체 재무경제력을 갖춘 국영기업으로 변화시킨 것에 기인하겠다.

41) 1975년에서 1976년, 1980년에서 1981년 사이의 감소는 물가의 변화에서 기인하며 국가 개입의 감소에서 해명될 수는 없다.

표 5: 1950년에서 1988년에 이르는 동독에서의 국가수입, 국가비율, 투자와 지원금

해	물가 기준	생산된 국가 수입	계산에 따른 지출	국가비율	전체투자	국가재정에서 비롯한 투자			국가재정에서 비롯한 가격지원	
						전체	전체 투자비율	지출 비율	전체	지출 비율
	기준해	1000 동독 마르크	1000 동독 마르크	%	1000 동독 마르크	1000 동독 마르크	%	%	1000 동독 마르크	%
1950	1950	29109000.00	19702900.00	67.69	3038000.00	1543435.70	50.80	7.83	401781.80	2.04
1951	1951	35252000.00	23096800.00	65.52	3811000.00	2553300.00	67.00	11.05	1446900.00	6.26
1952	1952	40130000.00	26992200.00	67.26	4918000.00	3239600.00	65.87	12.00	1569700.00	5.82
1953	1953	42443000.00	29359800.00	69.17	5925000.00	3720200.00	62.79	12.67	3429400.00	11.68
1954	1954	46063000.00	30472067.20	66.15	6096000.00	3648255.60	59.85	11.97	4899400.00	16.08
1955	1955	50037000.00	32607473.20	65.17	6992000.00	2851378.90	40.78	8.74	4612800.00	14.15
1956	1956	52288000.00	27978100.00	53.51	8860000.00	3754500.00	42.38	13.42	3917800.00	14.00
1957	1957	56015000.00	30547200.00	54.53	9183000.00	4366400.00	47.55	14.29	4133200.00	13.53
1958	1958	62011000.00	35832799.00	57.78	10560000.00	5303300.00	50.22	14.80	4990300.00	13.93
1959	1959	67488000.00	40570000.00	60.11	12580000.00	6168400.00	49.03	15.20	5580700.00	13.76
1960	1967	71045000.00	43226600.00	60.84	160960000.00	6425500.00	39.92	14.86	-	-
1961	1967	72212000.00	44389600.00	61.47	16310000.00	6032800.00	36.99	13.59	-	-
1962	1967	74132000.00	48399300.00	65.29	16706000.00	6289536.70	37.65	13.00	-	-
1963	1967	76692000.00	48949900.00	63.83	17091000.00	5205630.80	30.46	10.63	-	-
1964	1967	80487000.00	52939300.00	65.77	18745000.00	5746800.00	30.66	10.86	-	-
1965	1967	84175000.00	47979100.00	57.00	20489000.00	2011400.00	9.82	4.19	8990000.00	18.74
1966	1967	88294000.00	52931400.00	59.95	21984000.00	1649900.00	7.51	3.12	-	-
1967	1967	93043000.00	50847600.00	54.65	24005000.00	4692000.00	19.55	9.23	10237300.00	20.13
1968	1975	98530000.00	51124500.00	51.89	27450000.00	4774300.00	17.39	9.34	10241700.00	20.03
1969	1975	103650000.00	56403000.00	54.42	31802000.00	4511400.00	14.19	8.00	9898100.00	17.55
1970	1975	109470000.00	61007600.00	55.73	34393000.00	4980300.00	14.48	8.16	11375100.00	18.65
1971	1975	114450000.00	69095700.00	60.37	34698000.00	5179100.00	14.93	7.50	12778200.00	18.49
1972	1975	120930000.00	75255100.00	62.23	36135000.00	5591900.00	15.48	7.43	13507600.00	17.95
1973	1975	127650000.00	82341600.00	64.51	38886000.00	6826000.00	17.55	8.29	15456500.00	18.77
1974	1975	135780000.00	91876700.00	67..67	40211000.00	7708500.00	19.17	8.39	15809200.00	17.21
1975	1975	142370000.00	102343200.00	71.89	42678000.00	7200000.00	16.87	7.04	17171100.00	16.78
1976	1980	158055000.00	104900800.00	66.37	49414000.00	6736600.00	13.63	6.42	19210200.00	18.31
1977	1980	166040000.00	111353200.00	67.06	52192000.00	7147600.00	13.69	6.42	21657600.00	19.45
1978	1980	172180000.00	117610000.00	68.31	53643000.00	5708400.00	10.64	4.85	23557800.00	20.03
1979	1980	179150000.00	125170500.00	69.87	54370000.00	5614900.00	10.33	4.49	26062800.00	20.82
1980	1980	187060000.00	145080200.00	77.56	54512000.00	5774800.00	10.59	3.98	29091700.00	20.05
1981	1985	202971000.00	151489700.00	74.64	67307000.00	6623600.00	9.84	4.37	33525800.00	22.13
1982	1985	208219000.00	165951500.00	79.70	63853000.00	8147400.00	12.76	4.91	33886600.00	20.42
1983	1985	217836000.00	175139900.00	80.40	63660000.00	8143000.00	12.79	4.65	36406900.00	20.79
1984	1985	229917000.00	194823100.00	84.74	60560000.00	7102300.00	11.73	3.65	42131300.00	21.63
1985	1985	241863000.00	217094700.00	89.76	62602000.00	6664000.00	10.65	3.07	54700300.00	25.20
1986	1985	252220000.00	228657000.00	90.66	65933000.00	6647500.00	10.08	2.91	62307100.00	27.25
1987	1985	260640000.00	241837900.00	92.79	71205000.00	8055000.00	11.31	3.33	60387114.00	24.97
1988	1985	268060000.00	250643400.00	93.50	76368000.00	10422000.00	13.65	4.16	61649934.00	24.60

출처: Baar / Müller / Zschaler (1995), S. 70-71.

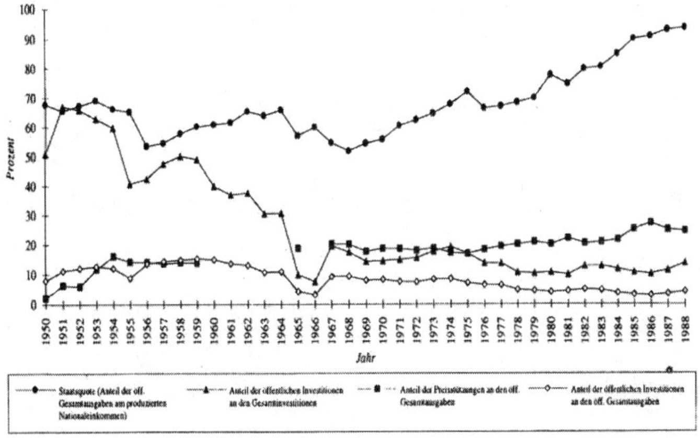

●	▲	■	○
국가비율 (생산된 국가수입에서 전체 공공 지출이 차지하는 비율)	전체투자에서 공공 투자가 차지하는 비율	전체 공공 지출에서 가격보조가 차지하는 비율	전체공공 지출에 대한 공공 투자의 비율

그림 7: 1950년에서 1988년에 이르는 국가비율, 공공의 투자 그리고 지원금

출처: Baar / Müller / Zschaler (1995), S. 74.

이로써 동독의 경제사에 대한 중요한 명제 하나를[42] 뒷받침할 수 있다. 50년대 강력한 중앙집권적 경제조정은 60년대 경제 개혁과 더불어 현저하게 감지할 수 있는 중앙집권의 해체과정을 시작했다. 개혁의 중단은 국가비율의 새로운 증가에서 알아볼 수 있다. 1983년 이래 국가비율의 갑작스러운 증가는 포괄적인 경제와 사회 위기를 표현하고 있다. 국가는 안정정책의 근거로 국가가 사용가능한 사회생산 전체를 재분배하려 시도했지만, 이로써 정치와 경제 질서의 점진적인 몰락을 중단시킬 수는 없었다.[43] 국가비율의 발전으로부터 다른 결론을 끌어낼 수는 없다. 이를 위

42) 이에 대한 상세한 서술은 Steiner (2006), Steiner (2007) 참조.

43) 50% 이상의 국가 비율은 소련형의 중앙관리경제에 특징적이었다. 서독에서

해서는 다른 자료들, 곧 국가의 투자와 지원금에 대한 자료를 끌어들어야 한다.

국가소유가 주된 중앙통제경제에서 "국가의" 투자와 "공공의" 투자라는 말로 무엇을 뜻하는지를 해명해야 하겠다. 왜냐하면 시장경제에서 말하듯이 공공 부분과 민간 부분이 구별될 수 없기 때문이다. 따라서 국영기업에 대한 모든 투자는 어쨌든 국가의 투자였다는 견해를 대변할 수 있겠다. 이런 일반화하는 정의는 시간에 따라 차이가 나는 국영 기업의 결정 공간을 고려하지 않으며, 그밖에도 동독에서 투자 재원 확보는 다층적이었기에, 타당하지 않다. 여기서 연구되는 물음에는 공공 재정의 개념에서 출발하는 것이 더 좋은 결과를 낸다. 공공투자에서는 그렇기에 투자금 확보를 위해 자국 기업에 대한 국가재정에서 유래하는 대부와 지원금이 중요하다. 외국에서 국가의 투자계약은, 예컨대, 동유럽블록 경제 동맹의 맥락에서 공동의 프로젝트를 위한 투자계약은 고려되지 않는다.

투자 재원 마련을 위해 동독에서는 다양한 도구들이 있었다. 공공 재정 말고도 국영 기업의 자체 수단 (상각, 건물과 장비 판매를 통한 수익, 남아 있는 순이익부분들 그리고 최종 가치), 은행의 국공채 대출 그리고 기타 바뀐 법의 테두리 안에서 가능한 재원마련수단 (정부기금, 실적기금, 문화 기금과 사회 기금)이 투입되었다. 그밖에 국영 시설의 투자와 주거시설 건축을 위해서는 공공기관의 재산과 채권이 투입 가능했다.

일반적으로 국민경제에는, 크렐레(1964)가 언급했듯이,[44] 순전히 경제적으로 최적의 투자율이 조사될 수 없다는 것이 타당하다. 즉 공공 투자의 액수는 긍정적으로 또는 부정적으로 영향을 미칠 수 있다. 그리고 다른 요소들에, 그 중에서도 다른 재원조달수단들과 외부경제적인 얽힘에

1950/52년 국가 비율은 32%였으며 1960/62년에는 33%였다. 이로써 국가비율은 서유럽국가들에서 최고였다. Ambrosius (1991), P. 33.

44) Krelle (1964) 참조.

표 6: 1949년에서 1989년 사이의 동독 투자율의 전개 (가격기준 1985년)

해	국민수입	총투자			투자율		
		전체	이중 산업	이중 비산업 영역	전체	이중 산업	이중 비산업 영역
	1백만 마르크	1백만 마르크	1백만 마르크	1백만 마르크	%	%	%
1949	26840	3084	1634	1019	14.17	6.09	3.80
1950	32029	4786	2076	1350	14.94	6.48	4.21
1951	39203	6041	2605	1742	15.41	6.64	4.44
1952	45737	7713	3335	2246	16.86	7.29	4.91
1953	50285	9269	4008	2819	18.43	7.97	5.61
1954	53873	9465	4089	3014	17.57	7.59	5.59
1955	58485	10864	4600	3528	18.58	7.87	6.03
1956	63065	13708	6056	4200	21.74	9.60	6.66
1957	68926	14213	6328	3785	20.62	9.18	5.49
1958	78567	16406	6967	4490	20.88	8.87	5.71
1959	85581	19898	9081	5737	23.25	10.61	6.70
1960	90770	21949	10201	6324	24.18	11.24	6.97
1961	91430	22190	10015	7014	24.27	10.95	7.67
1962	95089	22780	10518	7089	23.96	11.06	7.46
1963	93694	23104	11116	6957	24.66	11.86	7.43
1964	98992	25277	12741	7286	25.53	12.87	7.36
1965	104917	27556	14333	8448	26.26	13.66	8.05
1966	111131	29339	14833	9284	26.40	13.35	8.35
1967	116236	31955	15325	10738	27.49	13.18	9.24
1968	119428	35423	16048	12413	29.66	13.44	10.39
1969	129239	40930	18863	14087	31.67	14.60	10.90
1970	139928	43707	21346	14332	31.24	15.25	10.24
1971	144837	44447	22123	13746	30.69	15.27	9.49
1972	153078	46681	23811	13341	30.49	15.55	8.72
1973	162847	50587	26210	13933	31.06	16.09	8.56
1974	173207	53337	25952	16092	30.79	14.98	9.29
1975	177916	55793	26285	17603	31.36	14.77	9.89
1976	188991	59867	28464	18840	31.68	15.06	9.97
1977	198731	63059	30328	19067	31.73	15.26	9.59
1978	200294	64846	31987	18264	32.38	15.97	9.12
1979	202332	65606	33021	17860	32.42	16.32	8.83
1980	212761	65702	34332	16905	30.88	16.14	7.95
1981	214798	67307	35250	16974	31.34	16.41	7.90
1982	207405	63853	34754	14785	30.79	16.76	7.13
1983	207522	63660	36010	13587	30.68	17.35	6.55
1984	214574	60560	33334	13396	28.22	15.53	6.24
1985	224940	62602	34121	14164	27.83	15.17	6.30
1986	234400	65933	36006	15596	28.13	15.36	6.65
1987	244880	71205	40612	15793	29.08	16.58	6.45
1988	257350	76368	43998	17138	29.67	17.10	6.66
1989	261400	77053	44511	17620	29.48	17.03	6.74

출처: Baar / Müller / Zschaler (1995), S. 67.

강하게 영향 받는다.

표 6에 따른 자료에서 가능한 결론은 이렇다. 1959년까지 투자재원 마련은 41%에서 국가의 직접 지원을 통해 67%로 올랐다. 국가의 지원은 정치에서는 새로운 생산능력을 국가 주요 프로그램의 기반 위에서 세울 때에 재무정책적인 도구로 여겨졌다. 이 목표는 원칙적으로 달성되었다. 1960년 이후 전체 투자에서 공공 투자의 비율은 처음에는 상대적으로 느리게 줄어 1964년 31%에 달했다. 물론 이런 발전을 주목할 만한 탈중심화의 표현이라고 볼 수는 없으며, 오히려 생산능력 확장과 50년대의 자급자족 프로그램이 종식되었다는 맥락에 서 있다. 그밖에도 재건기는 끝났다. 같은 시기에 국가 비율은 소폭 상승했다.

신경제체제[45]를 도입하면서 투자재원마련이 변했다. 경제개혁자들은 탈중앙집권화를 실행하려 했고 간접적인 경제정책과 재무정책적인 조절 도구들을 투입하려 노력했다. 투자는 무엇보다도 자체 재원조달 수단, 곧 이익, 감가상각 그리고 채무를 통해 이루어졌다. 물론 국가 소유였던 은행들도 투자의 계획과 실행에 대한 더 많은 통제권을 받았다. 국가는 소수의 중요한 핵심 프로젝트에만 집중했다. 1965년에 처음으로 국가비율의 주목할 만한 감소, 즉 전체 투자에서 공공 투자의 비율의 감소, 그리고 전체 공공지출에서 공공 투자의 비율의 감소를 이 자료는 보여준다. 이러한 감소가 1966년 둔화되어 계속된다. 1965년 이후 국가재정은 이로써 더 이상 자본 축적을 위한 "결집소"가 되지 못한다. 물가 기준의 변화가 1967년의 자료 표기를 왜곡시키고 있기는 해도, 이 해 이후 뚜렷한 경향

45) "신경제 체제" - 국민 경제를 계획하고 주도할 새로운 경제 체제 Neues Ökonomisches System der Planung und Leitung der Volkswirtschaft라는 명칭으로 1963년 SED 지도부는 국민경제적인 실적을 높이고 계획 메커니즘을 개선하려는 구상을 제출했다. 이에 대한 상세한 서술은 Steiner (2007), P. 146-180 참조.

전환이 인식된다. 모든 비율이 다시 올라갔다. 국가 비율이 다음 해들에서도 오르고 있는 반면 전체 투자와 전체 공공 지출에서 공공투자가 차지하는 비율은 연구가 끝나는 시점까지 낮은 수준에 머물러 있으며 본질적으로 커다란 차이 없이 비슷하다. 대략 15% 내지 6%에 머물러 있다.

여기서도 4개의 국면이 파악된다. 1950년에서 1959년에 이르는 첫 번째 국면은 예산을 자본을 중점 영역에 배분하기 위한 재무정책적 도구로 이용하는 특징을 보인다. 잇따르는 1960년에서 1964년에 이르는 두 번째 국면에서는 투자의 재원이 여전히 상당 부분 예산을 통해 마련되고 있지만, 성장의 예산정책적인 조절은 일어나고 있지 않다. 세 번째 국면은 1965년에서 1966년에 해당하는데, 경제 개혁의 핵심기간이다. 이 기간 동안 국영 기업의 자체 재원조달 도구가 강화되었다. 예산을 통해 여전히 중점투자를 조정했을 뿐이다. 1967년에서 1968년 네 번째 국면은 자료를 토대로 해서는 완전히 해명되지 않는다. 1970년까지 "신경제 체제"를 통해 도입된 투자계획 메커니즘이 원칙적으로 존속했다. 이후에 이 영역에서도 새로이 중앙화가 이루어졌다. 중앙 투자 계획과 더불어 기업들의 결정영역이 현저하게 축소되기는 했지만, 재원조달 수단은 본질적으로 변하지 않았다. 국가는 이제 경제기업들의 공공 재원조달을 포기하고 대신에 수량에 따른 투자 계획과 은행 대부를 통해 영향을 받았다. 엄밀하게 보자면 네 번째 국면은 두 개의 하부 단위로 나뉠 수 있겠다. 1967년에서 1970년 그리고 1971년에서 1988년의 구분이 가능하다. 1971년 이후 예산은 이 영역에서 더 이상 경제정책적인 조정도구로 사용되지 않았다.

전쟁 후 첫 10년 동안 국가가 투자자의 기능을 떠맡는 것은 계획 경제에만 해당하지 않았다. 서독에서는[46] 1947년과 1965년 사이에 4개의 투

46) 프랑스에서도 공공 투자가 40년대, 50년대에 '계획planification'의 테두리에서 개인 경제의 전체 투자에서 중요한 부분들을 차지했다. Müller-Ohlesen (1952) 참조.

자계획들이 실행되었다. 자본시장이 아직 충분하게 움직일 수 없던 까닭에 공공 투자는 경제 전체의 관심에 따라 이루어져서, 분야별 그리고/ 또는 구조적 어려움과 불균형을 제거하거나 줄이고 또 주택건설과 궁핍한 지역들에 대한 지원을 장려하고 농업구조 개혁을 지원했다.[47] 1955/56년 서독의 재건기에 공공 투자는 무엇보다도 주택건설, 교통시설, 석탄채취, 철강 산업, 기초화학과 펄프산업에 이루어졌다.[48] 1956년 이후 공공 투자는 무엇보다도 구조개선, 합리화 그리고 현대화에 쓰였으며, 더 이상 대기업에 우선적으로 해당하지 않았으며, 중소기업들과 농업에도 투입되었다.[49] 두 기간들 사이의 휴지기는 장려전략이 바뀐 결과 생겨났다. 공공 투자를 폭넓게 조절하는 대신에 질적인 관점에 강하게 기준을 맞춘 선택이 자리를 잡았다.

동독에서는 1971년 이후 예산정책이 점점 유연성을 잃어갔다. 야심만만하기는 하지만, 국민경제적인 재원에 적응하지 못한 사회프로그램은[50] 이에 투입된 공공수단이 점점 유동성을 잃게 되는 결과를 빚었다. 무엇보다도 주택건설을 위한 투자는 사회자금이동의 성격을 갖게 되었으며 이에 따라 재무정책적인 도구라는 특수한 투입가능성을 상실했다. 이러한 문제는 여러모로 훨씬 약화되기는 했지만 시장경제에서 마찬가지로 알려져 있다.[51]

그러나 국가 경제의 지원 필요가 갑작스럽게 늘어난 것은 훨씬 불리한 영향을 미쳤다. 동독 예산정책의 원래 과제는 외부 원재료 시장에서 가격이 오르는 현상에 대비하고, 정치적으로 필요한 기본필수재의 가격에 대

47) Over (1966) 참조.

48) Beckner (1960) 참조.

49) Beckner (1960) 참조.

50) Steiner / Judt / Reichel (2006) 참조.

51) Over (1966) 참조.

해 보조금 지원을 허락하며, 기업들이 가격체계를 통해 비용을 상쇄하지 못할 경우 손실을 보상해주는 것이었다.

이미 언급되었듯이 이 연구에 대해서 내수소비재를 위한 가격지원은 일련의 시간대에서 파악되었다. (표 5 참조) 이러한 지원양식은 현금지원과 가격을 깎아주는 식의 지원을 혼합한 형태로 볼 수 있다. 이는 국가가 비용가격보다 훨씬 더 싸게 재화를 사용가능하게 할 목적으로 기업들에게 지원금을 지급한 까닭이다. 특정한 상품들을 국영 기업 내지 상점을 통해 생산비용보다 훨씬 높은 가격으로 구입하고 비용가격 이하로 팔 때에도 마찬가지였다.

1953년과 1959년 사이에 전체 공공 지출에서 가격 지원금의 비율은 대략 공공 투자의 비율(대략 14%)만큼 높았다. 1965년에는 이 비율이 훨씬 상회하여 4.2%의 투자비율에 비교할 때에 가격보조비율은 18.7%였다. 그리고 1967년에서 1977년 사이에 대략 20% 정도 편차를 보였다. 반면 공공 투자는 (9%에서 6.5% 사이로) 약간 줄었다. 1978년 이후 지원비율은 상승했으나 공공 투자의 비율은 훨씬 감소했다. 1987년 국가지출에서 내수재를 위한 지원의 비율은 최종적으로 25%였다. 공공 투자의 비율은 3.3%였다. 1988년에는 이 두 비율은 각각 24.6%와 4.2%였다. 이 순서에서 누락된 자료 때문에 국면을 나눌 수는 없지만, 50년대와 이후 60년대, 70년대, 80년대에는 차이가 뚜렷하다. 마지막 기간에는 국가비율과 지원의 상승과 공공 투자의 축소가 서로 관계를 맺고 있다고 단언할 수 있다. (그림7 참조).

이러한 문제는 수출에 대한 가격지원을 함께 조사하고 전체 가격보조를 전체 투자에 대조해보면 더욱 뚜렷해진다. 이러한 비교는 자료의 상황 때문에 1987년에서 1989년 사이에만 이루어질 수 있다. 서구로 수출하는 것에서 수익성이 없는 것은 경제정책과 재무정책에서 심각한 문제였다. 구조가 지정된 많은 동독의 대기업들에게서 수출수익성은 특히 적었다.

그리하여 몇 가지 예를 들어 본다면, 1989년 극소전자공학에서 7.2 동독 마르크의 비용이 들어서, 1 (!) 서독 마르크의 수익을 올릴 수 있었다. 비록 다른 영역에서 수출의 수익성이 현저하게 더욱 높기는 했지만, 기계제작의 수익성은 2.91이었고, 동독 대기업의 평균 3.71이었으며, 전체 경제 평균은 4.41이었다.52)

표 7: 투자와 가격보조 (단위: 1백만 동독 마르크)

해	투자			국가재정에서 비롯하는 가격 보조			
	전체	공공 투자	여타의 투자#	전체	내수품에 대한 보조	수출품에 대한 보조	대출을 통해 수출품에 대한 보조
1987	71,205	8,055	63,150	110,870	60,387	11,635	38,848
1988	76,368	10,422	65,946	75,245	61,650	11,995	1,600
1989	77,053	11,000*	66,053	80,293	64,593	12,200*	3,500*

출처: Baar / Müller / Zschaler (1995), S. 64.

\# - 국영기업의 자체수단에서 유래한 투자들 또는 대부를 통한 자금조달

* - 추정

따라서 가격 보조라는 도구의 경제정책적인 정확한 목표 설정은 매우 문제가 많았다. 분배 효과는 수입을 축소하거나 수출을 늘리는 등 자급자족노력의 지원을 제외할 경우 거의 확인되지 않는다. 기업 수입과 개인 수입의 재분배가 비록 이루어졌지만, 이의 장기적인 효과는 비생산적이었다. 그렇기에 투자정책에서와 마찬가지로 안정화 효과는 그저 한시적으로나 나타났다.

52) Krakat (1994) 참조.

7. 꿈과 현실

경제 발전이 2차 대전 이후 동독과 서독에서 상이하게 진행되었다는 사실은 일차적으로 출발조건에 따라 설명될 수 있다. 1948년 이래 소련 점령군과 SED가 소련 모델에 따라 명백하게 추진한 전체주의적 질서 체계와 비효율적인 경제체제를 관철시키면서 결국에 동독 경제는 붕괴하고 말았다. 기업을 몰수하고 기업과 은행 그리고 행정의 운영진에서 전문성을 빼앗은 것, 또 관청의 자의적 결정에 맞선 법적 보호의 부족 등은 경제 성장에 대한 테두리 조건을 강하게 좁혔다. 이밖에도 세계 시장에로 돌아오는 대신에 훨씬 약하게 발전한 동유럽 경제권에 통합되었고, 특히 국제 경제상으로는 소련에 종속되어 있었다. 통화는 교환 불가했으며 국가가 국제무역과 외환을 독점하다 보니 내수 경제 발전이 경제생활의 국제화에서 이탈하는 현상이 생겨났다. 생산 요소 시장들은 중앙경제 체제를 통해 제거되었으며, 재화시장은 현저하게 제한되었다. 가격과 비용 사이의 관계는 점점 더 사라져 갔다.

1980년대 정치와 경제 질서에서 보이는 결함들은 그렇지 않아도 희망 없는 경제 상황을 악화시켜 위기에 이르게 했다. 이미 1971년 울브리히트에서 호네커로 권력 교체가 이루어진 때에 국민경제적인 재원에 적응하지 못한 사회 프로그램은 경제 정책을 스스로 막는 효과를 냈다. 궁핍한 기준들에 맞춘 주택건설을 위한 재정 사용은 사회 전이의 성격을 가졌다. 국가 경제의 지원필요가 더욱 불리한 영향을 미쳤다. 투자들에서 본래 문제는 결정들이 전통 분야에 유리하도록 내려졌으며 현대적인, 국제시장에서 빠르게 성장하는 기업들과 서비스 업계는 간과했다는 사실이다. 자체 극소 전자산업을 세우려는 노력 역시 짧은 기간 동안이라도 성공한 적이 없었다. 재원의 잘못된 분배 말고도 부족에서 비롯한 기반시설 영역에 대한 태만한 자세는 특히 불리했다.

표 8: 1989년 독일 경제의 총가치생산에서 각 분야들이 차지하는 비율 (단위: 퍼센트)

경제 분야	서독	동독
1차 분야	2	9

출처: 연방통계청

국제시장에서 당시까지 알지 못한 경제생활의 유연성과 역동성이 경제 성장의 전제가 된 마당에, 막 시작한 세계화 시대에 새로운 공학을 도입하고 확장하지 못한 채, 육중하고 점차 움직이지 못하는 동독 경제라는 배는 가라앉았다. 동독의 국가 수뇌부는 자신의 나라가 세계 10대 경제 강국이라고 선전하고 다녔지만, 이것은 순전한 선전선동에 불과했다.

전환의 해 1989년에 동독은 예전처럼 산업국가이기는 했지만, 낙후된 경제구조를 가진 현대적이지 않은 산업국가였다. 서유럽 국가들과 미국 그리고 일본에서 분야별 구조 변화를 통해 1980년 말까지 서비스가 총가치생산과 고용에서 차지하는 비율이 50% 이상으로 올랐던 반면, 동독에서는 여전히 (표 8이 보여주듯이) 산업이 주도적이었다. 분야들 내부에서도 동독은 체제에 따른 혁신의 불가능성 때문에 악수를 두었다. 게다가 자본스톡은 턱없이 낙후된 상태에 있었다. 이러한 무거운 부채를 통일 독일은 넘겨받아야 했다.

〈참고문헌〉

Ambrosius, G. (1991): Staatsausgaben und Staatsquoten der Bundesrepublik in den 50er Jahren - ihre Einflussfaktoren im internationalen Vergleich, in: Petzina, D. (Hrsg.): Ordnungspolitische Weichenstellungen nach dem Zweiten Weltkrieg, Berlin.

Baar, L. / Karlsch, R. / Matschke, W. (1993): Kriegsfolgen und Kriegslasten Deutschlands. Zerstörungen, Demontagen und Reparationen. Expertise erarbeitet im Auftrage der Enquete-Kommission des Deutschen Bundestages, Studien zur Wirtschaftsgeschichte Bd. 1, Berlin.

Baar, L. / Müller, U. / Zschaler, F. (1995): Strukturveränderungen und Wachstumsschwankungen. Investitionen und Budget in der DDR 1949 bis 1989, in: Jahrbuch für Wirtschaftsgeschichte, 1995/2, Berlin, S. 47-74.

Beckner, F. (1960): Zehn Jahre öffentliche Finanzierungshilfen, in: Zeitschrift für das gesamte Kre¬ditwesen, H. 3/1960, S. 113.

Buchheim, Ch. (1988): Die Währungsreform 1948 in Westdeutschland, in: Vierteljahrshefte für Zeitgeschichte, Heft 2 / 1988, S. 189-231.

Cornelsen, D. / Ruban, M. E. / Teichmann D. (1972): Kriegsschäden und Nachkriegsbelastung in der Bundesrepublik Deutschland und in der DDR, Gutachten des Deutschen Instituts für Wirtschaftsforschung im Auftrage des Bundesministeriums der Finanzen, Berlin.

Fischer, a. (1973): Teheran, Jalta, Potsdam. Die sowjetischen Protokolle von den Kriegskonferenzen der „Großen Drei", Köln.

Gleitze, B. (1956): Industrielle Standtorte und volkswirtschaftliche Kapazitäten des ungeteilten Deutschland, Berlin.

Holzmann, R (1991): Die Neugestaltung des staatlichen Budgetwesens. Notwendigkeit und Erfahrungen in mittel- und osteuropäischen Ländern im Übergang, Forschungsbericht 9117, hrsg. vom Ludwig Boltzmann Institut für ökonomische Analysen wirtschaftspolitischer Aktivitäten, Wien.

Jacob, Thierry (2000): Das Engagement des Adels der preußischen Provinz Sachsen in der kapitalistischen Wirtschaft 1860-1914/18, in: Reif (Hg.): Adel und Bürgertum in Deutschland. Bd. I, Entwicklungslinien und Wendepunkte im 19. Jahrhundert, Berlin, S. 274-330.

Karlsch, R. (1993): Allein bezahlt? Die Reparationsleistungen der SBZ/DDR 1945-1953, Berlin.

Karlsch, R. (2007): Uran für Moskau. Die Wismut – Eine populäre Geschichte, 3. Aktualisierte Aufl., Berlin.

Karlsch, R. / Schäfer, M. (2006): Wirtschaftsgeschichte Sachsens im Industriezeitalter, Leipzig.

Kieswetter, H. (2007): Die Industrialisierung Sachsens. Ein regional-vergleichendes Erklärungsmodell, Stuttgart.

Kluge, U. (1997): Agrarstruktureller Wandel und Kollektivierung in Ostdeutschland. Zum Problem der wirtschaftlichen „Sowjetisierung" 1949-1945, in: Fischer, W. / Müller, U. / Zschaler, F.: Wirtschaft im Umbruch. Strukturveränderungen und Wirtschaftspolitik im 19. und 20. Jahrhundert. Festschrift für Lothar Baar zum 65. Geburtstag, St. Katharinen.

Krakat, K. (Hrsg.) (1994): Wirtschaftsdaten ausgewählter DDR-Kombinate 1989/1990, Berlin.

Krelle, W. (1964): Investitionen und Wachstum, in: Jahrbücher für Nationalökonomie und Statistik, Bd. 176, Stuttgart.

Leisering, W. (Hrsg.) (1997): Putzger. Historischer Weltatlas, 102. Aufl., Berlin.

Mühlfriedel, W. (2001): Die Industrialisierung in Thüringen. Grundzüge der gewerblichen Entwicklung in Thüringen von 1800 bis 1945, Hildburghausen.

Müller-Ohlesen, L. (1952): Strukturwandel und Nachkriegsprobleme der Wirtschaft Frankreichs, Kiel.

Over, L. (1966): Öffentliche Finanzinvestitionen als Instrument der Finanzpolitik. Empirische und theoretische Untersuchungen, staatswissenschaftliche Dissertation der Albert-Ludwigs-Universität zu Freiburg im Breisgau,

Wuppertal-Elberfeld.

Ritschl, A. (1995): Aufstieg und Niedergang der Wirtschaft der DDR: Ein Zahlenbild 1945-1989, in: Jahrbuch für Wirtschaftsgeschichte, 1995/2, Berlin, S. 11-46.

Steiner, A. (Hrsg.) (2006): Überholen ohne einzuholen. Die DDR-Wirtschaft als Fußnote in der deutschen Geschichte?, Berlin.

Steiner, A. (2007): Von Plan zu Plan. Eine Wirtschaftsgeschichte der DDR, Berlin.

Steiner, A. unter Mitarbeit von Judt, M. / Reichel, Th. (2006): Statistische Übersichten zur Sozialpolitik in Deutschland seit 1940. Bd. SBZ/DDR, Bonn.

Zschaler, F. (1995a): Die Entwicklung einer zentralen Finanzverwaltung in der SBZ/DDR 1945-1949/50, in: Mehringer, H. (Hrsg.): Von der SBZ zur DDR. Studien zum Herrschaftssystem in der Sowjetischen Besatzungszone und in der Deutschen Demokratischen Republik, Schriftenreihe der Vierteljahrshefte für Zeitgeschichte, Sondernummer, München.

Zschaler, F. (1995b): Öffentliche Finanzen und Finanzpolitik in Berlin 1945-1961. Eine vergleichende Untersuchung von Ost- und West-Berlin (mit Datenanhang 1945-1989), Berlin / New York.

Zschaler, F. (1997): Die vergessene Währungsreform. Vorgeschichte, Durchführung und Ergebnisse der Geldumstellung in der SBZ 1948, in: Vierteljahrshefte für Zeitgeschichte, Heft 2/1997, S. 191-223.

Zschaler, F. (2009): „Den Aufgaben nicht gewachsen und auf Spezialisten vertraut". Beispiele für die Sowjetisierung der öffentlichen Verwaltungen in der DDR 1950 bis 1958 (Manuskript), Eichstätt.

북한 근로자의 근무특성

박경규 (서강대학교)

1. 서론

20여 년 전 독일이 통일되었을 때 민족이라는 가치가 모든 다른 가치를 주도하였다. 그러나 통일 후 구동독 지역의 경제상황은 예상보다 훨씬 좋지 않았다. 공산주의 국가 중에서 가장 경제수준이 높았던 동독이었으나 서독과의 경제 및 사회통합을 하는데 많은 비용과 기간이 소요된 바 있다.

본 논문의 목적은 다음과 같다.

첫째, 구동독에 비교하면 북한은 경제 등 모든 면에서 열악한 상황임을 두말할 필요가 없다. 한 국가의 경제력을 구성하는 핵심적 요소 중의 하나가 노동이며 이에 대해 관심을 갖는 것은 통일 후 예상되는 경제적 통합뿐만 아니라 사회적 통합 관점에서 노동의 주체인 노동자에 대한 이해가 필요하다. 북한의 노동과 노동자를 이해하는 것은 남북한 통일을 준비하는데 필요한 한 과정이라고 할 수 있다.

둘째, 한 민족의 통일을 위해서는 분단 상태에서 통일에 장애가 되는 요인들을 제거하며 또한 분단된 국가간 상호이해와 협력이 중요한 과정이 될 수 있다.

남북한은 지난 20년 전부터 경제교류를 시작한 이래 개성공단, 금강산 관광, 북한의 제품이 남한에 수출되는 등 실질적인 교류를 하고 있다. 특히 남한 기업이 북한에 진출할 경우 북한의 제반 상관행 내지 노동력에 대한 정보가 필요하다.

끝으로, 북한의 노동자에 대한 정보는 기업의 인적자원관리와 관련되는 학문적 관심도 존재한다. 즉 북한과 같은 사회주의 국가에서 생산성을 결정하는 요인이 무엇인가, 노동자들에 대한 유인책은 무엇이며 이런 것들이 어느 정도 작동하는지 등 북한 노동자들의 성과관련 행동을 결정하는 요인이 무엇인지를 밝혀 보고자 한다.

2. 북한에서의 노동의 의미

2.1 사회주의 국가에서의 노동

사회주의 국가에서의 생산목적은 더 이상 자본가의 교환가치 취득을 위한 것이 아니며, 인민에 의한 전 인민을 위한 사용가치의 생산에 기반하는 것으로 설명된다.

마르크스는 이러한 관점에서 자본주의를 다음과 같이 비판한다.

자본주의 사회에서의 노동은 노동자에게 의미를 부여하지 않는다. 노동자에게 있어서 생산수단이나 물질 모두 자신의 것이 아니고 또 자신이 만드는 상품이나 생산과정 역시 자신과는 아무런 관계가 없는 것이기 때문이다. 즉 자본주의 사회에서 노동자는 철저하게 소외되어 있다는 것이다.

뿐만 아니라 자본주의 사회에서는 노동의 교환가치에만 관심을 가지게 되고 사용가치가 이보다 더 많을 경우 이 차이만큼 노동자는 자본가에 착취당하게 된다고 주장한 바 있다.

사회주의에서는 생산자가 생산수단과 직접 결합되며 노동과정에서는 노동의 진정한 주인이 되며, 자신의 노동력을 처분할 수 있는 자유를 직접 가지게 되는 것이다. 결국 이를 통해 노동착취 내지 노동소외가 사라지게 된다.

물론 공산주의의 전 단계로서 사회주의에서는 육체노동과 정신노동, 공업노동과 농업노동 등에서 사회적 차이가 존재하는 과도기적 성격을 가지고 있지만 이는 생산력과 사회발전 단계에 따라 극복되는 것으로 간주된다(박정호/구갑우, 2007).

그러나 사회주의 국가의 실제에 있어서는 노동과 생산 수단간에는 국가라는 매개변수가 개입하게 된다. 즉 자본주의 경제체제하에서의 자본의 역할을 국가가 대체하고 있다고 볼 수 있다. 결국 사회주의 국가에서의 노동의 주인이 노동자라고 보기보다 국가가 되기에 이르렀다. 노동을 계획하고 지시하는 역할을 국가가 수행하는 것이다.

2.2 북한에서의 노동

북한에서의 노동의 의미는 사회주의 국가에서의 노동의 본질이 그대로 유지되고 있다. 김일성저작선집(1981)에 따르면 "로동력은 생산의 가장 능동적이고 결정적인 요소입니다. 기술도 사람에 의하여 발전되며 기계도 사람이 만들며 그것을 움직이는 것도 사람입니다. 세상에서 고귀하고 아름다운 모든 물질적 및 문화적 재부가 로동자들의 로동에 의하여 창조됩니다" 라고 되어있다.

즉, 북한에서의 노동은 모든 물질적 및 문화적 부(富)의 원천이고 자연과 사회와 인간을 개조하는 힘있는 수단으로 이해된다. 또한 완전한 공산주의 사회를 만들기 위해 노동은 필요 불가결한 것이다.

노동은 또한 사회를 개조하는 투쟁에서 노동과의 계급의식과 집단주의 정신을 고양하는 역할을 수행한다고 규정하고 있다.

특히 북한은 "주체의 노동관"이라는 개념정립을 통해 노동자 자신이 노동의 주인이며 그래야 노동을 진정으로 사랑하고 노동규율을 자각적으로 지킬 수 있으며, 사회와 집단을 위한 공동노동에 성실히 참가하여 노동과정에서 제기되는 애로와 난관을 용감하게 극복할 수 있다고 강조한다(백진규, 1991).

이상에서 북한에서의 노동이 개인에게 그리고 사회에 어떤 의미를 보여 주는지 규범적 내지 공식적 관점에서 기술하였으나 실제적 의미는 상당한 차이를 보여주고 있다.

위대한 수령님과 당의 현명한 영도 아래 이루어 지는 노동은 본질적으로 더 이상 사회주의 이상 사회에서 그리는 살아있는 노동(living labor)이 아니다. 자연개조투쟁에서는 국가중심의 생산력 향상을 위한 물리토대를, 인간개조투쟁에서는 당과 수령에 대한 충성도가 기준이 되고 있다. 결국 노동은 "강제노동"으로 전락되고 만다(박정우/구갑우, 2007).

노동과정으로 볼 때 노동에 대한 계획과 실행이 분리되어 노동자 자신이 자신의 노동을 설계 · 내지 생산계획에 참여할 수 없으며 작업진행도 결국 노동이 소외되는 테일러식(Taylorism)으로 발전되고 있다.

북한에서의 노동이 개인에게 주는 실제적 의미를 요약하면 다음과 같다.

첫째, 노동은 선택의 여지가 있는 것이 아니라 필수적인 것이다. 즉 재산 및 사적 소유가 인정되지 않기 때문에 노동력을 제공하지 않으면 생필품을 배급 받을 수가 없다.

둘째, 개인이 직업을 선택하는 것이 아니라 국가가 개인의 직업을 결정한다. 즉 직업 선택은 일차적으로 사회주의적 계획에 의한 사회부문별 노동력 배치에 의해 규정된다.

셋째, 북한 주민은 직장에서의 노동 및 노동 외적인 일에 과도한 시간을 소비하고 있다. 그들은 대개 오전 7시 ~ 오후 8시까지 일하고 이 중 2시간은 노동 외적인 정치관련 활동을 하고 있다.

끝으로, 노동에 대한 보상이 미약하고 보상체계가 노동의 성과와 관계없이 사전적으로 결정되어 있기 때문에 노동자에게 열심히 일할 유인이 제공되지 못하고 있다.

3. 북한에서의 인력 관리

3.1 노동력 공급

사회주의 국가는 완전고용을 전제로 한다. 그러나 기업수준에서는 노동력 비축과 잉여노동력의 사회적 부재로 인해 사회주의 국가에는 대체로 항상적인 노동력 부족을 겪게 된다. 북한 역시 정권 초기부터 계속하여 노동력 부족을 겪어 오고 있다. 북한의 노동정책은 노동력 조달과 동원을 중요한 목표로 하고 있으며 이를 위해 북한당국은 강력한 노동력 관리 정책을 구사하였고 이 외에도 노동자들의 의식개혁을 유도하고 노동규율을 강조하며 여성고용을 늘리고, 비생산적 인력과 관리인력을 줄이며 생산공정의 기계화, 자동화라는 기술혁명을 추진해 왔다(양문수, 2000).

북한의 노동력 부족은 한국전쟁 때부터 심각해졌다. 즉 젊은 연령층의 인구 감소와 군대동원에 따른 노동력 부족이 심각했다.

그러나 1990년대 이후 산업시설의 노후와 에너지 부족으로 산업활동이 현저히 위축되면서 노동력 공급은 오히려 과잉상태에 놓이게 되었고 많은 노동자들이 형식적으로는 고용상태에 있으나 실질적으로는 잠재적 실업에 처해 있다(남금영, 1996). 특히 1990년대에 들어 북한 주요산업의 가동률이 30 ~ 40% 수준으로 낮아졌고 더욱이 1990년 중반 이후 20 ~

30%로 떨어지면서 북한에서의 노동력 부족현상은 찾아보기가 어려워졌다(양문수, 2000).

특히 북한 근로자들은 생존을 위한 자구책으로 자신의 사적 노동에 입각한 영세한 개인적 상업, 공업, 농업에 종사하지 않을 수 없게 되었다.

3.2 노동력 배치

북한에서는 기업이 종업원을 채용하기보다 국가가 인력을 기업에 배치한다. 법적으로는 직업선택의 자유가 개인에게 보장되어 있지만 현실적으로는 국가의 인력수요공급 계획에 따라 국가가 개인을 직장에 배치하고 있다.

국가의 노동력 배치는 생산부문에 우선적으로 하고 부수적으로 과학, 교육, 문화, 보건, 상업유통과 같은 비생산 부문의 노동력을 정하는 방식이다(김태일, 1993).

직업선택은 6년제 고등중학교를 졸업한 후에 약 5%의 특수 계층은 바로 대학으로 진학하고 나머지 대부분은 2년 이상의 직장경력 또는 3년 이상의 군복무를 마친 후에 대학입학의 추천을 받거나 직장에 배치된다.

직장배정의 기준으로 개인의 성분과 당성이 결정적 기준이며 학력, 자격수준, 활동경력, 직무능력 등이 보충적 기준이 된다. 근로자는 배정된 직장을 특별한 사유가 없으면 변경할 수가 없다. 따라서 북한 근로자는 국가가 정해주는 직장을 의무적으로 수용해야 한다(정영화, 1999).

이상의 직장배치 시스템으로 인해 아래와 같은 문제점이 발생하고 있다.

첫째, 본인의 의사와 무관한 배치가 이루어져 상대적으로 노동조건이나 사회적 평가가 좋지 못한 직종이나 지역에 배치된 노동자들은 불만을 갖게 된다.

둘째, 노동력 배치가 노동자들의 능력, 적성, 기술수준 등의 기준 보다는 당성이라는 정치적 기준이 중요하게 되고 당간부의 친분과 연고가 노동력 배치에 영향을 미친다.

셋째, 공장에서는 노동력을 많이 배정받아 생산량을 높이려는 유인이 존재하며 따라서 고의적인 노동력 비축(hoarding)이 나타나 개별 기업의 노동력 과잉과 사회전체적 노동력 부족을 심하시키고 있다. 끝으로 사회전체 수준에서의 완전고용과 항상적 노동력 부족은 노동력 수급의 탄력성을 잃게 하며 노동규율에도 부정적 영향을 미친다(김태일, 1994).

결국 이러한 문제점들은 노동력관리의 비효율과 기업의 생산성을 떨어뜨리고 있다.

또한 1990년 대 이후 경제위기가 심화되고 사회통제가 이완되면서 뇌물을 주고 보다 편안한 직장으로 옮기는 경우도 빈번해졌고, 국가 배급망이 사실상 붕괴되면서 주민들이 스스로 생존의 문제를 해결하기 위해 직장을 장기간 이탈하는 사례도 많아졌다(전병유 외, 2004).

3.3 임금

1) 임금결정

북한 근로자들에 대한 임금결정논리는 헌법에 명시되어 있다. 북한 헌법 제70조에 분배원칙을 규정하고 있는데 그 내용은 다음과 같다.

"노동의 양과 질에 의하여 분배하는 것은 사회주의 경제법칙이며, 근로자들의 생산의욕과 기능기술 수준을 높이고 생산적 발전을 다그치는 힘있는 수단이다"

뿐만 아니라 헌법 제 65조에는 "근로자들은 성별, 연령, 민족에 관계없이 같은 노동에 대해서는 같은 보수를 받는다"라고 되어 있다. 북한의 임금결정기준은 결국 본질상 노동을 척도로 하는 분배제도로서 생산물의 분배가 노동자들이 사회적 물질적 부(富)를 창조하는데 공헌한 것만큼 배분하는 제도라고 볼 수 있다. 이 점에 대해서는 자본주의 경제체제의 임금결정논리와 유사하다고 할 수 있다. 사회주의의 기본원칙은 원래 분배란 개인의 능력과 관계없이 필요(needs)에 따른 것이라야 하는데 북한에서는 이를 "노동의 양과 질"에 의한 분배로 하고 있다.

북한에서는 임금이란 용어는 존재하지 않는다. 대신 생활비 혹은 노동보수라는 용어를 사용하고 있다. 북한 경제사전Ⅰ에 의하면 생활비란 "사회주의의 국가가 노동자, 사무원들에게 노동과정에서 소모한 육체적 및 정신적 힘을 보상하고 생활을 보장하기 위하여 사회총생산물의 일부를 그들이 제공한 노동의 양과 질에 따라 분배하는 몫의 화폐적 표현"이다.

이러한 생활비 결정정책은

ⅰ) 인민경제 부문과 직종에 따라 노동력 지출에서 차이가 나는 점에 따라 어렵고 힘든 부문과 직종의 생활비 수준을 보다 높이며

ⅱ) 같은 노동에 대해서는 성별, 연령별에 관계없이 같은 보수를 지불하며

ⅲ) 근로자들의 생활비 수준을 근본적으로 높이면서, 생활비 수준이 낮은 근로자들의 생활비를 빨리 높이며

ⅳ) 노동생산능률의 성장을 확고히 앞세우면서 근로자들의 평균 생활비 수준을 체계적으로 빨리 높이는 것이다.

2) 임금체계

북한의 임금체계는 크게 생활비와 추가적 노동보수로 나누어진다.

① 생활비

생활비는 생활등급제에 의거 계산되는데 그 기준은 다음과 같다. 생활등급제는 근로의 복잡성 정도, 근로조건의 차이, 기능 · 기술의 수준, 국가경제발전에서 해당부문이 차지하는 중요성, 직제, 자격수준 등 직무의 질적 차이에 따라 일정한 등급으로 구분하여 생활비를 차등 지급하고 있다. 이러한 방식은 자본주의 기업에서 도입하고 있는 직무급과 유사하다고 할 수 있다. 차이점은 직무급에서는 해당직무의 가치를 이 직무가 성공적으로 수행되었을 때 해당기업의 목표 달성도에 기여하는 정도로 규정하지만 생활등급제에서는 그 기준을 국가 경제발전에의 공헌도로 하고 있다. 또 다른 점은 자본주의 기업에서의 직무급은 개인이 갖추고 있는 자격수준에 따라 해당직무를 부여하지만 북한의 경우 이러한 배치공정성 자체가 확보되지 않고 있다.

생활비는 지불형태로서 정액지불제와 도급지불제로 나누어 진다(사회주의 노동법 제39조). 정액지불제는 노동의 양과 질을 정확히 평가할 수 없는 부문에 적용된다. 예를 들면 당관료, 행정기관 사무직 등.

반면에 도급지불제는 노동의 양과 질을 정확히 평가할 수 있는 부문에 적용되며 북한의 공업분야에 적용되는 기본적인 형태이다.

② 추가적 노동보수

추가적 노동보수는 생활비와는 달리 근로자들의 생활을 보장하는데 주요목적이 있는 것이 아니라 근로자들의 생산의욕과 창의성을 높임으로서 설비와 자재를 가지고 생산을 더욱 늘리고 사회 순소득을 높이는 데 근로자들의 관심을 가지도록 하는데 그 목적을 두고 있다(김강식, 2003).

이 제도는 공장, 기업소의 생산활동에 특별히 기여한 생산자 집단 또는 개별 노동자들을 대상으로 한다. 이러한 제도에는 장려금제, 가급금제, 상금제 등이 있다.

장려금제는 공장, 기업소들의 생산경영활동에 직접영향을 주는 기술경제적 지표들을 개선하기 위한 것이며 가급금제는 근로자들의 생활비 기준 액만으로 해결할 수 없는 노동의 질적 측면을 고려한 것이다. 즉 노동자의 근속년수, 기술자격수준, 노동조건, 국가경제 발전에서 차지하는 중요성을 고려한 것이다. 또한 상금제는 공장, 기업소가 목표를 초과 달성했거나 제품의 원가를 낮추고 원자재를 절약한 개별노동자나 집단에게 주는 상금이다(사회주의 노동법 제 40조).

이상에서 제시한 북한의 임금체계의 특징을 아래와 같이 제시할 수 있다(정건화, 2005).

첫째, 노동의 질과 양에 따른 분배원칙을 내세우고 있다. 이를 위해 노동의 성과를 정확하게 평가하기 위한 노동정량을 강조하고 있다.

둘째, 임금 즉 생활비는 그가 어떤 노동을 하고 있느냐에 의해 결정되고 있다. 예로서 광부, 용접공 등 중노동을 하는 노동자들은 의사, 교수등과 같은 사무직 노동자들 보다 거의 2배에 가까운 임금을 받고 있다.

셋째, 인센티브 제도를 도입하고 있다. 즉 생산량에 따른 도급제, 상금제등이 있다. 그러나 이러한 인센티브제도는 물질적 유인으로서 충분하지 않다.

전체적으로 볼 때 임금의 동기부여 기능이 낮은 이유를 아래의 몇 가지 이유에서 찾을 수 있다.

첫째, 노동자들에게 지불되는 생활비가 생계를 꾸려 가는데 즉 교환수단으로서 큰 의미를 갖고 있지 않다, 더욱이 국가에서 제공하는 소비재의 총량이 크지 않을 경우 문제가 더 심각해진다. 예를 들어 1990년대 초 이후 북한에서는 물자부족이 극심했으며 임금의 동기부여기능은 거의 마비되었다.

둘째, 노동자가 제공하는 노동량, 공헌도 등 평가에 어려움이 상당히 크다(이문진, 2003).

셋째, 노동자들이 가지고 있는 균등주의적 인식이 물질적 인센티브의 동기부여적 기능을 저하시켰다. 노동자들은 도급제 자체에 대한 이해부족, 작업량에 대한 인식부족이었고 결국 그들은 작업일수를 이러한 기준과 연결시키려 했다(최신림/이석기, 1998).

넷째, 무엇보다도 중요한 요인은 생산결과물에 대한 공헌도 정도에 따른 임금의 차이를 크게 두지 않으려는 북한당국의 임금에 대한 태도와 사회주의적 가치관 때문이라 할 수 있다. 즉 북한에서는 보통 7·8 등급으로 나누어 임금계수를 정하는데 최저등급과 최고등급간의 계수는 1.7배에서 2.17배 사이에 있으나 러시아와 중국의 경우 2.3배에서 4배 이상까지 존재한다(박영자, 1999).

3.4 노동자들의 작업모티베이션

노동자들이 작업장에서 성과를 높이기 위해서는 그가 가지고 있는 역량(competency)뿐만 아니라 열심히 하고자 하는 마음 즉 모티베이션이 매우 중요하다.

그러나 북한 근로자들에게 작업 모티베이션을 기대하기가 매우 어렵다. 그 이유는 거시적으로는 사회주의 국가체계(system)와 미시적으로는 개별작업장에서의 근로조건이 근로자들이 가지고 있는 욕구를 충족시키기 어렵다는 데서 찾을 수 있다.

거시적으로 볼 때 사회주의 국가에서는 국가가 노동영역을 동원·통제·관리하는 위계적이고 노동·국가간 비대칭적인 관계가 형성되어 있다. 여기에는 노동에 대한 감시체계와 유인체계가 존재하며 유인체계는 물질적 유인과 정치적 유인(정치·도덕적 자극)으로 구분된다. 감시체계는 말 그대로 노동과정을 감시·통제·관리하는 일련의 물리적 통제체계를 의미한다. 여기에는 노동과정에서 생산조직과 별도로 이를 감독하는 감시기구를 두거나, 노동규율을 정하고 위반사안에 대해 처벌하는 것이 포함된다.

북한에서의 임금의 모티베이션 도구로서의 의미가 매우 미약하다는 것을 앞에서 이미 언급하였으며 감시체계는 각종 법률을 통해 다른 감시망을 형성해 놓고 있는 현실에서 노동자들의 창의적이고 자발적인 작업을 기대하기란 매우 어려운 실정이다.

미시적으로 볼 때, 북한 노동자들의 욕구가 무엇인지를 살펴보면 북한 노동자들에게 노동은 단순히 생계유지를 위해 시간을 때우는 일로 받아들여진다.

탈북노동자들을 대상으로 한 인터뷰 내용을 살펴본다(조정아, 2005).

"계획이 있는데 못 해도 되고, 불량품이 나와도 되고, 크게 일을 못했다고 반장이 직장장한테 혼나는 것은 봤는데, 일을 못 하면 쫓겨난다는 생각도 없고요. … 좀 잘못해도 비판 받고 용서 받으면 되는 거지, 여기처럼 밥줄이 끊긴다든가 그런 물질적인 제재가 없어서 정신적인 부담이 없었어요. 그리고 좀 힘들면, 한 달 정도 요양소 가서 쉴 수도 있었어요. … 공장에서 5% 정도는 저처럼 잘 안 나오고 그래요. 식량난 이전에도 그랬어요(함경북도 기업소 노동자)."

"북에서는 출근만하면 돈과 배급을 준단 말입니다. 다른 것을 배운 사람은 여기 와서 모르니까 도면도 못 보지, 기계 설계도 못하지, 잡부 노릇이나 하지요. 그러니까 국가만 녹지요. 그러니깐 놀고 먹는 자가 많단 말이지요(인민경제대학졸업자)."

"북한에서는 노동자들이 일하는 것이 돈을 벌기 위해서도 아니고, 가정을 먹여 살리기 위해서도 아니고. 자동적으로 7시 반에 나가고 5시 반이면 퇴근해서 집에 들어가면 된다. 작업 반장이 시키면 하면 된다(함경북도 공장노동자)."

"그저 먹고 노는 것 밖에 생각이 없죠. 편안하게 지내자, 잘 먹자, 이런 생각만 하죠. 잘 먹고 자고, 어떻게 하면 아기자기하게 보내겠는가 하는 생각을 꿈꿨죠(함경북도 탄광노동자)."

이들에게 노동은 매일 반복되는, 그럭저럭 견뎌야 할 지루한 일상에 불과하다. 간혹 보다 적극적으로 자신의 노동에 의미를 부여하는 경우는 입당을 통한 정치적 출세의 가능성이 있는 경우이다.

북한 탈북자를 대상으로 조사를 실시한 북한 노동자들의 욕구는 아래와 같다(이동명, 2007).

작업조직 노동자들은 구체적으로 무엇을 바라고 있는가? 인터뷰 결과, 노동자들은 입당, 승진에 대한 욕구가 강했다.

"꿈은 입당하는 거다. 당에 드는 게, 자식들한테, 우리 아버지는 당원이다, 떳떳하게 말할 수 있게 하는 게, 부모로서 역할을 하는 걸로 생각한다. 입당을 해야 된다, 작업반장이라도 해야겠다, 이런 희망은 있다. 우리가 승진이라고 하면 초급단체위원장이나 해볼까, 하다못해 선동원이라도 해볼까, 이런 거다. 초급단체위원장을 하면 입당하는 게 빠르다. 주로 원하는 게 입당과 관련된 거다(탈북자 I)."

"1995년까지는 돈보다는 권력이 행세했는데, 아이를 낳으니깐 입당해야겠다는 생각이 들더라(탈북자 K)."

"승진을 여러 번 했다. 그러니깐 채탄공으로부터 채탄 소대장, 그 다음에 노동과 정량원, 기술과 측량공, 측량공으로부터 종합지령실 지령원으로 왔다. 나중에 종합지령장까지 했다. 종합지령장 직책이 아마 탄광 지배인, 기사장, 부기사장, 그 밑에 탄광에서 열 번째 손가락 안에 드는 지위다(탈북자 L)."

"좀 더 나은 생각을 했다는 사람은 작업반장으로 출세해야지, 사로청 회장 해야지 하는 목표를 가지고 일 잘하는 사람도 있었다(탈북자 F)."

그러나 이러한 욕구는 대부분 좌절되고 있다.

북한 노동자들의 작업장 내에서의 욕구에 대한 구체적 조사결과는 아래와 같다(이동명, 2007).

문항	응답자 수	(1) 전혀 원하지 않는다 — (3) 어느 정도 원한다 — (5) 강력히 원한다
1. 작업과정에서 능력을 반영할 기회	155	2.74
2. 작업을 통해 새로운 것을 배우는 기회	156	2.91
3. 작업을 통한 성장 · 발전의 기회	155	2.98
4. 자신의 독창적인 생각 발휘 기회	156	2.78
5. 작업을 통한 만족감	157	2.68
6. 어렵고 높은 수준의 작업담당	155	2.30
7. 높은 생활비를 받을 수 있는 직업 담당	158	3.22
8. 상쾌한 작업환경	157	3.69
9. 작업할 때의 안전	157	3.89

〈그림 1〉 구성원 욕구의 문항별 응답자 평균

위의 〈그림 1〉 에 나타나 있듯이 북한 근로자들의 직무관련 욕구가 가장 높은 것은 작업할 때의 안전(3.98), 상쾌한 작업환경(3.69) 그리고 높은 생활비가 보장되는 직무담당(3.22) 등이다.

사실, 북한 공장에서는 근로자들을 동기부여 시킬 수 있는 시스템이 거의 확보되어 있지 못하고 있다. 설사 제도가 미흡하더라도 하부 작업현장에서 반장 등 관리자들이 어떤 역할을 해야 하는데 전혀 그렇지 못하고 있다.

4. 결론

그간 분석된 자료를 토대로 본 논문의 목적 별로 요약하면 다음과 같다.

첫째, 북한의 노동과 노동자에 대한 이해를 위해 본 논문에서는 사회주의 국가에서 나타나는 보편성 관점에서의 노동의 의미를 제시하였고 이에 북한이 이러한 노동의 의미를 본질적으로 추구하고 있음을 제시하였다. 특히 김일성의 주체성에 바탕을 둔 "주체의 노동관" 에서 근로자 자신이 노동의 주인이라는 것을 규범적으로 천명하고 있다. 그러나 북한에서의 실제적 노동의 의미는 그 양상이 매우 다르다. 즉 노동은 독재 정치의 수단으로 이용되고 있으며 강제노동으로 전락되어 있다.

북한에서의 노동자 관리는 중앙집권적이고 국가가 노동력 공급 및 공장 및 기업소에 실질적 인력관리를 하고 있다.

노동력 배치뿐만 아니라 노동에 대한 보수(임금) 자체가 자율적 내지 현실을 반영하지 못하고 있어 그 효율성은 최악의 상태이다. 더구나 1990년 이후 경제 상황이 어려워지고 공장 가동률이 20 ~ 30% 정도에 그치자 근로자들의 생계를 국가가 책임질 수 없는 상황에 빠져 버렸다. 그리하여 근로자들은 자기가 소속한 직장을 이탈하여 비공식적(비합법적)으로 장사 내지 소득을 올리고 있다. 즉 기업의 효율성을 높일 수 있는 인적자원 관리 자체가 되지 않고 있다.

탈북자들을 대상으로 한 인터뷰 결과를 보면 북한의 노동시장은 거의 붕괴직전에 이르렀다.

둘째, 미래의 통일을 준비하기 위한 북한과의 경제교류의 필요성과 관련되는 이유이다. 현재 북한의 광산 등 많은 이권들을 중국에서 이미 장악하고 있어 기회가 되면 중국이 북한을 점령할지도 모른다는 우려감이 고조되고 있다. 즉 북한이 파산되었을 대 남한보다 중국이 북한을 접수할 가능성이 더 높은 것이다. 이러한 관점에서 남한정부는 북한이 경제적으로 파산하지 않도록 음으로 양으로 지원을 하는 정책을 가지고 추진하고 있다. 특히 개성공단, 금강산 관광 등 이를 통해 북한에 어떻게 하면 자본주의 경제논리를 소개하고 그 결과물의 달콤함을 맛 보이게 하려고 있다. 북한도 물론 남한의 의도를 모르는 바 아니지만 워낙 국가경제가 어렵다 보니 끌려오는 것 같은 인상이다.

셋째, 북한에서의 인력관리의 효율성 측면에서의 학문적 관심사이다. 예를 들면, 공장에서 어떻게 하면 작업모티베이션을 가지고 생산성을 높일 수 있는가에 대한 그 원인과 결과의 관계를 밝히는 것이다. 그러나 본 논문에서는 북한의 공장에서의 생산성 향상을 위한 input이 남한과 비교해 볼 때 완전히 다른 것이다.

예를 들면 일 잘하는 근로자에게 주는 인센티브는 우선 그 규모가 무시해도 좋은 정도이고 업적에 대한 평가시스템이 제대로 구축되어 있지 않아 결국 당성 등 정치적 기준을 가지고 판단하게 된다. 따라서 북한 근로자들의 작업모티베이션은 생산성 향상에 있는 것이 아니라 어떻게든 상부와 줄을 대서 공산당원이 되는 것이다.

공장 현장에서 작업자의 모티베이션을 높일 수 있는 것은 소위 매슬로우(Maslow)의 욕구 5단계에서 하위욕구인 작업안전, 상쾌한 작업환경, 생계비 확보가 주류를 이루고 있다.

만일 통일이 되었을 때 북한 근로자가 남한 기업 내지 공장에서 일하게 된다면 작업환경 및 높은 임금수준 등으로 인해 작업모티베이션을 높일 것으로 보인다. 개별 기업에 대한 애사심(loyalty) 같은 것을 찾아 보기가 어려울 것 같다. 왜냐하면 그들은 북한에서 그들의 직장을 그들이 선택할 수 있는 것도 아니고 마음에 들지 않는 다고 다른 곳으로 갈 수 있는 것도 아니기 때문에 자신과 기업(공장) 간의 심리적 연대감 자체를 아예 경험할 수 없었기 때문이다.

북한의 노동과 노동자는 남한의 그것과 엄청난 차이를 보여 주고 있으나 인간은 환경에 적응하는 특유의 능력을 갖추고 있기 때문에 통일이 되면 이런 문제는 시간이 좀 걸리겠지만 인간의 본능과 관련되는 것이기 때문에 사회적 통합이 가능하리라 본다.

〈참고문헌〉

김강식(2003), 북한의노동 · 제도 및 인적자원, 집문당

김태일(1993), 북한국영기업소의관리운영체계, 민족통일연구원

남궁연(1996), 북한의노동정책과노동력평가, 민족통일연구원

박영자(1999), 북한의 생산관리제도와 노동자계급, 성균관대 석사논문

박정호/구갑우(2007), 사회주의에서의 노동, 북한사례의 보편성과 특수성을 중심으로, in: 양문수 외, 북한의노동, 한울아카데미, pp. 9 - 50.

백진규(1991), 주체의노동관, 조선로동당 출판사

양문수(2000), 북한경제개발의 역사적구조; 외연적 성장의 내부구조를 중심으로, 북한연구학회보

이동명(2007), 북한 기업의 작업조직, in: 양문수 외, 북한의노동, 한울아카데미, pp. 125 - 206.

이은진(2003), 북한의 노동통제와 공장체제, 한신대, 한반도통일논의의쟁점과과제

정건화(2005), 북한의 노동체제에 대한 제도론적 접근, 동향과전망, 62호, pp. 97 - 154.

정병유 외(2004), 북한의시장, 기업개혁과 노동인센티브 제도, 한국노동연구원

정영화(1999), 남북한 노동시장과 노동법제의 비교연구, 한독심포지움, 한국노동연구원

조정아(2005), 북한의노동인력개발체계: 형성과 변화, 통일연구원

최신림/이석기(1998), 북한의산업관리체계와기업관리제도, 서울

경제적인 관점에서 본 독일통일

요한네스 슈나이더 Johannes Schneider
(독일 가톨릭 아이히슈태트-잉골슈타트 대학교)

독일통일의 과정과 정책을 이해하려면 장 · 단기간에 걸쳐 이 나라의 통일이 이루어진 역사를 미리 살펴보아야 한다. 통일이 이루어지기 이전의 오랜 역사는 독일이 4개 전승국에 의해 통치를 받게 된 데서 시작되었다. 그러한 상황 하에서 1949년 5월 23일에 독일연방공화국(BRD, 당시 서독)에서는 기본법(Grundgesetz)이 제정되어 효력을 발휘하게 되었고, 이어 1949년 10월 7일에 결정된 헌법에 의해서 독일민주주의공화국(DDR, 동독)이 탄생하였다. 좀 더 가까운 역사로 거슬러 올라가면, 독일통일은 1989년 8월에 오스트리아와 헝가리 국경에서 철의 장벽이 무너진 것에서부터 시작되었다. 이어서 1989년 9월에 프라하 주재 독일연방공화국 대사관은 동독 시민들에게 해외여행을 승인하게 되었으며, 마침내 1989년 11월 9일에 베를린 장벽이 열리고 무너짐으로써 독일에 주어졌던 분단의 역사는 종결되었다.

독일연방공화국의 기본법에는 그 당시 소련의 점령지역(SBZ)이던 주(州)들과 그 지역에서 생겨난 (그리고 나중에 가서 국가로서 인정을 받은) 동독에게 독일연방공화국에 가입할지 여부에 대해 선택할 권리를 일방적으로 일임하고 있었다.

이 선택권을 근거로 해서 동독 시민들이 시위를 하면서 내세운 슬로건은 "독일 마르크화(貨)가 우리에게 오는 것이 아니라, 우리가 그쪽으로 간다!"는 것이었다. 이러한 전개는 동독의 개별 시민들이 갖고 있는 이주(移住)의 선택권 이상으로 훨씬 더 현실적인 배경을 갖고 있었다. 선택권을 동독 쪽에서 갖고 있었던 것을 감안하면 적어도 당시 동독정부가 통합과정의 속도 및 형성과정에서 대단한 호의를 보여주었음을 알 수 있다.

동독 창설 40주년을 기념하여 당시 소련 공산당 서기장이던 고르바초프가 독일을 방문한 후에 독일 통일에 대해 불확실하게나마 기회가 열리게 되었다. 이어서 미국 정부 및 소련 정부가 이러한 의도를 지원하게 됨으로써 현실적인 가능성이 열렸으며, 이는 양 독일과 제2차 세계대전의 4개 전승국들이 1990년 11월 12일에 소위 "2자 + 4자 회담"을 열게 됨으로써 실현되었다. 이 같은 대외정책 과정이 실현되자 이와 결부해서 동독의 국가 구조와 동독의 공산당인 사회주의 통일당(SED)이 이끄는 정권의 영향력은 급속히 와해되었다. 왜냐하면 동독의 경제발전이 이미 파국에 이르고 동독 정권은 정당성을 상실했기 때문이었다. 1989년 늦여름에서 가을에 걸쳐 동독에서 벌어진 반체제 시위의 결과, 당시 동독정권은 동독주민들에 의해 결국은 인정을 받지 못하게 되고 말았다. 이처럼 당시 동독정권이 침해당하는 과정은 당으로부터 개혁을 위임받고 취임하여 혼란된 정국을 무마해야 했던 한스 모드로프 총리가 결국 당시 서독의 콜총리에게 동독의 국가 파산이 임박했다는 사실을 긴급히 밝힘으로써 정점에 다다랐다.

1990년 4월에 독일 사회주의 통일당(SED)의 지휘로 마지막 동독 정부가 해체되고 난 후에 동서독 양쪽의 책임자들에게는 동독의 국가파산이 임박한 상황에서 독일의 통합을 즉각적으로 실행하는 것은 너무 급박해 보였다. 이는 특히 대외정치적인 시각에서 볼 때 독일통합을 이루기에는 그 기간이 너무 짧아보였기 때문에 더욱 그랬다. 동독의 여러 주(州)들이 실제로 갖고 있던 '가입' 선택권 때문에 내용면에서 독일통합을 이루기 위해서는 동독 주민들의 높은 호응이 필요했다. 더욱이 동독주민의 대다수, 특히 나이가 많은 주민들과 젊은 주민들은 통합이 가져올 역사적인 기회와 차원을 고려하여 줄곧 승인할 준비가 되어 있었다. 그처럼 당시의 급박함과 타협할 준비가 되어 있던 동독 주민들의 상황이 독일 통일을 이루게 해준 것이다.

1. 양 독일 국가의 경제 상황

독일통일이 이루어지기에 앞서 독일연방공화국(서독)에 비해 동독의 경제상황을 깊이 있게 분석하기는 간단하지 않다. 이는 한편으로는 양국의 경제통계가 그 체계조건 면에서 현저한 차이를 보이기 때문이며, 다른 한편으로 동독의 통계자료들은 전적으로 신뢰하기는 어렵기 때문이다. 한 예외가 있다면 인구 통계이다. 그러나 실업자 통계는 물론 체계적인 조건에 따르는 것이 분명하다.

도표 1: 주민 수와 취업 상황

	동독	서독	서독 대비 동독
주민 수	천6백 4십만명	6천 2백 3십만 명	26,3%
취업 가능 인구	8백 9십만 명	2천 9백 7 십만 명	30,0%
취업인구	8백 9십만 명	2천 7백 7십만 명	32,1%
실업자	0	2백만 명	0%
취업률(%)	54,3	47,7	113,8
여성 취업률(%)	50,0	37,0	135
실업률(%)	0	7,2	0

출처: 게를린데 진 & 한스 진(Sinn, Gerlinde und Hans-Werner Sinn) (1992), 224-231쪽.

국민수입(國民收入)에 관한 자료들을 비교하는 일은 특히 어렵다. 특정한 수치의 합계들을 구분하는 데 있어서 얼마간의 차이가 있는 것 말고도, 우선 재화(財貨) 급부 및 서비스 급부의 시장 가치에 대한 자료가 없기 때문이다. 특히 동독화폐의 경우가 그렇다. 이는 양 독일의 경제상황을 비교하는 일을 더욱 상대적인 것으로 만들고 만다. 그럼에도 불구하고 우리는 서독 마르크와 동독 마르크의 환율을 1대 1로 가정해서 양국의 상황을 비교해보자.

도표 2: 국민 수입(國民收入)의 비교: 동독과 서독

	동독	서독	서독 대비 동독
시장가격으로 본 국내 총생산 (단위 10억)	353,4	2 237,0	15,8%
총임금소득 (단위 10억)	141,2	1 171,5	12,1%
순 금전수입 (동독) 가처분 소득 (서독) (단위 10억)	167,2	1 403,8	11,9%
국내 총생산/1인당(DM)	21 549	35 907	60,0%
총임금소득/1인당 취업자(DM)	15 865	42 292	37,5%
순 금전수입 (동독)(DM) 가처분 소득(서독)/1인당	10 195	22 533	45,2%
평균연금(연간, DM)	5 127	12 216	41,9%
자본주/피고용인(DM)	185 000	166 000	111%
자본주/ 제조업 부가가치	4,3	2,7	159%

출처: 게를린데 진 & 한스 진(Sinn, Gerlinde und Hans-Werner Sinn) (1992), 224-231쪽.

이 통계자료들을 아무리 주의 깊게 살펴보더라도, 비교대상으로 삼은 양국의 환율은 베를린 장벽이 무너지고 난 후의 실제 환율을 나타내주지도 않으며 또 화폐통합 과정에서 효율적으로 환산된 환율과도 일치하지도 않는 등 상황이 매우 왜곡되게 드러난다. 1989에 시장에서의 실제 교환 환율은 1 대 9 이상까지 갔었다.

동독경제의 실상은 독일통합 이후에 새로 가입한 동독지역 주(州)의 기업들이 1991년과 그 후 여러 해에 걸쳐 부채를 감당하고 또 훨씬 높은 임금을 지불하게끔 만들었으며, 그렇게 해서 만든 생산품은 국제경쟁시장에 내다팔아야 했다. 그 결과 1991년에 독일의 실업자 수는 현저하게 증가하였다. 이에 관해 아래의 도표 3의 통계자료는 파트타임 종사자들은 포함하지 않고 실업수당을 받는 사람들만을 보여주고 있다.

도표 3: 구 동독 지역과 구 서독 지역의 실업수당

	1월	4월	7월	10월	12월
구 동독지역(단위 천)	32,8	355,3	666,3	832,8	796,8
구 서독지역(단위 천)	787,8	662,1	653,4	642,3	675,8
독일 전체	911,1	1284,5	1499,3	1439,2	1472,6

출처: 연방노동청(Bundesanstalt für Arbeit), 실업수당을 받는 사람들에 대한 기간별 통계

국내 총생산 분야에서의 변화는 더욱 심각하게 드러나고 있다.

도표 4: 1991년도 국내 총생산

	구 동독지역	베를린서부와 동부	구 서독지역 베를린은 제외
시장가격으로 본 국내 총생산 (단위 10억 DM)	209,8	123,9	2.667,7
분배 (%)	7	4,1	88,9
총임금소득 (단위 10억 DM)	140,0	58,4	1.153,4
분배 (%)	10,4	4,3	85,3
가처분 소득 (서독) (단위 10억 DM)	204,5	83,8	1.668,6
분배 (%)	10,5	43,3	85,3
국내 총생산/1인당	14.337	36.040	43.088
총임금소득/취업자n (단위 10억 DM)	20.608	34.896	38.252
가처분 소득 (서독)/1인당 (단위 10억 DM)	13.974	24.363	26.950
부담율 (%)	2,6	47,9	59,9
평균연금 남자 07/91 (연간 DM)	11.904	-	19.620
평균연금 여자 07/91 (연간 DM)	8.592	-	8.316

출처: 독일 연방 통계국(독일 연방 통계국(Statistisches Bundesamt Deutschland)), 국민경제 총계.

부담율은 1일당 가처분 소득에 대해 1인당 국내 총생산의 여분을 퍼센트로 나타낸 것이다. 그것은 여러 지역에서 시민들이 부담하는 공과금과 조세의 효율적인 평균부담을 나타내고 있다.

동독의 재무상황을 규명하기 위해서는 부채들을 열거하지 않을 수 없다. 하지만 국가 부채의 한계를 합리적으로 설정하기는 그리 쉽지 않다. 왜냐하면 국가에서 운영하는 주택조합들과 인민 소유의 기업들이 진 채무들이 복잡하게 얽혀 있었기 때문이다.

도표 5: 동독의 부채들

	액수 (단위 10억 DM)
동독의 재정 부채	28,0
서유럽 국가에 대한 순 부채	19,9
은행들의 채권 및 부채를 비균형적으로 전환한데 근거하여 이뤄진 화폐개혁에 따른 지급 요구	26,4
주택건설 대출	38,0
대외경제개발은행(VEB)의 대출	104,0
합계	216,3

출처: 울리히 부쉬(Busch, Ulrich) (2002), 232쪽 이하 인용.

동독의 국가부채에 관해서는 그것을 변제할 때 생긴 순수한 부채만 추정하는 것이 합리적이다. 위 도표의 맨 위 두 개 항목을 국가채무로 분류해야 함은 이론의 여지가 없다. 또한 동독 시민들이 갖고 있던 예금잔액을 관대하게 교환해주고 그와 관련된 은행들의 채권 및 부채의 교환환율이 일률적이지 않으므로, 동독이 청산될 경우에 발생할 은행들의 지급요구를 고려하는 것도 합리적으로 보인다 (더 자세한 것은 도표 6에 나와 있다).

그에 반해서 도표의 아래 두 개 항목을 동독의 순 부채에 분류해 넣는 것은 문제가 있다. 왜냐하면 국가가 운영하는 주택조합들과 인민 소유의 기업들에 대한 채권은 그것과는 반대되는 것이기 때문이다. 더 이상 개선이 불가능한 부채자들에 대한 채권만을 동독의 순 부채로 분류해 넣는 것이 더 의미 있을 것이다. 그 부채는 743억 DM(서독 마르크)에서 2,163억 서독 마르크 사이가 될 것이라고 한다.

동독 경제 상황의 분석은 사회 기반시설과 개인 부동산, 그리고 기업들의 부동산과 시설들의 재고조사가 없이는 불완전할 것이다.

물질적인 사회 기반시설(교통도로들, 텔레커뮤니케이션 체계, 상수도 및 자유곡류하천 처리시설) 및 문화사적으로 중요한 도심지역들의 대다수는 참담한 상태에 있었다. 대다수의 산업시설들도 그와 비슷하였다. 동독에서는 그다지 풍족하지 못한 생활수준을 어느 정도의 수준으로 유지해주기 위해서 조직적인 투자 철회가 진행되었었다는 것을 자본금의 상태가 짐작하게 해준다. 비물질적인 사회 기반시설 영역의 실상은 그보다 훨씬 더 긍정적으로 드러난다. 교육제도는 강력한 이데올로기적인 방향을 넘어서서 능력 지향적이고 효율적으로 운영되었다.

동독 경제의 경쟁력도 역시 비판적으로 평가되어야 한다. 물론 동독 경제는 코메콘(Comecon, 경제 상호 원조 회의, 냉전 시대의 소련 · 동유럽 사회주의 국가 경제 협력 기관; 1949-1991년)의 틀 안에서 전적으로 의미 있는 역할을 수행하기는 하였다. 그러나 시장이 개방되고 난 후에는 기업들이 코메콘을 벗어나서는 제대로 경쟁할 수 없다는 것이 드러났다. 이는 분명히 그 동안 한편으로는 생산품 종류들과 사업관계들이 오직 코메콘 중심으로만 맞춰졌던 데 그 이유가 있었다. 그러나 생산 과정은 물론 생산품의 품질도 역시 국제적인 경쟁에서는 살아남을 수 없다는 것이 곧 드러났다.

2. 경제적인 관점에서 본 독일의 통일

1990년 5월 18일자로 서독 정부와 동독 정부 사이에는 "화폐 및 경제 그리고 사회 통합을 이루기 위한 조약"이 체결되었으며, 그리고 나서 며칠 후에 양국의 의회에서 효력을 발휘하게 되었다. 이 조약과 더불어 독일의 통합은 시작되었다.

본 단락에서는 화폐 및 경제 그리고 사회 통합의 핵심 조치들에 대해서 언급할 것이다. 그 순서는 조약 내용이 실행되고 통합된 과정의 속도에 따라서 정하였다.

2.1 화폐통합

1990년 7월 1일자로 서독 마르크화(DM)는 양 독일의 유일하게 합법적인 지불수단으로 선언되었다. 그 후 이틀 동안에 천 6백만 명에 달하는 동독 시민들은 당시 동독 지역에 소재한 서독의 독일연방은행의 15개 지점에서 280억 마르크에 달하는 돈을 현금으로 지급받았다. 그럼으로써 명실공히 양국의 화폐통합이 이루어졌다.

화폐통합을 실행하는 시기 말고도 특히 양국 화폐의 교환 환율을 정하는 일도 독일 통합 시에 주어진 핵심 문제였다. 그에 앞서 수 년 동안 시장에서의 환율은 5.13대 1(1985년 말)과 9.17 대 1(1989년 10월) 사이에서 심한 변동을 보이고 있었다. 다만 눈앞에 다가온 화폐통합을 두고 벌어진 정치적인 논쟁을 반영해서 1990년 여름에는 환율이 2.86 대 1로 형성되었다(이에 대해서는 독일연방은행(Deutsche Bundesbank)(1990), 24쪽 참고).

교환 환율에 대한 논쟁은 물론 매우 대립 양상을 띠며 진행되었다. 결국에 가서 동등한 구매력을 가진 1 대 1의 환율을 제시하고 대외무역에서는 약 4.4 대 1을 유지하는 것으로 합의되었다. [이에 대해서는 진(Sinn)(1992), 54 - 60쪽 참고.] 양 독일 국가 간에 국가조약이 체결된 후에 화폐교환에 관한 조정이 이루어진 다음에 환율은 2대 1로 바뀌었다.

국가조약의 체결에서는 다음과 같은 교환조건이 정해졌다. 민간인들에 대해서는 14세 미만은 2천 마르크까지, 60세 이하는 4천 마르크까지, 그리고 60세 이상은 6천 마르크까지 1 대 1의 환율로 교환되었다. 민간인의 경우 그 밖의 모든 예금에 대해서는 2대 1의 환율로 교환되었다. 임금, 월급, 연금 등은 모두 역시 1대 1의 환율로 바뀌어 지급되었다. 그러나 예외가 있었으니, 1989년 12월 31일 이전에 그 지역의 외국인들이 갖고 있던 예금은 3대 1의 환율로 환산되었다.

그 밖의 모든 채권과 부채들에 있어서는 동독 마르크와 서독마르크의 비율의 1.81 대 1로 환산되었다. 이는 특히 기업들 및 다른 법률 종사자들에게 해당되었다.

화폐통합의 영향

• 개인가계

비균형적이고 의도적으로 화폐 교환을 실시한 때문에 민간의 개인 가계가 갖고 있는 재산의 평균 전환율은 1.42로 나타났다. 이 전환율에 대한 조사는 개인 가계가 갖고 소유하고 있는 현금과 주거재산에 관한 측정에 근거한 것이었으며, 따라서 어느 정도는 불확실성을 담고 있었다. 과연 이러한 전환이 개인 가계들의 재산 증가로 이끌었는지 아니면 재산 손실을 야기했는지에 대해서 상세한 논쟁이 있었다. 이 점에 대한 조사 결과들은 결코 하나로 통일된 적이 없었다. 진(Sinn)(1992년)은 동독 시민들의 경우 약간의 재산 소실이 있었다고 확인한 반면에, IFO(Information and Forschung, 독일 뮌헨 대학의 경제 연구소)의 조사에서는 실제적인 재산 증가를 보이고 있다. 그러나 양쪽 조사는 모두 인간자본(Humankapital)은 고려하지 않은 협의의 재산개념을 사용하였다.

• 기업

채권과 부채들이 1.81 대 1의 환율로 환산되었기 때문에 상대적인 순 포지션(net position)은 변함이 없었다. 그러나 기업들의 이자 부담이 높아졌다. 왜냐하면 동독의 대출 제도에서 기업대출을 위해 관료적으로 조정한 시장의 이자율보다 실제 시장의 이자율이 거의 두 배나 높았기 때문이었다.

바꿔서 보면 이는 물론 기업들이 예치한 예금에도 해당되었다, 하지만 이것은 - 도표 6의 항목 1에서 보듯이 - 기업 부채의 4분에 1에 불과했다. 기업들에 대한 평가를 내리기 위해서는 기업들이 지닌 자기자본에 대해서 시장가격 평가나 또는 사장가격에 가까운 평가를 내리는 것이 필요할 것이다.

• 금융분야

화폐 통합은 동독의 은행체제에 중대한 결과를 가져왔다. 여러 차변 항목과 대변(부채) 항목들을 관료적으로 균형에 맞지 않게 전환함으로써 개별 항목들은 서독 마르크화로 환산된 금액에서 서로 편차를 보였다. 이처럼 차변 항목들과 대변 항목들을 불균형하게 다루게 됨으로써 순 포지션이 달라지게 되었고, 이는 차변항목에서 메워 균형을 맞춰줄 것을 요구하게 되었다. 서독연방은행(1990)은 동독의 여신 제도에 관하여 다음과 같이 연결대차대조표를 작성하였다.

도표 6: 동독 여신 제도의 연결대차대조표

차변	M (단위 10억)	DM (단위 10억)	대변	M (단위 10억)	DM (단위 10억)
1. 국내 대출자에 대한 대출	397,4	180,7	1. 국내 비(非)은행들의 예금	249,9	156,6
그 중:			그 중:		
기업	231,7	115,8	기업	57,0	27,8
주택부문	102,6	51,3	민간 개인들	182,1	123,4
2. 외국 채권			2. 외국부채	152,5	55,6
3. 지분	45,0	36,3	3. 현금회전	13,6	6,8
4. 그 밖의 차변	1,1	1,1	5. 이익잉여금	23,4	23,4
	3,1	1,5	6. 그 밖의 대변	7,2	3,6
합계	446,6	219,6	합계	446,6	246,0
차변 결산	-	26,4	대변 결산	-	-
합계	446,6	246,0	합계	446,6	246,0

출처: 독일연방은행(Deutsche Bundesbank) (1990), 23-24쪽.

2.2 사회통합

동독이 매우 공들여 만든 주목할 만한 사회체제를 갖고 있었다는 것은 의심할 여지가 없다. 그리고 그 사회체제를 지탱해준 것은 다음과 같은 것들이었다.

- 사회 보장보험
- 추가 및 특별 부양제도
- 국가
- 기업
- 사회 기관들(노동조합, 교회 등)

사회 보장보험은 의무적으로 통합된 사회 보장보험제도로 계획되었으며, 질병, 사고 및 고령에 대비해서 버팀목 역할을 하는 것은 두 가지였다. 즉 그것은 노동자 및 근로자를 위한 사회 보장보험(주민의 90 %)과 자영업자 및 협동조합 회원들(주민의 10 %)에 대해 국가에서 운영하는 보험이었다. 그에 대한 재정조달은 10%의 분담금(노동자, 근로자, 그리고 협동조합 회원들)에서 매월 최고 600마르크 한도의 분담금으로 이루어졌다. 기업들과 협동조합들은 각각 임금의 12,5%를 세금으로 내야 했다. 그리고 자영업자들은 그들 수입의 20%를 내야 했다. 의무적인 보험 외에도 비슷한 수준의 보험료를 내는 자발적인 추가 연금보험(FZR)이 있었다.

동독이 와해되기 직전의 2년 동안에 걸쳐 법적인 연금액수는 평균 381 마르크 및 447 마르크였으며, 여기에서 특히 1989년의 보험금 인상은 눈에 띄게 많았다.

도표 7: 동독에서의 월 평균 연금지급액

	1988	1989
고령 연금 (AR)	381	447
추가 연금(FZR)을 포함한 고령 연금 (AR)	482	555
과부 (홀아비) 연금 (WR)	347	387
추가 연금(FZR)을 포함한 과부 (홀아비) 연금 (WR)	406	479

출처: 동독 통계청 (1990), 384쪽.

고령자에 대한 부양 외에도 사회 보장보험제도는 노동 불능자와 고아에 대해서도 고령자 부양과 견줄만한 생계지원을 해주었다. 그 밖에도 사회 보장보험제도는 병원비를 지원해주었는데, 이는 처음 7주 동안은 소득의 90%를, 그리고 근로사고를 당했을 경우에는 100%를 지원해주었으며, 계속 이어서 (78주까지) 순소득의 65 - 90%를 지원해주었다. 끝으로 사회 보장보험은 또 가족부양을 해주었는데, 그 핵심은 출산지원금이었다. 그것은 처음 6개월 동안은 월급 전액을 보장해주었으며, 계속해서 6개월 동안은 병원비 수준에서 지원해주었고, 세 번째 아이를 출산하면 계속해서 12개월 동안 지원해주었다.

사회 보장보험제도 외에도 일련의 추가부양 및 특별부양 제도가 있었다. 그것은 학문 및 기술에 종사하는 지식인, 의사, 수의사 및 국가 공무원, 당 간부, 사회주의 통일당(SED), 기독교민주당(CDU), 독일자유민주당(LDPD), 독일 민주 농업인당(DBD), 독일 국가민주당(NDPD, 그리고 사회 단체들(노동조합 따위)에 종사하는 직원들과 교회 및 종교단체들에서 일하는 직원들에게 주어지는 추가 지원도 있었다. 그 밖에도 국내 및 대외 안보를 위해 일하는 모든 기관들에 종사하는 사람들에 대한 특별부양 제도들이 있었다.

그 밖에도 국가는 연금, 출산보조와 아동보조, 장학금 및 직업교육비의 형태로 자금 지원을 보장해주었으며, 1990년 1월부터는 실업자 지원도 해주었다. 그 외에 국가는 또 무료로 이용할 수 있는 건강제도와 고액의 보조를 받는 주거제도, 다양한 가족정책에 따른 조세혜택 및 특별한 사회계층(아동, 청소년 및 고령자)을 돌봐주는 것 등의 형태로 현물 보험급여와 서비스 보험급여를 제공하였다.

국가 외에 기업들, 특히 대규모 국영기업과 인민소유 공장들이 회사 아파트, 아이 돌봐주기 프로그램과 휴가비 신용융자의 형태로 적지 않은 사회급부(Sozialleistung)[1]를 제공해주었다.

---

1) 인간생존의 기본욕구의 보장 혹은 실현을 위해 가계나 개인에게 조달되는 공동체의 서비스급부, 화폐급부, 현물급여 따위.

끝으로 여러 종류의 공익기관들이 사회적인 임무를 담당하였다. 즉 노동조합, 교회 그리고 적십자가 여가시간 및 휴가시설 편의를 제공하였으며, 아동, 고령자 그리고 병자를 돌보는 일, 병원을 운영하고 응급수송을 하는 일 따위를 조직해서 맡았다. 그러므로 전체적으로 볼 때 동독은 아마도 "향수(Nostalgie)"가 아닌 "오스탈기(Ostalgie)"[2)]의 합리적인 중심이 되는 광범위한 사회 배려 제도를 갖고 있었음을 확인할 수 있다.

1990년에서 1991년에 걸쳐서 국가를 변형시키는 과정에서 동독 시민들의 사회 보장보험은 서독에서 구성되어 있는 보험제도(연금보험, 건강보험, 재해보험, 실업보험)로 전환되었다.

사회의 전환 이후에 연금보험들이 지급되었다. 최소연금으로는 사회특별수당에 의해서 확보된 495 마르크(DM)가 채택되었다.

도표 8: 1991년의 전환 이후에 채택된 연금들

	머릿수에 따른 숫자	가산금이 없는 연금 (단위 DM)	가산금이 있는 연금* (단위 DM)	머릿수에 따른 숫자	가산금이 없는 연금 (단위 DM)	가산금이 있는 연금* (단위 DM)
추가부양금이 없는 연금	812 581	1 124	1 144	1 146 677	608	804
전환된 추가부양금이 있는 연금	74 794	1 388	1 317	51 352	1 093	1 026
전환되지 않은 추가부양금이 있는 연금	5 666	858	984	2 917	698	826
연금 합계	893 041	1 144	1158	1 200 946	629	814

출처: 독일 연금보장 담당기구 협회(Verband Deutscher Rentenversicherungsträger)(1991), 287쪽.

모든 숫자는 정수로 바꿔서 표시하였다.

* 사회특별수당, 연금이 포함되어 있으며, 건강보험을 위한 의무 분담액은 제외하였다.

2) 구동독지역 사람들이 예전에 자기들이 살던 구동독을 그리워하는 뜻으로 만들어진 신조어이다.

연금을 받게 된 첫 세대는 분명히 독일 통합의 혜택을 본 사람들이라고 말할 수 있다. 이는 당시 전환비율을 넉넉하게 실시한 때문이기도 하였지만, 또 당시 연금 수령자들이 실업과 자녀가 없는 공백기를 보여주지 않고 완전한 직업 경력을 마친 후였던 때문이기도 하였다.

건강보험의 실시에 관한 성과를 비교하는 일은 매우 어렵다. 왜냐하면 동독에서는 건강보험제도가 없었고, 직접 여러 국가 기관들과 사회기관들에 의해서 이행된 현물 급여 및 서비스 급여의 혜택이 있었기 때문이다. 보험제도의 전환에 관하여 양적인 평가를 가능하게 하는 건강보험 지출에 관해 체계적으로 열거하기는 불가능하다. 왜냐하면 그러한 지출은 주어진 자료들을 볼 때 아주 막대할 수도 있을 것이기 때문이다.

끝으로 동독에서는 서독의 노동권이 채택되었다. 그 내용에는 동맹의 자유, 임금협정의 독자성, 결정권과 근로자 해고 보호가 포함되었다. 노동조합과 노동단체들, 그리고 근로 투쟁권이 확립되었다. 정당들과 다른 정치 단체들에 의해서 임금협상 당사자들은 높은 임금으로 결정하도록 고무되었다. 이 같은 관점의 사회 통합과 경제 통합은 헌법과 구 동독지역의 시장 제도 및 그 발전에 지속적으로 부정적인 영향을 미쳤다.

2.3 경제통합

경제통합으로 인해 동독의 사회주의적인 계획경제를 서독 식의 사회적 시장경제로 전환시켜야만 했다. 이 과제의 핵심적인 것은 대부분 이미 1990년 7월에 동독의 국민의회가 설립한 신탁관리공사(THA)[3]가 넘겨 맡아야 했다. 8천 개의 인민소유 공장들(독일의 국영기업 대외경제개발

---

3) 신탁관리공사(Treuhandanstalt, 약칭 THA)는 특히 독일 통일 직후에 구 동독기업들의 매각을 관장하였다.

은행VEB), 3만 개의 소매업 상점들 및 호텔, 음식점, 농업 용지(用地)들과 토지들이 경쟁력 있는 기업들로 바뀌기 위해서 이 기관으로 이전되었다. THA와 그것이 맡는 과제들은 통일조약 속에 채택되었다.

엄청난 과제들과 거기에 따르는 문제들을 해결하기 위해서 신탁관리공사(THA)는 독일 통일이 실현된 이후에 상당한 물적 자원과 인적 자원, 그리고 막강한 권한을 갖게 되었다. 이러한 권한을 갖췄지만 효율적인 통제 메커니즘이 부족했기 때문에 특히 초기 몇 년 동안은 사기 사건들과 부정부패 사건들이 발생할 여지가 있었으며, 그 중 몇 건은 여론에 공개되어 큰 소동을 빚기도 하였다. 신탁관리공사(THA)는 이 같은 범죄사건 문제들뿐만 아니라 객관적인 문제들과도 맞서 싸워야 했다. 불확실하고 투명하지 못한 소유권에 대한 사람들의 관심, 소위 목표에 의한 관리(MBO)의 방식으로 기업을 인수하려고 애쓰는 자본이 약한 경영자들, 정보에 밝은 사회주의 통일당(SED)과 연줄이 닿는 사람들, 하지만 정작 그곳에서 일하는 정보에 어두운채 부당한 요구를 당하는 직원들이 복잡하게 뒤섞어 있는 상황이었다.

그러나 가장 큰 문제를 야기한 것은 대외경제개발은행(VEB)의 가치가 급속히 하락한 것이었다. 이는 한편으로는 화폐 변환에 따라 화폐의 실제 가치가 떨어진 데서 나온 결과였다. 환율의 대외 가치 인상은 중부 유럽과 동유럽에 있던 동독 기업들의 매각을 불가능하게 만들었다. 이미 앞서 2.1 장에서 언급했듯이, 진(Sinn)은 기존의 환율들로 볼 때 수출과 관련해서 실제 화폐가치 인상은 약 1 대 4가 되는 것으로 조사하였다. 이 같은 실제 환율 평가는 물론 구 동독 기업들이 구 서독지역의 시장에서는 물론 유럽과 유럽 바깥의 외국에서 자리를 잡는 것을 어렵게 만들었다. 국내의 화폐가치 인상은 기업들의 부채에서 발생하는 실제의 부채를 많은 기업들이 지불불능 상태에 빠질 정도로 증가시켰다. 시장 개방 이전에 재화(財貨) 급부 및 서비스 급부에 대한 시장 가격이 제시되지 않았으므로 이 화폐가치 인상 효과를 확실하게 평가하기는 어렵다.

다른 한편으로 동독기업들의 가치 하락은 코메콘(Comecon)이 급속하게 몰락한 데서 나온 결과였다. 1991년 여름에 코메콘은 해체되었다. 그와 병행해서 소련도 역시 경제적으로 몰락하고 있었으며, 결국 1991년 12월에 그 경제는 해체되고 독립국가연합(CIS)을 창설하는 데로 이어졌다. 과거의 동구권이 정치적으로 몰락하는 것과 병행하여 그 경제적인 몰락도 진행되었다. 이미 1990년과 1991년에 동독 경제의 국내 총생산 증가율은 전년도에 비해 - 3% 내지 - 5%를 기록하면서 실제적인 경기 후퇴를 보여주었다. 비록 동독의 경제는 경제상호원조회의(RGW) 및 소련과의 대외무역에서는 비교적 강한 입지를 갖고 있었지만, 이 같은 경제발전의 후퇴로 인하여 수출가능성은 현저하게 감소되었다.

도표 9: 구 동독지역의 수출

경제년도	1990	1991	1992	1993	1994	1995	1996	1997	1998	1999
전년도에 대한 변화 (실제)	- 3,0	- 5,0	-14,8	- 8,7	- 12,7	- 4,0	- 3,6	1,4	-5,3	6,4
1990과의 비교 (1990 = 100%)	100,0	95,0	80,9	73,9	64,5	61,9	59,7	60,5	57,3	61,0

출처: 독일 연방 통계국(Statistisches Bundesamt Deutschland), 국민경제 총계

구 동독지역의 경제 구조를 재조정한 이후에 그곳의 기업들은 새로운 국내 및 국외 모기업들이 갖고 있는 사업관계들의 혜택을 볼 수 있었다. 이런 방식으로 중부유럽과 동유럽에 대한 수출 손실은 부분적으로 보상될 수 있었다.

경제전환의 과정은 여러 경제 분야와 기업들 사이에서 서로 다르게 진행되었다. 수많은 기업들과 부동산들이 그 원래의 소유주들에게 되돌아갔다. 일부 기업들과 부동산을 원소유주에게 되돌려주는 일이 불가능할 때는 금전적으로 보상을 해주어야 했다. 수많은 용역 분야, 특히 금융 분야에서는 사유화(私有化)가 문제없이 실행되었다. 그러나 다른 업종들에서의 사유화는 보조금과 조세혜택을 통해서만 실현될 수 있었다. 수많은 산업분야에서 이러한 혜택의 규모는 엄청났다. 몇몇의 경우에는 보조금이 거의 투자금액 전부에 해당되었다. 이 뿐만 아니라 신탁관리공사(THA)와 공공 기관은 예전의 부채를 없애기 위해서 막대한 자금을 제공하였다. 비록 지원조치를 취했음에도 불구하고 상당수의 기업들은 지탱할 수 없었다. 그런 기업들은 청산되어야 했다. 390억 서독마르크에 달하는 은행들의 미회수 채권 액수는 동독의 부채들을 정리하는 대출청산기금(KAWF)에서 인수해야 했다.

기업들을 사유화하는 것 외에도 엄청난 조세 혜택과 투자활동에 대한 직접적인 보조를 통해서 경제 통합은 촉진되었다. 조세 혜택을 통해서 도시들의 리모델링, 특히 문화사적으로 매우 가치 있는 중부 독일의 옛 도시들을 재건하고 또 더 나아가 거주용 건물들도 개선될 수 있었다. 그밖에 영업용 부동산의 공급도 가능해졌다. 한편으로는 바로 이 분야에서 오늘날까지 더 이상 수요가 없을 정도로 충분한 용량이 확보되었다.

동서독 동맹의 막강한 수단을 사용해서 매우 능률적인 사회기반시설(교통, 텔레커뮤니케이션 등)이 구축되었다. 구 동독지역이 구 서독지역에 대해 재무조정을 하는데 대리역할을 했던 독일통일기금을 통해서 구 동독지역과 그곳의 도시들 및 읍들에게 계속해서 사회 기반시설을 구축하는데 막대한 (대외금융조달) 수단이 제공되었다. 사회 기반시설의 분야에서도 과잉투자 역시 엄청났다는 것과 자금의 낭비가 있었음이 오늘날 확인된다.

3. 화폐 통합 및 사회 통합, 경제 통합에 관한 회고

경제 통합은 그 제도적인 규정들 및 그와 동반해서 나타난 매력적인 메커니즘 때문에 구 동독지역이 계속해서 경제발전을 한 충분한 결과를 가져왔다. 그리고 경제를 전환하는데 드는 높은 비용과 높은 임금협상의 부담 때문에 구 서독지역에서의 경제 발전은 지속적으로 불리해지게 되었다.

3.1 화폐통합의 중 · 단기적인 결과

독일통일과 동독 경제의 통합을 지원하기 위해서 독일연방은행(Deutsche Bundesbank)은 화폐통합이 실행되고 난 후 처음 몇 년 동안은 비교적 자금 팽창 정책을 썼다. 이는 아래의 도표 10에서 볼 수 있듯이 그 당시로서는 비교적 높은 물가상승으로 반영되었다.

도표 10: 소비자 물가의 변화

	구 동독지역		구 서독지역		독일	
	지수	변화(%)	지수	변화(%)	지수	변화(%)
1991	100,0		100,0	3,7	100,0	
1992	113,4	13,4	103,9	3,9	105,1	5,1
1993	125,4	10,6	107,6	3,6	109,8	4,4
1994	129,9	3,6	110,6	2,7	112,7	2,7
1995	132,5	1,9	112,4	1,6	114,7	1,7
1996	135,0	1,9	113,8	1,3	116,4	1,5

	구 동독지역		구 서독지역		독일	
	지수	변화(%)	지수	변화(%)	지수	변화(%)
1997	138,0	2,3	116,0	1,9	118,6	1,9
1998	139,5	1,1	117,0	0,9	119,7	0,9
1999	140,0	0,4	117,8	0,7	120,4	0,6
2000					122,1	1,4
2001					124,5	2,0
2002					126,3	1,4
2003					127,6	1,1
2004					129,7	1,6
2005					132,2	2,0
2006					134,4	1,7
2007					137,4	2,2
2008					138,9	1,1

출처: 독일 연방 통계국(Statistisches Bundesamt 독일),
데이터뱅크 GENESIS(=신 공동 통계 정보 체계)

가격 지수들은 1999년 이후에는 더 이상 구 동독지역과 구 서독지역으로 나뉘어 표시되지 않았다.

위의 도표에서 알 수 있듯이, 구 동독지역과 구 서독지역에는 서로 아주 다르게 물가상승이 나타나고 있다. 이는 화폐 통합이 정치적으로 원했던 효과들 외에도 구 동독지역에 현저한 구매력 과잉을 야기하였고 동일 통일 이후 특히 몇 년 동안은 구 동독지역에서 현저한 가격상승으로 이끌어갔기 때문이었다. 구 동독지역의 수요는 거래 가능한 재화(財貨)들의 가격에는 영향을 미치지 못했지만, 거래 불가능한 재화들의 가격은 엄청나게 상승시킬 수 있었다. 통일의 붐이 일어난 처음 몇 년이 지나고 나서 화폐 통합과 사회 통합이 실제 경제에 미친 중대한 영향들이 드러났을 때 가서야 비로소 동독의 소비자들은 그들의 지출을 줄였다. 게다가 독일연방은행은 처음에는 비교적 관대한 자금정책을 펼치다가, 나중에 가서는 물가를 내리고 화폐가치를 안정시키기 위해서 자금을 조이는 정책으로 바꾸었다.

3.2 사회통합의 중 · 단기적인 결과

구 동독지역과 구 서독지역을 서로 동등하게 했을뿐더러 부분적으로는 오히려 구 동독지역에게 혜택을 주려고 계획되었던 사회 통합의 결과는 심각하게 지속되고 있다. 이에 대한 좋은 예로, 구 동독지역에서는 연금액이 순 임금의 변화에 따라 조정된 데 비해서 구 서독지역에서는 경제성장의 평가에 근거해서 조정된 것을 들 수 있다. 그로 인해서 통합 이후 몇 년 동안은 연금의 변화에 있어서 서로 다른 차이들이 나타났다.

도표 10: 건강보험료와 간호 보험료를 공제한 후의 월별 연금 지급액(단위: 유로화)

	남자			여자		
	구 서독지역	구 동독지역	구 동독지역/구 서독지역(%)	구 서독지역	구 동독지역	구 동독지역/구 서독지역(%)
1990-06-30	771	292	37,9	326	221	67,8
1990-07-01	797	378	47,4	336	268	79,8
1991-07-01	836	507	60,6	354	366	103,4
1992-07-01	865	635	73,4	372	423	113,7
1993-07-01	897	752	83,8	389	487	125,2
1994-07-01	927	821	88,6	405	520	128,4
1995-07-01	918	861	93,8	407	542	133,2
1996-07-01	921	904	98,2	414	556	134,3
1997-07-01	936	946	101,1	425	575	135,3
1998-07-25	937	960	102,5	435	586	134,7
1999-07-26	949	980	103,3	447	603	134,9
2000-07-01	952	982	103,2	456	614	134,6
2001-07-01	967	1 000	103,4	467	629	134,7
2002-07-01	982	1 025	104,4	477	650	136,3
2003-07-01	987	1 033	104,7	482	661	137,1
2004-07-01	973	1 018	104,6	479	659	137,6
2005-07-01	962	1 006	104,6	477	660	138,4

	남자			여자		
	구 서독지역	구 동독지역	구 동독지역/구 서독지역(%)	구 서독지역	구 동독지역	구 동독지역/구 서독지역(%)
2006-07-01	956	999	104,5	477	663	139,0
2007-07-01	951	994	104,5	478	666	139,3
2008-07-01	947	995	105,1	480	669	139,4

출처: 독일 연금보험업자 협회 (2007), 169쪽.
모든 숫자는 전환 일자에 맞춰 기록되었다.

연금은 1991년 7월에서 2008년 7월까지 구 서독지역에서 남자의 경우에는 약 13%, 여자의 경우에는 약 36% 증가했으며, 구 동독지역에서는 남자여 경우 약 96%, 그리고 여자의 경우는 약 83% 증가하였다.

구 동독지역에서 장래에 연금을 수령하는 세대들에게는 상황이 완전히 다르게 나타날 것이다. 높은 실업과 직업 경력의 큰 공백이 최저 연금수령자들과 생계 보조금을 받는 사람들을 생겨나게 할 것이다. 정당정치의 발전에 근거해 보고 또 세대들의 공평성이라는 관점에서 볼 때 이러한 변화는 매우 문제가 크다. 첫 세대의 연금수령자들이 독일 통일 덕택에 승리자가 되었다면, 장래에 연금을 수령하는 세대들은 패배자에 속하게 될 것이다.

사회 보장보험제도는 연금보험을 통해 고령자를 부양을 하는 것 외에도 건강보험과 간호 보험료를 통해서 건강을 보살펴주고, 또 근로 장려금과 실업보험, 생계 보조금과 몇 가지 소규모 지출을 포함하였다.

예를 들어서 구 동독지역에 대한 사회 복지 예산은 다음과 같이 구성되어 있는 것을 볼 수 있다.

도표 11: 구 동독지역의 사회 복지 예산(단위: 10억 DM)

	1989	1991	1996	1997
사회 복지 예산 합계	68,38	124,03	231,86	234,10
연금보험	16,30	33,98	85,67	88,20
건강보험	19,68	23,20	42,33	42,20
실업보험 근로장려금		38,56	52,59	50,60
생계 보조금과 봉사	8,19	11,05	16,31	15,97
그 밖의 지원	24,21	17,24	31,16	31,89

출처: 마인하르트 폴커(Meinhardt, Volker) (2000), 239쪽.
(금액상의 오차는 숫자의 우수리를 잘라낸 데서 생긴 것이다.)

아쉽게도 지난 몇 년 동안의 사회 복지 예산에 대한 정보는 없다. 그렇지만 지출의 구조 면에서 본질적으로 변한 것은 아무 것도 없을 것이다. 어떤 경우든 이러한 사회급부는 구 동독지역의 부담을 안고 있다는 것을 나타내고 있다. 국내 총생산에 비해 (사회 복지 예산 가운데) 사회급부의 비율로 정의되는 사회급부 비율(SLQ)은 국제적으로 비교해 보면 그렇잖아도 매우 높은 구 서독지역의 SLQ보다 훨씬 높았다.

도표 12: 구 동독지역과 구 서독지역의 사회 복지 예산(사회급부)의 지표

	구 동독지역				구 서독지역			
연도	DM(단위 10억)	변화(%)	1인당 in DM	사회급부 비율 SLQ (%)	DM(단위 10억)	변화(%)	1인당 in DM	사회복지 보조금 비율 SLQ(%)
1991	124,1	-	7 796	60,2	759,1	7,7	11 841	28,7
1992	177,4	43,0	11 273	66,8	821,5	8,2	12 660	29,2
1993	195,9	10,4	12 523	60,6	863,2	5,1	13 175	30,4
1994	204,4	4,3	13 132	55,8	903,9	4,7	13 722	30,5
1995	219,3	7,3	14 144	55,1	958,6	6,0	14 486	31,3
1996	231,9	5,7	14 995	56,0	1 004,3	4,8	15 113	32,1
1997	234,1	1,0	15 174	54,5	1 022,0	1,8	15 329	31,7

출처: 마인하르트 폴커(Meinhardt, Volker) (2000), 240쪽.

비록 이 사회급부 비율은 경제성장 과정에서 줄어들었지만, 이런 사회급부는 구 동독지역의 경제에서는 지탱될 수 없었으며 오늘날에도 여전히 지탱될 수 없다는 것은 분명하다. 그 재정을 조달하는 일은 국가의 지원과 서-동-이전 과정(West-Ost-Transfers)이 없이는 생각할 수 없었다. 이것은 사회보장 담당기구들의 재무잔고에서 추측할 수 있다.

도표 13: 사회보장 담당기구들의 재무잔고 (단위 10억 DM)

	1991	1992	1993	1994	1995	1996	1997	1998	1999
연금보험 합계	11,2	5,8	-7,7	-1,9	-9,9	-7,1	1,9	3,4	9,3
구 동독지역	0,5	-4,6	-7,9	-10,7	-15,9	-18,9	-17,8	-19,1	-16,4
구 서독지역	10,7	10,4	0,2	8,8	6,0	11,8	19,7	22,5	25,7
건강보험 합계	-2,8	-9,4	10,5	2,2	-6,9	-6,8	1,1	1,2	-0,7
구 동독지역	2,8	-0,3	1,4	0,1	-1,8	-2,1	-0,2	-0,7	-0,5
구 서독지역	-5,6	-9,1	9,1	2,1	-5,1	-4,6	1,3	1,9	-0,2
실업보험 합계	0,4	-13,5	-23,6	-10,1	-7,4	-15,6	-9,7	-7,8	-7,3
구 동독지역	-20,0	-38,0	-38,6	-29,6	-23,1	-26,6	-26,3	-26,7	-27,0
구 서독지역	20,4	24,5	15,0	19,5	15,7	11,0	16,6	18,9	19,7

출처: 마인하르트 폴커(Meinhardt, Volker) (2000), 243쪽.

건강보험은 구 동독지역에서는 물론, 특히 구 서독지역에서 건강보험제도가 지닌 구조상의 문제에 부딪쳤다. 1991에서 1999년 사이에 구 동독지역에서의 연금보험의 누적 적자는 약 1,115억 마르크에 달했다. 이를 위해서 구 서독지역 연금보험의 이윤에서 800억 마르크, 그리고 적립금에서 315억 마르크가 보충 조달되었다. 심지어 이 기간 동안에 실업보험의 누적적자는 2,510억 마르크에 달했다. 그 중 1,650억 마르크만 구 서독지역의 실업보험에서 생긴 이윤으로 채울 수 있었다. 나머지 액수는 연방노동청의 적자로 귀속되었고 이는 법에 따라 국고에서 보상을 해주어야 했다. 그 후 몇 년 동안 여러 다양한 개혁을 추진하고 지출을 줄이고 수입

(收入)은 늘림으로써 상황은 조금 더 나아졌다. 그렇지만 구조적으로 그러한 상황은 오늘날까지도 변하지 않고 있다.

사회보장 담당기구들에게 지급되는 국고의 자금지원을 포함하게 되면 실제로 상황은 더욱 긴장이 감돈다.

도표 14: 종류에 따른 사회 복지 예산의 자금조달 지분

	구 동독지역				구 서독지역			
	1991	1994	1996	1997	1991	1994	1996	1997
사회보장보험 분담금	51,9	51,9	51,4	52,9	66,6	65,8	65,5	65,5
보험가입자의 분담금	27,9	28,7	28,7	29,7	28,1	29,0	29,8	30,4
고용주의 분담금	24,0	23,2	22,6	23,2	38,5	36,8	35,6	35,1
국고의 지원금	28,7	31,5	31,7	31,6	29,8	31,5	31,7	31,6
그밖의 수입	0,8	0,9	1,0	1,3	3,6	2,7	2,9	2,9
서-동-이전 과정	18,6	19,3	19,1	17,1	-	-	-	-
사회 복지 예산	100	100	100	100	100	100	100	100

출처: 마인하르트 폴커(Meinhardt, Volker) (2000), 243쪽.

사회통합은 구 동독지역에서 추가적인 사회급부를 발생시켰는데, 이는 특히 연금분야에서 구 동독의 보조금을 훨씬 능가하였다. 물론 (작게나마 일부는) 역시 사회통합에 의해서 야기된 실업 때문에 실업보험 분야에서 지급해야할 새로운 사회급부가 발생하였다. 그러나 본질적으로 이것은 그 원인이 코메콘의 붕괴와 동독 기업들이 경쟁력이 변변치 못한 데 있었다.

물론 이 같은 엄청난 부담은 구 서독지역 경제 변화의 결과가 없이는 역시 발생할 수 없었다.

3.3 경제통합의 중 · 단기 및 장기적인 장애요소들

동독기업들을 경쟁력이 있는 기업들로 전환시키는 일은 아마 어떤 제도를 채택했더라도 지나치게 부담을 안겨 주었을 매우 복잡한 과제였다. 그렇지만 왜 하필이면 이 복잡한 과제를 꼭 국가 기관에서 해결해야만 하는가, 라는 의문이 생긴다. 만약에 적절하게 매력적인 제도만 도입된다면, 민간 기업들 - 즉 기금이나 자문회사 등 - 이 구 동독지역은 물론 구 서독지역에서도 뒤이어 생겨나는 회사들을 위해서 더 나은 결과를 낳을 수 있을 것이다. 신탁관리공사(THA)도 역시 이 같은 회사들의 업무에 참여하되 그런 회사들의 위험 부담은 지지 않았다.

여기서 어느 정도의 자금조달 가능성이 실현될 수 있는가에 대해서 논의하는 것은 무의미하다. 확실한 것은 신탁관리공사(THA)가 1994년까지 2,050억 마르크가 넘는 부채를 형성했고 이것이 상속부채 상환기금(ELTF)에 넣어졌다는 점이다.(ELTF는 연방의 특별재산으로, 거기에는 1995년에 모든 동독이 해체되면서 동독이 관리하던 신탁관리공사(THA)와 대출청산기금(KAWF)의 경제 부채에서 발생한 3,360억 DM(약 1,710억 유로)에 달하는 부채들을 모두 합친 것이었다. 상속부채 상환기금(ELTF)은 독일연방은행의 이윤과 UMTS(Universal Mobile Telecommunication System, 유럽의 3세대 이동통신(3G) 기술 가운데 하나)의 라이센스를 경매에 붙여서 벌어들인 수익으로 상환하였다. 그 나머지 부채 잔액은 2009년 1월에 연방 예산에 편입되었다.) 게다가 상속부채 상환기금(ELTF)에는 또 290억 마르크(DM)에 달하는 동독 주택건축기업의 부채도 포함되었다. 앞의 2.3장에서 언급했던 390억 마르크(DM)에 달하는 회복 불가능한 기업들의 부채를 함께 감안한다면(그것도 역시 대출청산기금(KAWF)을 거쳐 상속부채 상환기금(ELTF)에 포함되었는데), 옛 소유주들의 자산을 이월(移越)시킨 후에 구 동독지역의 모든 기업부문에서 생겨난 자산은 무려 마이너스

2,730 억 마르크(DM)에 달한다. 이는 아무리 크고 작은 범죄적인 음모들이 있었을 거라고 감안하더라도 도저히 믿기지 않는 결과이다. 만약에 이런 자산들을 좀 더 효율적으로 다루었더라면 분명히 훨씬 더 나은 결과를 낳았을 것이다.

통일된 독일의 경제 발전에 관한 분석을 하려면 국가 부채의 변화에 대해서도 고려해야 한다. 독일연방공화국의 부채 잔고 비율은 1990년 이전에는 OECD 국가들의 평균치를 밑돌았지만, 1990년대에 이르러서는 급속하게 증가하였다.

도표 15: 독일의 부채 잔고 비율의 변화

	공공 재정의 부채 잔고			순 신규 부채	
	유로(Euro) (단위 10억)	변화(%)	국내 총생산에 대한 비율	유로(Euro) (단위 10억)	국내 총생산에 대한 비율
1991	600,1		39,1		
1992	707,9	18,0	43,0	107,8	6,5
1993	790,8	11,7	46,7	82,9	4,9
1994	868,4	9,8	48,8	77,6	4,4
1995	1 038,3	19,6	56,2	169,9	9,2
1996	1 102,4	6,2	58,8	64,0	3,4
1997	1 151,6	4,5	60,1	49,3	2,6
1998	1 184,5	2,9	60,3	32,9	1,7
1999	1 218,5	2,9	60,6	34,0	1,7
2000	1 228,9	0,9	59,6	10,5	0,5
2001	1 241,3	1,0	58,7	12,3	0,6
2002	1 294,6	4,3	60,4	53,4	2,5
2003	1 374,8	6,2	63,6	80,2	3,7
2004	1 446,3	5,2	65,5	71,4	3,2
2005	1 506,1	4,1	67,2	59,8	2,7
2006	1 543,4	2,5	66,5	37,3	1,6
2007	1 562,8	1,3	64,5	19,4	0,8
2008	1 569,7	0,4	63,0	6,9	0,3

출처: 독일 연방 통계국(Statistisches Bundesamt 독일), 데이터뱅크. 신 공동 통계 정보 체계Gemeinsamen Neuen Statistischen Informations-System (GENESIS).

1997에서 2001년 사이에는 재정 안정을 위해서 취한 최초의 노력들이 얼마간의 성공을 거두어서 1999년에서 2001 사이에는 심지어 부채 잔고 비율이 줄어들었다. 하지만 그것은 2천년도 초에 들어와 닷컴 위기가 발생하면서 수포로 돌아갔다. 그 원인은 과다한 국정 예산에 따른 지출 때문이라기보다는 오히려 조세 수입과 분담금 수입이 현저하게 줄어들었기 때문이었으며, 이는 순 신규 부채와 부채 잔고 비율을 다시금 증가시켰다.

높은 임금 부대비용 외에도 높은 부채 잔고는 독일 경제의 발전을 가로막는 결정적인 장애물이었다(이에 관해 더 자세한 것은 전체 경제발전 평가를 위한 전문위원회(Sachverständigenrat zur Begutachtung der gesamtwirtschaftlichen Entwicklung (2007) 참고).

대연정(聯政)[4]에서 조세를 높임으로써 비록 지출 원칙이 느슨해지기는 했어도 비로소 순 신규 부채가 국내 총생산의 실제 증가보다 낮아졌으며, 그로써 부채 잔고비율(국내 총생산에 대한 공공 재정의 모든 부채 비율)을 줄일 수 있었다. 물론 재정 위기를 극복하기 위해서 국가의 재정 지출을 높인다든가 위기의 범위 내에서 나타나는 급격한 조세 및 분담금 손실이 발생한다면 이는 모든 안정화 노력을 다시금 무산시키고 말 것이다.

국가가 짊어진 부채의 변화는 실제의 경제 발전에 영향을 미치지 않을 수 없었다. 국가의 국내외 대출 수요는 이자율과 독일 마르크 화의 대외 가치를 상승시켰다. 그로 인해서 수출과 국내 시장의 수요는 현저하게 불이익을 받게 되었다. 거기에다 유럽 내의 전통적인 무역 상대국들 - 특히

---

4) 대연정(大聯政)이란 독일의 의원 내각제에서 의회의 주요 다수 정당들이 연합하여 구성하는 연합 정부이다.

프랑스와 이탈리아 - 도 역시 이러한 과정에 의해서 불이익을 당하고 있었다.

잠시 동안 부채에 의해서 재정조달이 되었던 독일 통일의 붐이 지나고 나자 독일의 경제성장은 후퇴하였고, 이는 10년이 넘도록 아주 보잘 것 없는 상태로 머물렀다.

도표 16: 실제 국내 총생산의 증가율 (단위 %)

	구 동독지역	구 서독지역	독일	유럽연합(EU) 12개국
1992	20,6	5,6	7,3	1,3
1993	16,9	0,9	2,9	-0,3
1994	12,5	3,9	5,1	2,8
1995	6,8	3,3	3,8	2,5
1996	2,4	1,3	1,5	1,7
1997	1,3	2,3	2,1	2,6
1998	1,0	2,9	2,6	2,8
1999	2,2	2,4	2,4	2,9
2000	1,1	2,8	2,5	3,8
2001	1,9	2,5	2,5	2,0
2002	2,1	1,3	1,4	1,1
2003	0,9	1,0	1,0	1,1
2004	1,9	2,2	2,2	2,3
2005	0,9	1,6	1,5	1,6
2006	3,6	3,5	3,5	2,8
2007	4,4	4,4	4,4	2,6
2008	3,1	2,8	2,9	0,6

출처: 독일 연방 통계국(Statistisches Bundesamt 독일),
데이터뱅크 GENESIS(=신 공동 통계 정보 체계)유럽 연합통계청(Eurostat) 통계

그러나 경제발전을 저하시킨 실제의 원인은 수요의 측면이 아닌 공급의 측면에 있었다. 독일 통일의 붐이 일자 구 동독지역에서 근로자들에 대한 보상금이 엄청나게 증가했다. 그러한 보상금은 비록 경기호황을 맞은 덕택에 정당하기는 했지만 당시 호황이 지나간 후에 저임금에다 높은

생산성 향상을 보이고 있던 국제적인 경쟁 환경에는 결코 맞지 않는 것이었다.

도표 17: 피고용자 당 근로자 보상금

	구 동독지역		서 베를린과 동 베를린		베를린을 제외한 구 서독지역	
연도	유로(Euro)	변화(%)	유로(Euro)	변화(%)	유로(Euro)	변화(%)
1991	13 197		23 451		26 698	
1992	17 558	33,0	26 187	11,7	28 415	6,4
1993	20 112	14,5	27 965	6,8	29 129	2,5
1994	21 533	7,1	28 999	3,7	29 846	2,5
1995	23 018	6,9	30 144	3,9	30 787	3,2
1996	23 460	1,9	30 647	1,7	31 130	1,1
1997	23 709	1,1	30 863	0,7	31 331	0,6
1998	23 977	1,1	31 432	1,8	31 582	0,8
1999	24 423	1,9	31 681	0,8	31 873	0,9
2000	24 907	2,0	32 048	1,2	32 438	1,8
2001	25 308	1,6	32 280	0,7	32 924	1,5
2002	25 648	1,3	32 608	1,0	33 355	1,3
2003	26 116	1,8	32 949	1,0	33 876	1,6
2004	26 292	0,7	32 959	0,0	33 996	0,4
2005	26 420	0,5	32 757	-0,6	33 923	-0,2
2006	26 751	1,3	32 606	-0,5	34 283	1,1
2007	27 033	1,1	32 914	0,9	34 685	1,2
2008	27 531	1,8	33 483	1,7	35 372	2,0

출처: 독일 연방 통계국(Statistisches Bundesamt 독일), 데이터뱅크. 신 공동 통계 정보 체계Gemeinsamen Neuen Statistischen Informations-System (GENESIS).

구 동독지역에서의 천문학적인 임금 상승은 아무런 경제적인 기반도 없이 일어난 일이었다. 그것은 그렇잖아도 당시 취약했던 생산기업들의 경쟁력을 완전히 대내적으로 약화시키고 말았다. 재화(財貨) 매상의 광범위한 감소, 기업들의 실업 증가는 이러한 변화에서 생겨난 자연스러운 결과였다. 이러한 현상은 강도는 덜했지만 구 동독지역에서도 역시 광범위하게 나타났다.

그 상황은 독일통합 과정에서 계획된 임금 부대비용의 상승에 의해서 더욱 심각해졌다. 앞서의 3.2 장에서 설명한 서-동-이전 과정에서 필요했던 재정도 역시 처음 몇 년 동안 구 동독지역의 사회급부를 줄여서가 아니라 오히려 연금보험 및 실업보험 분담금을 엄청나게 올림으로써 조달되었던 것이다. 거기에다 또 시기적으로 전혀 적절하지 않는 간호 보험이 도입되었고, 또 당시 인상 추세에 있던 건강보험 분담금도 인상되었다. 닷컴 위기가 오자 그에 따라 비로소 임금 부대비용과 사회급부를 광범위하게 삭감하려는 엄청난 노력을 기울이게 되었다.

그 결과 고용이 엄청나게 줄어들었다. 그러다가 소규모 개혁들과 국제적으로 유리해진 환경 때문에 1990년대 후반에 가서 구 동독지역에서 그러한 추세는 멈출 수 있었다. 반면에 이 같은 추세는 구 서독지역에서는 2000년도에 들어와 중반에까지 지속되었다. 노동시장 개혁(Hartz IV)[5]과 임금 부대비용을 상당히 줄인 후에야 그런 추세가 바뀌어 (독일 통일 이후에 처음으로 1995년은 제외였다) 고용이 증가하였다.

---

5) 하르츠 피어 (Hartz IV)는 전 폭스바겐의 이사였고 노동위원회 위원장인 하르츠(Hartz)의 이름을 따서 만든 법으로서 Hartz I부터 Hartz IV까지 있다. 그중 소위 노동시장의 현대화에 관한 법률인 Hartz IV는 2005년 1월 1일부터 시행되는데, 이 법은 실업대책의 하나로서 특히 독일 통일 이후 방만하게 추진되었던 의료보험의 개혁이 그 핵심이다. 이 법은 사회보장급여를 감축함으로써 실업에 들어가는 비용을 줄일뿐더러 실업자로 하여금 어떤 일이든지 하지 않을 수 없도록 강제하는 의도를 가지고 있다. 그러나 이 법의 효과에 대해서는 근래에 와서 많은 논란이 일면서 폐지를 주장하는 사람들도 나오고 있다.

도표 18: 고용의 변화

연도	단위 천	변화(%)	단위 천	변화(%)	단위 천	변화(%)
1991	6 451,1		1 551,7		27 098,2	
1992	5 558,9	-13,8	1 517,9	-2,2%	27 405,1	1,1%
1993	5 367,7	-3,4%	1 502,4	-1,0%	27 059,8	-1,3%
1994	5 481,3	2,1%	1 477,0	-1,7%	26 832,7	-0,8%
1995	5 593,7	2,1%	1 468,4	-0,6%	26 789,9	-0,2%
1996	5 544,7	-0,9%	1 436,6	-2,2%	26 774,8	-0,1%
1997	5 454,5	-1,6%	1 400,8	-2,5%	26 791,7	0,1%
1998	5 451,9	0,0%	1 389,7	-0,8%	27 204,4	1,5%
1999	5 451,7	0,0%	1 390,7	0,1%	27 724,5	1,9%
2000	5 384,3	-1,2%	1 407,4	1,2%	28 437,3	2,6%
2001	5 274,5	-2,0%	1 398,9	-0,6%	28 659,6	0,8%
2002	5 176,4	-1,9%	1 371,6	-1,9%	28 544,9	-0,4%
2003	5 090,9	-1,7%	1 340,6	-2,3%	28 221,5	-1,1%
2004	5 068,5	-0,4%	1 337,5	-0,2%	28 252,0	0,1%
2005	4 988,7	-1,6%	1 327,6	-0,7%	28 174,6	-0,3%
2006	5 013,1	0,5%	1 345,4	1,3%	28 344,4	0,6%
2007	5 105,0	1,8%	1 377,0	2,3%	28 835,0	1,7%
2008	5 152,0	0,9%	1 407,8	2,2%	29 305,2	1,6%

출처: 독일 연방 통계국(Statistisches Bundesamt 독일),
데이터뱅크 GENESIS(=신 공동 통계 정보 체계)

노동시장 개혁에 의해 무엇보다도 구 동독지역에서 고용이 현저하게 증가하게 되었다. 그렇기 때문에 독일에서의 높은 고용 증가율에는 특별한 의미가 있다. 사회보장 제도는 보험과는 거리가 먼 기여금들을 국고에서 지원하는 일을 제외하면, 전적으로 근로자들과 고용주들의 임금에 의존한 분담금을 통해서 자금조달이 되기 때문이다. 고용률의 감소는 실업보조금 수령자들의 숫자를 더욱 늘어나게 할 뿐만 아니라, 사회보장 제도에 들어갈 분담금의 분배 기반을 축소시키는 데로 이끌어가기도 한다.

고용증가는 이중배당(double dividend)의 효과를 나타내며, 이는 사회보장보험을 위한 분담액을 낮출 수 있는 여지를 더 부여한다. 그리고 이는 동일한 상황 하에서 새로운 고용 효과를 발생시킨다.

근래에 와서 Hartz IV 법에서 채택하였던 몇몇 고용 조치들은 폐지되거나 완화되었다. 경제적으로 그 이유가 밝혀지지 않은 이러한 조치들의 철회는 Hartz IV에 의해서 시작되었던 고용의 활력을 침해하고 있다. 물론 고용을 위한 엄청나게 노력을 기울이더라도 이는 재정위기가 불러온 심각한 불경기에 의해서 무산되기도 한다. 고용 위기의 피해규모는 아직도 평가할 수 없다. 왜냐하면 호경기에 따른 경기 회복의 강도와 지속성은 예나 지금이나 매우 불확실하기 때문이다.

분명한 점은 아직도 존재하는 실업과 새로 생겨나는 실업은 가까운 장래에 생산단위의 노동비용이 상승하지 않고 가능하면 자유의지에 의한 실업을 부추기는 일이 적어질 때만 줄어들 수 있다는 것이다.

구 동독지역의 장기적인 발전 기회는 급속한 인구 변화로 인해서 위협받고 있다. 독일 전체로 볼 때 인구는 원래 독일주민들의 출산율 저하로 인해서 줄어드는 경향을 보이고 있다. 구 서독 가운데서 경제력이 강한 지역들에서는 이러한 추세가 구 동독지역과 이주해오는 인구들과 구 서독 중에서도 경제 구조가 약한 지역들이나 중부유럽과 동유럽에서 이주해오는 인구로 인해서 상쇄되거나 또는 그 상쇄되는 것 이상으로 인구가 증가하기도 한다. 구 동독지역에서는 대도시인 베를린 지역들만 제외하고는 출산 감소와 이주해 나가는 현상이 최고조에 달하고 있다. 많은 지역들에서의 인구는 독일 통합 이후에 15 - 20% 나 줄어들었다. 인구 감소 자체의 사실보다도 훨씬 더 심각한 것은 인구의 구조가 변하는 것이다. 구 동독지역으로부터 이주해나가는 사람들은 전형적으로 젊고, 교육을 잘 받은 사람들이며 또 주로 여성들이다(이에 대해서는 예를 들어 베를린 연구소(Berlin-Institut) 2009, 17-22쪽 참고). 그리고 뒤에 남은 주민들은 고령화되고 조악한 재생산 기회에 따라 점점 더 교육을 잘 못 받게 되는 사람들이다.

이러한 변화는 수많은 지역들을 더 이상 거의 발전 전망이 없는 상태로 몰아가고 있다. 그러므로 본 논고의 견해로 볼 때 경제 발전 정책의 조치들은 오직 발전 능력이 있는 핵심 산업들에만 국한되어야 할 것이다 (이에 대해 역시 베를린 연구소(Berlin-Institut) 2009, 23-33쪽 참고). 이는 지금까지의 정책이 실패했다고 하는 파산선고가 될 것이며, 정치 엘리트들이 과연 그러한 과정을 밟으려는 결정을 힘들게 내릴 것 같아보이지는 않는다. 추측하건대 그 대신에 그들은 지금까지의 정책을 약간 변형시킨 형태로 계속해서 추진해나갈 것이다.

4. 중부유럽과 동유럽을 비교해서 본 구 동독지역의 발전

독일 통일 정책이 가져온 성공 및 실패에 대하여 평가하기 위해서는, 철의 장막이 무너지고 코메콘(Comecon)이 붕괴된 이후에 비슷한 상황에 처해 있던 나라들의 변화와 비교해보는 것이 낫다. 예를 들자면 체코 공화국과 폴란드는 대략 비슷한 발전 수준을 보인 이웃국가들이었으며, 슬로바키아 공화국은 근래에 와서 특히 활발한 발전을 이룩한 나라이고, 러시아는 과거 코메콘과 바르샤바 조약에 의해 정치적-군사적인 강대국이었기 때문에 선정하였다. 거기에서 구 동독지역은 1991년에서 2008년까지의 기간 동안 슬로바키아 공화국과 더불어 가장 강한 성장과정을 보여주었다는 사실이 나타나고 있다. 양국의 누적된 성장효과는 체코 공화국이나 폴란드의 성장효과를 훨씬 능가한다. 그리고 모든 유럽 연합의 회원국들은 러시아보다 훨씬 더 성공을 누리면서 발전하였다.

도표 19: 중부유럽과 동유럽에서 선정한 국가들과 구 동독지역의 국내 총생산의 발전 비교.

연도	구 동독지역		체코 공화국		폴란드		슬로바키아 공화국		러시아	
	연간 비율	성장 지수	연간 비율	누적 성장지수	연간 비율	성장 지수	연간 비율	누적 성장지수	연간 비율	누적 성장지수
1991		100		100		100		100		100,0
1992	11,1	111,1	-0,5	99,5	-0,5	99,5	-6,6	93,4	-14,5	85,5
1993	12,6	123,7	0,1	99,6	0,1	99,6	1,9	95,3	-8,6	76,9
1994	12,2	135,9	2,2	101,8	2,2	101,8	6,2	101,5	-12,8	64,1
1995	6,3	142,2	5,9	107,7	5,8	107,6	5,8	107,4	-4,1	60,0
1996	2,8	145,1	4,0	111,7	3,7	111,4	6,9	114,3	-3,5	56,5
1997	1,9	146,9	-0,7	111,0	-0,7	110,7	5,7	120,0	1,3	57,8
1998	0,8	147,7	-0,8	110,3	-0,7	110,0	3,7	123,7	-5,4	52,4
1999	2,8	150,5	1,3	111,6	1,2	111,2	0,3	124,0	6,2	58,7
2000	1,5	152,0	3,6	115,2	3,3	114,5	0,7	124,8	10,2	68,8
2001	0,9	153,0	2,5	117,7	2,1	116,6	3,2	128,0	5,1	73,9
2002	1,2	154,1	1,9	119,6	1,6	118,2	4,1	132,1	4,8	78,7
2003	0,7	154,8	3,6	123,2	3,0	121,3	4,2	136,3	7,3	86,1
2004	1,7	156,5	4,5	127,7	3,6	124,9	5,4	141,7	7,0	93,1
2005	0,1	156,7	6,4	134,1	5,0	129,9	6,0	147,7	6,4	99,5
2006	3,3	160,0	6,4	140,4	4,7	134,6	8,3	156,0	6,7	106,2
2007	2,5	162,4	5,8	146,2	4,1	138,8	8,7	164,7	8,2	114,4
2008	1,1	163,5	3,0	149,2	5,0	143,8	6,4	171,1	5,6	114,4

출처 : 독일 연방 통계국(Statistisches Bundesamt 독일), 데이터뱅크 GENESIS(=신 공동 통계 정보 체계), 유럽 연합통계청(Eurostat) 통계.

위의 도표에서 열거된 것은 그러나 구 동독지역이 독일 통일 이후에 처음 수년 동안만 매우 높은 성장률을 실현시킬 수 있었다는 것을 보여준다. 그에 반해 러시아를 포함해서 중부유럽과 동유럽의 국가들은 1990년대의 힘든 시기를 보낸 후에 금세기에 들어와서는 매우 성공적으로 발전하였다.

구 연방과 구 동독지역, 그리고 분담금 납부자들이 법적인 사회 보장보험에 납부하였고 현재 납부하고 있으며 또 장래 납부하게 될 엄청난 비용을 감안하면 이와 같은 비교는 매우 냉정한 결과를 나타낸다. 그러는 사이에 모든 지출 비용의 합계는 구 동독지역의 연간 국내 총생산을 훨씬 능가하고 있는 것이다.

5. 결론

독일통일은 결코 성공적인 역사는 아니다. 전문가들의 조언에 부합되지 않는 수많은 조치들이 정치적인 편의에서 취해졌었다.

경제 발전의 실패는 화폐통합에서부터 비롯되었다. 그 시점도 물론이지만 특히 교환을 위한 환율 조정은 경제적인 시각에서 볼 때 매우 의심쩍었으며 반(反) 생산적으로 채택된 것이었다. 화폐통합으로 인해서 구 동독지역의 경제는 오직 중부유럽과 동유럽 국가들이 위기를 극복하는 데만 도움이 되었던 중요한 적응 메커니즘을 잃어버렸다. 만약에 화폐 통합이 없었더라면 동독 마르크와 서독 마르크의 교환 환율은 화폐 통합에서 정치적-관료적으로 조정된 환율보다 현저하게 높게 조정되었을 것이다. 오늘날 우리가 동독 기업들의 경쟁력이 보잘 것 없다는 것을 알고 있고 심지어 장벽이 무너진 후에 형성된 시장 환율에 대해서도 모두 알고 있는 대로라면 아마 환율은 10자리 단위에서 움직였을 것이다. 그랬더라면 비록 동독 주민들 전체는 훨씬 더 가난했더라도 그들의 기업들은 수출 경쟁력이 있도록 만들었을 것이다. 구 동독지역의 거리 시위의 압력이 너무나 컸고 국제 정치 면에서 통합을 실현하는데 가능한 기간이 너무 짧았기 때문에 화폐통합을 미루는 일이 과연 실제로 불가능했었는지에 대해서는 역사가들이 해명해야 한다. 어쨌든 간에 당시 설정된 환율은 경제적인 시각에서 볼 때 끔찍한 것이었다. 그것은 기업들을 줄줄이 파산으로 몰아갔고 주민의 상당수를 실업으로 몰아넣었다.

더욱 심각하게 장기간 영향을 미치고 있는 것은 사회 통합이다. 사회통합과 민간 및 공공 분야에서 강력하게 인금인상을 추진함으로써 동서독에서 균등한 생활조건을 창출해낼 수 있을 거라고 하는 분명히 숭고한 이념은 좌절되었다. 대부분의 구 동독지역에서 대량 실업이 지속되고 있는 본질적인 원인은 바로 사회 통합 그리고 그것과 결부된 임금 부대비용의 증가에 있다. 구 서독지역의 수준으로 사회적인 삶을 확보하기 위해서 필요한 고(高)비용은 국제적으로 비교해 볼 때 매우 높은 경쟁력을 갖춘 구 서독지역의 경제로서는 아직 해낼 수 있다. 그러나 서-동-이전 과정이 없었더라면 그 발전 수준과 생산성에서 저 중부유럽 및 동유럽 국가들의 수준에 맞먹었을 구 동독지역의 경제를 이처럼 높은 삶의 수준으로 유지하려면 고비용을 부담해야 한다. 이 같은 부담은 구 동독지역에서 실업을 감당할 만한 수준으로 줄이기 위해서 꼭 필요한 것으로서 다른 중부유럽 및 동유럽 국가들과 맞먹는 경제 성장을 이루는 과정을 방해한다.

경제 통합 역시 전혀 성공을 거두지 못하였다. 그에 대한 비판적인 평가는 신탁관리공사(THA)에 대한 것에서부터 시작해야 한다. 신탁관리공사가 남긴 막대한 부채는 이 국가 기관이 실제로 어느 시점에도 국가 기업들을 경쟁력 있는 민간 경제 기업으로 전환시키는 일을 실행할 능력이 없었다는 것을 분명히 나타내준다. 또 조세 특혜로 투자의 매력을 준 조치도 지속적으로 경제성장을 이끌어갈 경쟁력 있는 기업들을 만들어내거나 사회기반시설에 대한 투자를 결코 이끌어내지 못했다. 그 반대로 오늘날까지도 수많은 투자가 오직 국내 및 외국 기업들이 이루어 놓은 성과에 편승하는 무임승객 효과에만 의존하고 있다.

끝으로 젊은 세대의 상당수가 더 이상 대다수 구 동독지역의 발전 전망을 믿지 못하고 있다는 것을 냉정하게 확인할 수 있다. 정작 교육을 잘 받은 젊은이들은 구 서독지역이나 외국으로 빠져 나가고 있다. 이 같은 두뇌 유출(Brain Drain)은 구 동독지역이 계속해서 발전능력을 갖는 데 막대한 지장을 줄 것이다. 게다가 뒤에 남은 주민들이 갖고 있는 사회주의적인 구조는 그 자체로 중대한 사회적인 문제들을 안고 있다.

요약컨대 독일은 연방과 주 차원에서, 그리고 구 동독지역에서, 또 구 서독지역과 구 동독지역의 관계 속에서 경제정책과 사회정책의 근본적인 수정이 시급히 요구된다는 사실을 확인할 수 있다.

〈참고문헌〉

베를린 연구소(Berlin-Institut) (2009), 인구변동. 구 동독지역을 특별히 고려한 정치 제안. 연방 교통, 건축, 도시발전부의 위탁에 의한 연구(Demografischer Wandel: Ein Politikvorschlag unter besonderer Berücksichtigung der Neuen Länder, eine Studie im Auftrag des Bundesministeriums für Verkehr, Bau und Stadtentwicklung).

연방노동청(Bundesanstalt für Arbeit), 실업수당을 받는 사람들에 대한 기간별 통계(Bundesanstalt für Arbeit, Zeitreihe zu Arbeitslosengeldempfänger), 1991-2008, http://www.pub.arbeitsagentur.de/hst/services/statistik/detail/z.html?call=l

울리히 부쉬(Busch, Ulrich), 연명 상태에 있는 동독 이전회사(Die Ostdeutsche Transfergesellschaft), 트라포 출판사(trafo Verlag), 베를린. 2002.

독일연방은행. 독일민주주의 공화국과의 화폐 통합(Deutsche Bundesbank , Die Währungsunion mit der Deutschen Demokratischen Republik, in: 월간보고서(Monatsberichte), (1990). 제 42권, 7월, 7호, 14-29쪽.

유럽 위원회, 유럽 연합통계청, 통계(Europäische Kommission, Eurostat, Statistik) http://epp.eurostat.ec.europa.eu/portal/page/portal/statistics.

마인하르트 폴커(Meinhardt Volker), 사회보장 분야에서의 동화 과정. 화폐-, 경제- 및 사회통합 이후의 10년. 경제연구 계간지(Ein Prozess der Angleichung im Bereich der sozialen Sicherung - 10 Jahre nach der Einführung der Währungs-, Wirtschafts- und Sozialunion, Vierteljahreshefte zur Wirtschaftsforschung), 2000. 제 69권, 2호, 225 - 248쪽.

전체 경제발전 평가를 위한 전문위원회. 국가 부채를 효과적으로 제한하기. 연방 경제 기술부의 위탁에 의한 감정서(Sachverständigenrat zur Begutachtung der gesamtwirtschaftlichen Entwicklung , Staatsverschuldung wirksam begrenzen, Expertise im Auftrag des Bundesministers für Wirtschaft und Technologie), 비스바덴 . 2007.

게를린데 진 & 한스 진(Sinn Gerlinde und Hans-Werner Sinn), 재시동. 독일 통합에 대한 국민경제적 관점들(Kaltstart, Volkswirtschaftliche Aspekte der

Deutschen Vereinigung), 모르-지벡, 2쇄. 튀빙겐 Tübingen. (1992)

독일 연방 통계국, 통계 포탈, 취업활동(Statistisches Bundesamt Deutschland, Statistik-Portal, Erwerbstätigkeit) http://www.statistik-portal.de/Statistik-Portal/de_inhalt02.asp.

독일 연방 통계국, 통계 포탈, 취업활동. 데이터뱅크. 신 공동 통계 정보 체계 (Statistisches Bundesamt Deutschland, Statistik-Portal, Datenbank. Gemeinsamen Neuen Statistischen Informations-System (GENESIS), https://www-genesis.destatis.de/genesis/online/logon.

독일 연방 통계국, 통계 포탈, 국민경제 총계(Statistisches Bundesamt Deutschland, Statistik-Portal, Volkswirtschaftliche Gesamtrechnung)/ http://www.vgrdl.de/Arbeitskreis_VGR/

동독 통계국. 동독 통계 연감(Statistisches Amt der DDR , Statisches Jahrbuch der DDR.) 베를린. (1990)

독일 연금보험업자 협회(Verband Deutscher Rentenversicherer), DRV-저서. 기간별 연금보험(DRV-Schriften, Rentenversicherung in Zeitreihen), 제 22권. 2007

독일 연금보장 담당기구 협회(Verband Deutscher Rentenversicherungsträger), VDR-통계, 연금 잔고(VDR - Statistik, Rentenbestand 1991. 1. 1 자), 프랑크푸르트 암 마인

분단국가의 통일과 사회통합

초판 인쇄 2012년 2월 27일
초판 발행 2012년 2월 29일

엮은이 서강대학교
발행인 이 종 욱
편집인 우 찬 제
발행처 서강대학교 출판부
서울특별시 마포구 백범로 35 (신수동)
등록번호 : 1978년 9월 28일 제313-2002-170호
전화 : (02)705-8212 / 팩스 : (02)705-8612
홈페이지 : www.sogang.ac.kr/~sgpress
인쇄처 한컴인쇄정보 tel 02)2274-3394

ISBN 978-89-7273-202-0 93040

정 가 15,000원